Die Behandlung gemeinschaftsrechtswidriger staatlicher Beihilfen im deutschen Insolvenzverfahren

AF887085

Europäische Hochschulschriften
Publications Universitaires Européennes
European University Studies

**Reihe II**
**Rechtswissenschaft**

Série II Series II
Droit
Law

**Bd./Vol. 4293**

PETER LANG
Frankfurt am Main · Berlin · Bern · Bruxelles · New York · Oxford · Wien

Niklas Mairose

# Die Behandlung gemeinschaftsrechtswidriger staatlicher Beihilfen im deutschen Insolvenzverfahren

PETER LANG
Europäischer Verlag der Wissenschaften

**Bibliografische Information Der Deutschen Bibliothek**
Die Deutsche Bibliothek verzeichnet diese Publikation in der Deutschen Nationalbibliografie; detaillierte bibliografische Daten sind im Internet über <http://dnb.ddb.de> abrufbar.

Zugl.: Düsseldorf, Univ., Diss., 2005

D 61
ISSN 0531-7312
ISBN 3-631-54724-2

© Peter Lang GmbH
Europäischer Verlag der Wissenschaften
Frankfurt am Main 2006
Alle Rechte vorbehalten.

Das Werk einschließlich aller seiner Teile ist urheberrechtlich geschützt. Jede Verwertung außerhalb der engen Grenzen des Urheberrechtsgesetzes ist ohne Zustimmung des Verlages unzulässig und strafbar. Das gilt insbesondere für Vervielfältigungen, Übersetzungen, Mikroverfilmungen und die Einspeicherung und Verarbeitung in elektronischen Systemen.

www.peterlang.de

*Für Daniela*

# Vorwort

Die vorliegende Arbeit wurde als rechtswissenschaftliche Dissertation im August 2004 an der Heinrich-Heine-Universität Düsseldorf eingereicht. Die mündliche Prüfung wurde im März 2005 abgelegt. Rechtsprechung und Literatur der Arbeit sind auf dem Stand Juli 2004.

Ich bedanke mich sehr herzlich bei meinem Doktorvater und Erstkorrektor Herrn Prof. Dr. Ulrich Noack sowohl für die schnelle Korrektur der Arbeit als auch selbstverständlich für die stetige Unterstützung in dem Zeitraum des Entstehens der Arbeit und meiner weiteren Tätigkeit am Lehrstuhl.
Mein weiterer Dank gilt natürlich meinem Zweitkorrektur Herrn Prof. Dr. Lorz für die zügige Erstellung des zweiten Gutachtens und seiner weiteren Unterstützung, insbesondere seiner Diskussionsbereitschaft zu einigen europarechtlichen Fragen.
Ein weiterer Dank in fachlicher Hinsicht geht an meinen lieben ehemaligen Kollegen Herrn Wiss. Ass. Caspar Bunke, der insbesondere in der ersten Phase der Erstellung dieser Arbeit stets ein offenes Ohr für meine Argumentationen hatte und mir dabei mit gutem Rat zur Seite stand.

Ein großer Dank für die jahrelange Unterstützung während meiner juristischen Ausbildung und weit darüber hinaus geht an meine Eltern, Frau Roswitha Mairose-Gundermann und Herrn Dr. med. Ulrich Mairose, die während all der Jahre zu jederzeit für mich da waren und ohne deren Unterstützung das zügige Studium und die anschließende Promotion (nicht nur in finanzieller Hinsicht) unter keinen Umständen möglich gewesen wäre.

# Inhaltsverzeichnis

# Einleitung

Die Problematik der Behandlung und Rückforderung europarechtswidriger Beihilfen betrifft nicht nur das öffentliche Recht, sondern auch in einem nicht geringen Umfang das Wirtschaftsrecht. Beihilfen werden schon seit längerem nicht mehr nur in Form von Verwaltungsakten gewährt, sondern auch in Form verschiedener privatrechtlicher Konstruktionen, z.B. durch Darlehen, Bürgschaften, Eigenkapitalzufuhr an Kapitalgesellschaften, Kaufverträge unter Marktwert etc.
Die Voraussetzungen für die Genehmigungsfähigkeit von Beihilfen beschäftigen schon seit einigen Jahren Wissenschaft und Praxis, ebenso wie die Rückforderung europarechtswidriger Beihilfen.[1] Welche Auswirkungen europarechtswidrige Beihilfen auf das deutsche Insolvenzverfahren haben, wird jedoch erst seit relativ kurzer Zeit in Ansätzen diskutiert, wobei diverse Fragestellungen bisher nicht oder nicht endgültig gelöst werden konnten oder auch häufig erst in der Entwicklung befindlich sind. Rechtsprechung zu diesem Themenkomplex ist bisher kaum vorhanden.[2] Die besondere Relevanz der Auswirkungen des Beihilfenrechts auf das Insolvenzrecht ergibt sich daraus, dass nach der Auffassung des EuGH der Mitgliedsstaat die Rückforderung von gemeinschaftsrechtswidrigen Beihilfen (auch weiterhin) betreiben muss, selbst wenn über das Vermögen des beihilfenbegünstigten Unternehmens das Insolvenzverfahren eröffnet wurde.[3] Besonders zu berücksichtigen ist in diesem Zusammenhang der Anwendungsvorrang, den das Gemeinschaftsrecht gegenüber dem nationalen Recht genießt.[4] Die Klärung der Frage, welche Auswirkungen sich aus dieser Grundproblematik ergeben, ist das Ziel dieser Arbeit.

---

1 Z.B. als wohl wichtigste Entscheidungen in der Rspr.: EuGH Slg. 1973, 813 –Lorenz-, EuGH Slg. 1991, I-1603 -Alfa Romeo-; EuGH Slg. 1990, I-959 –Tubemeuse-, EuGH Slg. 1986, 89 –Boch-. EuGH Slg. 1997, I-1591 –Alcan-; in der Literatur (ohne Anspruch auf Vollständigkeit): *Altmeyer* Gemeinschaftsrechtswidrige staatliche Beihilfen, Diss 1999; *Heskamp* Die Vereinbarkeit allgemeiner und horizontaler Beihilfen und Beihilfenregelungen mit Art. 87 EGV, Diss 2001; *Rosenstock* Die Kontrolle und Harmonisierung nationaler und staatlicher Beihilfen durch die Kommission der Europäischen Gemeinschaften, Diss 1995; *Stolba* Europäisierung staatlicher Beihilfen, Diss 1999; *Geiss* Rechtsstaatliche Grundsätze im Beihilfenrecht der Europäischen Gemeinschaft, 2001, S. 118 ff.; *Sinnaeve* Die Rückforderung gemeinschaftsrechtwidriger nationaler Beihilfen, Diss 1997; *Pape* Staatliche Kapitalbeteiligungen an Unternehmen und das Beihilfenverbot gem. Art. 92 EG-V, Diss 1996; *Staebe* Rechtsschutz bei gemeinschaftsrechtswidrigen Beihilfen vor europäischen und deutschen Gerichten, Diss 2001; *Häring* Die Vereinbarkeit von Sanierungsengagements der öffentlichen Hand mit dem EG-Beihilfeverbot, Diss 98; Reufels Europäische Subventionskontrolle durch Private, Diss. 1997; *v.Danwitz* JZ 2001, 429; *Fischer* DVBl. 1990, 1089; *Habersack* ZHR 159 (1995), 663; *Happe* NVwZ 1993, 32; *Jestaedt* EuZW 1993, 49; *Jarass* DVBl. 1995, 954; *Kokott* DVBl. 1993, 1235; *Ossenbühl* DÖV 1998, 811; *Pache* NVwZ 1994, 318; *Papier* ZHR 152 (1998), 493; *Pechstein* EuZW 1998, 495; *Richter* DÖV 1995, 846; *Magiera* FS Börner S. 213.

2 Einzig EuGH EuZW 2003, 368, –Seleco- und LG Erfurt ZIP 2001, 1673 ff. beschäftigen sich in zumindest Teilweise mit diesem Themenkomplex.

3 EuGH Slg 1990, I-959 Rn.59. –Tubemeuse-, EuGH Slg. 1994, I-4103 Rn.80 –Hytasa-; EuGH Slg. 2002, I-6031 Rn.25 f. –Megafesa-; st. Rspr.

4 Allgemein zum Anwendungsvorrang: Handbuch des EU-Wirtschaftsrechts/*Stettner* B III Rn.7; *Beutler/Bieber/Pipkorn/Streil* Rn.159; *Grabitz* Art. 189 Rn. 26 ff. jeweils mwN.

Staatliche Beihilfen sind ein häufig verwendetes Mittel der Konjunkturpolitik und werden zumeist Unternehmen gewährt, die sich in wirtschaftlichen Schwierigkeiten befinden.[5]
Die Zahl der Unternehmensinsolvenzen ist in den vergangenen Jahren kontinuierlich angestiegen.[6] Gleichzeitig nimmt die Anzahl der nicht ordnungsgemäß gewährten staatlichen Beihilfen zumindest nicht merklich ab. 1998 waren 20% der neuen Beihilfen nicht ordnungsgemäß notifiziert,[7] im Jahr 2002 waren es immerhin noch 15%.[8]
Die Kommission ist befugt zu verlangen, dass nicht mit dem gemeinsamen Markt vereinbare Beihilfen an den Mitgliedsstaat zurückgezahlt werden.[9] Im Februar 2003 gab es 81 ausstehende Beihilfenrückforderungen in der Europäischen Gemeinschaft, davon betrafen 43 (!) die Bundesrepublik Deutschland.[10]
27 dieser insgesamt 81 zurückzufordernden Beihilfen sind Teil eines Konkursverfahrens.[11] Allein die 19 Beihilfenrückforderungen, die durch die Kommission im Jahr 2002 angeordnet und anschließend von den betroffenen Mitgliedsstaaten umgesetzt wurden, betrafen Beihilfen im Wert von über 1 Mrd. €.[12] Aus diesen Zahlen lässt sich erkennen, wie groß die wirtschaftliche Bedeutung von Beihilfen und deren Rückforderung ist.

Auch wenn durch den Staat Beihilfen häufig gerade in Fällen gewährt werden, in denen sich ein Unternehmen in wirtschaftlichen Schwierigkeiten befindet, kann jedoch auch durch die Gewährung von Beihilfen die Insolvenz des beihilfenbegünstigten Unternehmens oft nicht verhindern oder abwenden. Sofern der Mitgliedsstaat aufgrund einer entsprechenden Kommissionsentscheidung zur Rückforderung von gemeinschaftsrechtswidrig gewährten Beihilfen verpflichtet wird, kann, da eben eine Beihilfegewährung meist in Krisenzeiten erfolgt, sogar gerade diese Beihilfenrückforderung zur Insolvenz des betroffenen Unternehmens führen. Häufig sind nämlich dann die Insolvenzgründe der Zahlungsunfähigkeit gem. § 17 InsO, der drohenden Zahlungsunfähigkeit gem. § 18 InsO oder der Überschuldung gem. § 19 InsO gegeben.
Daher besteht auch ein besonderer Zusammenhang zwischen dem Beihilfen- und dem Insolvenzrecht.

---

5 *Ehricke* Aktuelle Fragen des EG-Beihilfenrechts S. 176 (181).
6 Das Statistische Bundesamt (Destatis) hat 84.428 Insolvenzen in Deutschland im Jahr 2002 ermittelt. Davon entfielen 37.579 auf Unternehmen (einschließlich Kleinunternehmen) und 46.849 auf andere Schuldner. Stellt man einen Vergleich innerhalb eines Dekadenzeitraums an, so beläuft sich die Steigerung der Unternehmensinsolvenzen seit 1993 auf 60%. Quelle: Statistisches Bundesamt, zitiert nach www.otto-schmidt.de/ovs_arbeitsrecht/8722_16181.html , Stand: 29.7.03
7 Schwarze/*Bär-Bouyssiere*, Art. 88 S. 1110.
8 Kommission, Anzeiger für staatliche Beihilfen, Ausgabe Frühjahr 2003, S. 31.
9 dazu ausführlich 1.Teil §1 G.
10 Kommission, Anzeiger für staatliche Beihilfen, Ausgabe Frühjahr 2003, S. 32.
11 wie viele diese Beihilfen die Bundesrepublik Deutschland betrafen, wurde im Beihilfenanzeigen nicht abgedruckt.
12 Kommission, Anzeiger für staatliche Beihilfen, Ausgabe Frühjahr 2003, S. 33.

Der Grund für die Rückforderung von Beihilfen liegt darin, dass die erfolgte rechtswidrige Wettbewerbsverzerrung wieder ausgeglichen werden soll, damit die frühere Lage wieder hergestellt wird.[13]
Das Insolvenzrecht hingegen dient der Verwirklichung der Vermögenshaftung in den Fällen, in denen der Schuldner zur vollständigen Befriedigung der Gläubiger nicht mehr in der Lage ist. Es geht mithin im Insolvenzverfahren darum, die Verluste der Gläubiger zu minimieren.[14] Der eigentliche Verfahrenszweck liegt in der Haftungsverwirklichung.[15]
Der Ursprung der im deutschen Recht heute geltenden Insolvenzordnung (InsO) waren die preußische KO von 1855/1856 und in besonderem Maße die von 1877 bis 1999 geltende Konkursordnung, die von der InsO abgelöst wurde.[16]
§ 1 S. 1 InsO statuiert, dass das Insolvenzverfahren dazu dient, „die Gläubiger gemeinschaftlich zu befriedigen, indem das Vermögen des Schuldners verwertet und der Erlös verteilt oder in einem Insolvenzplan eine abweichende Regelung insbesondere zum Erhalt des Unternehmens getroffen wird". Dem Insolvenzrecht kommen also die Funktionen der Gläubigerbefriedigung, der Gläubigergleichbehandlung (par condicio creditorium) und der Entschuldung bzw. Sanierung zu.[17]
Um einen Wettlauf der Gläubiger zu verhindern, wenn der Schuldner nicht mehr zur Befriedigung von Forderungen in der Lage ist, ersetzt das Insolvenzverfahren im Rahmen einer Gesamtvollstreckung die vom Prioritätsgrundsatz geprägte Individualvollstreckung.[18] Hierdurch soll auch eine Befriedung der sozialen Verhältnisse erreicht werden, da nicht mehr jeder Gläubiger für sich gehalten ist, zu retten, was zu retten ist.[19] Gleichzeitig kann im Rahmen eines Insolvenzverfahrens effizient festgestellt werden, wie viel Haftungsvermögen vorhanden ist und wie dieses verteilt werden kann. Ebenfalls besteht die Möglichkeit, die wirtschaftliche Existenz des Schuldners zu beenden, so dass der Schuldner sich nicht weiterhin am Markt betätigt, da er wirtschaftlich gescheitert ist und seinen Gläubigern wirtschaftliche Schädigungen zugeführt hat.[20]
Im Zusammenhang mit dieser Befriedigungsfunktion steht auch, dass durch das Insolvenzverfahren gewährleistet werden soll, dass die Gläubiger nach dem Maße ihrer Berechtigung keine Ungleichbehandlung erleiden müssen.[21] Zwischen den Gläubigern besteht aufgrund ihrer vorangegangenen Einflussnahme auf die Geschäftspolitik des Schuldners eine Verbindung,[22] so dass eine Ausgleichshaftung der Insolvenzgläubiger mit ihren Forderungen besteht.[23]

---

13 EuGH Slg. 1995, I-699 Rn.21, -ENI/Lanerossi-; *Sinnaeve* S. 37; *Schütte/Elsner* EWS 2003, 327.
14 *Smid* Grundzüge §1 Rn.1; *Häsemeyer* Rn.1.01; *Pape/Uhlenbruck* Rn.1 *Koenig* Insolvenzrecht 2000 S. 155 (164).
15 *Pape/Uhlenbruck* Rn.96; *Bork* Rn.1.
16 Zur Geschichte des Insolvenzrechts vgl. *Pape/Uhlenbruck* Rn. 21 ff.
17 *Smid* Grundzüge §1 Rn.18 ff.
18 *Pape/Uhlenbruck* Rn.1; *Bork* Rn.1; *Häsemeyer* Rn.2.02.
19 *Häsemeyer* Rn.2.01; *Smid* Grundzüge §1 Rn.18 ff.
20 *Smid* Grundzüge §1 Rn.21.
21 *Bork* Rn.2; *Smid* Grundzüge §1 Rn.22.
22 *Smid* Grundzüge §1 Rn.22
23 *Häsemeyer* Rn.2.33 ff.

Es besteht jedoch auch die Möglichkeit, dass den Gläubigern im Rahmen einer längerfristigen Prognose daran gelegen ist, das Schuldnerunternehmen durch den Erhalt des Unternehmensträgers zu sanieren. Hierfür stellt das Insolvenzrecht besondere Regelungen (wie das Insolvenzplanverfahren §§ 217 ff. InsO) auf, um nicht unnötigerweise Unternehmen zu zerschlagen.
Gleichzeitig besteht gem. §§ 286 ff. InsO die Möglichkeit einer Restschuldbefreiung, die insbesondere bei natürlichen Personen die Möglichkeit einer weiteren wirtschaftlichen Tätigkeit nach der Beendigung des Insolvenzverfahrens ermöglichen soll.

Kollisionen mit dem EG-Beihilfenrecht können sich bei jeder dieser Funktionen des Insolvenzrechts ergeben.
Aufgrund der Beeinflussung des deutschen Insolvenzrechts durch das Europarecht ergeben sich im Verlauf des Insolvenzverfahrens verschiedenartige Probleme für den Insolvenzverwalter, die weiteren Insolvenzorgane, die öffentliche Hand und (potentielle) Erwerber des Unternehmens respektive von Teilen des Unternehmens. Sollte eine Beihilfenrückforderung nach nationalem Recht nicht (effektiv) durchgeführt werden können, so muss nach dem aus Art. 10 EGV resultierenden Grundsatz des „effet utile“ das nationale Recht europarechtskonform ausgelegt werden. Gegebenenfalls sind die nationalen Rechtsgrundsätze, welche die Rückforderung verhindern würden, außer Acht zu lassen.[24]
Das Beihilfenrecht ist daher ein praktisch besonders bedeutsames Beispiel für den Anwendungsvorrang des Gemeinschaftsrechts vor dem nationalen Recht. Im Rahmen der Beurteilung der Anwendung der Vorschriften des Insolvenzrechts auf das Beihilfenrecht ist jedoch zu beachten, dass bei der Durchführung eines Insolvenzverfahrens im Regelfall noch weitere Gläubiger außer der öffentlichen Hand vorhanden sind. Als direkte Folge einer Bevorzugung der öffentlichen Hand würden diese Gläubiger ihrerseits benachteiligt werden. Insofern könnte ein Spannungsverhältnis zwischen dem die Beihilfenrückforderung dominierenden Grundsatz des „effet utile“ und der Wiederherstellung des Wettbewerbs auf der einen Seite und dem Grundsatz der Gläubigergleichbehandlung im Insolvenzverfahren auf der anderen Seite entstehen.
Es stellt sich daher die Frage, ob und wie die öffentliche Hand als Beihilfenrückforderungsschuldner am Insolvenzverfahren teilzunehmen hat, inwiefern eine Besserstellung der öffentlichen Hand als Rückforderungsschuldner im Einzelnen notwendig und gemeinschaftsrechtlich geboten erscheint und auch ob ggf. eine Sanierung des insolventen, beihilfenbegünstigten Unternehmens noch möglich ist.
Im Rahmen dieser Untersuchung ist daher festzustellen, inwiefern es möglich ist, mit den Mitteln des deutschen Insolvenzrechts die Wiederherstellung der durch die Gewährung einer rechtswidrigen Beihilfe eingetretenen Wettbewerbsverzerrungen zu ermöglichen.

---

[24] Dazu 1.Teil §1 G II.

## Gang der Darstellung

Zu diesem Zweck sind zunächst die Regelungen des Beihilfenrecht als solche kurz zu skizzieren, wobei besondere Aufmerksamkeit auf die Voraussetzungen und die Umsetzung der Rückforderung von Beihilfen gelegt werden wird.
Im Anschluss daran ist darzustellen, welche Auswirkungen eine Beihilfenrückforderung auf die Pflicht zur Beantragung und die Eröffnung eines Insolvenzverfahrens hat. Insbesondere ist in diesem Zusammenhang von Bedeutung, ab welchem Zeitpunkt eine rückzufordernde Beihilfe vom beihilfenbegünstigten Unternehmen zu passivieren ist. Erörtert werden muss auch die Stellung der öffentlichen Hand als Gläubiger im Vergleich zu privaten Gläubigern des Insolvenzschuldners. Hier wird das Spannungsverhältnis zwischen Beihilfenrecht und Insolvenzrecht besonders bedeutsam.
Im Übrigen ist aufgrund der enormen wirtschaftlichen Bedeutung auf die neue Kommissionspraxis, wonach die Beihilfe auch von einem anderen Unternehmen als dem ursprünglichen Beihilfenempfänger zurückgefordert werden kann einzugehen und diese kritisch zu würdigen. Diese Kommissionspraxis ist in der Literatur heftig umstritten und wurde von der Kommission bislang kaum begründet. Die Voraussetzungen für eine solche Inanspruchnahme des Dritten sind daher im einzelnen zu erörtern. Die Richtigkeit dieser Kommissionspraxis ist zu untersuchen, wobei gleichzeitig Ansätze für praktikable Interpretationsmöglichkeiten aufgezeigt werden sollen.
Schließlich ist darzustellen, welche Auswirkungen sich aus dieser neuen Kommissionspraxis auf die Handlungsmöglichkeiten des Insolvenzverwalters während des Insolvenzverfahrens ergeben. Der Insolvenzverwalter ist aufgrund der Überlagerung des Insolvenzrechts durch das Beihilfenrecht nämlich möglicherweise nicht mehr nur an die rechtlichen Vorgaben der InsO gebunden, sondern könnte aufgrund des Anwendungsvorrangs des Gemeinschaftsrechts durch das Beihilfenrecht zur Erfüllung besonderer Pflichten gehalten sein.

# 1.Teil Reichweite und Umfang des Beihilfenverbots

## *§ 1 Das Beihilfenaufsichtsverfahren*

Um die Grundzüge der Rückforderung von gemeinschaftsrechtswidrigen Beihilfen darzustellen, sind zunächst zu einem besseren Verständnis die Grundsätze des EG-Beihilfenrechts und des Prüfverfahrens durch die Kommission zu skizzieren.
Das EG-Beihilfenrecht bestimmt sich nach den Art. 87 ff. EGV und der Verordnung Nr.659/1999[25] vom 22.März 1999 über besondere Vorschriften für die Anwendung von Art. 93 (jetzt Art. 88) des EG-Vertrages[26]. Die VerfVO ist anwendbar auf solche Beihilfen, die nach dem In-Kraft-Treten der Verordnung gewährt wurden. Da die Verordnung jedoch größtenteils nur die bisherige ständige Rechtsprechung des EuGH und des EuG kodifiziert, sind nur geringe praktische Abweichungen zum status quo ante gegeben.[27]

### A. Der Beihilfenbegriff

Der Begriff der Beihilfe wird in der VerfVO nicht definiert, sondern es wird in Art. 1 lit. a) VerfVO auf den Beihilfenbegriff des Art. 92 (jetzt Art. 87) EGV verwiesen. Gem. Art. 87 Abs. 1 EGV sind staatliche oder aus staatlichen Mitteln gewährte Beihilfen gleich welcher Art, die durch die Begünstigung bestimmter Unternehmen oder Produktionszweige den Wettbewerb verfälschen oder zu verfälschen drohen, mit dem gemeinsamen Markt unvereinbar, soweit sie den Handel zwischen Mitgliedsstaaten beeinträchtigen.[28]
Beihilfen sind daher staatliche Maßnahmen, die in verschiedener Form die Last mindern, die ein Unternehmen zu tragen hat.[29] Daher sind alle Formen unmittelbarer und mittelbarer wirtschaftlicher Förderung als Beihilfen zu qualifizieren.[30]

### I. Begünstigung

Kern des Beihilfenbegriffs ist das Merkmal der Begünstigung.[31] Unter einer Begünstigung versteht man eine Leistung, die einen geldwerter Vorteil gewährt, welcher nicht

---

[25] Veröffentlicht in ABl. 1999, L 83/1.

[26] Im Folgenden wird der Einfachheit halber die Verordnung mit VerfVO abgekürzt.

[27] GTE-*Mederer* Art. 93 Rn.5; *Fischer* ZIP 1999, 1426; *Sinnaeve* EuZW 1998, 268 (269 f.); *ders.* EuZW 1999, 270 (271 f.); Schwarze/*Bär-Bouyssiere* Art. 88 Rn.2; *Geiss* S. 57; Stober/Vogel/*Schneider* S. 58.

[28] Ziel dieser Untersuchung kann es nicht sein, die im Einzelnen sehr komplizierten und strittigen Merkmale des Beihilfentatbestandes zu erläutern. Hier soll nur ein kurzer Überblick über den Beihilfenbegriff skizziert werden. Für detaillierte Ausführungen vgl. *Koenig/Kühling/Ritter* EG-Beihilfenrecht S. 26 ff.; Calliess/Ruffert/*Cremer* Art. 87 Rn.1 ff. Handbuch des EU-Wirtschaftsrecht/*Götz* H III Rn.20 ff; Harings S.7 ff., jeweils mwN.

[29] EuGH Slg. 1961, 1 (43) –Bergmannsprämie-; EuGH Slg. 1994, I-877 Rn.13 –Banco Exterior de Espana-; *Streinz* 5.A. Rn. 845; *v.Welser*, JA 2002, 240 (241); *Deckert/Schroeder* EuR 1998 291 (293); *Mähring* JuS 2003, 448 (449); *Lübbig/Martin-Ehlers* Rn.49.

[30] *Lübbig/Martin-Ehlers* Rn.67; *v.Welser*, JA 2002, 244 (245).

[31] *Oldiges* NVwZ 2001, 280 (281).

durch eine angemessene Gegenleistung ausgeglichen wird.[32] Sofern ein Marktwert für das Verhältnis von Leistung und Gegenleistung besteht, muss dieser eingehalten werden, damit die Leistung nicht unter das Beihilfeverbot fällt. Im Ergebnis liegt daher eine Beihilfe vor, wenn dem Begünstigten gegenüber seinen Konkurrenten ein Vorteil verschafft wird, den er unter normalen Umständen nicht gehabt hätte.[33]

Um festzustellen, ob eine angemessene Gegenleistung geleistet wurde, wenn dem staatlichen Handeln ein prognostisches Element innewohnt, wie etwa bei der Beteiligung an einer Kapitalgesellschaft, wird auf den sog. „market economy investor test" zurückgegriffen. Es wird ermittelt, ob ein vernünftiger privater Investor unter normalen Marktbedingungen die gleiche Investitionsentscheidung getroffen hätte.[34] Hierdurch soll eine Gleichbehandlung von öffentlichem und privatem Sektor erreicht werden.[35] Ausschlaggebend ist in diesem Zusammenhang, dass für die Gleichstellung von öffentlicher Hand und privaten Investoren eine Langzeitstrategie der öffentlichen Hand gegeben sein muss. Eine gegen Art. 87 EGV verstoßende Beihilfe liegt daher im Regelfall dann vor, wenn die öffentliche Hand selbst über einen längeren Zeitraum keinen Gewinn erwarten kann.[36]

Zur Feststellung, ob im Falle der Veräußerung von Grundstücken oder auch Gesellschaftsanteilen durch die öffentliche Hand eine angemessene Gegenleistung erbracht wurde, wird ein offenes, transparentes und freies Bietverfahren gefordert.[37]

Die Begünstigung muss außerdem bestimmte Unternehmen oder Produktionszweige begünstigen. In Abgrenzung zu allgemeinen wirtschafts-, steuer- und sozialpolitischen Maßnahmen umfasst dieses Kriterium nur begünstigende Maßnahmen zu Gunsten eines individuellen Unternehmens oder zu Gunsten einer regional (z. B. Ostdeutschland) oder sektoriell (z. B. Schiffsbau) definierten Gruppe von Unternehmen.[38]

## II. Aus staatlichen Mitteln

Des Weiteren muss die Beihilfegewährung „aus staatlichen Mitteln gleich welcher Art" erfolgen.[39] Erfasst sind also alle Bereiche der öffentlichen Hand, inklusive Staat sowie regionale, lokale und alle anderen Gebietskörperschaften[40].

---

[32] EuGH Slg. 1977, 595 Rn.20 f. -Steinike und Weinlig-; *Koenig* NJW 2000, 1065 (1066); *Koenig/Kühling/Ritter* EG-Beihilfenrecht S. 40 ff.; *Deckert/Schroeder* EuR 1998, 291 (293).

[33] EuGH Slg. 1996, I-3547 Rn.58 –SFEI-; *Koenig/Ritter* ZIP 2000, 769 (770); *Deckert/Schroeder* EuR 1998, 291 (294).

[34] EuGH EuZW 1994, 695 (696); EuG Slg.1999, II-17 Rn.203 –Neue Maxhütte Stahlwerke-; EuGH EuZW 2002, 468 ff –Stardust-; *Reich/Helios* EuZW 2002, 474 ff.; *Koenig/Ritter* ZIP 2000, 769 (770); *Koenig* Aktuelle Fragen des EG-Beihilfenrechts S.9 ff; *Koenig/Kühling/Ritter* EG-Beihilfenrecht S. 43 ff.; *Harings* S. 15 Rn.22 ff.; *Lübbig/Martin-Ehlers* Rn.135 ff.

[35] EuG Slg. 1996, II-2109 Rn.70 -Air France-.

[36] EuGH Slg. 1991, I-1603 Rn.20 -Alfa Romeo-; EuGH Slg. 1986, 2321 Rn.13 –Boch-; *Koenig/Ritter* ZIP 2000, 769 (770).

[37] *Koenig/Kühling* NJW 2000, 1065 (1066); *Koenig/Kühling/Ritter* EG-Beihilfenrecht S. 44 f.; *Harings* S. 48 Rn.78 ff; mehr zum Bietverfahren unter 4.Teil §2.

[38] *Kilb* JuS 2003, 1072.

[39] Näher hierzu *Koenig/Kühling/Ritter* EG-Beihilfenrecht, S.72 ff.; *Harings* S.9 ff; *Lübbig/Martin-Ehlers* Rn.98 ff.

[40] *Lübbig/Martin-Ehlers* Rn.100.

Es ist jedoch unwesentlich, ob die Beihilfe unmittelbar durch den Staat oder mittelbar durch von ihm zur Durchführung der Beihilfe errichtete oder damit beauftragte öffentliche oder private Einrichtungen gewährt wird.[41]. Dies bedeutet aber im Umkehrschluss auch, dass Vergünstigungen, die sich nicht in irgendeiner Weise auf staatlicher Seite als finanzielle Einbuße niederschlagen, keine Beihilfen sind.[42]

## III. Beeinträchtigung des Handels zwischen den Mitgliedsstaaten

Zu beachten ist, dass grundsätzlich nicht jede Art der Beihilfe gem. Art. 87 EGV verboten ist, sondern nur solche Beihilfen, die bestimmte Unternehmen oder Produktionszweige begünstigen und geeignet sind, den Handel zwischen den Mitgliedsstaaten zu beeinträchtigen.[43]
Eine Beeinträchtigung des Wettbewerbs ist gegeben, wenn das begünstigte Unternehmen einen wirtschaftlichen Vorteil erhält und dadurch die Marktbedingungen der Wettbewerber verändert werden.[44] Diese Beeinträchtigung muss nicht tatsächlich gegeben sein, sondern es ist ausreichend, wenn eine potentielle Beeinträchtigung möglich ist.[45] Zur Feststellung, ob ein Wettbewerb zwischen den Unternehmen besteht, ist der räumlich und sachlich relevante Markt abzugrenzen.[46] Der Handel zwischen den Mitgliedsstaaten ist nur dann nicht potentiell beeinträchtigt, wenn es sich um rein lokale Wirtschaftstätigkeiten handelt.[47]
Eine Wettbewerbsverfälschung scheidet auch dann nicht aus, wenn der Beihilfenempfänger nach dem Erhalt der Beihilfe insolvent wird und aus dem Wettbewerb auszuscheiden droht.[48] Die Wettbewerbsverfälschung ist bereits mit der Gewährung eingetreten und wird mit der Einleitung eines Konkurs- oder Insolvenzverfahrens noch nicht beseitigt.[49]

---

41 EuGH Slg. 1977, 595 Rn.21 -Steinike und Weinlig-; EuGH Slg. 1987, 4013 Rn.17 –Borken-Bocholt-; Handbuch des EU-Wirtschaftsrecht/*Götz* H III Rn.22; *Lübbig/Martin-Ehlers* Rn.99.

42 EuGH Slg.2001, I-2099 Rn.50 ff. -PreussenElektra-; EuGH Slg.1978, 25 Rn.114 –van Tiggele-; EuGH Slg. 1993, I-887 Rn.23 –Sloman Neptun-; *Lübbig/Martin-Ehlers* Rn.113 ff.; *Oldiges* NVwZ 2001, 280 (282); *Soltesz* EuZW 1998, 747 ff.

43 Näher hierzu *Koenig/Kühling/Ritter* EG-Beihilfenrecht, S.83 ff.; *Lübbig/Martin-Ehlers* Rn.127 ff.

44 EuGH Slg. 1980, 2671 Rn.11 –Philip Morris-; *Koenig/Kühling/Ritter* EG-Beihilfenrecht S.83; *Oldiges* NVwZ 2001, 280 (283); *Lübbig/Martin-Ehlers* Rn.127.

45 *Harings* S. 25 Rn.38; *Koenig/Kühling/Ritter* EG-Beihilfenrecht S.83; *Vogt* S. 46; *Beutler/Bieber/Pipkorn/Streil* Rn.900.

46 Dazu *Harings* S. 24 ff. Rn.36 ff.; *Koenig*, Weichenstellung im EG-Beihilfentatbestand: „Market Economy Investor" –Test und Marktabgrenzung, S.9 (19 ff.); *Koenig/Kühling/Ritter* EG-Beihilfenrecht S.85 f., z.T. wird dies auch unter dem gesonderten Punkt Wettbewerbsverfälschung erörtert, vgl. *Beutler/Bieber/Pipkorn/Streil* Rn.898 mwN.

47 *Koenig/Kühling/Ritter* EG-Beihilfenrecht S.86.

48 *Ehlers* DZWiR 2001, 424.

49 I.E. ebenso: EuGH Slg. 1994, I-4103 Rn.80-Hytasa-; Schwarze/*Bär-Bouyssiere* Art,88 Rn.31; Grabitz/Hilf/*v. Wallenberg* Art. 88 Rn.90; *Ehlers* DZWiR 01, 424.

## B. Ausnahmen vom Beihilfenverbot

Sofern tatbestandsmäßig eine Beihilfe nach den soeben aufgeführten Kriterien gegeben ist, besteht dennoch die Möglichkeit, dass eine solche Beihilfe nicht verboten ist.

### I. Legalausnahmen nach Art. 87 Abs. 2

Art. 87 Abs. 2 EGV statuiert Legalausnahmen vom Beihilfenverbot.[50] Sofern eine Beihilfe unter einen der Tatbestände von Art. 87 Abs. 2 EGV fällt, ist die Beihilfe per se mit dem gemeinsamen Markt vereinbar. Der Kommission kommt insofern kein Ermessen zu, sie hat die Beihilfe nach erfolgtem Prüfverfahren zu genehmigen. Praktisch sind diese Ausnahmetatbestände aufgrund ihres engen Anwendungsbereichs von geringer Bedeutung.

### II. Ermessenstatbestände

Art. 87 Abs. 3 überträgt der Kommission ein Ermessen, Beihilfen, die den dort aufgeführten Tatbeständen unterfallen, für mit dem gemeinsamen Markt vereinbar zu erklären.[51] Diese Tatbestände sind aufgrund ihrer weiten Anwendbarkeit von größerer praktischer Bedeutung.

Hierzu gehören insbesondere die aufgrund der Ermächtigungsverordnung[52] ergangenen Gruppenfreistellungsverordnungen[53].

Freigestellt sind hierdurch zum einen die sog. Ausbildungsbeihilfen gem. VO 68/2001[54]. Ferner sind gem. VO 69/2001[55] sog. „de-minimis Beihilfen" vom Beihilfenverbot ausgenommen. Dies bedeutet, dass Beihilfen, die weniger als 100.000 € für ein Unternehmen verteilt auf drei Jahre betragen, freigestellt sind. Von der dritten Freistellungsverordnung VO 70/2001[56] sind Beihilfen an kleine und mittlere Unternehmen (KMU) erfasst.

Beihilfen, die diesen Gruppenfreistellungsunternehmen unterfallen, werden grundsätzlich als mit dem gemeinsamen Markt vereinbar angesehen.

---

50 Näher hierzu *Koenig/Kühling/Ritter* EG-Beihilfenrecht S.93 ff.; *Harings* S. 59 ff Rn.99 ff.; *Lübbig/Martin-Ehlers* Rn.50 ff.

51 Näher hierzu *Koenig/Kühling/Ritter* EG-Beihilfenrecht S.99 ff.; *Harings* S.62 ff Rn.103 ff.; *Lübbig/Martin-Ehlers* Rn.61 ff.

52 Verordnung Nr. 994/98 des Rates vom 7. Mai 1998 über die Anwendung des Art. 87 und 88 des Vertrages zur Gründung der europäischen Gemeinschaft auf bestimmte Gruppen horizontaler Beihilfen, ABl. 1998 L 142/1 vom 14.5.1998.

53 Näher hierzu *Koenig/Kühling/Ritter* EG-Beihilfenrecht, S. 102 ff.; *Harings* S.73 ff. Rn.117 ff; *Sinnaeve* EuZW 2001, 69 ff.

54 Verordnung Nr. 68/2001 der Kommission vom 12. Januar 2001 über die Anwendung der Art. 87 und 88 EG-Vertrag auf Ausbildungsbeihilfen, ABl. 2001 L 10/20 vom 13.1.2001.

55 Verordnung Nr.69/2001 der Kommission vom 12. Januar 2001 über die Anwendung der Artikel 87 und 88 EG-Vertrag auf „De-minimis"-Beihilfe, ABl. L 10/30 vom 13.1.2001.

56 Verordnung Nr.70/2001 der Kommission über die Anwendung der Art. 87 und 88 EG-Vertrag auf staatliche Beihilfen an kleinere und mittlere Unternehmen, ABl. 2001 L 10/33 vom 13.1.2001.

## C. Das Durchführungsverbot des Art. 88 Abs. 3 S. 3 EGV iVm. Art. 3 VerfVO[57]

### I. Die Pflicht zur Anmeldung neuer Beihilfen

Aus Art. 88 Abs. 3 EGV iVm. Art. 2 Abs. 1 VerfVO ergibt sich die Pflicht des Mitgliedsstaates, vor der Gewährung einer Beihilfe die Kommission über die beabsichtigte Beihilfe zu informieren. Beihilfen, die nach Art. 1 VerfVO als bestehende Beihilfen bezeichnet werden, also solche, die vor In-Kraft-Treten des Vertrages eingeführt wurden, von der Kommission bereits genehmigt wurden, als genehmigt oder als bestehend gelten, werden von der Kommission gem. Art. 88 Abs. 1 EGV weiterhin überprüft, müssen jedoch nicht erneut angemeldet werden. Art. 3 VerfVO verbietet nunmehr explizit die Durchführung von genehmigungsbedürftigen Beihilfen vor einer entsprechenden Genehmigung der Kommission.

Grundsätzlich sind alle *neuen* staatlichen Beihilfen vor ihrer Gewährung durch den Mitgliedsstaat gem. Art. 88 Abs. 3 EGV zunächst bei der Kommission anzumelden. Die Gewährung von Beihilfen ohne vorherige Genehmigung durch die Kommission ist untersagt. Wie sich aus Art. 3 VerfVO ergibt, gilt das Durchführungsverbot solange, bis die Kommission eine dementsprechende Genehmigung erlassen hat. Aus diesem Wortlaut ergibt sich auch, dass das Durchführungsverbot nach einer Negativentscheidung der Kommission weiterhin gilt.[58]

### II. Ausnahmen von der Pflicht zur Anmeldung

Ausgenommen von der Pflicht zur Anmeldung sind Beihilfen, die unter eine der drei Gruppenfreistellungsverordnungen fallen. Die Beihilfen werden so behandelt, als würden sie von vornherein keine Beihilfen darstellen und bedürfen daher nicht vor ihrer Gewährung der Überprüfung durch die Kommission. Stattdessen unternimmt die Kommission nur eine ex-post-Kontrolle der Beihilfe.

## D. Die vorläufige Prüfung

Die Kommission nimmt gem. Art. 4 Abs. 1 VerfVO eine vorläufige Prüfung der angemeldeten neuen Beihilfe vor, die ein Mitgliedsstaat gewähren möchte. Diese Prüfung soll der Kommission dabei helfen, sich eine erste Meinung über den Beihilfencharakter bzw. die Genehmigungsfähigkeit der Maßnahme zu bilden.[59] Wenn nach Ansicht der Kommission der Mitgliedsstaat nur unvollständige Informationen übermittelt hat, so kann sie gem. Art. 5 Abs. 1 VerfVO weitere Auskünfte anfordern.

Gem. Art. 4 Abs. 5 VerfVO hat die Kommission die vorläufige Prüfung innerhalb von zwei Monaten abzuschließen. Sollte die Kommission innerhalb der Zwei-Monats-Frist

---

[57] im Folgenden soll, soweit nicht anders bezeichnet, der Einfachheit der Darstellung halber auf die Erwähnung von Art. 3 VerfVO verzichtet werden, so dass nur Art. 88 Abs. 3 EGV aufgeführt wird.

[58] *Harings* S. 146 f. Rn.253.

[59] EuGH Slg. 1973, 1471 Rn.3 – Lorenz-; EuGH Slg. 1993, I-2487 Rn.7 ff – Cook-.

nach Art. 4 Abs. 5 VerfVO keine Entscheidung erlassen, so endet das Durchführungsverbot.
Kommt die Kommission innerhalb dieser Frist zu dem Ergebnis, dass es sich nicht um eine Beihilfe handelt oder diese Beihilfe keinen Anlass zu Bedenken bzgl. der Vereinbarkeit mit dem gemeinsamen Markt gibt, so stellt die Kommission dies in der Rechtsform der Entscheidung gem. Art. 4 Abs. 2 oder Abs. 3 VerfVO fest. Adressat der Entscheidung sind die Mitgliedsstaaten; die übrigen Beteiligten haben einen Anspruch auf eine Kopie der Entscheidung. Nach einer positiven Entscheidung sind die Mitgliedsstaaten befugt, dem Beihilfenempfänger die Beihilfe zu gewähren.
Hat die Kommission Bedenken an der Vereinbarkeit der Beihilfe mit dem gemeinsamen Markt, so wird gem. Art. 4 Abs. 4 VerfVO das förmliche Prüfverfahren (gelegentlich auch als Hauptverfahren bezeichnet) eröffnet.

## E. Das förmliche Prüfverfahren

Innerhalb des förmlichen Prüfverfahrens wird eine umfassende Würdigung der Sach- und Rechtsfragen vorgenommen, mit dem Ziel festzustellen, ob es sich um eine Beihilfe handelt und bejahendenfalls ob die Beihilfe mit dem gemeinsamen Markt vereinbar ist. Dafür werden gem. Art. 6 Abs. 1 VerfVO Stellungnahmen des betreffenden Mitgliedsstaates und der weiteren Beteiligten eingefordert. Die Entscheidung soll innerhalb von 18 Monaten nach Eröffnung des förmlichen Prüfverfahrens gem. Art. 7 Abs. 6 S. 2 VerfVO erlassen werden.
Nach Abschluss des förmlichen Prüfverfahrens entscheidet die Kommission gem. Art. 7 VerfVO über die Vereinbarkeit der Beihilfe mit dem gemeinsamen Markt.
Eine mögliche Entscheidung der Kommission ist gem. Art. 7 Abs. 2 die Entscheidung, dass die Maßnahme des Mitgliedsstaates keine Beihilfe darstellt.
Gem. Art. 7 Abs. 3 VerfVO kann die Kommission in Form der sog. Positiventscheidung feststellen, dass es sich bei der Maßnahme des Mitgliedsstaates zwar um eine Beihilfe handelt, diese jedoch mit dem gemeinsamen Markt vereinbar ist. Gegebenenfalls kann diese Entscheidung gem. Art. 7 Abs. 4 VerfVO mit Bedingungen oder Auflagen versehen werden. Genehmigungsfähige Beihilfen sind gem. Art. 86 Abs. 2 EGV Beihilfen an Unternehmen der Daseinsfürsorge sowie die dem Art. 87 Abs. 3 EGV unterfallenden Beihilfen.[60]
Sofern die Kommission zu dem Ergebnis kommt, dass die Beihilfe nicht mit dem gemeinsamen Markt vereinbar ist, erlässt sie gem. Art. 7 Abs. 5 VerfVO die sog. Negativentscheidung. Daraufhin darf die beabsichtigte Beihilfe vom Mitgliedsstaat nicht durchgeführt werden.

## F. Rechtswidrige Beihilfen

Gemäß Art. 1 lit. f) VerfVO sind rechtswidrige Beihilfen solche, die unter Verstoß gegen das Durchführungsverbot des Art. 93 Abs. 3 EGV (jetzt Art. 88 Abs. 3) eingeführt worden sind. Da der Verstoß insofern zunächst nur in der Gewährung der Beihilfe ohne vorherige Genehmigung der Kommission besteht, wird unabhängig von der

[60] Näher hierzu *Koenig/Kühling/Ritter* EG-Beihilfenrecht S.92 ff.

Frage der materiellen Vereinbarkeit der Beihilfe mit dem gemeinsamen Markt, auch von einer formell rechtswidrigen Beihilfe gesprochen.
Erhält die Kommission Anhaltspunkte dafür, dass ein Mitgliedsstaat ohne vorherige Anmeldungen eine Beihilfe gewährt haben könnte, so hat die Kommission gem. Art. 10 Abs. 1 VerfVO diesen Anhaltspunkten unverzüglich nachzugehen. Die Kommission kann hierbei gem. Art. 10 Abs. 2 VerfVO Auskünfte von dem Mitgliedsstaat verlangen und gegebenenfalls gem. Art. 10 Abs. 3 VerfVO eine Anordnung zu Auskunftserteilung treffen. Obwohl dies in der VerfVO nicht ausdrücklich geregelt ist, kann die Kommission in dem Fall, dass der Mitgliedsstaat den Anordnungen nicht (ausreichend) nachkommt, das Verfahren abschließen und aufgrund der ihr bekannten Tatsachen über die Vereinbarkeit bzw. Unvereinbarkeit der Maßnahme mit dem gemeinsamen Markt entscheiden.[61]
Kommt die Kommission zu dem Ergebnis, dass es sich bei der Maßnahme des Mitgliedsstaates um eine Beihilfe handelt, die der Genehmigung durch die Kommission bedurft hätte, so kann die Kommission in diesem Fall gem. Art. 11 Abs. 1, 2 VerfVO die Aussetzung und/oder die einstweilige Rückforderung der Beihilfe verlangen.

## G. Rückforderung von Beihilfen

Die Anordnung der Rückforderung von Beihilfen wird durch die Kommission erst seit den 70er Jahren praktiziert und vom EuGH gebilligt.[62] Davor war zwar das Beihilfenverbot im EGV verankert, von den Mitgliedsstaaten wurde es jedoch kaum befolgt. Eine geschriebene Befugnis zur Anordnung der Rückforderung ist expressis verbis erst seit kurzem in Art. 14 der 1999 in Kraft getretenen VerfVO verankert. Da es sich bei der Rückforderung der Beihilfe um die „logische Folge ihrer Gewährung“[63] handelt, wurde dem Durchführungsverbot vom EuGH auch die Kompetenz der Kommission zur Rückforderung von Beihilfen entnommen. Ansonsten wäre das Beihilfenverbot nur im Wege eines Vertragsverletzungsverfahrens gem. Art. 88 Abs. 2 UnterAbs. 2 EGV (ex Art. 169 EGV) durchsetzbar gewesen.[64] Der Grundsatz des „effet utile“ und der Schutz der Wettbewerber erforderte es jedoch, dass die Kommission den Mitgliedsstaat unmittelbar zur Rückforderung der Beihilfe verpflichten konnte.[65]

### I. Aussetzungsanordnung und vorläufige Rückforderung

Wenn nach der Gewährung einer rechtswidrigen Beihilfe eine Aussetzungsanordnung gem. Art. 11 Abs. 1 VerfVO ergangen ist, bedeutet dies, dass der Mitgliedsstaat die Gewährung aller rechtswidrigen Beihilfen solange auszusetzen hat, bis die Kommission über die Vereinbarkeit der Beihilfe mit dem gemeinsamen Markt eine Entscheidung erlassen hat. Ob die Kommission eine Aussetzungsanordnung treffen will, steht in ihrem Ermessen.

---

61 EuGH Slg. 1990, I-307 Rn.22 – Boussac-; *Koenig/Kühling/Ritter* EG-Beihilfenrecht S. 188.
62 Seit EuGH Slg. 1973, 813 Rn.14 ff. –Kommission/Deutschland-.
63 EuGH Slg. 1991, I-1603 Rn.41 -Alfa Romeo-; EuGH Slg. 1990, I-959 Rn.66 –Tubemeuse-, st. Rspr.
64 EuGH Slg. 1995, I-699 Rn.13 ff. –ENI/Lanerossi-; *Sinnaeve* S. 41.
65 EuGH Slg. 1973, 813 Rn.13 –Kommission/Deutschland-.

Nachdem den Beteiligten Gelegenheit zur Äußerung gegeben wurde, kann die Kommission gem. Art. 11 Abs. 2 VerfVO die vorläufige Rückzahlung der Beihilfe anordnen, sofern an dem Beihilfecharakter der Maßnahme keine Zweifel bestehen, ein Tätigwerden dringend geboten ist und ein erheblicher, nicht wieder gutzumachender Schaden für die Konkurrenten ernstlich zu befürchten ist.[66] Es kann also in diesem Fall auch eine Rückforderung der Beihilfe angeordnet werden, ohne dass es einer Feststellung der materiellen Unvereinbarkeit der Beihilfe mit dem gemeinsamen Markt bedarf. Die Durchführung der vorläufigen Rückforderung erfolgt gem. Art. 11 Abs. 2 UnterAbs. 2 VerfVO nach Art. 14 Abs. 2, 3 VerfVO, also nach den Vorschriften über die endgültige Rückforderung einer Beihilfe. Die Kommission darf gem. Art. 7 Abs. 2 UnterAbs. 3 VerfVO den Mitgliedsstaat im Übrigen ermächtigen, die vorläufige Rückforderung der Beihilfe mit der Zahlung einer Rettungsbeihilfe zu verbinden. Für die endgültige Rückforderung von Beihilfen sind solche Rettungsbeihilfen nicht vorgesehen.

Noch vor dem In-Kraft-Treten der VerfVO wurde eine Befugnis der Kommission zur Rückforderung von entgegen dem Durchführungsverbot des Art. 88 Abs. 3 EGV gewährten Beihilfen vom EuGH abgelehnt,[67] allerdings wurde in dieser Entscheidung die Möglichkeit einer bloß vorläufigen Rückforderung nicht angesprochen.[68]
Aufgrund der drastischen Konsequenzen einer vorläufigen Rückforderungsanordnung für den Beihilfenempfänger wird in der Literatur bisher davon ausgegangen, dass diese Vorschrift nur geringe praktische Konsequenz haben wird.[69] Bislang hat die Kommission von der Möglichkeit der Anordnung der einstweiligen Rückforderungsanordnung auch noch keinen Gebrauch gemacht. Allerdings ist zu berücksichtigen, dass die Rückforderung einer Beihilfe nach der Rechtsprechung des EuGH die logische Konsequenz ihrer rechtswidrigen Gewährung ist.[70] Daher erscheint es auch nicht unwahrscheinlich, dass nach einer gewissen Vorlaufzeit die Kommission häufiger von dieser Möglichkeit Gebrauch machen wird.

## II. Rückforderung gem. Art. 14 VerfVO

Unabhängig davon, ob die Kommission die Aussetzung oder vorläufige Rückforderung der Beihilfe angeordnet hat, leitet sie im Falle der Möglichkeit, dass die Beihilfe gegen Art. 87 EGV verstößt, gem. Art. 12 iVm. Art. 4 VerfVO das formelle Prüfverfahren ein. Dieses verläuft ebenso wie bei angemeldeten Beihilfen, mit der Ausnahme, dass die für die vorläufige Prüfung und das förmliche Prüfverfahren geltenden Fristen gem. Art. 13 Abs. 2 VerfVO nicht zur Anwendung kommen.

---

66 Zu Zweifeln an der Rechtmäßigkeit dieser Vorschrift siehe: *Kruse* NVwZ 1999, 1049 (1054); *Lübbig/Martin-Ehlers* Rn.553.

67 EuGH Slg. 1990, I-307 Rn.19 ff – Boussac-.

68 Dies hervorhebend: *Slot* Aktuelle Fragen des EG-Beihilfenrechts S.66 Fn.63.

69 *Fischer* ZIP 1999, 1426 (1430); *Harings* S. 124 Rn.216; *Sinnaeve* EuZW 1999, 270 (273); *Slot* S. 43 (66.f); Geiss S.83; *Lübbig/Martin-Ehlers* Rn.555.

70 EuGH Slg. 1991, I-1603 Rn.41 -Alfa Romeo-; EuGH Slg. 1990, I-959 Rn.66 –Tubemeuse-.

Kommt die Kommission beim Abschluss des formellen Prüfverfahrens zu dem Ergebnis, dass die Beihilfe nicht mit dem gemeinsamen Markt vereinbar ist, dann hat sie gem. Art. 14 VerfVO die endgültige Rückforderung der Beihilfe anzuordnen. Ein Ermessen kommt der Kommission im Gegensatz zur bisherigen Rechtslage vor dem In-Kraft-Treten der VerfVO insofern nicht zu.[71] Die Rückforderungsanordnung muss nicht den genauen Betrag der zu erstattenden Beihilfe festlegen, es ist ausreichend, wenn die Entscheidung Angaben enthält, die es dem Mitgliedsstaat ermöglichen, ohne übermäßige Schwierigkeiten den Betrag selbst zu bestimmen.[72]
Wenn die Kommission die Rückforderung der Beihilfe angeordnet hat, dann ist der Mitgliedsstaat gem. Art. 14 Abs. 1 VerfVO verpflichtet, alle notwendigen Maßnahmen zu treffen, um die Beihilfe vom Empfänger zurückzufordern. Gem. Art. 14 Abs. 2 VerfVO hat die Rückforderung auch die Zinsen der Beihilfe zu umfassen. Die Rückforderung erfolgt gem. Art. 14 Abs. 3 VerfVO nach den Vorschriften des nationalen Rechts,[73] wobei nationale Vorschriften der effektiven Rückforderung der Beihilfe nicht entgegenstehen dürfen und gegebenenfalls außer Acht zu lassen sind. Dieser Grundsatz des „effet utile“ (verankert in Art. 10 EGV) ist auch innerstaatlich als zulässiges Mittel der Rechtsanwendung vom BVerfG anerkannt worden.[74]
Die Rückforderung hat gem. Art. 14 Abs. 1 S. 2 VerfVO zu unterbleiben, wenn sie gegen einen allgemeinen Grundsatz des Gemeinschaftsrechts[75] verstoßen würde.

Der Grund für die Rückforderung von Beihilfen liegt darin, dass die erfolgte rechtswidrige Wettbewerbsverzerrung wieder ausgeglichen werden soll, damit der status quo ante möglichst wieder hergestellt wird.[76]
Ziel der Rückforderung einer Beihilfe ist es hingegen nicht, den exakten Zustand herzustellen, der bestehen würde, wenn das Unternehmen die Beihilfe nie erhalten hätte.[77] Eine gänzliche Rückgängigmachung der erfolgten Wettbewerbsverzerrung wird zumeist nämlich nicht mehr möglich sein. Die rechtswidrige Durchführung einer später mit dem gemeinsamen Markt für unvereinbar erklärten Beihilfe ruft häufig Wettbewerbsverzerrungen hervor, die durch eine Rückzahlung der Beihilfe nicht mehr vollständig umzukehren sind.[78] So wird es kaum möglich sein, herauszufinden, ob und inwiefern der Beihilfenempfänger gerade aufgrund der erhaltenen Beihilfen einen bestimmten Gewinn erwirtschaften konnte. Stattdessen wird, wie aufgeführt, von dem Beihilfenempfänger pauschal neben der Rückzahlung der Beihilfe noch die Zahlung von Zinsen verlangt.

---

[71] GTE/*Mederer* Art. 93 Rn.18; *Fischer* ZIP 1999, 1426 (1430); *Harings* S. 155 Rn.266.
[72] EuGH Slg. 1988, 4067 Rn.33 -FIM-; EuGH ZIP 2000, 1938 (1940) Rn34 –Megafesa-.
[73] Dazu 1.Teil §2.
[74] BVerfGE 75, 223 (241 ff.).
[75] Dazu 1.Teil §2 A.
[76] EuGH Slg. 1995, I-699 Rn.21 –ENI/Lanerossi-; *Sinnaeve* S. 37; *Schütte/Elsner* EWS 2003, 327.
[77] *Schmitz* S. 105.
[78] Schlussanträge des Generalanwalts *Tesauro* Slg. 1990, I-979 Rn.13 –Tubemeuse-.

## III. Zusammenfassung

Es bestehen im Ergebnis folgende Konstellationen, in denen die Kommission die Unvereinbarkeit eine Beihilfe mit dem gemeinsamen Markt feststellen kann:
In dem Fall, dass eine bereits einmal genehmigte, weiterhin durchgeführte Beihilfe („Dauerschuldverhältnis") nun für mit dem gemeinsamen Markt unvereinbar erklärt wurde, kann die Kommission für die Zukunft ein Verbot der Beihilfe fordern. Eine Rückforderung der bereits geleisteten Beihilfen findet nicht statt.
Es kann eine nicht angemeldete, aber bereits durchgeführte Maßnahme mit dem gemeinsamen Markt unvereinbar sein. In diesem Fall hat die Kommission die Rückforderung der Beihilfe anzuordnen.

Die Rückforderung einer bereits geleisteten Beihilfe kann demnach nur angeordnet werden, wenn zumindest gleichzeitig ein Verstoß gegen das Durchführungsverbot des Art. 88 Abs. 3 EGV vorliegt. Sofern die Kommission vor Gewährung der Beihilfe informiert wurde und im anschließenden Prüfverfahren dann die Unvereinbarkeit der Beihilfe mit dem gemeinsamen Markt feststellt, ist die Durchführung der Beihilfe verboten. In diesem Fall ist mangels Gewährung einer Beihilfe keine Rückforderungsanordnung notwendig.
In dem Fall eines Verstoßes gegen das Durchführungsverbot kann eine vorläufige Rückforderungsanordnung ergehen. Zusätzlich kann unabhängig davon, ob eine einstweilige Rückforderungsanordnung ergangen ist, im Falle der Unvereinbarkeit mit dem gemeinsamen Markt die endgültige Rückforderung der Beihilfe angeordnet werden.
Diskutiert wird zusätzlich die Frage, ob in dem Fall, dass der Mitgliedsstaat eine materiell rechtswidrige Beihilfe nach einer Negativentscheidung der Kommission gewährt, die Möglichkeit der Rückforderung der Beihilfe besteht, ohne dass gegen das Durchführungsverbot des Art. 88 Abs. 3 EGV verstoßen wurde.[79] Man wird jedoch davon ausgehen müssen, dass das Durchführungsverbot nicht bis zu einer abschließenden Entscheidung der Kommission, sondern bis zu einer Positiventscheidung der Kommission besteht. Nachdem die Kommission eine Negativentscheidung erlassen hat, bleibt das Durchführungsverbot selbstverständlich bestehen. Dies ergibt sich unmissverständlich auch aus Art. 3 VerfVO. Daher ist eine Beihilfe, die nach einer Negativentscheidung der Kommission gewährt wurde, unter Verstoß gegen das Durchführungsverbot gewährt worden und somit formell rechtswidrig.

## IV. Weitere Möglichkeiten der Rückforderung

### *1. Anordnung der Rückforderung durch nationales Gericht*

Des Weiteren ist den nationalen Gerichten durch den EuGH aufgrund der unmittelbaren Wirkung des Art. 88 Abs. 3 EGV die Kompetenz zuerkannt worden, bei Konkur-

---

[79] Möller S. 152 mit Verweis auf den Fall EuG NJW 2000, 2413 –VW Sachsen-, wo trotz Abschlägiger Kommissionsentscheidung ein Teil der geplanten Beihilfe noch ausgezahlt wurde.

rentenklagen[80] die einstweilige Rückforderung (oder Aussetzung) einer unter Verstoß gegen das Durchführungsverbot gewährten Beihilfe anzuordnen.[81]
Durch die Möglichkeit der Anordnung der einstweiligen Rückzahlung durch das mitgliedsstaatliche Gericht sollen die Rechte der Konkurrenten, die keine rechtswidrige Beihilfe erhalten haben, geschützt werden, um eingetretene Wettbewerbsverzerrungen auszugleichen.
Kommt die Kommission bei ihrer materiellen Prüfung der nicht notifizierten Beihilfe zu dem Ergebnis, dass die Beihilfe mit dem gemeinsamen Markt vereinbar ist, so heilt dies den Mangel der vorzeitigen Gewährung nicht.[82] Daher muss das nationale Gericht im Fall einer Konkurrentenklage auch keine umfassende Würdigung der materiellen Rechtmäßigkeit der Beihilfe vornehmen.[83] Das Gericht muss zur Gewährung des Schutzes der Konkurrenten stattdessen nur feststellen, ob eine Beihilfe vorliegt und ob diese ohne vorherige Anmeldung bei der Kommission gewährt wurde.[84] Ein Tätigwerden der Kommission ist keine zwingende Voraussetzung.[85]
Wenn diese Voraussetzungen gegeben sind, ist das nationale Gericht befugt, die einstweilige Rückzahlung der Beihilfe an den Mitgliedsstaat zu verlangen.
Hat der Richter Zweifel an dem Beihilfecharakter einer Maßnahme, so kann er die Kommission um Beantwortung dieser Frage bitten; diese hat schnellstmöglich zu antworten.[86]

### *2. Rückforderung wegen missbräuchlicher Verwendung*

Im Übrigen besteht gem. Art. 14,16 VerfVO die Möglichkeit der Rückforderung von missbräuchlich verwendeten Beihilfen durch die Kommission.
Eine missbräuchliche Verwendung von Beihilfen liegt gem. Art. 1 lit. g) VerfVO vor, wenn der Empfänger Beihilfen entgegen den Kommissionsentscheidungen nach Art. 4 Abs. 3 oder Art. 7 Abs. 3, 4 VerfVO verwendet.
In diesem Fall wurde zwar vom Mitgliedsstaat ursprünglich ordnungsgemäß das Notifizierungsverfahren durchgeführt, jedoch hat der Beihilfenempfänger die Beihilfe nicht für den von der Kommission genehmigten Zweck verwendet, so dass eine Rückzahlungsverpflichtung angemessen erscheint.

---

80 Zur Rechtsstellung von Konkurrenten des Beihilfenempfängers im Beihilfeaufsichtsverfahren, siehe *Staebe* S.65 ff.; *Götz* FS-Oppermann, S. 593 ff.; *Bartosch* ZIP 2000, 601.

81 EuGH Slg. 1991, I-5505 Rn.11 -FNCE-; EuGH Slg. 1996, I-3547 Rn.67 -SFEI-.

82 EuGH Slg. 1991, I-5505 Rn.16 -FNCE-; EuGH Slg. 1996, I-3547 Rn.67 -SFEI-.

83 *Harings* S. 141 Rn.243.

84 Schwarze/*Bär-Bouyssiere* Art. 88 Rn.63; *Harings* S. 141 Rn.243; *Koenig/Kühling/Ritter* EG-Beihilfenrecht S. 211.

85 Schwarze/*Bär-Bouyssiere* Art. 88 Rn.63.

86 Mitteilung der Kommission vom 23.11.1995 über die Zusammenarbeit zwischen Kommission und den Gerichten der Mitgliedsstaaten im Bereich der staatlichen Beihilfen, ABl. 1995 C-312/8.

## § 2 Durchführung der Rückforderung vom Beihilfenempfänger

### A. Verpflichtung des Mitgliedsstaats

Wenn die Kommission die Rückforderung der Beihilfe angeordnet hat, trifft den Mitgliedsstaat gem. Art. 14 Abs. 1 VerfVO die Pflicht, alle erforderlichen Maßnahmen zu treffen, um die Beihilfe vom Empfänger zurückzufordern. Die Rückforderung einer Beihilfe bestimmt sich gem. Art. 14 Abs. 3 VerfVO nicht nach dem Gemeinschaftsrecht, sondern nach dem einschlägigen Recht des betroffenen Mitgliedsstaates.[87] Gem. Art. 14 Abs. 2 S. 1 VerfVO umfasst die Rückforderung auch die Zinsen nach einem von der Kommission festgelegten Zinssatz.
Sinn der Rückforderung der Beihilfe ist die Beseitigung der erfolgten Wettbewerbsverzerrung.[88] Aus diesem Grund wird die Rückforderung der Beihilfe auch als die „logische Folge" der rechtswidrigen Gewährung der Beihilfe angesehen.[89]

Art. 14 Abs. 1 S. 2 VerfVO legt fest, dass die Kommission die Rückforderung nicht anordnen darf, wenn dies einen Verstoß gegen einen allgemeinen Grundsatz des Gemeinschaftsrechts bedeuten würde.
Hat die Kommission die Rückforderung der Beihilfe angeordnet, dann ist der Mitgliedsstaat verpflichtet, dieser Anordnung nachzukommen. Kommt der Mitgliedsstaat seiner Verpflichtung nicht umgehend nach, so kann die Kommission gegen den Mitgliedsstaat ein Vertragsverletzungsverfahren gem. Art. 88 Abs. 2 Unter-Abs. 2 EGV vor dem EuGH einleiten.

### B. Ausnahmen von Durchsetzung der Rückforderung gegenüber dem Beihilfenempfänger

#### I. Verstoß gegen allgemeine Grundsätze des Gemeinschaftsrechts

Von einer Beihilfenrückforderung kann abgesehen gemacht werden, wenn gem. Art. 14 Abs. 1 S. 2 VerfVO dies einen Verstoß gegen einen allgemeinen Grundsatz des Gemeinschaftsrechts darstellen würde. Hierbei handelt es sich nur eine Klarstellung, da aufgrund der Normenhierarchie selbstverständlich die allgemeinen Grundsätze des Gemeinschaftsrechts einer Kommissionsanordnung vorgehen.[90]
Sowohl der Grundsatz des Vertrauensschutzes[91] als auch der Grundsatz der Verhältnismäßigkeit[92] sind als allgemeine Grundsätze des Gemeinschaftsrechts anerkannt worden.

---

87 Art. 14 Abs. 3 VerfVO kodifiziert insofern die st. Rspr. des EuGH, z.B. EUGH Slg. 1990, I-3437 Rn.9 ff. -BUG-Alutechnik-; EuGH Slg. 1990, I-959 Rn.58 –Tubemeuse-.
88 *Hakenberg/Erlbacher* EWS 2003, 201 (207).
89 EuGH Slg. 1990, I-959 Rn.66 –Tubemeuse-; EuGH Slg. 1991, I-1603 Rn.41 –Alfa Romeo.
90 *Slot* S. 43 (67); GTE/*Mederer* Art. 93 Rn.18.
91 EuGH Slg. 1973, 723 Rn.5 ff –Kommission/Deutschland-; EuGH Slg. 1983, 2633 Rn.32 f. – Deutsche Milchkontor-; *Geiss* S. 118 ff.; *Koch* S. 1 ff.; *Lübbig/Martin-Ehlers* Rn.613; *Heiermann* EWS 1994, 145 (146).
92 Inzwischen durch Art. 5 Abs. 3 sogar im EGV verankert.

Ein Absehen von der Rückforderung aus Gründen des Vertrauensschutzes geschieht jedoch nur selten, weil sich ein berechtigtes Vertrauen nur aus Handlungen von Gemeinschaftsorganen, insbesondere der Kommission,[93] nicht jedoch aus dem Verhalten von Mitgliedstaaten ergeben kann.[94]
Der Grundsatz der Verhältnismäßigkeit ist zwar ein anerkannter Grundsatz des Gemeinschaftsrechts, jedoch handelt es sich bei der Rückforderung einer rechtswidrigen Beihilfe um die logische Folge ihrer Gewährung, sie kann daher als solche nicht unverhältnismäßig sein.[95]

## II. Ablauf der 10-Jahres-Frist

Eine Rückforderung der Beihilfe ist außerdem gem. Art. 15 Abs. 1 VerfVO ausgeschlossen, wenn seit der Gewährung der Beihilfe 10 Jahre vergangen sind, wobei gem. Abs. 2 S. 2 jede Maßnahme der Kommission bzgl. dieser Beihilfe zu einer Unterbrechung der Frist führt. Wenn die 10-Jahres-Frist abgelaufen ist, gilt die Beihilfe gem. Abs. 3 als bestehende Beihilfe. Bei dieser Regelung handelt es sich um eine besondere Ausprägung des Vertrauensschutzes.[96]

## III. Unmöglichkeit

Der Mitgliedsstaat muss nach der ständigen Rechtsprechung des EuGH der Rückforderungsanordnung auch dann nicht nachkommen, wenn die Rückzahlung der Beihilfe unmöglich ist,[97] denn eine unmögliche Verpflichtung kann nicht erfüllt werden (impossiblium nulla est obligatio). Bzgl. der Unmöglichkeit der Rückzahlung der Beihilfe muss allerdings differenziert werden, zwischen der rechtlichen und der tatsächlichen (= absoluten) Unmöglichkeit.

### *1. Rechtliche Unmöglichkeit*

Die bloße rechtliche Unmöglichkeit der Rückzahlung ist nicht ausreichend, um von der Rückforderung der Beihilfe abzusehen, da sich ein Mitgliedsstaat nicht durch die Berufung auf nationale Rechtsnormen seiner gemeinschaftsrechtlichen Verpflichtung zur Rückforderung von Beihilfen entziehen darf.[98]
Nach ständiger Rechtsprechung ist, wie bereits aufgeführt, die Aufhebung einer rechtswidrigen Beihilfe durch Rückforderung die logische Folge der Feststellung ihrer

---

93 30. Bericht über Wettbewerbspolitik (2000) Rn.423; Kommission ABl. 2000, L 126/27.
94 EuGH Slg. 1989, 175 Rn.6 –Primäraluminium-; EuGH Slg. 1990, I-3437 Rn. 13 ff. –BUG Alutechnik; EuGH Slg. 1997, I-1591 Rn.48 –Alcan I-; EuGH Slg. 1998, I-4767 Rn.37 –Oelmühle-.
95 EuGH Slg. 1990, I-959 Rn.66 –Tubemeuse-; EuGH Slg. 1997, I-135 Rn.47 –Stahlgießerei Piezas y Rodajes-; EuGH Slg. 1999, I-3671 Rn.68 –Maribel-.
96 *Quardt* EWS 2003, 312 (313).
97 EuGH Slg. 1986, 89 Rn.16 -Boch; EuGH Slg. 1989, 175 Rn.9 -Primäraluminium; EuGH Slg. 1990, I-959 Rn.58 ff –Tubemeuse-; EuGH Slg. 2001, I-2537 Rn.23 –Nouvelle Filature-; EuGH ZIP 2003, 18 (22), Rn.70 – West LB.
98 EuGH Slg. 1986, 89 Rn.16 –Boch-; EuGH Slg. 1989, 175 Rn.9 –Primäraluminium-; EuGH Slg. 1990, I-959 Rn.61 –Tubemeuse-.

Rechtswidrigkeit. Diese Folge kann aber nicht davon abhängen, in welcher rechtlichen Form die Beihilfe gewährt worden ist.[99] Sollte die Rückforderung nach nationalem Recht nicht (effektiv) durchgeführt werden können, so muss nach dem aus Art. 10 EGV resultierenden Grundsatz des „effet utile“ das nationale Recht europarechtskonform ausgelegt werden.[100] Praktische Schwierigkeiten bei der Umsetzung der Kommissionsentscheidung, wie fehlende Anspruchsgrundlagen, dürfen der Umsetzung der Kommissionsentscheidung nicht entgegenstehen.[101] Gegebenenfalls sind die nationalen Rechtsgrundsätze, welche die Rückforderung verhindern würden, außer Acht zu lassen.[102] Wenn der Mitgliedsstaat bei der Umsetzung der Kommissionsentscheidung auf rechtliche Schwierigkeiten stößt, ist er gehalten, diese Schwierigkeiten der Kommission zu unterbreiten, um sodann im Rahmen einer loyalen Zusammenarbeit mit der Kommission eine Lösung zu finden, welche die Schwierigkeiten unter voller Beachtung der Bestimmungen des Vertrages, insbesondere derjenigen über die Beihilfen, zu überwinden.[103]

### *2. Absolute Unmöglichkeit*

Beachtlich ist hingegen die tatsächliche, absolute Unmöglichkeit der Rückforderung der Beihilfe. Diese ist gegeben, wenn die Beihilfe nicht mehr im Vermögen des Empfängers vorhanden ist und daher die vollständige Rückzahlung der Beihilfe nicht mehr erreicht werden kann.

Dieser Einwand der Unmöglichkeit greift jedoch im Regelfall nicht ein, da nach der Ansicht des EuGH eine absolute Unmöglichkeit nur selten vorliegt. So ist ein Vorbringen, dass die Rückforderung der Beihilfe den Empfänger in erhebliche wirtschaftliche Schwierigkeiten bringen würde[104] oder zur Schließung des Unternehmens führen würde,[105] unerheblich und kann den Mitgliedstaat nicht von der Rückforderung der Beihilfe abhalten. Sofern die Beihilfe im Vermögen des Beihilfenempfängers nicht mehr vorhanden ist, hat der Mitgliedsstaat die Liquidation der Gesellschaft durchzuführen[106] respektive ein Insolvenzverfahren über das Vermögen des betroffenen Unternehmens einzuleiten.[107] Die Insolvenz des Beihilfenempfängers ist aufgrund der ihr folgenden Marktbereinigung insofern als eine zumindest billigend in Kauf genommene Folge der Rückforderung der Beihilfe anzusehen.[108]

---

99 EuGH Slg. 1993, I-3131 Rn.16 - Kommission/Griechenland.

100 Handbuch des EU-Wirtschaftsrechts/*Götz* H III Rn.106; *Slot* Aktuelle Fragen des EG-Beihilfenrechts S. 43 (68).

101 *Quardt* EWS 2003, 312 (313).

102 *Slot* Aktuelle Fragen des EG-Beihilfenrechts S. 43 (68).

103 EuGH Slg.1991, I-1433 Rn.58 –ENI/Lanerossi-; EuGH v.13.6.2002, Rs C-382/99 Rn.50, 92.

104 EuGH Slg. 1988, 2875 Rn.8 –Kommission/Griechenland-; *Quardt* EWS 2003, 312 (313).

105 EuGH Slg. 1986, 89, Rn.5 –Boch-.

106 Sofern es sich um ein Unternehmen handelt, welches in öffentlicher Hand liegt, vgl. EuGH 1986, 89 Rn.14 f. –Boch-.

107 EuGH Slg. 1994, I-4103 Rn.80 –Hytasa-; Kommission ABl. 1987 L/30 (33); GTE/*Mederer* Art. 93 Rn.66; *Sinnaeve* S. 157 f.

108 *Lübbig/Martin-Ehlers* Rn.621.

Da im Insolvenzverfahren erfahrungsgemäß in den seltensten Fällen eine umfassende Rückzahlung der Beihilfe erreicht werden kann, sondern meist nur eine Insolvenzquote ausgezahlt wird, hat der Mitgliedsstaat sein Möglichstes zu tun, um in diesem Insolvenzfahren die bestmögliche Quote in der Schlussverteilung zu erzielen.[109] Die Rückzahlung des über die Insolvenzquote hinausgehenden Restbetrages der Beihilfe ist dem Beihilfenempfänger absolut unmöglich und muss daher vom Mitgliedsstaat nicht weiter verfolgt werden.[110]

Eine absolute Unmöglichkeit der Rückforderung kann aber insbesondere dann vorliegen, wenn schon die Eröffnung eines Insolvenzverfahrens mangels Masse gem. § 207 InsO abgelehnt wird.[111] In diesem Fall ist eine Rückforderung nicht mehr sinnvoll, da Gesellschaften in diesem Fall von Gesetzes wegen aufgelöst werden (vgl. § 131 Abs. 1 Nr. 3 HGB, § 262 Abs. 1 Nr. 4 AktG, § 60 Abs. 1 Nr. 5 GmbHG, § 81a Nr. 1 GenG). Von einer nicht mehr bestehenden Gesellschaft kann auch die Beihilfe nicht mehr zurückgezahlt werden, so dass die Rückzahlung absolut unmöglich geworden ist.

Von *Schmuck-Amende* ist jüngst vertreten worden, dass auch in dem Fall, in dem das mitgliedsstaatliche Recht keine anwendbare Anspruchsgrundlage aufweise, ein Fall der absoluten Unmöglichkeit gegeben sei, bis der Mitgliedsstaat gesetzgeberisch tätig wird.[112] Begründet wird diese These damit, dass eine gemeinschaftsrechtskonforme Auslegung nur dann möglich sei, wenn auch entsprechendes Gemeinschaftsrecht bestehe. Sofern das Gemeinschaftsrecht jedoch keine dem nationalen Recht vergleichbare Vorschrift aufweist, soll z.B. ein außer Anwendung lassen einer nationalen Vorschrift, wie die Jahres-Frist des § 48 Abs. 4 VwVfG[113], nicht möglich sein.
Diese Ansicht verkennt die grundsätzliche Bedeutung des Grundsatzes des „effet utile" und ist auch rein praktisch nicht anzuwenden. Es ist, wie bereits ausgeführt, die Pflicht des Mitgliedsstaates, die Beihilfe so umfangreich wie möglich zurückzufordern, wobei nationales Recht der Rückforderung nicht entgegenstehen darf. Entsprechende explizite Vorschriften des Gemeinschaftsrechts sind schlicht und ergreifend nicht in jedem Fall vorhanden. Gerade für solche Konstellationen besteht der Grundsatz des „effet utile".[114] Den Mitgliedsstaaten wäre ansonsten „Tür und Tor geöffnet", um sich durch Rechtssätze, welche sie selber verabschieden, ihrer gemeinschaftsrechtlichen Verpflichtung zur Rückforderung zu entziehen.
Die Unrichtigkeit dieses Ansatzes zeigt sich auch darin, dass *Schmuck-Amende* zur Auflösung des Konflikts zwischen nationalem Recht und Gemeinschaftsrecht fordert, dass die Kommission bei ihren Rückforderungsanordnungen nationales Recht stärker

[109] *Ehricke* ZIP 2000, 1656 (1660); *Borchardt* ZIP 2001, 489f.; *Koenig/Kühling/Ritter* EG-Beihilfenrecht S. 232 f.
[110] Mehr dazu: 2.Teil §2 A.
[111] Kommission v. 12.3.2002, ABl. 2002 L/314/72 Rn.21 -Ingenieur und Gewerbebau GmbH-; *Quardt* EWS 2003, 312 (313).
[112] *Schmuck-Amende* S.90.
[113] mehr dazu 1.Teil §2 C I.
[114] vgl. EuGH Slg. 1973, 813 Rn.13 –Kommission/Deutschland-.

berücksichtigen müsste.[115] Es ist jedoch gerade nicht Aufgabe der Kommission, zu überprüfen, ob und wie der Mitgliedsstaat nach nationalem Recht durchsetzen kann. Mit Ausnahme davon, dass eine solche Aufgabe im EGV und der VerfVO schlichtweg nicht vorgesehen ist, würde es außerdem die tatsächlichen Möglichkeiten und personellen Ressourcen der Kommission überschreiten, wenn sie bei jeder Rückforderungsentscheidung zusätzlich das nationale Recht des entsprechenden Mitgliedsstaates überprüfen und auslegen müsste.
Nationales Recht kann daher die absolute Unmöglichkeit der Rückforderung nicht begründen.

## C. Durchführung der Rückforderung nach deutschem Recht

### I. Rückforderung von durch Verwaltungsakt gewährten Beihilfen

Im deutschen Recht bestimmt sich die Rückforderung einer gewährten Leistung als actus contrarius nach der Art der Gewährung.[116] Ist eine rechtswidrige Beihilfe in Form eines Verwaltungsaktes (durch einen Zuwendungsbescheid) gewährt worden, so erfolgt die Rückforderung, sofern keine einschlägigen Spezialgesetze bestehen, nach § 48 VwVfG des Bundes oder des jeweiligen Landes.
Dafür wird zunächst der Verwaltungsakt zurückgenommen, welcher die Subvention gewährt hat. Sobald der Verwaltungsakt zurückgenommen wurde, kann die Rückzahlung gem. § 49a VwVfG durchgesetzt werden. Die Rücknahme des Verwaltungsaktes kann auch mit der Rückzahlungsaufforderung gem. § 49a VwVfG verbunden werden.

Ein rechtswidriger Verwaltungsakt kann gem. § 48 Abs. 1 S. 1 VwVfG zurückgenommen werden. Wurde der Beihilfebescheid entgegen dem Durchführungsverbot des Art. 88 Abs. 3 EGV gewährt, so führt dies aufgrund der unmittelbaren Anwendbarkeit des Art. 88 Abs. 3 EGV[117] zur Rechtswidrigkeit des Verwaltungsaktes,[118] so dass eine Rückforderung gem. § 48 Abs. 1 S. 1 VwVfG in Betracht kommt. Auch eine die materielle Rechtswidrigkeit der Beihilfe feststellende Entscheidung der Kommission führt zur Rechtswidrigkeit des Verwaltungsakts.[119]
§ 48 VwVfG ist insofern europarechtskonform auszulegen, als dass die Jahresfrist des Abs. 4 nicht zu Lasten der öffentlichen Hand anwendbar ist.[120] § 48 Abs. 4 VwVfG besagt, dass rechtswidrige Verwaltungsakte nur innerhalb eines Jahres nach Kenntnis der Rechtswidrigkeit zurückgenommen werden dürfen. Dem Mitgliedsstaat soll es aber nach Ansicht des EuGH nicht möglich sein, sich durch das Verstreichenlassen einer durch nationales Recht gesetzten Frist der effektiven Rückforderung der Beihilfe

[115] *Schmuck-Amende* S. 179.
[116] GTE/*Mederer* Art. 93 Rn.65; *Koenig/Kühling/Ritter* EG-Beihilfenrecht S. 223; *Oldiges* NVwZ 2001, 626 (627); Stober/Vogel/*Ehlers* S. 127 (128 f.); *Härings*, S. 166 Rn.279.
[117] Dazu EuGH Slg. 1973, 1471 Rn.8 –Lorenz-.
[118] EuGH Slg. 1991, I-5505 Rn.12 –FNCE-.
[119] *Koenig/Kühling/Ritter* EG-Beihilfenrecht S. 223 f.; Handbuch des EU-Wirtschaftsrecht/ *Götz* H III Rn.103.
[120] EuGH Slg. 1997, I-1591 Rn.36 ff. -Alcan II-.

zu entziehen.[121] Daher soll der Mitgliedsstaat auch nach Ablauf der Jahresfrist des § 48 Abs. 4 VwVfG die gemeinschaftsrechtswidrig geleistete Beihilfe vom Beihilfenempfänger zurückfordern dürfen.[122] Stattdessen wird man insofern die Zehn-Jahres-Frist des Art. 15 VerfVO für maßgeblich erachten müssen.[123]

Grundsätzlich steht die Rücknahme eines Verwaltungsaktes gem. § 48 Abs. 1 VwVfG im Ermessen der Behörde. Beinhaltete der Verwaltungsakt jedoch die Gewährung einer gemeinschaftsrechtswidrigen Beihilfe, so ist in diesem Fall das Ermessen der Behörde vielmehr auf null reduziert.[124] Es würde dem Grundsatz des „effet utile" widersprechen, wenn die öffentliche Hand aus Zweckmäßigkeitsgründen die Rücknahme der von ihr rechtswidrig erteilten Beihilfe unterlassen würde.[125]
Dem Beihilfenempfänger soll es im Regelfall auch nicht möglich sein, sich auf das in § 48 Abs. 2 VwVfG aufgeführte, grundsätzlich die Rückforderung ausschließende Merkmal des Vertrauensschutzes zu berufen.[126] Der Grundsatz des Vertrauensschutzes gehört zwar zu den anerkannten allgemeinen Grundsatzen des Gemeinschaftsrechts,[127] welche auch gem. Art. 14 Abs. 1 VerfVO der Rückforderung der Beihilfe entgegenstehen können. Es soll aber nach Ansicht des EuGH jedem sorgfältigen Gewerbetreibenden grundsätzlich möglich sein, sich zu informieren, ob die Kapitalzufuhr der öffentlichen Hand eine Beihilfe darstellt und ob diese angemeldet wurde.[128] War dem Beihilfenempfänger dies bekannt oder hätte er es in Erfahrung bringen können, so ist sein Vertrauen in den Bestand der Beihilfe nicht schutzwürdig. Der Begünstigte hat daher eine eigenständige Erkundungspflicht in Bezug auf die Einhaltung des Beihilfenverfahrens durch die öffentliche Hand.[129] Ein Fehlverhalten der nationalen Behörde wird dem Beihilfenempfänger zugerechnet.[130] Demnach ist der Grundsatz des Vertrauensschutzes zwar grundsätzlich anwendbar, aber dem Beihilfenempfänger soll er nur in absoluten Ausnahmefällen zu Gute kommen.[131] Ein berechtigtes Vertrauen wird

121 EuGH Slg. 1997, I-1591 Rn.37 -Alcan II-.
122 EuGH Slg. 1997, I-1607 Rn.36 ff.-Alcan II-; BVerwG EuZW 1995, 313; dennoch kritisch hierzu Callies/Ruffert/*Cremer* Art. 88 Rn.24.
123 *Dörr* FS-Rudolf, S. 137 (151).
124 EuGH Slg. 1997, I-1591 Rn.36 -Alcan II-; *Dörr* FS-Rudolf, S. 137 (145); *Ehlers* GewArch 1999, 305 (308).
125 *Dörr* FS-Rudolf S. 137 (145).
126 EuGH Slg.1997, I-1591 Rn.25 -Alcan II-.
127 1.Teil §2 B I.
128 EuGH Slg. 1990, I-3437 Rn.14 ff. –BUG Alutechnik-; EuGH Slg. 1997, I-1591 Rn.25 –Alcan II-; EuG Slg. 1998 II-609 Rn.77 –Preussag-.
129 EuGH Slg. 1990, I-1591 Rn.41 –Alcan II-; auch wenn dieses Urteil in der rechtswissenschaftlichen Literatur einige Kritik erfahren musste, vgl. hierzu insbesondere Scholz, DÖV 1998, 261 (264 f.), *Classen* JZ 1997, 724; *Kahl* JA 1996, 857; so ist inzwischen aufgrund der gefestigten Rechtsprechung des EuGH und der zwischenzeitlich eingetretenen Anerkennung durch das Schrifttum von der Richtigkeit dieser Aussage auszugehen.
130 *Hoenike* EuZW 1997, 279 (280); *Koenig/Kühling/Ritter* EG-Beihilfenrecht S. 228.
131 GTE/*Mederer* Art. 93 Rn.67.

daher meist nur durch ein Verhalten der Gemeinschaftsorgane selbst begründet werden können.[132]
Bei der Abwägung zwischen dem gemeinschaftsrechtsfreundlich auszulegenden Begriff des öffentlichen Interesses[133] und dem Vertrauen des durch eine gemeinschaftsrechtswidrige Beihilfe Begünstigten wiegt grundsätzlich das öffentliche Interesse höher.[134] Dieser Ansicht sind inzwischen auch das BVerwG[135] sowie das BVerfG[136] beigetreten.

Unlängst wurde diese Einschränkung des Vertrauensschutzes des Beihilfenempfängers aufgrund der Folgen des Erlasses der drei Gruppenfreistellungsverordnungen in Frage gestellt.[137] Es könne dem Beihilfenempfänger nicht zugemutet werden zu überprüfen, ob die Maßnahme der öffentlichen Hand eine Beihilfe darstellt, die Beihilfe möglicherweise unter eine dieser Gruppenfreistellungen fällt und die öffentliche Hand das Erfordernis der Anmeldung für gegeben hält. Weigert sich der Mitgliedsstaat eine Beihilfe anzumelden, weil er davon ausgeht, dass die Voraussetzungen einer der drei Gruppenfreistellungsverordnungen gegeben sind, so stände dem Beihilfenempfänger keine Möglichkeit mehr zu, eine ex-ante Prüfung der Zulässigkeit der Beihilfe zu erreichen. Wenn der Beihilfenempfänger nun nicht immer in der Lage ist festzustellen, ob das erforderliche Beihilfenverfahren eingehalten wurde, so soll ein schutzwürdiges Vertrauen des Beihilfenempfängers unter diesen Voraussetzungen zumindest möglich sein.[138]

Dieser Ansicht ist zuzugeben, dass es durch die Gruppenfreistellungsverordnungen dem Beihilfenempfänger nicht einfacher geworden ist festzustellen, ob es sich bei der Maßnahme der öffentlichen Hand um eine Beihilfe handelt und ob diese möglicherweise einer der Gruppenfreistellungsverordnungen unterfällt. Andererseits ist zu bedenken, dass die Gruppenfreistellungsverordnungen grundsätzlich nicht missverständlich formuliert sind.
Den Beihilfenempfänger trifft zumindest die Verpflichtung, sich bei der die Beihilfe gewährenden Stelle zu informieren, ob es sich bei der Maßnahme um eine Beihilfe handelt und ob diese ggf. angemeldet werden musste und wurde. Auch der Auffassung des EuGH, dass dem Beihilfenempfänger grundsätzlich ein Fehlverhalten der öffentlichen Hand zugerechnet wird,[139] wird man trotz der Verabschiedung der Gruppenfreistellungsverordnungen zustimmen müssen. Den Mitgliedsstaaten darf es gerade nicht ermöglicht werden, sich durch eigenes Fehlverhalten der Rückforderung der Beihilfe

132 *Koenig/Kühling/Ritter* EG-Beihilfenrecht S. 228; *Geiss* S. 170 (173 f.); *Steindorff* ZHR 152 (1988), 474 (485).
133 So EuGH Slg. 1997, I-1591 Rn.24 –Alcan II-.
134 *Dörr* FS-Rudolf S. 137 (149).
135 BVerwG NJW 1999, 3728.
136 BVerfG NJW 2000, 2015 -Alcan-.
137 *Harings* S. 148 Rn.255.
138 *Harings* S. 148 Rn.255.
139 Siehe oben.

zu entziehen.[140] Dies kann auch nicht aufgrund der zwischenzeitlich in Kraft getretenen Gruppenfreistellungsverordnungen anders beurteilt werden.
Daneben ist zu bedenken, dass die Gruppenfreistellungsverordnungen nicht zu Lasten der Wettbewerber des Beihilfenempfängers gehen dürfen. Die Wettbewerber, die keine Beihilfe erhalten haben, würden benachteiligt werden, wenn der Beihilfenempfänger eine gemeinschaftsrechtswidrig erhaltene Beihilfe behalten dürfte, nur weil der Beihilfenempfänger (angeblich) nicht in der Lage gewesen sein soll, sich zu informieren, ob die Beihilfe unter eine der Gruppenfreistellungsverordnungen gefallen ist. Daher ist der Kritik nicht beizupflichten.

## II. Rückforderung von privatrechtlich gewährten Beihilfen

Die öffentliche Hand kann nach zutreffender herrschender Meinung bei der Vergabe von Subventionen wählen zwischen einer ausschließlich öffentlich-rechtlichen Gestaltung von Subventionen entweder durch Verwaltungsakt oder öffentlich-rechtlichen Vertrag oder einer zweistufigen öffentlich-rechtlichen und privatrechtlichen Ausgestaltung.[141]
Die erste Stufe, das „ob“ der Subventionierung, soll zwingend öffentlich-rechtlich ausgestaltet sein, wohingegen das „wie“ auch zivilrechtlich ausgestaltet sein kann.[142] Daher ist es aufgrund des Grundsatzes der Formwahlfreiheit der öffentlichen Hand möglich, Darlehen und Bürgschaften auf der zweiten Stufe auch privatrechtlich zu gestalten.[143]
Des Weiteren kann die öffentliche Hand Kapitalerhöhungen bei Kapitalgesellschaften, an denen sie beteiligt ist, im Rahmen der gesetzlichen Regelungen vornehmen, oder sich zumindest an solchen beteiligen.[144] Solche Kapitalerhöhungen sind zumindest auf der zweiten Stufe zivilrechtlich. Gleiches gilt für Beihilfen, die von einer Gesellschaft, an der die öffentliche Hand die Stimmmehrheit hält, gewährt werden. Mangels öffentlich-rechtlicher Qualifikation der Gesellschaft sind auch Maßnahmen der Gesellschaft nicht dem öffentlichen Recht, sondern ausschließlich dem Privatrecht zuzuordnen.[145]

---

140 EuGH Slg. 1994, I-4103 Rn.76 –Hytasa-; EuGH Slg. 1990, I-3437 Rn.17 –BUG Alutechnik-; EuGH Slg. 1997, I-135, Rn. 48 –Stahlgießerei Piezas y Rodajes-.

141 BVerwGE 1, 308 (310); BVerwGE 38, 281 (283); BGHZ 40, 206 (210 ff.); BGH NVwZ 1988, 472 (473); *Papier* ZHR 152 (1988), 493; *Schwarze* FS-Martens S.819 (823); *Ehlers* GewArch 1999, 305; *Stober* Bes. Verwaltungsrecht, 11.A., §60 Rn.54; *Dickersbach* NVwZ 1993, 846 (849 f.); Stober/Vogel/*Ehlers* S. 127 (128); *Wolff/Bachof/Stober* Verwaltungsrecht I 1994, §22 Rn.65 ff.

142 BVerwGE 1, 308 (310); BVerwGE 38, 281 (283); BGHZ 40, 206 (210 ff.); BGH NVwZ 1988, 472 (473); *Papier* ZHR 152 (1988), 493; *R. Schmidt* §6 Rn.26; *Frotscher* Rn.405; *Schwarze* FS-Martens S.819 (823); *Koenig/Kühling/Ritter* EG-Beihilfenrecht S. 224; *Ehlers* GewArch 1999, 305; *Stober* Bes. Verwaltungsrecht, 11.A., §60 Rn.54; *Dickersbach* NVwZ 1993, 846 (849 f.); Stober/Vogel/*Ehlers* S. 127 (128); *Oldiges* NVwZ 2001, 626 (630 f.); *Wolff/Bachof/Stober* Verwaltungsrecht I 1994, §22 Rn.65 ff.

143 Hierzu allgemein *Triantafyllou* DÖV 1999, 51 ff.

144 *Schroeder* ZHR 161 (1997), 805 (810); *Deckert/Schroeder* EuR 1998, 291 (312 f.).

145 *Bonkamp* S. 204 f.

Bei einer zweistufigen Ausgestaltung erwirbt der Begünstigte durch den Verwaltungsakt einen öffentlich-rechtlichen Anspruch auf Gewährung einer privatrechtlichen Subventionierung, z.B. in Form eines Darlehens.[146] Für alle Streitigkeiten, die sich daraufhin in Bezug auf den in privatrechtlicher Form geschlossenen Vertrag beziehen, sind die einschlägigen Normen des Zivilrechts anzuwenden. Wurde die Beihilfe durch die öffentliche Hand auf der zweiten Stufe in privatrechtlicher Form gewährt, muss daher auch die Rückforderung nach den Vorschriften des Zivilrechts erfolgen.[147] Sofern die Beihilfe ausschließlich privatrechtlich von einem sich in öffentlicher Hand befindlichen Unternehmen gewährt wurde, so ist die Beihilfe auch nur nach zivilrechtlichen Vorschriften zurückzufordern.

Wenn in der privatrechtlich gewährten Beihilfe kein Rücktrittsvorbehalt zugunsten der öffentlichen Hand vereinbart wurde, so kommen, vorbehaltlich Besonderheiten im Rahmen der Rückforderung bei missbräuchlicher Verwendung, als Anspruchsgrundlagen für die Rückforderung einer europarechtswidrigen Beihilfe die Grundsätze des Wegfalls der Geschäftsgrundlage gem. § 313 BGB n.F., sowie § 812 Abs. 1 S. 1 1.Alt BGB (Leistungskondiktion) und/oder § 985 bzw. §894 BGB in Betracht.[148] Sofern ein zweistufiges Rechtsverhältnis gegeben ist, hat erst die Rücknahme des Bescheides gem. § 48 VwVfG zu erfolgen, bevor aufgrund der im Folgenden näher zu bestimmenden zivilrechtlichen Vorschriften die Rückforderung der Begünstigung durchgesetzt werden kann.

### *1. Störung der Geschäftsgrundlage*

Wenn auf die Gewährung einer rechtswidrigen Beihilfe die Grundsätze der Störung der Geschäftsgrundlage Anwendung finden, so kommt ein Rücktrittsrecht der öffentlichen Hand gem. § 313 BGB n.F. in Betracht, aufgrund dessen die gewährte Beihilfe rückabgewickelt werden könnte.

Dafür müssten nach Vertragsschluss Umstände eingetreten sein, die ein Festhalten an dem Vertrag unzumutbar machen.

Das Festhalten an dem Vertrag wird durch die Rückforderungsanordnung der Kommission (unabhängig davon, ob es sich um eine vorläufige oder eine endgültige Rückforderungsanordnung handelt) unzumutbar gemacht. Eine solche Rückforderungsanordnung wäre auch nach Vertragsschluss erfolgt.

Grundlage für die Rückforderungsanordnung durch die Kommission ist jedoch die Gewährung einer rechtswidrigen Beihilfe. Diese Gewährung der rechtswidrigen Beihilfe und nicht erst die Rückforderungsanordnung der Kommission sind der Anknüpfungspunkt dafür, dass eine Rückabwicklung des Vertrages notwendig ist. Die Rück-

---

146 BGHZ 40, 206 (210); BGHZ 52, 155 (160); BGH NVwZ 1988, 472 (473); *Steindorff* EuZW 1997, 7; *Tollmann* WM 2000, 2030 (2035); *Möller* S. 200; *Triantafyllou* DÖV 1999, 51 (52); *Klanten* ZIP 1995, 535 (542).

147 BGHZ 52, 155 (160 f.); *Deckert/Schroeder* EuR 1998, 291 (312 f.); *R.Schmidt* §6 Rn.72; *Altmeyer*, S. 109.

148 Für Besonderheiten bei der Rückforderung von Beihilfen, die gleichzeitig eine Eigenkapitalzufuhr an eine Kapitalgesellschaft bedeuten, siehe 2.Teil §3.

forderungsanordnung ist, wie bereits aufgeführt, die logische Folge der Beihilfengewährung. Sollte eine der beiden Parteien der Ansicht sein, dass die Beihilfe (formell und materiell) mit dem europäischen Beihilfenrecht vereinbar wäre, so ist dies irrelevant. Allerdings ist dies nicht deshalb der Fall, weil die durch das Beihilfenrecht vorgegebene Risikoverteilung es der öffentlichen Hand unzumutabar macht, sich auf den Wegfall der Geschäftsgrundlage zu berufen,[149] sondern weil die Rechtswidrigkeit der Beihilfe bereits mit Vertragsschluss eingetreten ist, auch wenn dies möglicherweise erst später erkannt wurde.
Demnach sind die maßgeblichen Umstände für die Notwendigkeit der Rückabwicklung nicht nach Vertragsschluss eingetreten, sondern der Vertragsschluss selbst ist fehlerhaft. Daher sind die Grundsätze des § 313 BGB n.F. hier nicht anwendbar.[150]

### *2. § 812 BGB*

Eine Anspruchsgrundlage für die zivilrechtliche Rückforderung einer gewährten Beihilfe könnte sich aus § 812 Abs. 1 S. 1 1.Fall (Leistungskondiktion) ergeben.
Die für einen Anspruch aus § 812 Abs. 1 S. 1 1.Alt BGB erforderliche Unwirksamkeit des schuldrechtlichen Geschäfts könnte sich aus § 134 BGB ergeben, wenn in der Gewährung der Beihilfe ein Verstoß gegen ein gesetzliches Verbot liegt.
Wurde eine Beihilfe unter Verstoß gegen das Durchführungsverbot des Art. 88 Abs. 3 S. 3 EGV gewährt und anschließend im Hauptverfahren durch die Kommission für nicht mit dem gemeinsam Markt vereinbar befunden, so kommen sowohl Art. 88 Abs. 3 S. 3 EGV als auch Art. 87 EGV als Verbotsgesetze iSv. § 134 BGB in Betracht. Gem. § 134 BGB ist jedes Rechtsgeschäft, welches gegen ein gesetzliches Verbot verstößt, nichtig, wenn sich nicht aus dem Gesetz ein anderes ergibt. Maßgeblich sind Sinn und Zweck der Verbotsnorm.[151]

#### a. Art. 88 Abs. 3 EGV als Verbotsgesetz

Da, wie bereits aufgeführt, in den meisten Fällen eine Rückforderung der Beihilfe nur möglich ist, wenn diese zumindest unter Verstoß gegen das Durchführungsverbot des Art. 88 Abs. 3 EGV gewährt wurde, erscheint es logisch, wenn zunächst überprüft wird, inwiefern das Durchführungsverbot des Art. 88 Abs. 3 EGV als Verbotsgesetz iSv. § 134 BGB qualifiziert werden kann.

Wenn das Durchführungsverbot des Art. 88 Abs. 3 ein Verbotsgesetz darstellt, so würde dies bedeuten, dass auch die Rückforderung von nur formell rechtswidrigen Beihilfen möglich wäre, da der die Beihilfe gewährende Vertrag in diesem Fall nichtig wäre. Durch Art. 11 Abs. 2 VerfVO wurde festgelegt, dass auch formell rechtswidrige

---

[149] So aber *Altmeyer* S. 126 f.

[150] Zu dem gleichen Ergebnis, aber mit anderer Begründung kommt *Möller* S. 202 f., der zu Unrecht die Grundsätze des Wegfalls der Geschäftsgrundlage deswegen ablehnt, weil grundsätzlich eine Vertragsanpassung die Rechtsfolge des Wegfalls sein soll. Möller übersieht hierbei, dass in Ausnahmefällen auch eine Rückabwicklung des Vertrages in Betracht kommt; insofern richtig *Altmeyer* S. 126.

[151] BGHZ 88, 240 (242).

Beihilfen, wenn auch nur vorläufig, zurückgefordert werden können. Dies kann zumindest ein Indiz dafür sein, dass Art. 88 Abs. 3 ein Verbotsgesetz darstellt.
Schon vor dem Erlass der VerfVO war stark umstritten, ob ein Verstoß gegen das Durchführungsverbot des Art. 88 Abs. 3 S. 3 EGV zur Nichtigkeit des schuldrechtlichen Geschäfts führen kann.[152] Bei Beihilfen, die vor Erlass der VerfVO gewährt wurden, ist die VerfVO nicht anwendbar. Daher ist in diesen Fällen fraglich, ob die formelle Rechtswidrigkeit der Beihilfe zur Rückforderungsanordnung durch die Kommission führen darf. Doch auch nach dem In-Kraft-Treten der VerfVO ist noch nicht entschieden, ob das Durchführungsverbot des Art. 88 Abs. 3 EGV ein Verbotsgesetz iSv. § 134 BGB darstellt.
Die nationalen Gerichte müssen nach Ansicht des EuGH aus dem Verstoß gegen das Durchführungsverbot zugunsten der Einzelnen, die sich auf eine solche Verletzung berufen können, *entsprechend ihrem nationalen Recht* sämtliche Folgerungen sowohl *bezüglich der Gültigkeit der Rechtsakte* zur Durchführung der Beihilfemaßnahmen als auch bezüglich der Beitreibung der unter Verletzung dieser Bestimmung gewährten finanziellen Unterstützungen oder eventueller vorläufiger Maßnahmen ziehen.[153] Der EuGH überlässt es daher dem Recht der einzelnen Mitgliedsstaaten, wie sich ein Verstoß gegen das Durchführungsverbot auswirkt. Eine zwingende gemeinschaftsrechtliche Deutung gibt es demnach nicht.

#### aa. Ansichten gegen die Einordnung von Art. 88 Abs. 3 EGV als Verbotsgesetz

Argumente gegen eine Einordnung von Art. 88 Abs. 3 EGV als Verbotsgesetz iSv. § 134 BGB werden auf verschiedenen Ebenen vorgebracht.[154]
Auf der Ebene des nationalen Rechts wird gegen die Einordnung von Art. 88 Abs. 3 EGV als Verbotsgesetz iSv. § 134 BGB aufgeführt, dass sich Verbotsgesetze iSv. § 134 BGB grundsätzlich an beide Vertragsparteien richten müssen.[155] Das Durchführungsverbot des Art. 88 Abs. 3 EGV würde sich hingegen nur an den Mitgliedsstaat und nicht an den Beihilfenempfänger wenden.[156] und außerdem nur formellen Charak-

[152] Dafür *Pechstein* EuZW 1998, 495 ff; *Steindorf* EuZW 1997, 7 ff., *Beckmann* S.71; *Deckert/Schröder* 1998, 291 (314 ff); *Smid* FS-Uhlenbruck S. 405 (416) dagegen *Hopt/Mestmäcker* WM 1996, 753 (761f.) 801, (805 ff.) Fn.56 mwN. bzgl. der Problematik von Staatsbürgschaften, *Klanten* ZIP 1995, 535 (542); *Altmeyer* S. 116 ff.; *Habersack* ZHR 195 (1995), 663.

[153] EuGH Slg. 1991, I-5505 Rn.10 ff. –FNCE-; Slg. 1996, I-3547 Rn.40 -SFEI-; ähnl. EuGH Slg. 1992, I-6613 Rn.26 -Demoor-; dazu: Groeben/Thiesing/Ehlermann/*Mederer,* Art. 93 EGV Rn. 65.

[154] Diesbzgl. wurde auch die Literatur verwertet, die sich mit Beihilfen befasste, die durch öffentlichrechtlichen Vertrag gewährt wurden, da auch bei diesen Beihilfen die Anwendbarkeit des §134 BGB möglich ist.

[155] BGHZ 37, 363 (365); BGH NJW 1986, 1104; Staudinger/*Dilcher* 12.A §134 Rn.33; Palandt/*Heinrichs* 62.A. §134 Rn.9.

[156] *Frisinger/Behr* RIW 1995, 708 (712); *Hopt/Mestmäcker* WM 1996, 753, 801 (805 ff.); *Altmeyer* S. 118 f.

ter haben.[157] Demnach soll Art. 88 Abs. 3 EGV kein Verbotsgesetz iSv. § 134 BGB darstellen können.[158]

Ferner wird vorgebracht, dass es keine zwingende Vorgabe des Gemeinschaftsrechts gäbe, welche Folge ein Verstoß gegen das Durchführungsverbot haben soll. Demnach soll es dem nationalen Recht überlassen bleiben, ob die Folge eines Verstoßes gegen das Durchführungsverbot Nichtigkeit oder bloße Rechtswidrigkeit ist.[159] Zum Vergleich wird aufgeführt, dass z.B. Art. 81 EGV explizit eine Nichtigkeitsfolge bei Verstößen anordnet. Im Gegensatz dazu fehlt in den Art. 87, 88 EGV eine solche Anordnung. Demnach soll auch die Systematik des Vertrages gegen eine Nichtigkeit der zivilrechtlich gewährten Beihilfe sprechen.[160]

Weiterhin wird aufgeführt, dass eine Nichtigkeit des Rechtsgeschäfts gem. § 134 BGB nicht nur die einstweilige, sondern auch die endgültige Rückforderung der Beihilfe ermöglichen würde. Hierfür soll aber aufgrund der sog. Boussac-Entscheidung des EuGH stets auch eine materielle Rechtswidrigkeit erforderlich sein,[161] so dass ein Verstoß gegen das Durchführungsverbot des Art. 88 Abs. 3 EGV nicht zur Nichtigkeit des Vertrages führen soll.[162] Vielmehr soll eine schwebende Unwirksamkeit des Vertrages bis zur Kommissionsentscheidung in Betracht kommen.[163]
Zusätzlich würde anderenfalls im Falle der Nichtigkeit der formell rechtswidrigen Beihilfe gem. § 134 BGB die materielle Prüfungskompetenz der Kommission ins Leere laufen, da sich schon aus einem Verstoß gegen das Durchführungsverbot die Nichtigkeit des Vertrages ergäbe, weshalb in den Fällen, in denen der Verstoß gegen das Durchführungsverbot durch ein nationales Gericht bereits festgestellt wurde, die Entscheidung der Kommission unerheblich wäre.[164]

Außerdem soll insbesondere im Fall der Gewährung einer Beihilfe durch eine Staatsbürgschaft die Nichtigkeitsfolge unbillig sein, da die Nichtigkeit auch Auswirkung auf den Vertragspartner des Beihilfenempfängers (meistens eine ein Darlehen gewährende Bank) hat. Der Vertragspartner des Beihilfenempfängers sei weder selbst Beihilfen-

---

[157] *Ehlers* GewArch 1999, 305 (318).
[158] *Frisinger/Behr* RIW 1995, 708 (712); *Hopt/Mestmäcker* WM 1996, 753, 801 (805 ff.); *Schütte/Kirchhoff* EWS 1996, 189 (191); *Altmeyer* S. 119 f.; *Scherer/Schödermeier* ZBB 1996, 165 (184).
[159] *Hopt/Mestmäcker* WM 1996, 753, 801 (805), zumindest für die Fälle, in denen Drittinteressen wie bei Bürgschaften tangiert werden; *Niggemann* S. 257 ff.
[160] *Habersack* ZHR 159 (1995), 663 (665); *Altmeyer* S. 120f.; *Niggemann* S. 258 f.
[161] EuGH Slg. 1990, I-307, Rn.21 -Boussac-.
[162] *Hopt/Mestmäcker* WM 1996, 753, 801 (805); *Schüttle/Kirchhoff* EWS 1996, 189 (191); *Klanten* ZIP 1995, 535 (542); *Altmeyer* S. 123; *Dörr* FS-Rudolf, S. 137 (154); *Schneider* NJW 1992, 1197 (1199); *Scherer/Schödermeier* ZBB 1996, 165 (184).
[163] *Habersack* ZHR 159 (1995), 663 (683).
[164] *Altmeyer* S. 123; *Scherer/Schödermeier* ZBB 1996, 165 (184); *Hopt/Mestmäcker* WM 1996, 753, 801 (805).

empfänger,[165] noch Normadressat des Durchführungsverbots, welches nur den Mitgliedsstaat betreffen soll.[166] Dritte sollen dieser Ansicht nach nicht durch den Verstoß gegen Gemeinschaftsrecht beeinträchtigt werden, da zwischen dem Dritten und der öffentlichen Hand kein Beihilfeverhältnis besteht.[167]
Zusätzlich sollte die Nichtigkeit der staatlichen Bürgschaft deshalb nicht vom Gemeinschaftsrecht gefordert werden, weil bereits die bloße außerordentliche Kündigung eines die Beihilfe gewährenden Darlehens alle Wettbewerbsverzerrungen zu Lasten der Konkurrenten des Unternehmens beseitigen soll. Die Nichtigkeit des Bürgschaftsvertrages hätte dieser Ansicht nach lediglich zur Folge, dass ein Dritter in Gestalt des Kreditgebers seine Sicherheit verlöre, ohne jedoch den Wettbewerbern des rechtswidrig geförderten Unternehmens einen zusätzlichen Vorteil zu vermitteln.[168] Da im Falle der Gewährung einer Beihilfe durch eine Bürgschaft auch das Kreditinstitut, welchem gegenüber die öffentliche Hand sich verbürgt hat, von der Nichtigkeit der Beihilfe gem. § 134 BGB betroffen wäre, soll also eine Einordnung als Verbotsgesetz unbillig bzw. nicht erforderlich sein.[169]

bb. Ansichten für eine Nichtigkeitsfolge bei Verstößen gegen das Durchführungsverbot

Die Befürworter der Nichtigkeit, denen sich inzwischen auch der BGH angeschlossen hat, gehen davon aus, dass sich aus der unmittelbaren Wirkung des Durchführungsverbots auch die Nichtigkeit des Rechtsgeschäfts ergäbe.[170] Denn nur so soll der gemeinschaftsrechtliche Grundsatz des „effet utile“ angemessen zur Geltung kommen. Dafür soll auch sprechen, dass schon durch die Gewährung einer Beihilfe ohne vorherige Genehmigung der Kommission dem Beihilfenempfänger ein Wettbewerbsvorteil entsteht, da er früher über die ihm zugewendete Beihilfe verfügen kann, als das bei Konkurrenten der Fall ist, die erst die Entscheidung der Kommission abwarten, so dass die Nichtigkeit der Beihilfengewährung eine angemessene Folge wäre.[171]
Auf der Ebene des nationalen Rechts soll trotz der Einwände der Gegenansicht ein Verbotsgesetz iSv. § 134 BGB auch dann vorliegen können, wenn sich das Verbot nur an einen Vertragspartner wendet, der Zweck des Verbotsgesetztes jedoch die Nichtig-

---

165 Was wiederum auch str. ist, hierzu Mitteilung der Kommission ABl.2000, C 71/13 ff; Möller S.77 ff.

166 *Frisinger/Behr* RIW 1995, 708 (712); *Habersack* ZHR 159 (1995), 663 (674 ff.).

167 *Palombini* S. 127; *Niggemann* S. 294.; *Leiner* S. 172.

168 *Bartosch* EuZW 2001, 650 (656).

169 *Hopt/Mestmäcker* WM 1996, 753, 801 (805); *Habersack* ZHR 159 (1995), 663 (683 f.); *Schüttle/Kirchhoff* EWS 1996, 189 (191); *Scherer/Schödermeier* ZBB 1996, 165 (184); *Palombini* S. 127; *Bartosch* EuZW 2001, 650 (656); *Leiner* S. 172.

170 BGH EuZW 2003, 444 (445); LG Rostock VIZ 2002, 632 (636); *Beckmann* S.86 ff.; *Pechstein* EuZW 1998, 495, 496 ff.; *Reufels* S. 106 f.; *Ehricke* ZIP 2000, 1656 (1660); *Koenig* BB 2000, 573 (574); MüKo/*Mayer-Maly/Armbrüster* § 134 Rn. 38; *Schroeder* ZHR 161 (1997), 805 (811); *Steindorff* EuZW 1997, 7 (10); *Tilmann/Schreibauer* GRUR 2002, 212 (213 f.); *Klein* DZWIR 2003, 89 (96.); *Purps* VIZ 2001, 401 (407); *Herrmann* ZInsO 2003, 1069 (1072).

171 *Steindorff* EuZW 1997, 7 (10 f.); *Rapp/Bauer* KTS 2001, 1 (8).

keit des Vertrage gebietet.[172] Ob dies im konkreten Fall gegeben ist, soll nach Sinn und Zweck des jeweiligen Verbots ermittelt werden.[173] Gerade bei einem Verstoß gegen Art. 88 Abs. 3 EGV sollen Sinn und Zweck die Nichtigkeitsfolge gebieten, da Zweck der Norm es gerade sei, dass Beihilfen nicht ohne vorherige Prüfung und Genehmigung der Kommission durchgeführt werden.[174] Wenn ein Verstoß gegen das Durchführungsverbot nicht hinreichend sanktioniert sei, stelle das Verbot auch keine ausreichend abschreckende Wirkung dar.[175]
Es wird aber auch darauf hingewiesen, dass es auch nicht auszuschließen sei, dass sich das Durchführungsverbot auch direkt an den Beihilfenempfänger wendet.[176]
Auch bei Beihilfen, die in Form von Bürgschaften gewährt werden, soll die Annahme der Nichtigkeit des Vertrages für das Kreditinstitut nicht unbillig sein. Durch die verschiedenen Mitteilungen der Kommission betreffend Beihilfen[177] hatte jedes Kreditinstitut genügend Zeit, sich auf die durch rechtswidrige Beihilfen drohenden Gefahren einzustellen.[178] Insbesondere soll es dem Kreditinstitut auch möglich sein, die Vergabe des Kredits von der (formellen) Rechtmäßigkeit der Bürgschaft der öffentlichen Hand abhängig zu machen.[179]

Das Hauptargument der Anhänger dieser Ansicht liegt in der Berufung auf die sog. „FNCE"-Entscheidung des EuGH[180]. In diesem Fall, in dem ein nationales Gericht aufgrund einer Konkurrentenklage die vorläufige Rückforderung der Beihilfe angeordnet hatte, entschied der EuGH, dass das Durchführungsverbot unmittelbare Wirkung habe und die formelle Rechtswidrigkeit der Beihilfe durch die Entscheidung der Kommission, dass die Beihilfe mit dem gemeinsamen Markt vereinbar sei, nicht geheilt werde.
Wenn selbst die materielle Rechtmäßigkeit der Beihilfe die formelle Rechtswidrigkeit nicht heilt, dann soll dies als Folgerung bedeuten, dass die Rechtswidrigkeit bestehen bleibt.[181] Auch wenn die Kommission nicht befugt sein soll, nur aufgrund der formellen Rechtswidrigkeit die (endgültige) Rückforderung der Beihilfe anzuordnen, so be-

---

[172] BGH EuZW 2003, 444 (445); *Tollmann* WM 2000, 2030 (2036); Staudinger/*Sack* §134 Rn.74 ff.; MüKo/*Meyer-Maly/Armbrüster* §134 Rn.86 ff.

[173] *Tollmann* WM 2000, 2030 (2036).

[174] BGH EuZW 2003, 444 (445); *Deckert/Schroeder* EuR 1998, 291 (315); *Reufels* S. 105 f.; *Koenig/Kühling/Ritter* EG-Beihilfenrecht S. 225.

[175] *Reufels* S. 108; *Tollmann* WM 2000, 2030 (2037).

[176] *Möller* S.77 ff.

[177] Speziell zu Bürgschaften: Mitteilung über die Anwendung der Art. 87 und 88 EG-Vertrag auf staatliche Beihilfen in Form von Haftungsverpflichtungen und Bürgschaften, ABl. v. 11.3.2000, C 71/14 ff.

[178] *Tollmann* WM 00, 2030 (2037).

[179] *Tollmann* WM 00, 2030 (2037).

[180] EuGH Slg. 1991, I-5505 -FNCE-.

[181] *Steindorff* EuZW 1997, 7 (9); *Deckert/Schroeder* EuR 1998, 291 (315); *Beckmann* S.71f.; *Pechstein* EuZW 1998, 495 (496) der jedoch die Nichtigkeitsfolge unmittelbar aus dem Durchführungsverbot nimmt, und nicht aus §134 BGB, ebenso *Möller* S. 143 ff; differenzierend, aber im Ergebnis wie die zuerst genannten Autoren *Tilmann/Schreibauer* GRUR 2002, 212 (213 f.).

deute dies nicht, das aufgrund eines Verstoßes gegen das Durchführungsverbot die Nichtigkeit der Beihilfe die Folge sein kann.[182]

cc. Vermittelnde Ansicht

Von *Roth* wurde kürzlich eine neue Theorie vertreten.[183] Nachdem *Roth* ähnlich wie die o.g. Ansicht die tatbestandliche Anwendbarkeit des § 134 BGB bejaht, soll ihm zufolge die Rechtsfolge nicht in der Nichtigkeit des die Beihilfe gewährenden Vertrages liegen, sondern vielmehr einer schwebender Unwirksamkeit bis zur abschließenden Kommissionsentscheidung. Im Falle einer positiven Kommissionsentscheidung soll der Vertrag ex nunc wirksam werden, ansonsten träte die Nichtigkeitsfolge ein. So soll die durch § 58 Abs. 2 VwVfG für öffentlich-rechtliche Verträge gewährte Möglichkeit der schwebenden Unwirksamkeit eines Vertrages auch ins Zivilrecht transferiert werden können. Im Rahmen des § 134 BGB soll die schwebende Unwirksamkeit als solche generell als weitere Möglichkeit neben Nichtigkeit oder Wirksamkeit des Vertrages in Betracht kommen.[184]

dd. Eigene Stellungnahme

Die Frage, ob ein Verstoß gegen das Durchführungsverbot des Art. 88 Abs. 3 EGV zur Nichtigkeit des Vertrages gem. § 134 BGB führt, ist daran zu bemessen, ob der durch Art. 10 EGV geboten gemeinschaftsrechtliche Grundsatz des „effet utile" zur effektiven Beihilfenrückforderung der zivilrechtlichen Nichtigkeit des Vertrages bedarf. Schlichtweg abzulehnen ist die Argumentation, dass eine Nichtigkeit gem. § 134 BGB ausscheide, weil sich das Durchführungsverbot nur an den Mitgliedsstaat wende, nach der Dogmatik des BGB jedoch ein Verbotsgesetz nur vorliegen könne, wenn sich das Vertragsgesetz an beide Seiten richtete. Selbst wenn, was wie aufgezeigt umstritten ist, sich Art. 88 Abs. 3 EGV nur an den Mitgliedsstaat richten sollte und das nationale Recht grundsätzlich anderes erfordert, so müsste doch in dem Fall, dass der in Art. 10 EGV verankerte Grundsatz des „effet utile" die Nichtigkeitsfolge erforderte, das nationale Recht eben europarechtskonform ausgelegt werden.[185] In Anbetracht der Tatsache, dass im Falle der Rückforderung von öffentlich-rechtlich gewährten Beihilfen ganze Absätze einer nationalen Vorschrift (z.B. die Frist des § 48 Abs. 4 VwVfG) außer Anwendung gelassen werden, erscheint eine sogar dem Wortlaut zumindest nicht widersprechende Auslegung des § 134 BGB unproblematisch, wenn dies erforderlich sein sollte.

Die Ausführungen, dass zumindest im Falle der Gewährung von Staatsbürgschaften eine zivilrechtliche Nichtigkeit nicht erforderlich sei, da so der Dritte (i.e. die Bank) auch betroffen wäre, vermögen ebenfalls nicht zu überzeugen. Ob der Mitgliedsstaat dem Beihilfenempfänger selbst die Beihilfe gewährt oder ob der Mitgliedsstaat sich

---

182 *Steindorff* EuZW 1997, 7 (9); *Rapp/Bauer* KTS 2001, 1 (7).
183 *Roth* S. 133 (156 ff.).
184 *Roth* S. 133 (156) Fn.114 mwN.
185 Ebenso *Palombini* S. 112.

dabei der Hilfe Privater bedient, darf im Ergebnis keinen Unterschied machen. Ansonsten könnte der Zweck des Art. 88 Abs. 3 EGV,[186] die durch nicht genehmigte Beihilfen eintretende Wettbewerbsverzerrung zugunsten des Beihilfenempfängers zu vereiteln, nicht erreicht werden.[187] Vielmehr wären dem Mitgliedsstaat „Tür und Tor geöffnet“, um das Durchführungsverbot zu umgehen.

Von tragender Bedeutung ist daher, ob die sog. FNCE-Entscheidung[188] im Ergebnis so zu verstehen ist, dass die formelle Rechtswidrigkeit zur Nichtigkeit, schwebenden Unwirksamkeit oder Rechtswidrigkeit des privatrechtlichen Vertrages führen muss.
Aus der FNCE-Entscheidung ergibt sich, dass die formelle Rechtswidrigkeit nicht geheilt wird, selbst wenn Kommission die materielle Rechtmäßigkeit der Beihilfe feststellt. Der Kommission wurde nicht das Recht zugebilligt, nur formell rechtswidrige Beihilfen ohne materielle Prüfung endgültig zurückzufordern. Es wurde jedoch bestätigt, dass das Durchführungsverbot unmittelbar geltende Wirkung habe. dass nationale Gerichte dies feststellen und eine einstweilige Rückforderung der zu Unrecht gewährten Beihilfen anordnen dürften.[189]
Der EuGH hat in der FNCE-Entscheidung eine entgegen dem Durchführungsverbot gewährte Beihilfe als „ungültig“ bezeichnet. Hierbei handelt es sich um keinen im deutschen Recht verwendeten rechtstechnischen Begriff. Auch aus anderen Sprachfassung der Entscheidung lässt sich keine eindeutige rechtstechnische Erfassung des Begriffs der Ungültigkeit feststellen.[190]

Das Konzept der schwebenden Unwirksamkeit würde bedeuten, dass die Verträge, die eine Beihilfe beinhalten bis zur endgültigen Entscheidung der Kommission unwirksam wären. Eine sog. Positiventscheidung der Kommission mit dem Inhalt, dass die Beihilfe mit dem gemeinsamen Markt vereinbar sei, würde den Vertrag dann ex tunc wirksam werden lassen; eine Negativentscheidung würde zur Nichtigkeit des Vertrages führen.
Wenn nun jedoch eine Positiventscheidung der Kommission zur Wirksamkeit des Vertrages ex nunc führen würde, was würde dies anderes darstellen, als eine Heilung der ungültigen Durchführungsmaßnahme? Der Vertrag würde aufgrund der abschließenden Kommissionsentscheidung nun doch wirksam werden. Eine solche Heilung der ungültigen Durchführungsmaßnahme wurde durch den EuGH in der aufgeführten FNCE-Entscheidung expressis verbis für mit Art. 88 Abs. 3 EGV nicht vereinbar erklärt. Demnach kann dieser Ansicht nicht gefolgt werden.

Dem deutschen Zivilrecht ist auch ein bloß rechtswidriger Vertrag fremd. Verträge sind grundsätzlich entweder wirksam, schwebend unwirksam oder nichtig.
Eine schwebende Unwirksamkeit kommt, wie ausgeführt, nicht in Betracht. Fraglich erscheint, ob es für den Fall von entgegen dem Durchführungsverbot gewährten Bei-

---

186 Hierzu EuGH Slg. 1984, 3435 Rn.20 –Heineken- .
187 Ebenso *Roth* S. 149 f.
188 EuGH 1991, I-5505 Rn.14 –FNCE-.
189 EuGH 1991, I-5505 Rn.14 ff –FNCE-.
190 Hierzu auch *Pechstein* EuZW 1998, 495 (496).

hilfen der Einführung eines neuen Rechtsinstitutes des rechtswidrigen Vertrages bedarf. Im Recht des öffentlich-rechtlichen Vertrages gem. §§ 54 VwVfG ff. besteht die Möglichkeit, dass ein Vertrag rechtswidrig ist (arg e contrario § 59 VwVfG). Im Gegensatz zu Verwaltungsakten, bei denen durch sie gewährte Leistungen auch zurückgefordert werden können, wenn sie rechtswidrig sind, kann bei öffentlich-rechtlichen Verträgen eine Rückforderung nur erfolgen, wenn der Vertrag nichtig ist.
In das Zivilrecht zu übertragen wäre dieses Rechtsinstitut eines rechtswidrigen Vertrages jedoch nur, wenn die Nichtigkeit eines gegen das Durchführungsverbot des Art. 88 Abs. 3 EGV verstoßenden Vertrages eine grob unbillige Folge wäre.
Zunächst einmal ist zu bemerken, dass es fraglich erscheint, nach welcher Rechtsgrundlage die einstweilige Rückforderung eines rechtswidrigen Vertrages aufgrund der Entscheidung der Kommission oder eines nationalen Gerichts erfolgen soll. Ob eine infolge eines rechtswidrigen Vertrages gewährte Leistung als „ohne rechtlichen Grund" iSv § 812 Abs. 1 BGB anzusehen ist, erscheint mehr als fraglich, da ein rechtswidriger Vertrag wohl noch als wirksam (ansonsten wäre er nichtig) anzusehen ist. Möglich sein muss die Rückforderung aber in jedem Fall.

Des Weiteren ist zu bedenken, dass sowohl Mitgliedsstaat als auch Beihilfenempfänger die Existenz des Durchführungsverbots aufgrund der zahlreichen, veröffentlichten Mitteilungen der Kommission bekannt ist oder zumindest sein sollte. Ohne eine hinreichende abschreckende Wirkung wäre dieses Durchführungsverbot nicht wirkungsvoll. Für den Fall, dass die Kommission in ihrer abschließenden Entscheidung zu dem Ergebnis der Vereinbarkeit der Beihilfe mit dem gemeinsamen Markt kommt, bleibt es denn Parteien offen, das Rechtsgeschäft gem. § 141 BGB zu bestätigen.
Insofern wird man die Nichtigkeitsfolge auch nicht als grob unbillig ansehen können. Folglich ist Art. 88 Abs. 3 EGV als Verbotsgesetz iSv. § 134 BGB anzusehen.

ee. Umfang der Nichtigkeit

Der Erörterung bedarf auch der Umfang der Nichtigkeit. Fraglich ist nämlich, ob nur eine Teilnichtigkeit des die Beihilfe betreffenden Teils des Rechtsgeschäfts besteht oder ob eine umfassende Nichtigkeit des Rechtsgeschäfts die Folge ist.[191] Relevant wird dies wegen des Umfangs der Rückforderung und der Folge für eine geleistete synallagmatische Gegenleistung des Beihilfenempfängers.

Eine Teilnichtigkeit des die Beihilfe gewährenden Vertrages kommt dann in Betracht, wenn der Vertrag nicht nur aus der Verpflichtung zur Leistung der Beihilfe besteht, sondern noch weitere Vertragselemente vorhanden sind, insbesondere wenn eine Gegenleistung des Beihilfenempfängers erbracht werden soll. So ist zum Beispiel der Fall denkbar, dass nur der über die Gegenleistung des Beihilfenempfängers hinausgehende Teil der Leistung der öffentlichen Hand als Beihilfe zu qualifizieren ist, z.B. bei einem

[191] Für Teilnichtigkeit *Triantafyllou* DÖV 1999, 51 (55); *Harings* S. 146 Rn.252; *Koenig* EuZW 2003, 417; *Harings* S. 146 Rn.252; z.T. auch *Beckmann* S.88; **a.A.** *Rapp/Bauer* KTS 2001, 1 (6 ff.); *Deckert/Schroeder* EuR 1998, 291 (316 f.); *Pechstein* EuZW 1998, 495 (496); *ders.* EuZW 2003, 447 f.

Grundstücksverkauf durch die öffentliche Hand unter Wert. Daher wäre es theoretisch auch möglich, dass nur dieses Beihilfenelement des Vertrages nichtig ist, der restliche Vertrag jedoch aufrechterhalten bleibt.

*(1). Argumente pro Teilnichtigkeit*

Für eine Teilnichtigkeit spricht, dass sich der Umfang der Nichtigkeit nach dem Sinn des Verbotsgesetzes bestimmt.[192] Verboten ist die Gewährung von Beihilfen, die nicht vor ihrer Gewährung bei der Kommission angemeldet wurden. Daher würde dieser Ansicht nach kein Grund bestehen, Vertragsbestandteile, die keine Beihilfe darstellen, dem scharfen Schwert der Nichtigkeitsfolge zu unterziehen.[193] Auch wenn grundsätzlich eine Teilnichtigkeit gem. § 139 BGB die Ausnahme ist,[194] wird doch vertreten, bei komplexen, insbesondere multipolaren (Förder-)Vertragsverhältnissen die gesetzliche Ausnahmeregel der Teilnichtigkeit zur Regel machen, wenn eine Totalrückabwicklung objektiv unbillig oder rechtsmissbräuchlich wäre (z.B. den Beihilfenempfänger einseitig begünstigt).[195]

Da sich auch aus der Kommissionspraxis keine Anhaltspunkte für eine umfassende Nichtigkeit ergeben sollen, müsse vielmehr Raum gelassen werden, für eine fallbezogene Beurteilung.[196] Daher soll im Regelfall der Teil des Rechtsgeschäfts, welcher keine Beihilfe enthält, noch bestehen bleiben können.[197]

*(2). Argumente contra Teilnichtigkeit*

Gegen eine Teilnichtigkeit spricht zum einen, dass die präventive Wirkung des Durchführungsverbots nur bei einer kompletten Nichtigkeit des schuldrechtlichen Geschäfts zur Geltung kommt.[198] Denn wenn die Vertragsparteien davon ausgehen können, dass nur der Teil ihres Rechtsgeschäfts nichtig ist, der eine „verbotene“ Beihilfe darstellt, so verringert dies durchaus die abschreckende Wirkung, die von dem Durchführungsverbot ausgeht.

Des Weiteren ist zu bedenken, dass sich der komplette Umfang der rechtswidrigen Beihilfe erst aus der rechtskräftigen Entscheidung der Kommission ergibt.[199] Demnach müsste gewartet werden, bis der Umfang der Nichtigkeit aufgrund der Kommissionsentscheidung feststeht. Eine etwaige vorläufige Rückforderungsanordnung der Kommission nach Art. 11 Abs. 2 VerfVO ergeht jedoch zum Abschluss des „Vorverfahrens“, also vor der endgültigen Entscheidung, die erst im Hauptverfahren getroffen wird. Auch die gegebenenfalls von mitgliedsstaatlichen Gerichten anzuordnende vorläufige Rückforderung ergeht vor einer abschließenden Kommissionsentscheidung.

---

[192] MüKo/*Mayer-Maly/Armbrüster* §134 Rn.105.

[193] *Beckmann* S.88; *Triantafyllou* DÖV 1999, 51 (55): *Koenig/Kühling/Ritter* EG-Beihilfenrecht S. 225.

[194] MüKo/*Mayer-Maly/Armbrüster* §134 Rn.106.

[195] *Koenig* EuZW 2003, 417.

[196] *Harings* S. 146 Rn.252.

[197] *Triantafyllou* DÖV 1999, 51 (54); *Koenig* EuZW 2003, 417.

[198] *Rapp/Bauer* KTS 2001, 1 (8).

[199] *Rapp/Bauer* KTS 2001, 1 (8); *Deckert/Schroeder* EuR 1998, 291 (316 f.).

Folglich können in den vorläufigen Rückforderungsanordnungen der Umfang der Nichtigkeit noch nicht abschließend beurteilt werden.
Würde schon vor der endgültigen Entscheidung der Kommission, sei es durch die Kommission im Vorverfahren oder durch ein mitgliedsstaatliches Gericht im Falle einer Konkurrentenklage, der Umfang der Nichtigkeit festgelegt, so bestände die Gefahr, dass nach der umfassenden Prüfung der Kommission der Umfang der zurückzufordernden Beihilfe anders bestimmt würde. Dies hätte zur Folge, dass der Umfang der Nichtigkeit zu unterschiedlichen Zeitpunkten verschieden bestimmt würde. Diese Rechtsfolge soll jedoch nicht erwünscht sein.[200] Daher soll die Nichtigkeit das gesamte Rechtsgeschäft umfassen.

*(3). Eigene Stellungnahme*

Zunächst einmal ist zu berücksichtigen, dass gem. § 139 BGB eine Teilnichtigkeit nur anzunehmen ist, wenn das Rechtsgeschäft auch ohne den nichtigen Teil geschlossen worden wäre. Bei Verträgen, durch welche Beihilfen gewährt werden sollten, wird dies selten zutreffend zu sein. Im Regelfall wird es sowohl der öffentlichen Hand als auch dem Vertragspartner gerade darauf angekommen sein, dem Vertragspartner die Vergünstigung zuzuführen. Ohne diese Vergünstigung hingegen wäre der die Beihilfe gewährende Vertrag in den meisten Fällen kaum geschlossen worden.
Doch selbst wenn dies im Einzelfall nicht zutreffen sollte, wird in vielen Fällen, in denen eine Nichtigkeit des beihilfegewährenden Vertrages besteht, auch eine neue Vergabeentscheidung der öffentlichen Hand über den Vertragsschluss erforderlich sein, wenn die einschlägigen Kriterien beim ursprünglichen Vertragsschluss nicht eingehalten wurden. Dies könnte bei einer bloßen Teilnichtigkeit nicht erreicht werden.
Ferner ist der zuletzt aufgeführten Ansicht zuzugeben, dass die abschreckende Wirkung, welche die Rechtsfolge der Nichtigkeit des Vertrages haben soll, gemindert wird, wenn nur von einer Teilnichtigkeit des Vertrages ausgegangen, der Rest des Vertrages jedoch aufrechterhalten wird. Sofern die Parteien davon ausgehen können, dass der Teil des Vertrages, der keine Beihilfe enthält, weiterhin aufrechterhalten wird, so besteht die Gefahr, dass die Parteien es lieber darauf ankommen lassen, ob die Kommission die Rückforderung der Beihilfe anordnet, anstatt dass diese ordnungsgemäß angemeldet wird.
Auch das von dieser Ansicht aufgeführte Argument, dass die Bestimmung des Umfangs der Beihilfe vor einer abschließenden Entscheidung der Kommission rein praktisch kaum festzustellen sein wird, vermag zu überzeugen. Insbesondere den nationalen Gerichten sollte nicht die Pflicht auferlegt werden, eigenständig den exakten Umfang der Beihilfe festzulegen. Vielmehr sollte die durch die nationalen Gerichte anzuordnende einstweilige Rückforderung der Beihilfe die gesamte Leistung der öffentlichen Hand erfassen.
Insgesamt bleibt jedoch festzuhalten, dass grundsätzlich eine Teilnichtigkeit des eine Beihilfe enthaltenden Vertrages nicht in Betracht kommt.

[200] *Rapp/Bauer* KTS 2001, 1 (8); *Deckert/Schroeder* EuR 1998, 291 (316 f.).

**b. Zwischenergebnis**

Festzuhalten bleibt daher, dass Verträge, die entgegen dem Durchführungsverbot des Art. 88 EGV Beihilfen gewähren im Regelfall gem. § 134 BGB in vollem Umfang nichtig sind.
Dies bedeutet, dass der Rückforderungsanspruch der öffentlichen Hand schon mit Gewährung der Beihilfe entsteht und nicht erst durch die Rückforderungsanordnung der Kommission. Allerdings bedeutet dies nicht, dass der Rückforderungsanordnung nur deklaratorische Bedeutung zukommt. Denn erst aus der Rückforderungsanordnung ergibt sich die Pflicht des Mitgliedsstaates, die Beihilfe vom Beihilfenempfänger zurückzufordern.

**c. Keine Pflicht zur Rückforderung ohne Kommissionsanordnung**

Zu beachten bleibt, dass als Folge des oben festgestellten Ergebnisses dem Mitgliedsstaat theoretisch auch ohne Rückforderungsanordnung der Kommission die rechtliche Möglichkeit verbleibt, die entgegen dem Durchführungsverbot geleistete Beihilfe vom Empfänger zurückzufordern. Praktisch wird es allerdings selbst in Zeiten knapper Haushaltskassen selten vorkommen, dass ein Mitgliedsstaat, der eine rechtswidrige Beihilfe gewährt hat, diese ohne dazu von der Kommission verpflichtet zu sein, vom Beihilfenempfänger zurückfordert. Ziel der Beihilfegewährung war es, dem Beihilfenempfänger einen wirtschaftlichen Vorteil zu verschaffen. Es erscheint höchst unwahrscheinlich, dass der Mitgliedsstaat dem Beihilfenempfänger diesen Vorteil wieder entziehen wird, wenn er nicht rechtlich dazu verpflichtet ist.
Eine rechtliche Verpflichtung des Mitgliedsstaates, die Beihilfe auch ohne Rückforderungsanordnung der Kommission zurückzufordern, wird man aus den Art. 87 ff. EGV nicht entnehmen können. Auch wenn es dem Mitgliedsstaat verboten ist, Beihilfen ohne vorherige Genehmigung der Kommission zu gewähren, so kann man daraus nicht den Umkehrschluss ziehen, dass der Mitgliedsstaat dazu verpflichtet ist, bereits gewährte Beihilfen von sich aus zurückzufordern. Würde man eine solche Verpflichtung anerkennen, so wäre es der Kommission folgerichtig auch möglich, ein Vertragsverletzungsverfahren gegen einen Mitgliedsstaat durchzuführen, wenn dieser eine Beihilfe nicht von sich aus zurückgefordert hätte, ohne dass die Kommission jemals die betreffenden Beihilfen untersucht hätte. Das dieses Ergebnis unbillig wäre, leuchtet ein.
Insofern ist der Mitgliedsstaat nicht von sich aus verpflichtet, ohne Anordnung der Kommission eine Beihilfe zurückzufordern.

Eine Rückforderung der Beihilfe ohne vorherige Anordnung durch die Kommission erscheint praktisch nur dann denkbar, wenn ein Konkurrent des Beihilfenempfängers den Mitgliedsstaat zur Rückforderung der Beihilfe auffordert und dieser Konkurrent ansonsten Erfolg versprechend eine Konkurrentenklage vor einem nationalen Gericht anstrengen würde. In dieser Konstellation erscheint es zumindest denkbar, dass die öffentliche Hand die Beihilfe vom Empfänger zurückfordert, um nicht noch zusätzlich mit den Prozesskosten belastet zu werden.

**d. Anwendbarkeit weiterer bereicherungsrechtlichen Vorschriften**

Die Rückforderung zivilrechtlich gewährter Beihilfen erfolgt demnach gem. § 812 Abs. 1 S. 1 1.Alt. BGB (Leistungskondiktion), unabhängig davon ob es sich um eine einstweilige oder endgültige Rückforderung handelt.
Der Erörterung bedarf noch die Anwendbarkeit der weiteren bereicherungsrechtlichen Vorschriften.
Weder § 814 BGB noch § 817 S. 2 BGB dürfen der Rückforderung der Beihilfe entgegenstehen.[201] Eine Anwendbarkeit dieser beiden Vorschriften scheidet aus, da durch deren Anwendung die Rückforderung der Beihilfe im Regelfall rechtlich unmöglich gemacht werden würde. Eine Kenntnis der öffentlichen Hand von dem Vorliegen einer Beihilfe und dem Beihilfeverbot als solchem wird zumindest häufig gegeben sein, so dass eine Kenntnis von dem Fehlen der Leistungspflicht, als tatbestandliche Voraussetzung des § 814 BGB gegeben wäre.
Gleichfalls wäre bei einer Anwendung der Vorschriften aufgrund der Gewährung der Beihilfe entgegen dem Durchführungsverbot ein Gesetzesverstoß gegeben, so dass § 817 S. 2 BGB die Rückforderung im Regelfall ausschließen würde. In beiden Fällen wäre die Rückforderung der Beihilfe gerade deshalb ausgeschlossen, da sich der Mitgliedsstaat bei der Gewährung der Beihilfe über das Beihilfeverbot hinweggesetzt hat.[202] Wenn dem Mitgliedsstaat die Rückforderung verwehrt bliebe, weil den „handelnden Amtsträgern" die Gemeinschaftsrechtswidrigkeit ihrer Beihilfegewährung bewusst war, so würde der öffentlichen Hand gerade das ermöglicht, was sie erreichen wollte und was die einschlägigen Normen des EGV gerade verhindern sollen. Da die rechtliche Unmöglichkeit die Rückforderung der Beihilfe, wie bereits aufgeführt, nicht ausschließen darf,[203] sind diese beiden Vorschriften nicht anwendbar.

Der EuGH hat bereits zutreffend entschieden, dass sich der Beihilfenempfänger nicht auf den Wegfall der Bereicherung iSv. § 818 Abs. 3 BGB berufen kann,[204] da dies der effektiven Rückforderung der Beihilfe entgegenstände. Der Beihilfenempfänger ist nicht schutzwürdig, da er sich zumindest nach dem etwaigen Beihilfecharakter der Zuwendung gegenüber der öffentlichen Hand hätte erkundigen können. Im Regelfall wird ein schutzwürdiges Vertrauen nur durch Gemeinschafsorgane, nicht jedoch durch die Mitgliedsstaaten begründet werden können.[205]

Festzuhalten bleibt also, dass bei der Rückforderung einer Beihilfe nach § 812 BGB die §§ 814, 817 S. 2, 818 Abs. 3 BGB nicht zugunsten des Beihilfenempfängers angewendet werden dürfen.

---

[201] *Reufels* S. 107; *Steindorff* FS-Mestmäcker, S. 497 (511); *Deckert/Schroeder* EuR 1998, 291 (317) Fn.166; *Rapp/Bauer* KTS 2001, 1 (12); *Bonkamp* S. 207; *Bork* FS-Lutter S. 301 (305).

[202] *Rapp/Bauer* KTS 2001, 1 (12).

[203] 1.Teil B II 1.

[204] EuGH Slg. 1997-I, 1591 Rn.49 ff. -Alcan II-.

[205] *Koenig/Kühling/Ritter* EG-Beihilfenrecht S. 228; *Geiss* S. 170 (173 f.); *Steindorff* ZHR 152 (1988), 474 (485).

Dies dürfte auch für die (theoretisch denkbaren) Fälle gelten, in denen der Mitgliedsstaat ohne Kommissionsanordnung die Beihilfe zurückfordert, da auch in diesen Fällen die erfolgte Wettbewerbsverzerrung effektiv ausgeglichen werden muss.

#### e. Art. 87 EGV als Schutzgesetz

In der Literatur wird die Frage diskutiert, ob auch Art. 87 EGV bzw. die die Unvereinbarkeit der Beihilfe mit dem gemeinsamen Markt feststellende Entscheidung der Kommission ein Schutzgesetz iSv. § 134 BGB darstellen kann.[206]

In diesem Zusammenhang ist zu beachten, dass Art. 87 EGV kein generelles Verbot von Beihilfen statuiert. Es besteht ein Beurteilungsspielraum der Kommission, ob eine Beihilfe mit dem gemeinsamen Markt vereinbar ist und daher zugelassen wird; im Rahmen des Art. 87 Abs. 3 EGV kommt der Kommission ein Ermessen zu. Art. 87 EGV ist daher nicht unmittelbar anwendbar.[207]

Wie jedoch bereits dargestellt,[208] ist in den Fällen, in denen eine Rückforderung der Beihilfe angeordnet wird, stets schon ein Verstoß gegen das Durchführungsverbot des Art. 88 Abs. 3 EGV gegeben, so dass die Nichtigkeit des die Beihilfe gewährenden Vertrages zwingend feststeht. Eine praktische Notwendigkeit der Feststellung, ob auch Art. 87 EGV bzw. die darauf ergehende Kommissionsentscheidung theoretisch ein Schutzgesetz iSv. § 134 BGB darstellen könnten, ist also nicht gegeben.[209] Dogmatisch relevant werden könnte diese Frage nur in dem Fall, dass die Kommission eine bereits bestehende Beihilfe für mit dem gemeinsamen Markt unvereinbar erklärt. In diesem Fall würde die etwaige Nichtigkeit aber nur ex nunc gelten; eine Rückforderung ist bei bestehenden Beihilfen ausgeschlossen. Demnach kann diese Fallkonstellation im Rahmen dieser Bearbeitung außer Acht gelassen werden.

### *3. Rückforderung einer Beihilfe nach § 985 BGB*

Ein Rückforderungsanspruch könnte sich auch aus § 985 BGB ergeben. Voraussetzung dafür wäre, dass nicht nur der die Beihilfe gewährende Vertrag, sondern das auch das dingliche Geschäft, die eigentliche Zuführung der Beihilfe, nichtig ist.

Nach dem Abstraktionsprinzip bleibt die Wirksamkeit des dinglichen Geschäfts grundsätzlich von der Wirksamkeit des schuldrechtlichen Geschäftes unberührt.[210] Dies würde vorliegend bedeuten, dass der Vertrag, durch den die Gewährung einer Beihilfe (zumindest inzident) vereinbart wurde, nichtig ist. Diese Nichtigkeit würde jedoch das Erfüllungsgeschäft unberührt lassen. Man könnte hingegen auch nicht sa-

---

206 Vgl. *Schroeder* ZHR 161 (1997), 805 (812f.); *Tryantafyllou* DÖV 1999, 51 (55); *Deckert/Schroeder* EuR 1998, 291 (314); *Reufels* S. 105; *Ehlers* GewArch 1999, 305 (318); Stober/Vogel/*Ehlers* S. 127 (164); *Rapp/Bauer* KTS 2001, 1 (11).

207 EuGH Slg. 1977, 557 Rn.11/12 -Ianelli/Meroni-; EuGH Slg. 1977, 595 Rn.10 –Steinike und Weinlig-.

208 Siehe 1.Teil §1 G.

209 Ebenso *Rapp/Bauer* KTS 2001, 1 (11).

210 Statt aller: MüKo/*Quack* Einl. Sachenrecht Rn.34; *Köhler* BGB AT §5 Rn.14; Jauernig/*Jauernig* Vor § 854 Rn 17; HK-BGB/*Eckert* Rn.21; *Medicus* AT Rn.224 ff.

gen, dass nur durch die Erfüllung dem Beihilfenempfänger ein Vorteil zukommt, denn schon der vertragliche Anspruch stellt eine Begünstigung dar.
Es gibt allerdings Ausnahmen von dem Abstraktionsprinzip in Fällen, in denen die Nichtigkeitsgründe nicht nur das schuldrechtliche, sondern auch das dingliche Geschäft betreffe. Insbesondere bei Verstößen gegen Verbotsgesetze iSv. § 134 BGB kommt eine sog. Fehleridentität in Betracht.[211] Eine Fehleridentität ist nämlich dann zu erwägen, wenn sowohl die Verpflichtung als auch die sie erfüllende Verfügung verboten sein sollen.
Dies wäre insbesondere für den Fall der Insolvenz des Beihilfenempfängers relevant, da in diesem Fall der Mitgliedsstaat sich nicht mit der Insolvenzquote abfinden müsste, sondern sein Eigentum gem. § 47 InsO aussondern könnte.[212]

Der Sinn des Durchführungsverbots des Art. 88 Abs. 3 S. 3 EGV liegt darin, dass von der öffentlichen Hand an Unternehmen keine Vermögenswerte vor einer Genehmigung durch die Kommission zugeführt werden, damit diesen Unternehmen kein unlauterer Wettbewerbsvorteil gegenüber ihren Konkurrenten zukommt.[213] Dieser durch die Gewährung der Beihilfe entstandene Wettbewerbsvorteil soll durch die Rückforderung der Beihilfe beseitigt werden. Wenn die öffentliche Hand aufgrund der Nichtigkeit der Übereignung Eigentümerin der ausgezahlten Beihilfe bleibt, wäre die wohl wirksamste Rückforderungsmöglichkeit, die Vindikation nach § 985 BGB, gegenüber dem Beihilfenempfänger gegeben.[214]
Für eine Nichtigkeit auch des Erfüllungsgeschäfts spricht ebenfalls, dass sich das Durchführungsverbot gerade gegen die Zuführung von unangemeldeten Beihilfen richtet. Sogar wenn der Abschluss eines zur Gewährung einer Beihilfe verpflichtenden Vertrages schon selbst eine Beihilfe darstellen kann, so stellt doch die Zuführung der Sache in das Vermögen des Beihilfenempfängers die eigentliche Grundlage der Wettbewerbsverzerrung dar, die das Durchführungsverbot unterbinden will. Daher ist es auch nur folgerichtig, wenn gerade diese Zuführung der Beihilfe zur Nichtigkeit führt.
Der Grund für die Nichtigkeit des Kausalgeschäfts schlägt sich dementsprechend auch auf das Erfüllungsgeschäft durch. Daher muss ebenfalls das dingliche Geschäft vom Durchführungsverbot erfasst werden,[215] so dass die Nichtigkeit des dinglichen Rechtsgeschäfts Folge des Verstoßes gegen Art. 88 Abs. 3 S. 3 ist.[216]
Voraussetzung hierfür ist jedoch, dass die Beihilfe noch unterscheidbar im Vermögen des Beihilfenempfängers vorhanden ist. Bei Sachzuwendungen, insbesondere Grundstücken,[217] ist diese Unterscheidbarkeit im Regelfall noch gegeben. Folglich können diese auch gem. § 985 BGB zurückgefordert werden.

---

211 *Medicus* AT Rn.236; MüKo/*Quack* Einl. Sachenrecht Rn. 42 f.
212 Dazu mehr 2. Teil §2 A I.
213 Calliess/Ruffert/*Cremer* Art. 88 Rn.7
214 *Pechstein* EuZW 1998, 495 (496).
215 *Rapp/Bauer* KTS 2001, 1 (10).
216 *Pechstein* EuZW 1998, 495 (496 f).; *ders.* NJW 1999, 1429 (1432); *Rapp/Bauer* KTS 2001, 1 (10).
217 Siehe dazu *Pechstein* NJW 1999, 1429 (1432).

Anders ist dies jedoch bei Geldleistungen, da diese normalerweise im Vermögen des Empfängers ununterscheidbar vermengt gem. § 948 BGB werden. In diesen Fällen ist aufgrund der eingetretenen Vermengung das Eigentum auf den Beihilfenempfänger übergegangen. Als Ausgleich steht dem Mitgliedsstaat ein Anspruch gem. §§ 812, 951 BGB zu.

## III. Rückforderung von durch öffentlich-rechtlichen Vertrag gewährten Beihilfen

Sofern eine Beihilfe durch einen öffentlich-rechtlichen Vertrag gem. §§ 54 ff. VwVfG gewährt wurde, so führt ein Verstoß gegen das Notifizierungsgebot des Art. 88 Abs. 3 EGV zur Nichtigkeit des öffentlich-rechtlichen Vertrages gem. § 62 VwVfG iVm § 134 BGB. § 134 BGB ist nach der h.M. auf öffentlich-rechtliche Verträge anwendbar, wenn eine sog. qualifizierte Rechtswidrigkeit vorliegt, nämlich wenn es sich um ein wesentliche Gemeinwohlinteressen schützendes Verbot handelt.[218] Durch einen Verstoß gegen Art. 88 Abs. 3 EGV wird eine solche qualifizierte Nichtigkeit ausgelöst,[219] da es ein öffentliches Interesse an der Einhaltung des Beihilfenverbots gibt.[220]
Die Rückforderung einer bereits geleisteten Beihilfe bestimmt sich demnach nach dem öffentlich-rechtlichen Erstattungsanspruch, welcher in seiner Struktur und Zielrichtung den §§ 812 ff. BGB entspricht.[221]
Auch hier ist zu beachten, dass sich der Beihilfenempfänger nicht auf den Wegfall der Bereicherung berufen kann.[222]

## IV. Rückforderung aufgrund missbräuchlicher Verwendung

Wenn für den Fall der missbräuchlichen Verwendung einer zivilrechtlich gewährten Beihilfe kein Rücktritts- und Rückerstattungsvorbehalt vereinbart wurde, oder es den Vertragsparteien nicht bewusst war, dass eine (gemeinschaftsrechtswidrige) Beihilfe gewährt wurde, so muss jedoch die Rückforderung der Beihilfe durchgeführt werden, wenn eine die missbräuchliche Verwendung feststellende, abschließenden Entscheidung der Kommission im Hauptverfahren gem. Art. 16, 14 VerfVO ergangen ist.
Dogmatisch lässt sich dies entweder durch eine rückwirkende Nichtigerklärung des beihilfegewährenden Vertrages aufgrund der Kommissionsentscheidung erklären oder wegen der missbräuchlichen Verwendung als Rücktritt vom Vertrag aufgrund einer Störung der Geschäftsgrundlage iSv. § 313 Abs. 3 BGB nF.
Gegen eine ex tunc Nichtigkeit spricht jedoch, dass zum Zeitpunkt des Vertragsschlusses eine die Beihilfe genehmigende Kommissionsentscheidung vorlag. Nur aufgrund des missbräuchlichen Verhaltens des Beihilfenempfängers ist die anschließende Rückforderungsanordnung der Kommission ergangen. Dementsprechend erscheint die Stö-

---

218 Stelkens/Bonk/Sachs/*Bonk* §54 Rn.100; §59 Rn. 49 ff.; *Kopp/Raschauer* §59 Rn.10 ff.; *Oldiges* NVwZ 2001, 626 (635).
219 *Beckmann* S.68 ff. (73); *Schneider* NJW 1992, 1197; *Koenig/Kühling/Ritter* EG-Beihilfenrecht S. 225; a.A. *Oldiges* NVwZ 2001, 626 (635).
220 BVerfG NJW 2000, 2015 (Alcan).
221 Stelkens/Bonk/Sachs/*Bonk* §62 Rn.43; *Maurer* §28 Rn.20.
222 EuGH Slg. 1997-I, 1591 Rn.49 ff. -Alcan II-.

rung der Geschäftsgrundlage als angemessene Ausgleichsmöglichkeit in diesem Fall, denn die Umstände, die Voraussetzung für den Abschluss des Vertrages waren, haben sich grundlegend geändert.
Folglich ist im Falle der missbräuchlichen Verwendung von Beihilfen die Rückforderung aufgrund einer Kommissionsentscheidung vorbehaltlich einzelvertraglicher Regelung nach den Regeln über die Störung der Geschäftsgrundlage gem. § 313 BGB durchzuführen. Allerdings kann hier eine Vertragsanpassung, die vorrangige Rechtsfolge bei einer Störung de Geschäftsgrundlage,[223] nicht ausreichend sein, weil die öffentliche Hand dadurch ihrer gemeinschaftsrechtlichen Verpflichtung zur Rückforderung der Beihilfe nicht nachkommen könnte. Rechtsfolge muss daher gem. §313 Abs. 3 ein Recht der öffentlichen Hand zum Rücktritt vom Vertrag sein.

## V. Rückzahlung von durch Kapitalerhöhungen gewährten Beihilfen

Sehr problematisch ist die Frage, inwiefern Eigenkapital, welches einer Gesellschaft unter Verstoß gegen die Art. 87, 88 EGV zugeführt wurde, zurückgefordert werden kann und wie dies gegebenenfalls zu erfolgen hat.
Durch die Verpflichtung zur Rückzahlung von Eigenkapital steht den Verbindlichkeiten der Gesellschaft entsprechend weniger haftendes Eigenkapital gegenüber, so dass der Wert der Passiva den der Aktiva häufig übersteigen wird. Eine Gesellschaft, welche gezwungen ist, Teile ihres Eigenkapitals zurückzuzahlen, wird daher in den meisten Fällen gezwungen sein, einen Insolvenzantrag wegen Überschuldung gem. § 19 InsO zu stellen. Den anderen Gesellschaftsgläubigern wird dadurch haftendes Kapital entzogen. Daher ist die Beantwortung dieser Fragestellung auch wirtschaftlich von großer Bedeutung.
Für die Untersuchung der Rückzahlung von durch Kapitalerhöhungen gewährten Beihilfen sind einerseits die Gläubigerschutzvorschriften im Kapitalgesellschaftsrecht zu berücksichtigen. Andererseits ist zu bedenken, dass der EuGH fordert, dass eine rechtliche Unmöglichkeit der tatsächlichen Rückforderung der Beihilfen nicht entgegenstehen dürfe. Es besteht daher eine Kollision zwischen dem Gemeinschaftsinteresse an der Rückzahlung der Beihilfe und dem Interesse der Gesellschaftsgläubiger an der Erhaltung des Gesellschaftskapitals. Daher ist zu überprüfen, in welcher Form eine solche Eigenkapitalzuführung rückgängig gemacht werden kann. Zur einfacheren Darstellung wird im Folgenden exemplarisch auf das Recht der AG eingegangen, wobei sich im Ergebnis bei anderen Kapitalgesellschaften keine wesentlichen Unterschiede ergeben.

### *1. Eigenkapitalzufuhr als Beihilfe*

Eine Beihilfe an ein Unternehmen, dessen Gesellschafter die öffentliche Hand ist, kann auch durch die Gewährung von Eigenkapital erfolgen.[224] Maßgeblich für die

---

[223] BGHZ 47, 52; BGHZ 83, 254; Palandt/*Heinrichs* §313 Rn.28.
[224] Näher hierzu *Koenig/Ritter* ZIP 2000, 769 ff; *Bonkamp* Die Bedeutung des gemeinschaftsrechtlichen Beihilfeverbot für die Beteiligung der öffentlichen Hand an einer Kapitalgesellschaft, 2001; *Pape*, Staatliche Beteiligung an Unternehmen und das Beihilfenverbot gem. Art. 92 EG-V, 1996;

Qualifizierung als Beihilfe ist der sog. market economy investor test. Für die Qualifizierung der Kapitalzuführung als Eigenkapital ist es nicht ausschlaggebend, ob die öffentliche Hand Mehrheits- oder Minderheitsgesellschafter ist. Wichtig ist, ob für einen hypothetischen privaten Vergleichsinvestor unter gleichen Bedingungen eine Kapitalzufuhr in Betracht gekommen wäre.[225] Eine Beihilfe ist dann anzunehmen, wenn die öffentliche Hand langfristig von Rentabilitätsinteressen absieht.[226] Aus einer Mehrheitsbeteiligung der öffentlichen Hand kann hingegen eher geschlossen werden, dass die öffentliche Hand langfristige Interessen verfolgt, so dass ein Beihilfenelement auszuschließen wäre.[227]
Insofern ist aber auch zu beachten, ob sich neben der öffentlichen Hand auch private Investoren an der Kapitalerhöhung beteiligt haben, denn dies kann meist ein Anzeichen für die erwartete wirtschaftliche Rentabilität der Kapitalzufuhr bedeuten. Eine Beihilfe wird daher zumeist nur dann anzunehmen sein, wenn sich ausschließlich die öffentliche Hand an der Kapitalerhöhung beteiligt hat.

Kapitalerhöhungen gegen Einlagen[228] erfordern bei der AG einen in das Handelsregister einzutragenden Kapitalerhöhungsbeschluss (§§ 182, 184 AktG), Zeichnung der Aktien (§§ 185 bis 187 AktG) und die Eintragung der Durchführung der Kapitalerhöhung, welche mit der Anmeldung der Kapitalerhöhung verbunden werden kann (§ 188 Abs. 4 AktG).

Wenn die Zuführung des Kapitals an die Gesellschaft eine Beihilfe darstellt, so ist bereits vor der Fassung des geplanten Kapitalerhöhungsbeschlusses das Genehmigungsverfahren gem. Art. 88 Abs. 3 iVm. der VerfVO durchzuführen. Sofern eine Kapitalerhöhung durchgeführt wurde, ein Genehmigungsverfahren vor der Kommission jedoch nicht erfolgte, handelt es sich gem. Art. 1 lit f) VerfVO um eine rechtswidrige Beihilfe.
Die bereits getroffenen Feststellungen zur Nichtigkeit zivilrechtlicher Beihilfen gem. § 134 BGB[229] sind nicht einschlägig, da sich die Nichtigkeit von Hauptversammlungsbeschlüssen nach § 241 AktG, nicht nach § 134 BGB richtet. Es stellt sich jedoch die Frage, ob ein Verstoß gegen das Durchführungsverbot des Art. 88 Abs. 3 EGV zur Nichtigkeit des Kapitalerhöhungsbeschlusses führen muss, oder ob in diesem Fall nur eine Rechtswidrigkeit des Kapitalerhöhungsbeschlusses eintritt, mit der Folge, dass eine Anfechtung des Beschlusses erfolgen müsste.

---

*Deckert/Schroeder*, EuR 1998 291 ff.; *Schroeder* ZHR 161 (1997), 805 ff.; *Dreher* GS-Knobbe-Keuk 1997, S. 583 ff.

225 *Koenig/Kühling/Ritter* EG-Beihilfenrecht S. 45.

226 EuGH Slg. 1991, I-1433 Rn.22 ENI/Lanerossi-.

227 EuGH Slg. 1991, I-1433 Rn.14 ENI/Lanerossi-; EuGH Slg. 1991, I-1591 Rn.11 ff –Alcan II-.

228 Kapitalerhöhungen aus Gesellschaftsmitteln können hier außer Betracht bleiben, da eine Beihilfeneigenschaft hier nicht gegeben sein wird.

229 Siehe 1.Teil §2 C II a.

### *2. Rechtsfolge einer gemeinschaftsrechtswidrigen Kapitalerhöhung*

#### a. Problematik der Anfechtbarkeit des Beschlusses

Eine bloße Anfechtbarkeit des Kapitalerhöhungsbeschlusses mit der Folge, dass eine Pflicht zur Einreichung einer Anfechtungsklage gem. §§ 243 AktG entsteht, scheint aus diversen Gründen nicht angebracht.

Eine effiziente Rückforderung der Beihilfe ist wenig naheliegend, wenn die öffentliche Hand zunächst den Kapitalerhöhungsbeschluss durch eine Anfechtungsklage, die an eine Anfechtungsfrist gebunden ist, beseitigen muss, bevor die Rückforderung durchgeführt werden kann.

Eine Anfechtungsklage muss insbesondere gem. § 246 Abs. 1 AktG innerhalb einer Anfechtungsfrist von einem Monat nach der Beschlussfassung erhoben werden. Eine Rückforderungsanordnung der Kommission ergeht meist erst viele Monate, z.T. auch Jahre nach der erfolgten Gewährung einer Beihilfe. Diese Frist ist also zumindest nur sehr selten einhaltbar. In Betracht kommt daher allenfalls eine gemeinschaftsrechtlich gebotene Außerachtlassung des Fristerfordernisses, ähnlich wie bei § 48 Abs. 4 VwVfG.[230]

Aber auch das Vorliegen einer Anfechtungsbefugnis gem. § 245 AktG erscheint fraglich, da die öffentliche Hand im Regelfall zum einen gegen den Beschluss keinen Widerspruch gem. § 245 Nr. 1 AktG angemeldet haben wird, zum anderen werden zumeist die Voraussetzungen der Nr. 2, 3, 4 oder 5 nicht gegeben sein. Die Anfechtungsbefugnis des § 245 AktG müsste also ebenfalls gemeinschaftsrechtskonform ausgelegt werden.

Das Wesen der Anfechtungsklage würde in diesen Fällen aufgrund der diversen gemeinschaftsrechtskonformen Auslegungserfordernissen contra legem erheblich verändert werden. Ausschlaggebend ist jedoch vielmehr, dass die bloße Anfechtbarkeit des Hauptversammlungsbeschlusses der Schwere des Verstoßes gegen das Gemeinschaftsrecht nicht gerecht wird. Eine Anfechtbarkeit des Beschlusses würde zusätzlich die durch das FNCE-Urteil des EuGH[231] geforderten Ungültigkeit der rechtswidrigen Beihilfengewährung nicht ausreichend berücksichtigen. Das Erfordernis, bei einer bloßen Anfechtbarkeit zunächst eine gerichtliche Entscheidung herbeizuführen, welche den erfolgten Hauptversammlungsbeschluss kassiert, ist für eine effektive Beihilfenkontrolle zu umständlich. Daher ist eine Anfechtbarkeit des eine Beihilfe darstellenden Hauptversammlungsbeschlusses keine akzeptable Möglichkeit, um eine Rückforderung der Beihilfe zu ermöglichen.

---

[230] dazu 1.Teil §2 C I.

[231] EuGH Slg. 1991, I-5505 -FNCE-.

**b. Nichtigkeit des Beschlusses**

Stattdessen könnte ein eine Beihilfe enthaltender Kapitalerhöhungsbeschluss, der ohne Genehmigung der Kommission erfolgte, gem. § 241 Nr. 3 AktG als nichtig anzusehen sein.[232]

Um den Tatbestand dieser Norm zu erfüllen, müssten durch den Kapitalerhöhungsbeschluss Vorschriften verletzt worden sein, die ausschließlich oder überwiegend dem öffentlichen Interesse dienen. Dafür ist erforderlich, dass das öffentliche Interesse bei dem Erlass der Norm eine wesentliche Rolle gespielt hat[233] oder anderer Ansicht nach die Nichtigkeit zwingend gebiete.[234] Die Erhaltung des freien Wettbewerbs ist erklärtes Ziel des gemeinschaftsrechtlichen Beihilfenverbots, denn der Schutz des freien Wettbewerbs ist Voraussetzung für einen gemeinsamen Markt.[235] Bei der Rückforderung gemeinschaftsrechtswidriger nationaler Beihilfen tritt neben das mitgliedsstaatliche öffentliche Interesse an der Wiederherstellung eines rechtmäßigen Zustands ein öffentliches Interesse der Europäischen Gemeinschaft an der Durchsetzung der gemeinschaftsrechtlichen Wettbewerbsordnung.[236] Gleichermaßen ist auch schon ein öffentliches Interesse an der Einhaltung der Beihilfenvorschriften gegeben. Insofern ist also auch ein öffentliches Interesse iSv. § 241 Nr. 3 AktG an der Einhaltung dieser Vorschriften gegeben, mit der Folge, dass ein dennoch erfolgter Beschluss der Hauptversammlung, welcher eine Beihilfengewährung darstellt, nichtig ist.

Das Registergericht darf als Folge der Nichtigkeit und des Beihilfenverbots des Art. 88 Abs. 3 EGV den Kapitalerhöhungsbeschluss nicht eintragen.[237] Sollte die Kommission die Vereinbarkeit der gewährten Beihilfe mit dem gemeinsamen Markt feststellen, so wäre der Hauptversammlungsbeschluss neu zu fassen. Da sich die Anfechtungs- und Nichtigkeitsregelungen von Gesellschafterbeschlüssen bei der GmbH an denen der AG orientieren,[238] können die vorherigen Ausführungen entsprechend auf die GmbH angewendet werden.

***3. Rechtsfolge bei Eintragung und Durchführung der nichtigen Kapitalerhöhung***

Problematisch ist insbesondere der Fall, dass aufgrund mangelnder oder fehlerhafter Prüfung des Registergerichts gleichwohl eine Eintragung des Kapitalerhöhungsbeschlusses in das Handelsregister erfolgt und die Kapitalerhöhung durchgeführt wird, die Kommission jedoch dennoch die Rückforderung der Beihilfe anordnet.

Eine bloße Rückzahlung des durch die Kapitalerhöhung erhaltenen Kapitals an die öffentliche Hand unter Beibehaltung der eingetragenen erhöhten Eigenkapitalziffer im

---

232 Dafür: *Steindorff* FS-Mestmäcker S. 497 (510 f.); *Deckert/Schroeder* EuR 1998, 291 (318); *Bonkamp* S. 207; *Schmuck-Amende* S.97.

233 MüKo-AktG/*Hüffer* §241 Rn.56; KK-AktG/*Zöllner* §241 Rn.105.

234 Großkomm-AktG/*K.Schmidt* §241 Rn.59.

235 BGH EuZW 2003, 444 (445).

236 BVerfG NJW 2000, 2015 (Alcan).

237 *Steindorff* ZHR 152 (1988); 474 (489); *Deckert/Schroeder* EuR 1998, 291 (319).

238 BGHZ 11, 231 (235); BGHZ 97, 28; st, Rspr.; *Noack* Fehlerhafte Beschlüsse S. 117; *K.Schmidt* §15 II 3, §36 III. mwN.

Handelsregister kommt nicht in Betracht, da so Gesellschaftsgläubiger und potentielle Vertragspartner aufgrund der fehlerhaften Eintragung in die Irre geführt würden.

Vereinzelt wird bisher davon ausgegangen, dass aufgrund der zwingenden Gläubigerschutzvorschriften des nationalen Kapitalgesellschaftsrechts eine Rückforderung von Eigenkapital nicht möglich sei.[239] Diese Ansicht steht jedoch im direkten Konflikt mit der bereits aufgeführten Ansicht des EuGH und des Generalanwalts Lenz in der Rechtssache „Boch"[240], in welcher festgestellt wurde, dass Regeln des nationalen Gesellschaftsrechts, selbst wenn sie auf einer EG-Richtlinie beruhen, der Beihilfenrückforderung nicht entgegenstehen dürfen.
Dem EuGH ist diesbezüglich zuzustimmen. Wie bereits mehrfach aufgeführt, ist die Rückforderung der Beihilfe die logische Folge von deren Gewährung und dient der Wiederherstellung des status quo ante. So bedauerlich es für die Gläubiger des Beihilfenempfängers auch sein mag, wenn ihrem Schuldner Haftungsmasse, auf deren Vorhandensein sie vertrauten, wieder entzogen wird, so muss zur Durchsetzung des Beihilfenverbots sowie zum Schutz der Konkurrenten des Beihilfenempfängers eine Möglichkeit der Rückforderung auch solcher Beihilfen bestehen. Anzumerken ist zusätzlich, dass die Gläubiger des Beihilfenempfängers nicht rechtlos gestellt werden, da ihnen in einem solchen Fall ein Schadensersatzanspruch gegen die öffentliche Hand zusteht.[241] Eine Rückforderung der durch die Kapitalerhöhung eingetretenen Beihilfe muss demnach möglich sein.

Der Kapitalerhöhungsbeschluss, durch den eine rechtswidrige Beihilfe gewährt wird, ist wie aufgeführt gem. § 241 Nr. 3 AktG nichtig. Eine Heilung einer nichtigen Kapitalerhöhung tritt durch die Eintragung in das Handelsregister nicht ein.[242] Für eine Nichtigkeit der Kapitalerhöhung spricht, dass in diesem Fall die Nichtigkeit zu dem Zeitpunkt eintritt, zu dem auch der Nichtigkeitsgrund vorlag. Aus dem Gesetz ergeben sich hingegen keine Anhaltspunkte für eine Nichtigkeit ex nunc.
Ob im Aktienrecht bei fehlerhaften Kapitalerhöhungen die Nichtigkeit ex nunc mit dem Zeitpunkt der Geltendmachung eintritt oder ob die Nichtigkeit ex tunc als gegeben anzusehen ist, ist umstritten. Die Beantwortung dieser Frage ist von Bedeutung dafür, wie die Rückforderung zu erfolgen hat

### a. Nichtigkeit der Kapitalerhöhung ex tunc

Die früher hM ist, wie selbstverständlich, davon ausgegangen, dass die Nichtigkeit ex tunc eintritt, mit der Folge, dass Mitgliedschaftsrechte niemals entstehen und eine Rückgängigmachung der durchgeführten Kapitalerhöhung nach den allgemeinen Grundsätzen des Bereicherungsrechts zu erfolgen hat.[243] Für eine Nichtigkeit der Ka-

---

239 *Altmeyer* S. 172 f.; Handbuch des EU-Wirtschaftsrechts/*Götz* H III Rn.107.
240 EuGH Slg. 1986, I-89 Rn.16 –Boch-; Generalanwalt *Lenz*, Slg. 1986, I-89 (99).
241 Generalanwalt *Lenz*, Slg. 1986, I-89 (99) –Boch-.
242 Allg. Meinung, statt aller: *Zöllner* AG 1993, 68 (69); *Kort* S.94 ff.
243 Geßler/Hefermehl/*Hüffer* §238 Rn.15 ff.; GroßKomm-AktG/*Schilling* §348 Rn.9 ff.; KK-AktG/*Lutter* §191 Rn.5.

pitalerhöhung ex tunc spricht, dass die Nichtigkeit in diesem Fall mit dem die Nichtigkeit begründenden Ereignis zusammenfällt. Unsicherheiten können so vermieden werden. Für eine Nichtigkeit nur ex nunc sollen sich aus dem Gesetz hingegen keine Anhaltspunkte ergeben.
Aus Gründen des Gläubigerschutzes soll jedoch dieser Ansicht nach eine Pflicht zur Leistung der Einlage analog § 277 Abs. 3 AktG bestehen, soweit dies zur Erfüllung der von der Gesellschaft eingegangenen Verbindlichkeiten notwendig ist.[244]

### b. Nichtigkeit ex nunc / Anwendung der Lehre von der fehlerhaften Gesellschaft

aa. Anfechtbare Beschlüsse

Im Anschluss an *Zöllner*[245] wird von der ganz hM davon ausgegangen, dass zumindest bei angefochtenen Kapitalerhöhungen im Regelfall die Grundsätze der fehlerhaften Gesellschaft anzuwenden sind, mit der Folge, dass die Nichtigkeit erst ex nunc mit Rechtskraft des Anfechtungsurteils eintritt.[246] Bis zu diesem Urteil ist die Kapitalerhöhung so zu behandeln, als sei sie wirksam durchgeführt worden.
Eine Rückabwicklung soll, statt nach Bereicherungsgrundsätzen zu erfolgen, nach den Regeln über das Ausscheiden aus der Gesellschaft geschehen. Im Ergebnis sollen daher die Gesellschafter unter Berücksichtigung der Wertentwicklung ihres fehlerhaften Gesellschaftsanteils abgefunden werden.[247] Der Gesellschafter würde demnach von einem Gewinn der Gesellschaft profitieren; einen Verlust müsste er dafür anteilig mittragen.
Für diese Ansicht spricht, dass sich bei in Vollzug gesetzten gesellschaftsrechtlichen Beziehungen eine Rückabwicklung nach Bereicherungsrecht praktisch nur schwer vollziehen lässt.[248] Den Gesellschaftsgläubigern soll das der Haftung dienende eingetragene Kapital, auf dessen Bestand sie vertrauten, nicht rückwirkend entzogen werden.[249] Würde der früher hM gefolgt, wäre die erhöhte Grundkapitalziffer auch für die Vergangenheit nicht zu passivieren, die gesetzlichen Pflichten zur Rücklagenbildung würden sich nach der früheren Grundkapitalhöhe bestimmen.[250]
Für die Anwendung der Grundsätze der fehlerhaften Gesellschaft spricht auch, dass ansonsten jeder Gesellschaftsbeschluss, der nach der durchgeführten Kapitalerhöhung

---

244 RGZ 143, 394 (399); *Schleyer* AG 1957, 147 (148); KK-AktG/*Lutter* §189 Rn.6; AnwK-AktienR/*Rebmann*, §185 Rn.41.
245 *Zöllner* AG 1993, 68 ff.
246 *Kort* ZGR 1994, 291 (306 ff.); *ders.* Bestandsschutz S. 203 ff.; *Hommelhoff* ZHR 158 (1994), 11 (25 ff.); *Krieger* ZHR 158 (1994), 35 (47 ff.); *Schockenhoff* DB 1994, 2327 ff.; *Huber* FS-Claussen S. 147 (148 ff.); *Zöllner/Winter* ZHR 158 (1994), 59 ff.; MüKo-AktG/*Hüffer* §248 Rn.20 f.; *Müller* KTS 2002, 209 (225); *K.Schmidt* GesR 4.A. §6 IV 3; GroßKomm-AktG/*K.Schmidt* §248 Rn.7; Baumbach/Hueck/*Zöllner* §57 Rn.17; Stein ZGR 1994, 472 (484 ff.); zur Anwendbarkeit auf die GmbH: Scholz/*Priester* §57 Rn.13.
247 *Zöllner* AG 1993, 68 (76); *Zöllner/Winter* ZHR 158 (1994), 59 ff.; *Krieger* ZHR 158 (1994) 35 (49); *Hommelhoff* ZHR 158 (1994), 11 (26 ff.); *Huber* FS-Claussen S. 147 (149 ff.); *Schockenhoff* DB 1994, 2327 ff.; MüKo-AktG/*Hüffer* §248 Rn.20 ff.
248 *Zöllner* AG 1993, 68 (73).
249 *Zöllner* AG 1993, 68 (73): *Huber* FS-Claussen S. 147 (148); *Krieger* ZHR 158 (1994), 35 (48).
250 *Zöllner* AG 1993, 68 (71); *Zöllner/Winter* ZHR 158 (1994), 59 (61).

unter Mitwirkung der Neuaktionäre bzw. der Aktionäre mit erhöhtem Stimmrechtsanteil anfechtbar wäre, wenn auch nur innerhalb der gesetzlichen Anfechtungsfrist.[251] Allerdings soll die Anwendung der Grundsätze über die fehlerhafte Gesellschaft außer Betracht bleiben, wenn dadurch höherrangige Interessen beeinträchtigt werden könnten.[252]

Vertreten wird auch, dass in Vollzug gesetzte Kapitalerhöhungen nur durch einen Kapitalherabsetzungsbeschluss wieder beseitigt werden können.[253] Zumindest für die hier zu beurteilenden Fälle, die eine Rückforderung der Beihilfe aufgrund des Gemeinschaftsrechts verlangen, kann dieser Ansicht nicht zugestimmt werden. In den Fällen, in denen die öffentliche Hand nicht über die zur Satzungsänderung erforderliche Mehrheit verfügt, darf die Rückforderung der Beihilfe nicht an einem fehlenden Kapitalherabsetzungsbeschluss scheitern.

bb. Nichtige Beschlüsse

Der Erörterung bedarf auch die Frage, wie Kapitalerhöhungsbeschlüsse zu behandeln sind, die nicht anfechtbar, sondern gem. § 241 Nr. 1-4 AktG nichtig sind. Auch in diesem Zusammenhang wird diskutiert, ob die Grundsätze der fehlerhaften Gesellschaft anzuwenden sind.
Gegen die Anwendbarkeit dieser Grundsätze lässt sich aufführen, dass die im Gesetz fixierten Nichtigkeitsgründe schon als so schwerwiegend angesehen werden können, dass stets ein überwiegendes Interesse an der Nichtigkeit der Kapitalerhöhung ex tunc bestehen könnte.
Möglich erscheint auch eine Differenzierung nach den verschiedenen in § 241 AktG aufgeführten Nichtigkeitsgründen[254] oder der Schwere des jeweiligen Beschlussfehlers.[255] Während ein Beurkundungsmangel gem. § 241 Nr. 2 AktG stets zur Anwendung der Grundsätze der fehlerhaften Gesellschaft führt, ist dies bei Beschlussmängeln gem. § 241 Nr. 1 und Nr. 4 AktG nicht der Fall, da dieser schwerer wiegen. Auch ein Verstoß gegen Bestimmungen zum Schutz öffentlicher Interessen gem. § 241 Nr. 3 AktG kann zur Unanwendbarkeit führen.[256]

cc. Zwischenergebnis

Bei nicht beihilfenrelevanten, angefochtenen Kapitalerhöhungsbeschlüssen ist die Anwendung der Grundsätze der fehlerhaften Gesellschaft sicherlich sachgerecht. Dem Gläubigerschutz wird durch die Nichtigkeitsfolge ex nunc angemessen Rechnung getragen; die nach der durchgeführten Kapitalerhöhung eingetretenen Veränderungen des Werts der fehlerhaften Beteiligung werden durch eine Berücksichtigung des Gewinns respektive Verlusts bei der Höhe der Abfindung im Rahmen der Rückgängigmachung

---

251 *Zöllner* AG 1993, 68 (71); *Huber* FS-Claussen S. 147 (149).
252 *Zöllner* AG 1993, 68 (77).
253 *K.Schmidt* GesR 4.A. §6 IV 3.
254 *Hommelhoff*, ZHR 158 (1994), 11 (18 ff.).
255 *Kort* S. 205.
256 *Kort* S. 206 f.

den Umständen entsprechend berücksichtigt. So wird sichergestellt, dass die Gesellschaft aufgrund der fehlerhaften Beteiligung weder einen Vorteil noch einen Nachteil erleidet.[257]
Bei nichtigen Kapitalerhöhungsbeschlüssen ist hingegen eine Differenzierung zwischen den jeweiligen Nichtigkeitsgründen im Einzelfall angebracht. Bei dem hier relevanten Nichtigkeitsgrund des § 241 Nr. 3 AktG kann ein Verstoß gegen Bestimmungen zum Schutz öffentlicher Interessen zur Nichtigkeit führen, wenn dies geboten ist. Dies wird aber nicht stets der Fall sein. Zur Beantwortung der Frage, ob eine Anwendung der Grundsätze der fehlerhaften Gesellschaft angebracht ist, wird man insbesondere darauf abstellen müssen, ob die Rechtsfolge der Anwendung der Grundsätze der fehlerhaften Gesellschaft als mit dem Gemeinschaftsrecht vereinbar angesehen werden kann.

### c. Anwendbarkeit der Grundsätze der fehlerhaften Gesellschaft auf beihilfenrelevante Fälle

Zumindest im für Beihilfenfälle relevanten Nichtigkeitsgrund des überwiegenden öffentlichen Interesses gem. § 241 Nr. 3 AktG erscheint eine Außerachtlassung der Grundsätze der fehlerhaften Gesellschaft naheliegend. Aufgrund des Erfordernisses des gemeinschaftsrechtlichen Grundsatzes des „effet utile“ ist ein überwiegendes öffentliches Interesses gegeben, mit der Folge, dass die Nichtigkeitsfolge möglicherweise ex tunc eintreten muss.
In der beihilfenrechtlichen Literatur wird die Anwendbarkeit der Grundsätze der fehlerhaften Gesellschaft insoweit meist mit nur knappen Argumenten kategorisch abgelehnt.[258]

Richtig ist, dass die umfassende Rückgängigmachung einer gemeinschaftsrechtswidrigen Kapitalerhöhung nicht dadurch eingeschränkt werden darf, dass die Gesellschaft seit der Kapitalerhöhung Verluste gemacht hat und deshalb die öffentliche Hand als Gesellschafter an diesem Verlust beteiligt wird. Dies würde nämlich bedeuten, dass die öffentliche Hand die Beihilfe nicht umfassend zurückerstattet bekommt, obwohl im Vermögen des Beihilfenempfängers möglicherweise noch ausreichend Kapital vorhanden ist. Eine solche Rechtsfolge wäre in der Tat mit dem Gemeinschaftsrecht nicht vereinbar.
Sofern die Gesellschaft leistungsfähig ist, ist sie auch aufgrund des „effet utile“-Grundsatzes verpflichtet, den erhaltenen Betrag nebst Zinsen an die öffentliche Hand zurückzuerstatten. Gründe des Gläubigerschutzes dürfen der effektiven Rückforderung der Beihilfe nicht entgegenstehen, ggf. sind die Gläubiger zur Geltendmachung ihres Schadens gegenüber der öffentlichen Hand berechtigt.[259]
Zumindest diese Rechtsfolge der Grundsätze der fehlerhaften Gesellschaft ist im Fall der Rückforderung gemeinschaftswidriger Beihilfen daher nicht anwendbar.

---

[257] *Huber* FS-Claussen S. 147 (153).
[258] Vgl. *Bonkamp* S. 209.
[259] Generalanwalt *Lenz*, Slg. 1986, I-89 (99) –Boch-.

Wenn die Gesellschaft einen Gewinn erwirtschaftet hat, an welchem die öffentliche Hand im Wege der Rückgängigmachung der Kapitalerhöhung zu beteiligen wäre, erscheint hingegen eine Vereinbarkeit mit den Normen des Beihilfenrechts theoretisch durchaus möglich. Ziel der Rückforderung der Beihilfe ist es, die eingetretene Wettbewerbsverzerrung auszugleichen.[260] Wenn nun die erhaltene Beihilfe plus einem Anteil an einem nach Erhalt der Beihilfe erwirtschafteten Gewinn an die öffentliche Hand zurückgewährt wird, so scheint diese Folge die eingetretene Wettbewerbsverzerrung möglicherweise sogar angemessener ausgleichen zu können, als eine pauschalierte Rückzahlung der Beihilfe nebst Zinsen, da dem Beihilfenempfänger der aufgrund der Beihilfe eingetretene Wettbewerbsvorteil wieder entzogen wird.
Es ist auch aus der Sicht des Gemeinschaftsrechts nicht notwendig, im Innenverhältnis der Gesellschaft Mitgliedschaftsrechte der öffentlichen Hand rückwirkend zu beseitigen, mit der Folge, dass möglicherweise sogar nach erfolgter Kapitalerhöhung getroffenen Hauptversammlungsentscheidungen anfechtbar sind. Eine solche rückwirkende Beseitigung der Mitgliedschaftsrechte der öffentlichen Hand hilft nicht, die erfolgte Wettbewerbsverzerrung wieder auszugleichen.

Festzuhalten ist also, dass aufgrund der notwendigen Rückzahlung der Beihilfe Gläubigerschutzgründe alleine nicht die Anwendung der Grundsätze der fehlerhaften Gesellschaft begründen können, und dass auf keinen Fall ein etwaiger Kapitalverlust der Gesellschaft eine Minderung der rückzuzahlenden Beihilfe zur Folge haben kann.
Zu überlegen ist daher, ob eine teilweise Anwendung der Grundsätze der fehlerhaften Gesellschaft insofern angebracht ist, als dass nur in den Fällen, in denen die Gesellschaft einen Verlust nach erfolgter, nichtiger Kapitalerhöhung erwirtschaftet hat, die Rückforderung nach Bereicherungsrecht erfolgt, ansonsten jedoch eine Anwendung dieser Grundsätze möglich bleibt.
Diese Überlegung würde hingegen eine Aufspaltung der Rechtsfolgen im Fall der Rückforderung nichtiger Kapitalerhöhungen bedeuten, abhängig davon, ob die Gesellschaft einen Gewinn oder Verlust erwirtschaftet hat. Eine Aufspaltung der Art der Rückabwicklung der Kapitalzuführung, je nachdem, ob ein Gewinn oder ein Verlust von der Gesellschaft erwirtschaftet wurde, erscheint im Ergebnis wenig sinnvoll. Die Rückforderung hat unabhängig von der Finanzentwicklung der Gesellschaft in einer einheitlichen Art und Weise zu erfolgen. Es erscheint nicht angebracht, die Grundsätze der fehlerhaften Gesellschaft dergestalt zu verändern, dass sie bei der Rückforderung rechtswidriger Beihilfen nur manchmal eingreifen und manchmal nicht. Auch wenn im Rahmen der Rückforderung von Beihilfen häufig gemeinschaftsrechtkonforme Auslegungen des nationalen Rechts vorzunehmen sind, erscheint es dennoch unangebracht, ein einziges Rechtsinstitut dergestalt unterschiedlich anzuwenden. Die stete Anwendbarkeit einer einzelnen Anspruchsgrundlage bei der Rückforderung von durch Kapitalerhöhungen gewährten Beihilfen ist vorzuziehen.
Demnach sind die Grundsätze der fehlerhaften Gesellschaft nicht anwendbar, wenn Kapitalerhöhungen aufgrund eines Verstoßes gegen das EG-Beihilfenrecht rückgängig gemacht werden müssen. Die Rückforderung hat also auch in diesem Fall nach den

260 EuGH Slg. 1990, I-959 Rn.66 –Tubemeuse-; EuGH Slg. 1991, I-1603 Rn.41 –Alfa Romeo-.

Vorschriften des Bereicherungsrechts gem. §§ 812 ff. BGB zu erfolgen.[261] Die Problematik des Wegfalls der Bereicherung, die bei in Vollzug gesetzten Dauerschuldverhältnissen grundsätzlich die Anwendung des Bereicherungsrechts erschwert, ist wie bereits gezeigt, in beihilfenrelevanten Fällen nicht gegeben.[262] Die Verpflichtung zur Leistung der Einlage analog § 277 Abs. 3 AktG ist im Falle von gemeinschaftsrechtswidrig-nichtigen Beschlüssen nicht erforderlich, da der Gläubigerschutz insofern zurückstehen muss.
Demzufolge ist rückwirkend die alte Eigenkapitalziffer zu bilanzieren, Rücklagen sind rückwirkend zu bilden. Dies wird, wie bereits oben skizziert, abhängig von dem jeweiligen Ausmaß der Kapitalerhöhung häufig zu einer Insolvenz der Gesellschaft wegen Überschuldung führen. Der Kapitalerhöhungsbeschluss ist zusätzlich gem. § 144 Abs. 2 FGG im Handelsregister zu löschen.[263]

Diese Ergebnisse sind nicht nur auf aufgrund des Beihilfenrechts nichtige Kapitalerhöhungen von Aktiengesellschaften anzuwenden, sondern entsprechend auch bei Kapitalerhöhungen einer GmbH.

#### *4. Zusammenfassung*

Ein Kapitalerhöhungsbeschluss, aufgrund dessen einer Kapitalgesellschaft eine gemeinschaftsrechtswidrige Beihilfe gewährt werden soll, ist gem. § 241 Nr. 3 AktG nichtig. Die Grundsätze der fehlerhaften Gesellschaft kommen aufgrund des überwiegenden Interesses des Gemeinschaftsrechts an der Rückzahlung der Beihilfe nicht zur Anwendung, so dass nach erfolgter Durchführung der Beihilfe diese ex tunc nichtig ist. Die Rückforderung der Beihilfe erfolgt dann nach Bereicherungsrecht.
Um Problemen mit der Kommission bei der Rückforderung vorzubeugen, sollte der Mitgliedsstaat die Kommission über die geplanten Schritte informieren. Dies ergibt sich auch aus der Pflicht der loyalen Zusammenarbeit gem. Art. 10 EGV.

---

261 Allgemein zur Rückforderung von Kapitalerhöhungen in den Fällen, in denen die Grundsätze der fehlerhaften Gesellschaft nicht anwendbar sind: *Kort* S. 223.

262 1.Teil C. II 2 d.

263 *Schmuck-Amende* S.97.

# 2.Teil Auswirkungen der Beihilfenrückforderung auf die Insolvenz

## *§ 1 Bilanzierung europarechtswidriger Beihilfen*

### A. Einleitung

Von großer Bedeutung für die finanzielle Situation und weitere Entwicklung der Geschäftstätigkeit eines Beihilfenempfängers ist die Frage, inwiefern, wie und in welchem Umfang gemeinschaftsrechtswidrig erhaltene Beihilfen in der Bilanz verbucht werden müssen. Von Bedeutung ist hier insbesondere eine etwaige Verpflichtung zur Bildung von Rückstellungen, da häufig diese Rückstellungen zu einer mangelnden Liquidität und damit langfristig zur Insolvenz des Unternehmens führen können.
Bei der Bilanzierung von Rückgewähransprüchen ist zu differenzieren zwischen der üblichen Handelsbilanz und der für die Eröffnung des Insolvenzverfahrens maßgeblichen sog. Überschuldungsbilanz. Insofern ist zunächst die Rechtslage bei der Handelsbilanz zu erläutern. Im Anschluss ist darauf einzugehen, auf welche Weise zurückzufordernde Beihilfen in der Überschuldungsbilanz des Unternehmens bilanziert werden müssen.

### B. Passivierung von Verbindlichkeiten

Sofern der Mitgliedsstaat im Wege der Umsetzung einer Rückforderungsanordnung der Kommission vom Beihilfenempfänger die Rückzahlung der Beihilfe verlangt, sei es durch Verwaltungsakt oder durch die Geltendmachung eines zivilrechtlichen Anspruchs, ist eine Verbindlichkeit des Beihilfenempfängers gegeben. Diese ist wie jede andere Verbindlichkeit in jeglicher Bilanz zu passivieren ist.
Wurde eine Pflicht des Beihilfenempfängers zur Rückzahlung der Beihilfe bei der Gewährung vereinbart, so ist diese grundsätzlich auch schon von diesem Zeitpunkt an als Verbindlichkeit zu passivieren, z.B., wenn die Beihilfe in Form eines Darlehens gewährt wurde.
Eine Zuweisung zu den ungewissen Verbindlichkeiten hat jedoch dann zu erfolgen, wenn ursprünglich keine Rückzahlungsverpflichtung vereinbart wurde, z.B. weil den Parteien nicht klar war, dass es sich überhaupt um eine Beihilfe handelte, oder feststeht bzw. es sich andeutet, dass Zinsen zurückzuzahlen sein werden, mit denen bisher nicht gerechnet wurde.
Inwiefern und ab welchem Zeitpunkt europarechtswidrige Beihilfen als ungewisse Verbindlichkeiten zu passivieren sind, sei es in der Handels- oder der Überschuldungsbilanz, bedarf der näheren Erörterung.

### C. Handelsbilanz

Die Handelsbilanz ist die Bilanz, die der Kaufmann nach den Vorschriften des HGB zu führen verpflichtet ist. Ziel der Handelsbilanz ist es, die Lage des Unternehmens darzustellen (§ 238 Abs. 1 S. 2 HGB).

Es soll durch die Vorschriften des HGB verhindert werden, dass der Kaufmann seine Gewinne zu hoch und seine Schulden zu niedrig ausweist.[264] Die Vermögensverhältnisse müssen demnach im Zweifelsfall eher schlechter als besser bilanziert werden. Forderungen werden mit dem geringsten nominalen Wert bewertet. Im Falle von Zahlungsproblemen des Schuldners sind Forderungen vorsichtshalber abzuschreiben. Die Handelsbilanz ist geprägt von den GoB, den Grundsätzen ordnungsgemäßer Buchführung.[265] Insbesondere ist das in § 243 Abs. 1 HGB verankerte sog. Vorsichtsprinzip bedeutsam, wonach der Kaufmann bei der handels- und steuerrechtlichen Gewinnermittlung vorsichtig vorgehen und nicht nur bestehende, sondern auch ungewisse Verbindlichkeiten ausweisen soll, die dem jeweiligen Rechnungslegungszeitraum zuzuordnen sind.[266]

Gem. § 249 Abs. 1 S. 1 sind für ungewisse Verbindlichkeiten Rückstellung zu bilden. Verbindlichkeiten können ungewiss sein, wenn am Bilanzstichtag Ungewissheit über ihr Bestehen, Entstehen und/oder ihre Höhe besteht.[267] Wann solche Ungewissheiten vorliegen, ist umstritten.

## I. Zivilrechtliche Verpflichtungen

### *1. Ungewissheit einer Forderung nach der hM*

Die Existenz einer zivilrechtlichen Forderung ist der weiten, wohl überwiegend vertretenen Auffassung zufolge ungewiss, wenn ein Sachverhalt gegeben ist, aus dem bei vernünftiger, objektiver Betrachtungsweise eine Forderung zu resultieren vermag, solange deren Existenz nicht zweifelsfrei ausgeschlossen werden kann.[268] Eine Festlegung, ob die Inanspruchnahme wahrscheinlicher ist als die Nichtinanspruchnahme, soll nicht erfolgen, da aufgrund der Komplexität wirtschaftlicher Sachverhalte eine prozentuale Berechnung der Chancen einer Inanspruchnahme nicht annähernd exakt erfolgen kann.[269] Erforderlich sein sollen nur stichhaltige Gründe dafür, dass das Unternehmen voraussichtlich in Anspruch genommen wird.[270] Insofern muss die Inanspruchnahme mehr als nur möglich sein.[271]
Nicht erforderlich soll hingegen sein, dass der Gläubiger bereits von der Existenz seines Anspruchs weiß oder dies unmittelbar bevorsteht.[272]

---

264 *Großfeld* Rn.74.

265 Zu den GoB allgemein, siehe *Leffson* Die Grundsätze ordnungsgemäßer Buchführung, 7.Aufl. 1987; *Canaris* §13 Rn.15 ff.

266 *Adler/Düring/Schmaltz* §249 HGB Rn.72; *Eibelshäuser*, BB 1987, 860 (863); KK-AktG/*Claussen*, 2.Aufl. 1989/1991, §246 HGB Rn.9.

267 *Jonas* DB 1986, 337 (338); *Adler/Düring/Schmaltz* §249 HGB Rn.71.

268 OLG Celle, BB 1983, 2229 (2231); *Adler/Düring/Schmaltz* §249 HGB Rn.75 mwN; *Großfeld* Rn.374; *Eibeshäuser* BB 1987, 860 (863); *Hoffmann* DStR 1993, 124 (125), *Hertzig/Hötzel* BB 1991, 99 (102 f.).

269 *Adler/Düring/Schmaltz* §249 Rn.75; *Eibeshäuser* BB 1987, 860 (863); *Hertzig/Hötzel* BB 1997, 99 (102 f.).

270 *Adler/Düring/Schmaltz* §249 Rn.75.

271 *Eibelshäuser* BB 1987, 860 (862); *Herzig/Hötzel* BB 1987, 99 (103).

272 *Adler/Düring/Schmaltz* §249 Rn.75 mwN.; *Eilers* DStR 1994, 121 (123).

### *2. Ungewissheit einer Forderung nach der Gegenansicht*

Nach der Gegenansicht, die § 249 Abs. 1 HGB enger auslegt, ist eine ungewisse Forderung nur dann gegeben, wenn die Existenz der Forderung überwiegend wahrscheinlich ist, also mehr objektiv nachvollziehbare, am Bilanzstichtag vorliegende Gründe für die Inanspruchnahme durch den Gläubiger vorliegen als dagegen.[273] Sofern Verpflichtungen demnach mit an Sicherheit grenzender Wahrscheinlichkeit nicht bestehen, dürfen sie nicht passiviert werden.[274] Des Weiteren soll erforderlich sein, dass der Gläubiger von der Existenz seines Anspruches gegen den Schuldner weiß oder die Entdeckung der Tatsachen, welche den Anspruch begründen, unmittelbar bevorstehen.[275]

### *3. Auswirkung beider Ansichten auf die Passivierung von Beihilfen*

#### a. Passivierung nach einer Kommissionsentscheidung

Sofern die Kommission im Beihilfeverfahren nach Art. 88 EGV abschließend die Rückgewährschuld des Beihilfenempfängers festgestellt hat, ist die Existenz der Forderung zumindest überwiegend wahrscheinlich.[276] Der Schuldner muss damit rechnen, umgehend von dem Mitgliedsstaat, welcher die Beihilfe gewährt hat, auf Rückzahlung der Beihilfe in Anspruch genommen zu werden, selbst wenn der Mitgliedsstaat noch nicht selbst mit der Beitreibung der Beihilfe begonnen hat. Da dem Mitgliedsstaat, wie bereits erläutert, bei der Durchführung der Rückforderung der Beihilfe kein Ermessen zukommt und die Entscheidung der Kommission sofort vollziehbar ist, steht die Verpflichtung des Beihilfenempfängers zur Rückgewähr der Beihilfe so gut wie fest, solange nicht der EuGH die Kommissionsentscheidung aufgehoben hat.[277]

Wenn aufgrund der überwiegenden Wahrscheinlichkeit der Inanspruchnahme daher sogar nach der engeren Auffassung von dem Vorliegen einer ungewissen Verbindlichkeit ausgegangen werden muss, so wird man auch nach der weiteren Auffassung zu keinem anderen Ergebnis kommen können. Eine Entscheidung zwischen beiden Ansichten ist daher n dieser Stelle entbehrlich.

In der Handelsbilanz muss daher die Forderung spätestens mit der Rechtskraft der abschließenden Kommissionsentscheidung über eine Rückforderung als ungewisse Verbindlichkeit passiviert werden, unabhängig davon, ob der die Entscheidung vollziehende Mitgliedsstaat bereits damit begonnen hat, die Rückforderung der Beihilfe zu betreiben oder er dies in absehbarer Zeit zu unternehmen beabsichtigt.[278]

---

273 BFH DStR 1993, 124; BFH DStR 1985, 123; Beck'scher Bilanzkommentar/*Clemm/Erle* 4.A. 1999, §249 Rn.33; *Heymann/Walz* HGB 2.A. 1999 §249 Rn.16; *Jonas* DB 1986, 337 ff.

274 BFH BStBl. II 1989, 359 (361); BFH BStBl. II 1993, 543.

275 BFH BStBl. II 1993, 891 (893).

276 *Koenig* Insolvenzrecht 2000, S. 155 (172).

277 *Koenig* BB 2000, 573 (578); *ders.* Insolvenzrecht 2000, S. 155 (173).

278 *Ehricke* WM Sb 3/2001, S. 3 (10); *Koenig* BB 2000, 573 (578); *ders.* Insolvenzrecht 2000, S. 155 (173); Klein DZWIR 2003, 89 101); Beck'scher Bilanzkommentar/Clemm/*Erle* §249 Rn.2 u. 29; *Baumbach/Hopt* HGB 30.A. 2000, §249 Rn.2f.; Baumbach/Hueck/*Schulze-Osterloh* GmbHG §42 Rn.189.

Auch eine etwaige Nichtigkeitsklage gegen die Kommissionsentscheidung führt gem. Art. 242 S. 1 EGV nicht zu einer aufschiebenden Wirkung. Vielmehr ist eine Kommissionsentscheidung in Beihilfesachen grundsätzlich sofortige vollziehbar. Solange die Verbindlichkeit streitig ist, kann sie ungewiss sein, unwahrscheinlich ist ihre Existenz deshalb nicht.[279]
Daher sind auch Forderungen, über deren Bestehen Rechtsstreitigkeiten anhängig sind, zu passivieren.[280]

### b. Passivierung während des Verfahrens vor der Kommission

Solange allerdings noch keine abschließende Entscheidung der Kommission gegeben, die Rechtssache jedoch dort anhängig ist und es voraussehbar erscheint, dass die Kommission die Rückforderung der Beihilfen anordnen wird,[281] ist es fraglich, ob auch in diesem Fall schon Rückstellungen gebildet werden müssen.
Wenn sich jedoch aus dem Verhalten der Kommission antizipieren lässt, dass die Anordnung der Rückforderung nur noch eine Frage der Zeit darstellt, etwa aufgrund bestimmter Anfragen der Kommission, die keine andere Deutung zulassen, als dass die Kommission von der Unvereinbarkeit der bereits gewährten Beihilfe mit dem gemeinsamen Markt ausgeht, dann muss auch der Beihilfenempfänger damit rechnen, umgehend auf Rückzahlung der Beihilfe in Anspruch genommen zu werden.[282] Die Existenz der Forderung und die Inanspruchnahme durch den Gläubiger sind auch dann schon als überwiegend wahrscheinlich anzusehen. Insofern wäre auch nach der engeren Ansicht in diesem Fall die Verpflichtung zur Bildung von Rückstellungen gegeben, wie auch nach der weiteren Ansicht. Demzufolge hat eine Passivierung ferner dann zu erfolgen, wenn die Kommission während des Überprüfungsverfahrens erkennen lässt, dass sie in absehbarer Zeit die Anordnung der Rückforderung der Beihilfe erlassen wird.

### c. Passivierung nach Gewährung der Beihilfe

Problematischer ist die Frage, ob eine zivilrechtlich gewährte Beihilfe möglicherweise nicht schon vom Zeitpunkt der Gewährung an zu passivieren ist.
Da, wie bereits erläutert, sowohl der einer zivilrechtlich gewährten Beihilfe zugrunde liegende Vertrag nichtig ist, wenn das Genehmigungsverfahren nicht ordnungsgemäß durchgeführt wurde, als auch das dingliche Rechtsgeschäft, entsteht in diesem Fall der Rückforderungsanspruch der öffentlichen Hand bereits mit der Gewährung der Beihilfe.
Sofern man also mit der weiteren Auffassung fordert, dass die Existenz einer Forderung nicht zweifelsfrei ausgeschlossen werden darf und dass keine Kenntnis des Gläubigers von der Existenz der Forderung erforderlich ist, so wird man in der soeben be-

---

[279] *Bork* Gutachten.
[280] BFH DStR 2002, 334; BFHE 157, 121; Ehricke WM Sb 3/2001, S. 3 (11).
[281] eine solche Voraussehbarkeit kann sich u.a. aus Schreiben und Stellungnahmen der Kommission ergeben, wenn die Kommission „durchblicken" lässt, dass sie in Absehbarer Zeit, ggf. nach erfolgter Übersendung weiterer Informationen, die Rückforderung der Beihilfe anordnen wird.
[282] Ähnlich *Maier/Luke* DB 2003, 1207 (1210); *Herrmann* ZInsO 2003, 1069 (1078).

schriebenen Konstellation die Pflicht zur Bildung von Rückstellungen bejahen können.[283]
Wenn man jedoch die engere Auffassung zugrunde legt, so kommt man zu dem Ergebnis, dass zwar die Existenz der Forderung nicht bestritten werden kann, die Inanspruchnahme des Schuldners durch den Gläubiger aber aller andere als sicher scheint. Die öffentliche Hand wird selten eine Beihilfe aufgrund der bloßen Tatsache zurückfordern, dass die Beihilfe ohne vorherige Genehmigung der Kommission gewährt wurde. Vielmehr wird die öffentliche Hand wohl in den allermeisten Fällen von der Rückforderung der Beihilfe absehen, solange sie nicht von der Kommission oder einem nationalen Gericht[284] zur Rückforderung der Beihilfe verpflichtet wurde. Da die öffentliche Hand mit der Beihilfe dem Beihilfenempfänger wirtschaftlich helfen wollte, erscheint es selbst in Zeiten leerer Haushaltskassen unwahrscheinlich, dass die öffentliche Hand dem Beihilfenempfänger diesen wirtschaftlichen Vorteil aufgrund der bloßen Nichtanmeldung der Beihilfe durch die öffentliche Hand selbst wieder entziehen will, ohne dazu verpflichtet zu sein. Denkbar erscheint eine Rückforderung ohne Anordnung der Kommission wohl nur, wenn ein Konkurrent die öffentliche Hand zur Rückforderung der Beihilfe auffordert, verbunden mit der Androhung, ansonsten die Rückforderung der Beihilfe im Wege einer erfolgversprechenden Konkurrentenklage zu erstreiten.
Zum Zeitpunkt der Gewährung der Beihilfe wird es der öffentlichen Hand auch häufig nicht bewusst sein, dass sie überhaupt eine unter die Art. 87 ff. EGV fallende Beihilfe gewährt hat. Eine Inanspruchnahme durch den Gläubiger erscheint demnach zum Zeitpunkt der Gewährung der Beihilfe noch nicht überwiegend wahrscheinlich. Daher wäre nach der engeren Auffassung in diesem Fall noch keine Pflicht zur Bildung von Rückstellungen anzunehmen.

Zu bedenken ist, dass der Sinn der Vorsichtsprinzip darin liegt, dass der Kaufmann sich nicht reicher darstellen soll, als er in Wahrheit ist, um so nicht sich und seine Gläubiger im Hinblick auf seine Vermögensverhältnisse zu gefährden.[285] Diesem Vorsichtsprinzip wird eher Rechnung getragen, wenn der Kaufmann gehalten ist, schon im Falle der Gewährung der Beihilfe eine Rückstellung zu bilden, da bereits zu diesem Zeitpunkt stichhaltige Gründe dafür bestehen, dass eine Inanspruchnahme durch den Gläubiger erfolgen könnte, selbst wenn diese Inanspruchnahme noch nicht wahrscheinlicher ist, als die Nichtinanspruchnahme.[286]
Daher besteht eine Verpflichtung des Beihilfenempfängers vom Zeitpunkt der Gewährung einer rechtswidrigen Beihilfe an, diese zu passivieren, wenn er in der Lage war zu erkennen, dass es sich um eine rechtswidrige Beihilfe handelte. Diese Pflicht zur Passivierung entfällt wieder, wenn die Kommission die Vereinbarkeit der Beihilfe mit dem gemeinsamen Markt festgestellt hat, da dann keine Rückforderung mehr zu erwarten ist.

---

283 I.E. ebenso *Rapp/Bauer* KTS 2001, 1 (13 f).
284 Aufgrund einer Konkurrentenklage gegen die Beihilfegewährung.
285 *Großfeld* Rn.93.
286 I.E. wohl ebenso *Rapp/Bauer* KTS 2001 1 (13 f.).

## II. Öffentlich-rechtliche Verpflichtungen

### *1. Ansicht des BFH*

Bei öffentlich-rechtlichen Verpflichtungen ist nach Ansicht des BFH die Bildung einer Rücklage nur dann zu fordern, wenn ein Gesetz oder eine Verfügung der zuständigen Behörde ein inhaltlich genau bestimmtes Handeln innerhalb eines bestimmten Zeitraums vorschreibt und wenn an die Verletzung der öffentlich-rechtlichen Verpflichtung Sanktionen geknüpft sind, so dass sich das Unternehmen der Erfüllung der Verpflichtung im Ergebnis nicht entziehen kann.[287]

Insofern wäre zeitlich von der Rückforderungsanordnung der nationalen Behörde an eine Rückstellung für eine öffentlich-rechtlich gewährte Beihilfe zu bilden, wobei es in diesem Fall dann meist an der Ungewissheit der Verbindlichkeit fehlen wird, da die Verbindlichkeit dann bereits feststeht.

Frühestens ist eine Rückstellung wohl zum Zeitpunkt der Rückforderungsanordnung der Kommission zu bilden, da zu diesem Zeitpunkt kein Zweifel über die drohende Inanspruchnahme durch die nationale Behörde entstehen dürfte.

### *2. Ansicht der h.L.*

Diese Rechtsprechung des BFH wird in der Literatur zum Teil heftig kritisiert, da der BFH das Vorsichtsprinzip angeblich nicht ausreichend berücksichtige.[288] Es soll kein Grund dafür bestehen, warum nicht auch auf öffentlich-rechtliche Verpflichtungen die üblichen Rückstellungskriterien übertragen werden sollen.[289] Eine Ungewissheit soll in dem Fall, dass erst eine behördliche Entscheidung ergehen muss, nur bzgl. der Höhe der Verbindlichkeit vorliegen, nicht jedoch bzgl. ihres Bestehens. Daher soll eine öffentlich-rechtliche Verpflichtung vielmehr schon dann zur Bildung von Rückstellungen führen, wenn der Kaufmann die Verpflichtung kennt bzw. kennen musste oder mit dem Entstehen der Verbindlichkeit ernsthaft zu rechnen war.[290]

Mit dem Entstehen der Verbindlichkeit muss im Falle der Gewährung gemeinschaftsrechtswidriger Beihilfen der Kaufmann spätestens dann rechnen, wenn sich den Äußerungen der Kommission im Beihilfenverfahren entnehmen lässt, dass die Kommission grundsätzlich den Erlass einer Rückforderungsanordnung in Betracht zieht, die Rückforderung der Beihilfe demnach droht.[291]

---

287 BFH BStBl.II 1980, 297 (298); BFH BStBl. II,19 89, 893 (894); BFH BStBl. II 1993, 891 (892).

288 *Adler/Düring/Schmaltz* §249 Rn.51 mwN; Beck'scher Bilanzkommentar/*Clemm/Erle* §249 Rn.29; *Christiansen* DStZ 2002, 162ff; *Herzig* DB 1990, 1341 (1346); *Bartels* BB 1992, 1095 (1099); *Klein* DStR 1992, 1737 (1742); *Kupsch* BB 1992, 2320 (2322); *Crezelius* DB 1992, 1353 (1359).

289 *Herzig* DB 1990, 1341 (1346).

290 *Adler/Düring/Schmaltz* §249 Rn.51 mwN.; Beck'scher Bilanzkommentar/*Clemm/Erle* §249 Rn.29.

291 So auch das Ergebnis des Diskussionsberichts zu den Referaten von *Steindorff* und *Papier*, *Ihrig* ZHR 152 (1988), 509 (510).

### *3. Eigene Stellungnahme*

Der zweiten Auffassung ist im Ergebnis zu folgen, da nicht ersichtlich ist, warum im Falle öffentlich-rechtlicher Verbindlichkeiten das Vorsichtsprinzip derart außer Anwendung gelassen werden soll.
Insbesondere in der vorliegend zu beachtenden Konstellation, dass eine durch Verwaltungsakt gewährte Beihilfe zurückgefordert wird, erscheint es nicht sinnvoll, erst auf die Rückforderungsanordnung oder sogar den Bescheid der nationalen Behörde zu warten. Wenn dieser Bescheid vorliegt, wird in den meisten Fällen schon eine Verbuchung als Verbindlichkeit iSv. § 253 Abs. 1 S. 2 HGB notwendig werden; eine Ungewissheit ist dann nicht mehr gegeben. Da dem Kaufmann durch die Bildung von Rückstellungen in der Bilanz unsichere Belastungen in der Zukunft aufgezeigt werden sollen,[292] erscheint es notwendig, dass dies frühzeitig geschieht. Diesem Erfordernis wird die erstgenannte Auffassung nicht gerecht.
Demzufolge ist eine Verpflichtung zur Bildung von Rückstellungen auch schon bei einer drohenden Inanspruchnahme durch die Behörde anzuerkennen.

## D. Überschuldungsbilanz

### I. Bedeutung der Überschuldungsbilanz

Der Insolvenzgrund der Überschuldung (§ 19 Abs. 1 InsO) ist gegeben, wenn die Passiva (Verbindlichkeiten) einer juristischen Person deren Aktiva (Vermögenswerte) übersteigen und eine negative Fortführungsprognose gegeben ist (§ 19 Abs. 2 InsO).
Ausgangspunkt ist die Feststellung der sog. rechtlichen Überschuldung in Abgrenzung zur rechnerischen Überschuldung.[293] Die rechnerische Überschuldung ist gem. § 19 Abs. 2 InsO gegeben, wenn das Vermögen des Unternehmens nicht in der Lage ist, die bestehenden Verbindlichkeiten zu erfüllen. Hierbei ist von den Liquidationswerten zur Feststellung des Schuldnervermögens auszugehen.
Im Anschluss an diese Feststellung der rechnerischen Überschuldung ist eine Fortführungsprognose des Unternehmens zu erstellen, wobei anhand von going-concern-Werten zu prüfen ist, ob das Unternehmen überlebensfähig ist.[294]

Die übliche Jahresbilanz wird zur Feststellung der Überschuldung nicht herangezogen, da das auf dem Vorsichtsprinzip beruhende Gewinnermittlungsprinzip der Handelsbilanz für die Feststellung der Überschuldung des Unternehmens allenfalls indizielle Bedeutung haben kann, im Ganzen zur Feststellung der Überschuldung jedoch nicht geeignet ist.[295]

---

292 *Großfeld* Rn.366.

293 Zur Abgrenzung siehe Gottwald/*Uhlenbruck* §6 Rn.14f.

294 Gottwald/*Uhlenbruck* §6 Rn.15; HK-InsO/*Kirchhof* §19 Rn.5 ff.; Braun/*Kind* §19 Rn.19 ff.; FK-InsO/*Schmerbach* §19 Rn.6a ff.; *Smid* InsO §19 Rn.16 ff.; *Noack* GesR-InsO Rn.74; wobei im Einzelnen bzgl. der Prüfungsreihenfolge vieles umstritten ist, vgl. *Götz* ZInsO 2000, 77 ff.; *Spliedt* DB 1999, 1941 ff.

295 BGH ZInsO 2001, 260; BGH ZIP 2001, 242 (243); Braun/*Kind* §19 Rn.12; *Noack* GesR-InsO Rn.72; *Götz* ZInsO 2000, 72.

Daher ist zur Feststellung der Überschuldung eine Überschuldungsbilanz aufzustellen.[296] Hierbei ist nicht wie bei der Handelsbilanz ein vorsichtiger, sondern ein realistischer Wert der Aktiva und Passiva festzusetzen.[297]

## II. Passivierung ungewisser Verbindlichkeiten

### *1. Allgemein*

Problematisch gestaltet sich die Frage der Passivierung ungewisser Verbindlichkeiten. Grundsätzlich besteht Einigkeit darüber, dass auch in der Überschuldungsbilanz ungewisse Verbindlichkeiten zu passivieren sind, wenn ernsthaft mit ihrer Inanspruchnahme durch den Gläubiger zu rechnen ist.[298]
Wenn schon rechtskräftige mitgliedsstaatliche Rückforderungsanordnungen zur Rückzahlung von gemeinschaftsrechtswidrig erhaltenen Beihilfen vorliegen, so sind diese daher zweifelsohne zu passivieren.[299]

### *2. Passivierung vor rechtskräftiger Kommissionsanordnung*

Nicht eindeutig geklärt ist jedoch, ob eine Passivierung schon vor einer rechtskräftigen Rückzahlungsanordnungen erfolgen muss, etwa wenn gegen die Kommissionsentscheidung ein Rechtsmittel eingelegt wurde, oder sogar schon nach Gewährung einer zivilrechtliche Beihilfe ohne vorherige Genehmigung durch die Kommission.
Dies könnte dazu führen, dass bei einem Unternehmen der Insolvenzgrund der Überschuldung vorliegt, obwohl eine Inanspruchnahme durch die nationalen Behörde mangels Kenntnis der Kommission entweder nie erfolgen wird oder möglicherweise eine Rückzahlungsanordnung der Kommission mit Rechtsmitteln erfolgreich angegriffen werden könnte.
Hierfür stellt sich die Frage, ob das Vorsichtsprinzip auch in der Überschuldungsbilanz Anwendung findet und ob eine drohende Insolvenz durch Rechtsschutzmöglichkeiten aufgehalten werden kann.[300] Die dahinter stehende Frage ist die, ob eine streitige Verbindlichkeit in der Überschuldungsbilanz passiviert werden muss mit der Folge, dass möglicherweise gerade diese streitige Verbindlichkeit zur Notwendigkeit der Stellung eines Insolvenzantrags führt.

#### a. Keine Pflicht zur Passivierung vom Zeitpunkt der Gewährung an

*Rapp/Bauer* sind der Auffassung, dass in dem Fall, wenn das Bestehen einer Beihilfe nicht zweifelsfrei ausgeschlossen werden kann bzw. überwiegend wahrscheinlich ist,

---

296 BGH ZInsO 2001, 260; BGH ZIP 2001, 242 (243); *Smid* InsO §19 Rn.18; FK-InsO/*Schmerbach* §19 Rn.9; *Gottwald/Uhlenbruck* §6 Rn.27.
297 Braun/*Kind* §19 Rn.23; *Noack* GesR-InsO Rn.74; *Pape/Uhlenbruck* Rn.319.
298 *Auler* DB 1976, 2172; *Gottwald/Uhlenbruck* §6 Rn.46; K.Schmidt/*Uhlenbruck* Rn.923; HK-InsO/*Kirchhof* §19 Rn.24; FK-InsO/*Schmerbach* §19 Rn.13; *Pape/Uhlenbruck* Rn.323; *Ehricke* Insolvenzrecht 2003, 117 (126).
299 *Ehricke* WM Sb.3/2001 S. 3 (11).
300 Vgl. *Ehricke* WM Sb.3/2001 S. 3 (11).

auch im Überschuldungsstatus eine unangemeldete, gewährte Beihilfe bereits zum Zeitpunkt ihrer Gewährung zu passivieren ist.[301]
Diese Ansicht übersieht jedoch, dass aufgrund der vielen von den Mitgliedsstaaten durchgeführten unangemeldeten Beihilfen die Kommission trotz ihrer erhöhten Anstrengungen nicht in der Lage sein wird, jede nicht bei der Kommission angemeldete Beihilfe zu erkennen und zu verfolgen. Des Weiteren besteht auch bei nicht angemeldeten Beihilfen die Möglichkeit, dass die Beihilfe dennoch mit dem gemeinsamen Markt vereinbar ist. Sofern also die Kommission nicht schon aufgrund der formellen Rechtswidrigkeit gem. Art. 11 Abs. 2 VerfVO die Beihilfe vorläufig zurückfordert[302] und auch keine Konkurrentenklage[303] ergeht, muss der Beihilfenempfänger auch nicht zwingend mit der Rückforderung der Beihilfe rechnen.[304] Denn wie bereits aufgeführt,[305] wird der Mitgliedsstaat nur in den seltensten Fällen, wenn überhaupt, eine Beihilfe vom Beihilfenempfänger zurückfordern, ohne dazu rechtlich verpflichtet zu sein. Daher kann von einem „ernsthaft mit der Inanspruchnahme rechnen“ keine Rede sein, wenn eine Beihilfe nur ohne vorherige Anmeldung gewährt wurde.

### b. Pflicht zur Passivierung bei drohender Kommissionsentscheidung

Ernsthaft mit der Inanspruchnahme gerechnet werden kann im Regelfall dann, wenn die Kommission ein Verfahren eröffnet hat und sich aus ihrem Verhalten erkennen lässt, dass die Kommission in absehbarer Zeit eine Rückforderungsanordnung erlassen wird, denn dann ist auch der Mitgliedsstaat gemeinschaftsrechtlich zur Umsetzung der Kommissionsentscheidung verpflichtet.[306]

#### aa. Passivierung bei Anwendung des Vorsichtsprinzips

Geht man davon aus, dass das Vorsichtsprinzip auch in der Überschuldungsbilanz Anwendung findet,[307] dann müssen auch durch drohende Rückforderungsanordnungen der Kommission in Aussicht stehende Verbindlichkeiten passiviert werden, unabhängig davon, ob der Beihilfenempfänger beabsichtigt, gegen diese Rückforderungsanordnung ein, möglicherweise sogar erfolgreiches, Rechtsmittel einzulegen.
Dies könnte allerdings dazu führen, dass eine Passivierung dieser ungewissen Verbindlichkeit zur Notwendigkeit der Stellung eines Insolvenzantrages führt, obwohl der Beihilfenempfänger mit einem Rechtsmittel gegen diese Verbindlichkeit in der Zukunft Erfolg haben könnte.

---

[301] *Rapp/Bauer* KTS 2001, 1 (14); ähnlich jetzt auch K.Schmidt/*Uhlenbruck* Rn.923.
[302] Dazu 1.Teil §1 G I.
[303] Dazu 1.Teil §1 G IV.
[304] ebenso *Schmuck-Amende* S. 115.
[305] Dazu 1.Teil §2 C II 2 c.
[306] ähnlich *Schmuck-Amende*, die die bloße Eröffnung des Verfahrens der Kommission für ausreichend hält. Da jedoch die Kommission nicht in jedem all eine Rückforderung anordnet, kann die Eröffnung der Verfahrens ohne weitere Anhaltspunkte, welche auf eine Rückforderung schließen lassen, nicht ausreichend sein.
[307] So Gottwald/*Uhlenbruck* §9 Rn.38; *Vonnemann* BB 1991, 867; wohl auch *Koenig* BB 2000, 573 (589).

bb. Passivierung ohne Anwendung des Vorsichtsprinzips

Die Rechtsfolge der Insolvenz des Unternehmens trotz aussichtsreicher Rechtsmittel gegen eine Forderung wird in der Literatur zu Recht vielfach als unbillig abgelehnt,[308] da der Schuldner nicht unnötigerweise in die Insolvenz getrieben werden soll. Vielmehr ist eine Pflicht zur Passivierung einer ungewissen Verbindlichkeit in der Überschuldungsbilanz nicht erforderlich, sofern von dieser Verbindlichkeit die Pflicht zur Stellung eines Insolvenzantrages abhängt und ein Rechtsmittel durchaus Aussicht auf Erfolg hat.[309] Die Forderung (hier die Verpflichtung zur Rückzahlung der Beihilfe) muss daher ernsthaft und substantiiert bestritten werden.[310] Sofern z.B. im konkreten Fall feststeht, dass es sich um eine Beihilfe handelt, kann es dem Beihilfenempfänger durchaus möglich sein, die Unvereinbarkeit der Beihilfe mit dem gemeinsamen Markt zu bestreiten.

*(1) Einstweiliger Rechtsschutz vor dem EuG und EuGH*

Zu bedenken ist allerdings, dass in dem Fall, dass der Beihilfenempfänger eine Rückforderungsanordnung der Kommission mit einer Nichtigkeitsklage gem. Art. 230 Abs. 1, 4 EGV angreift, diese Klage gem. Art. 242 EGV im Regelfall keinen Suspensiveffekt entfaltet. Demnach ist grundsätzlich auch während eines Verfahrens vor dem EuGH/EuG (je nachdem, vor welchem Gericht das Hauptsacheverfahren durchgeführt wird) die Beitreibung der Beihilfe durch den Mitgliedsstaat zu vollziehen.

Art. 242 S. 2 EGV iVm Art. 104 § 2 der Verfahrensverordnung des EuGH[311] lässt jedoch zu, dass die durchgeführte, angefochtenen Handlung ausgesetzt wird, wenn ein Antrag auf einstweilige Anordnung glaubhaft die Umstände anführt, aus denen sich die Dringlichkeit ergibt; ferner ist die Notwendigkeit der beantragten Anordnung in tatsächlicher und rechtlicher Hinsicht glaubhaft zu machen (Fumus boni iuris (frei übersetzt: Anschein der Begründetheit). Diese Voraussetzungen müssen kumulativ vorliegen, so dass ein Antrag auf einstweilige Anordnung zurückzuweisen ist, wenn eine von ihnen nicht erfüllt ist.[312]

Das EuG hat bereits wiederholt ausgeführt, dass das Gemeinschaftsinteresse an der Wiederherstellung eines unverfälschten Wettbewerbs meist, wenn nicht fast immer, Vorrang haben müsse vor dem Interesse des Empfängers der Beihilfe an der Aussetzung der Rückforderung.[313] Es soll jedoch nicht auszuschließen sein, dass der Empfänger einer solchen Beihilfe vorläufigen Rechtschutz erlangen kann, wenn die Voraussetzungen in Bezug auf den Fumus boni iuris und die Dringlichkeit erfüllt sind.[314]

---

[308] Konkret für Beihilfenfälle: *Ehricke* WM Sb.3/2001 S. 3 (11f.); Abstrakt: *Gottwald/Uhlenbruck* §6 Rn.49; Kölner Schrift zur Insolvenzordnung/*Müller* S. 1799 Rn.31; FK-InsO/*Schmerbach* §19 Rn. 15.

[309] *Gottwald/Uhlenbruck* §6 Rn.49.

[310] FK-InsO/*Schmerbach* §19 Rn. 15.

[311] VerfVO EuGH ABl. 2001, C 34/1.

[312] EuGH Slg. 1996, I-4971, Rn. 30 –SCK/FNK-; EuG Slg. 1998, II-2769 Rn. 25 -Prayon-Rupel-, EuG Slg. 2002, II-2153, Rn. 50 -Technische Glaswerke Ilmenau-.

[313] EuG Slg. 2002, II-2153 Rn.114 –Technische Glaswerke Ilmenau-; EuG Slg. 2002, II-5081 Rn.113 –NEL-.

[314] EuG Slg. 2002, II-2153 Rn.115 –Technische Glaswerke Ilmenau-.

Dies wird man jedoch nur in solchen Fällen annehmen können, in denen die Beihilfe sich als rechtmäßig herausstellen kann oder möglicherweise kein Beihilfentatbestand gegeben ist.[315]
Das Merkmal der Dringlichkeit ist nach der Rechtsprechung des EuGH dann anzunehmen, wenn ein individueller, schwerwiegender und nicht wiedergutzumachender Schaden droht.[316] Dieser Schaden muss unmittelbar bevorstehen. Die Insolvenz des betreffenden Unternehmens ist insofern schon vom EuGH und EuG als ein drohender irreversibler Schaden anerkannt worden.[317] Allerdings soll bei drohender Insolvenz nicht stets Dringlichkeit vorliegen,[318] z.B. kann sich aus besonderen konzernrechtlichen Verflechtungen aufgrund einer internen Ausgleichspflicht das Gegenteil ergeben.[319]
Des Weiteren muss auch die Beurteilung des Fumus boni iuris der Nichtigkeitsklage im Hauptverfahren und der Abwägung der widerstreitenden Interessen, zu denen auch das Interesse an einem unverfälschten Wettbewerb gehört, für eine Aussetzung sprechen.[320]

Demzufolge besteht also durchaus die Möglichkeit, dass in dem Fall, dass ein Unternehmen zur Abwendung der durch die Rückforderung der Beihilfe drohenden Überschuldung die Nichtigkeitsklage, verbunden mit einem Antrag auf Aussetzung der Vollziehung, erhebt, das EuG bzw. der EuGH dem Rechtsmittel Suspensiveffekt gewährt.[321]
Wenn demnach ein solcher Antrag auf Aussetzung der Vollziehung der Kommissionsentscheidung Aussicht auf Erfolg hat, dann kann von der Passivierung in der Überschuldungsbilanz abgesehen werden.[322] Dies wird allerdings in der Praxis nur in wenigen Fällen gelingen

*(2) Einstweiliger Rechtsschutz vor nationalen Gerichten*

Parallel zu einem Begehren nach einstweiligem Rechtschutz vor dem EuG hat das Unternehmen auch grundsätzlich die Möglichkeit, vor nationalen Gerichten einstweiligen Rechtschutz zu beantragen.[323]
Das nationale Gericht kann zwar nicht die Rechtmäßigkeit der Kommissionsentscheidung überprüfen; dies können nur die europäischen Gerichte. Sofern jedoch im Hauptsacheverfahren die Kommissionsentscheidung angefochten wurde, kann das nationale

315 *Arhold* EuZW 2002, 727 (729).
316 EuGH Slg. 1998, I-1815 Rn.36 –Camar-; EuGH Slg. 1981, 1857 Rn.4 –IBM-.
317 EuGH Slg. 1990, I-3351 Rn.42 ff. –Kommission/Deutschland-; EuGH Slg. 1990, I-2167 Rn.24 –Comos-Tank-; EuG Slg. 2000, II-3849 Rn.60 –BP-; EuG Slg. 2001, II-2335 Rn.24 –Saxonia-. Exemplarisch als Fall für eine erfolgreiche Aussetzungsanordnung bei drohender Insolvenz EuGH EuZW 2002, 721 ff. –Technische Glaswerke Ilmenau-
318 EuGH EuZW 02, 721 (725) Rn.54 ff –Technische Glaswerke Ilmenau-.
319 EuGH Slg.1998, I-1858 Rn.36 –Decker-.
320 EuGH EuZW 02, 721 (726) Rn.60 ff –Technische Glaswerke Ilmenau-.
321 Ähnlich *Ehricke* WM Sb.3/2001 S. 3 (12).
322 *Quardt* EWS 2003, 312 (315).
323 EuG Slg. 2002, II-5081 Rn.107 f.

Gericht die Vollziehung der Kommissionsentscheidung durch die nationalen Behörden solange aussetzen, bis eine endgültige Entscheidung ergangen ist.[324] Daher kann von einer Passivierung auch in diesem Zusammenhang abgesehen werden, wenn demnach ein solcher Antrag auf Aussetzung der Vollziehung der Kommissionsentscheidung Aussicht auf Erfolg hat.

## E. Zusammenfassung

Zusammenfassend lässt sich ausführen, dass in der Handelsbilanz öffentlich-rechtliche Beihilfen als ungewisse Verbindlichkeiten zu passivieren sind, wenn eine Rückforderungsanordnung der Kommission droht. Wurden Beihilfen in zivilrechtlicher Form ohne vorherige Genehmigung der Kommission gewährt, so sind diese Beihilfen sogar schon vom Zeitpunkt ihrer Gewährung an zu passivieren.

In der Überschuldungsbilanz hingegen müssen die Beihilfen erst von dem Zeitpunkt an als ungewisse Verbindlichkeiten an passiviert werden, wenn ernsthaft mit der Inanspruchnahme des Schuldners durch den Gläubiger zu rechnen ist. Ernsthaft wird man erst dann mit der Inanspruchnahme rechnen können, wenn eine entsprechende Rückforderungsanordnung durch die Kommission droht oder bereits ergangen ist. Sofern der Beihilfenempfänger jedoch Rechtsmittel gegen die Entscheidung der Kommission einlegt oder im Falle des Drohens der Anordnung dies ernsthaft beabsichtigt, so kann die Passivierung unterbleiben, wenn diese Passivierung die Überschuldung des Unternehmens begründen würde und ein Rechtsmittel gegen die Anordnung der Kommission Aussicht auf Erfolg hat.

---

[324] EuG Slg. 2002, II-5081 Rn.107 f.; *Ehricke* Insolvenzrecht 2003 S. 117 (124 f.).

## *§ 2 Rang der Forderung in der Insolvenz*

Der Grundsatz des „effet utile" fordert nach der Auslegung der Kommission und des EuGH, dass auch in der Insolvenz des Beihilfenempfängers die gewährten Beihilfen nebst Zinsen so umfangreich wie möglich zurückgefordert werden müssen.[325] Daraus ergibt sich die Fragestellung, wie sich die geltenden insolvenzrechtlichen Regelungen über den Rang einer Forderung im Insolvenzverfahren bei gemeinschaftswidrigen Beihilfen auswirken und ob gegebenenfalls eine gemeinschaftsrechtskonforme Auslegung erforderlich ist, wenn nach den geltenden Regelungen der InsO eine ausreichende Rückzahlung der Beihilfe nicht möglich erscheint. Dazu ist zunächst die geltende Rechtslage darzustellen.

### A. Die Unterscheidung von Forderungen nach der InsO

Nach dem deutschen Insolvenzrecht, der InsO, wird unterschieden zwischen einfachen Insolvenzforderungen, nachrangigen Insolvenzforderungen, Aussonderungs- und Absonderungsrechten und sog. Masseverbindlichkeiten.

### I. Aussonderungsrechte gem. § 47 InsO

Aussonderungsrechte gem. § 47 InsO geben dem Aussonderungsberechtigten das Recht, einen bestimmten Gegenstand aus der Insolvenzmasse zu erhalten. Hierbei geht es nicht um die Befriedigung des Gläubigers aus bestimmten Gegenständen des Schuldners, vielmehr soll die sog. Soll-Masse, also die Masse aus der die Befriedigung der Masseschuldner, Insolvenzschuldner etc. erfolgen soll, hergestellt werden.[326] Hierfür sollen Gegenstände, an denen der Aussonderungsberechtigte ein dingliches Recht hat, von diesem herausverlangt werden können, da sie nicht vom Insolvenzverwalter verwertet werden dürfen, sondern dem Aussonderungsberechtigten zustehen.
Als ein solches dingliches oder persönliches Recht an einer Sache kommt insbesondere das Eigentum an dieser in Betracht,[327] dies gilt auch für den Fall eines einfachen Eigentumsvorbehalts, wenn der Kaufvertrag nicht erfüllt wurde.[328]

### II. Absonderungsrechte gem. §§ 49. 52 InsO

Absonderungsrechte gem. §§ 49-52 InsO gewähren dem Absonderungsberechtigten ein Recht auf den Erlös eines bestimmten Gegenstandes. Den Gegenstand selbst können diese Gläubiger im Gegensatz zu den aussonderungsberechtigten Gläubigern nicht aus der Insolvenzmasse herausverlangen. Stattdessen haben sie einen bevorrechtigten Zugriff auf vorzugsweise Befriedigung aus dem Verwertungserlös außerhalb der quotalen Ausschüttung an die Gläubiger.[329] Absonderungsrechte können bestehen aufgrund eines Rechtes zur Befriedigung aus einem Grundstück (§ 49 InsO), eines Pfand-

---

325 EuGH Slg 1990, I-959 Rn.59. –Tubemeuse-, Kommission ABl. 2000 L 318/62 Rn.116 ff. -CDA-.

326 *Pape/Uhlenbruck* Rn.543; Kübler/Prütting/*Prütting* §47 Rn.4; *Bork* Rn.236; *Smid* Grundzüge §2 Rn.47.

327 *Smid* Grundzüge §2 Rn.52; *Pape/Uhlenbruck* Rn.543; *Bork* Rn.237.

328 *Noack* GesR-InsO Rn.162; *Pape/Uhlenbruck* Rn.543; *Bork* Rn.238; *Smid* Grundzüge §2 Rn.55 f.

329 *Pape/Uhlenbruck* Rn.529; *Bork* Rn.246; *Smid* Grundzüge §2 Rn 28.

rechts (§ 50 InsO) oder sonstiger Absonderungsrechte (§ 51 InsO), wie z.B. Sicherungseigentum, zur Sicherheit zedierte Forderungen, etc.

### III. Masseverbindlichkeiten gem. §§ 53 bis 55 InsO

Masseverbindlichkeiten nach den §§ 53-55 InsO sind durch den Insolvenzverwalter begründete Verbindlichkeiten, die vorrangig aus der Insolvenzmasse erfüllt werden müssen. Hierbei handelt es sich nicht um Insolvenzforderungen. Zu den Masseverbindlichkeiten gehören die Kosten des Insolvenzverfahrens gem. § 54 InsO, sowie die in § 55 InsO aufgeführten sonstigen Masseverbindlichkeiten.

### IV. Einfache und nachrangige Insolvenzforderungen gem. §§ 38, 39 InsO

Erst nach den Masseverbindlichkeiten werden die eigentlichen Insolvenzforderungen gegenüber den Insolvenzgläubigern (§ 38 InsO), also die Forderungen, die vor Eröffnung des Insolvenzverfahrens durch den Insolvenzschuldner bei persönlichen Gläubigern begründet wurden, gleich ob es zivilrechtliche oder öffentlich-rechtliche Ansprüche sind,[330] beglichen, sofern er sich nicht um nachrangige Insolvenzforderungen gem. § 39 InsO handelt. Erfasst werden daher von den einfachen Insolvenzforderungen alle schuldrechtlichen, geldwerten Ansprüche, die zum Zeitpunkt der Verfahrenseröffnung bereits begründet sind, unabhängig von ihrer Durchsetzbarkeit.[331]
Nachrangige Insolvenzforderungen gem. § 39 InsO, z.B. eigenkapitalersetzende Darlehen werden erst nach vollständiger Erfüllung aller Insolvenzforderungen befriedigt. De facto also so gut wie nie.[332]

## B. Auswirkung auf Beihilfenrückforderungen

Aufgrund der Verpflichtung des Mitgliedsstaates zur effizienten Rückforderung der Beihilfe ist zu überlegen, ob die öffentliche Hand möglicherweise grundsätzlich als Massegläubiger zu behandeln ist, selbst wenn die Beihilfe vor Eröffnung des Insolvenzverfahrens gewährt wurde. Hierdurch könnte eine möglichst umfassende Rückzahlung der Beihilfe gewährleistet werden.

### I. Der Mitgliedsstaat als einfacher Insolvenzgläubiger

Beihilferückforderungen sind jedoch im Regelfall nur als einfache Insolvenzforderungen iSv. § 38 InsO anzusehen, sofern die Gewährung der Beihilfe vor der Eröffnung des Insolvenzverfahrens erfolgte.[333] Eine bevorrechtigte Befriedigung als Massegläubiger oder noch vor diesen ist nicht erforderlich. Der EuGH hat die Rückforderung

---

330 *Smid* Grundzüge §2 Rn.15.

331 *Zimmermann* S. 31 f.; *Pape/Uhlenbruck* Rn.497.

332 Hierzu *Pape/Uhlenbruck* Rn.500.

333 *Ehricke* ZIP 2000, 1656 (1660); *Rapp/Bauer* KTS 2001, 1 (18 f.); *Smid* FS-Uhlenbruck S. 405 (414 f.); *Klein* DZWIR 2003, 89 (95); *Niemeyer* EuZW 1993, 273 (276); *Krassnigg* ÖJZ 1996, 447 (457); *Quardt* EWS 2003, 312 (315); *Geuting/Michels* ZIP 2004, 12 (15); *Bork* FS-Lutter S. 301 (311 f.); *Schmuck-Amende* S. 127 f.

einer Beihilfe im Insolvenzverfahren als nicht bevorrangigte Insolvenzforderung im Rahmen des mitgliedsstaatlichen Insolvenzverfahrens ausdrücklich anerkannt.[334] Der Grund dafür liegt darin, dass eine Besserstellung gegenüber anderen Gläubigern des Beihilfenempfängers nicht erforderlich ist, wenn sich die öffentliche Hand an ihre nationale Rechtsordnung hält und der Beihilfenempfängers im Rahmen eines ordentlichen Insolvenzverfahrens aus dem Wettbewerb ausscheidet, so dass dessen Wettbewerber seine Stellung am Markt einnehmen können.
Es ist zur Widerherstellung der verzerrten Wettbewerbsbedingungen nicht erforderlich, dass die öffentliche Hand im Rahmen eines Insolvenzverfahrens besser gestellt wird, als es andere Gläubiger bei der Geltendmachung von Forderungen gegen den Beihilfenempfänger sind. Es muss jedoch sichergestellt werden, dass im Rahmen des möglichen die öffentliche Hand innerhalb dieses Insolvenzverfahrens sich genauso verhält, wie dies die anderen Gläubiger bei dem Versuch der Minimierung ihrer Verluste auch verhalten.[335]

## II. Der Mitgliedsstaat als aussonderungsberechtigter Gläubiger

Durch das Ausscheiden des Beihilfenempfängers aus dem Wettbewerb wird die wettbewerbsverzerrende Wirkung der gemeinschaftsrechtswidrigen Beihilfe ausgeglichen. Der kompensatorische Effekt, den die Rückforderung einer Beihilfe hat, nämlich die umfassende Rückzahlung der Beihilfe nebst Zinsen, kann auf diese Weise allerdings nicht erreicht werden, da sich ein Insolvenzgläubiger im Regelfall mit der ihm zugeteilten Quote zufrieden geben muss.
Das Ausscheiden des Wettbewerbers aus dem Markt hat jedoch die Folge, dass der durch die Gewährung der Beihilfe beeinträchtigte Wettbewerb wieder hergestellt wird, indem die zuvor benachteiligten Konkurrenten die Stelle des Beihilfenempfängers am Markt einnehmen können.[336] Die Konkurrenten des Beihilfenempfängers haben auf diese Weise die Möglichkeit, die durch das Ausscheiden des Beihilfenempfängers entstandene Marktlücke auszufüllen und ggf. sogar die verkauften Anlagegüter zu erwerben.[337] Daher führt die Liquidierung des beihilfenbegünstigten Unternehmens im Insolvenzverfahren dazu, dass der Mitgliedsstaat sich mit einer anteiligen Rückzahlung der Beihilfe (im Rahmen der Insolvenzquote) zufrieden geben kann.
Der Mitgliedsstaat, der die Rückforderung einer gemeinschaftsrechtswidrigen Beihilfe betreibt, ist daher grundsätzlich im Insolvenzverfahren wie ein privater Insolvenzgläubiger zu behandeln.[338] Der Mitgliedsstaat hat sich so zu verhalten, als würde er staatliche Forderungen wie Steuer- oder Sozialversicherungsschulden beitreiben.[339]

---

334 EuGH Slg 1990, I-959 Rn..59 f. –Tubemeuse-.
335 *Koenig* Insolvenzrecht 2000, S. 155 (164); *Klein* DZWIR 2003, 89 (96).
336 *Koenig* Insolvenzrecht 2000, S. 155 (164); *Klein* DZWIR 2003, 89 (97).
337 Kommission, ABl. 2000 L 318/62 Rn.117 –CDA-; Kommission ABl. 2000, L 238/50 Rn.47 –SMI-.
338 Kommission, ABl. 2000 L 318/62 Rn.117 –CDA-; Kommission ABl. 2000, L 238/50 Rn.47 –SMI-; *Klein* DZWIR 2003, 89 (96).
339 Kommission, ABl. 2000 L 318/62 Rn.117 –CDA-; Kommission ABl. 2000, L 238/50 Rn.47 –SMI-; *Ehricke* ZIP 2000, 1656 (1660); *Klein* DZWIR 2003, 89 (96).

Sofern jedoch die Beihilfe im Vermögen des Beihilfenempfängers noch unterscheidbar vorhanden ist, z.B. im Fall der Übereignung eines Grundstücks als Beihilfe, ist aufgrund der Nichtigkeit der erfolgten Übereignung die öffentliche Hand nicht einfacher Insolvenzgläubiger, sondern ihr steht ein Aussonderungsrecht gem. § 47 InsO zu. Insofern steht der öffentlichen Hand in diesen Fällen eine effektive Möglichkeit zur Rückforderung der Beihilfe zu und sie muss sich nicht nur mit einer Insolvenzquote zufrieden geben. Die öffentliche Hand steht insofern besser da als die meisten Insolvenzgläubiger, was jedoch nicht an einer gemeinschaftsrechtskonformen Auslegung des Insolvenzrechts liegt, sondern an den zivilrechtlichen Folgen der rechtswidrigen Gewährung einer Beihilfe.
Wurde die Beihilfe durch den Mitgliedstaat erst nach Eröffnung des Mitgliedsstaates gewährt, dann handelt es sich jedoch um eine Masseschuld iSv. §§ 53, 55 Abs. 1 Nr. 3 InsO, als ungerechtfertige Bereicherung der Masse, da in diesem Fall die Grundlage des Anspruchs nicht vor Eröffnung des Insolvenzverfahrens liegt.[340]

Insgesamt ist zu bedenken, dass nach der Rechtsprechung des EuGH und den Entscheidungen der Kommission auch in der Insolvenz des Beihilfeschuldners zur Wiederherstellung des Wettbewerbs die Beihilfen in größtmöglichen Umfang zurückzufordern sind. Insbesondere dürfen nationale Regeln der effektiven Beihilfenrückforderung nicht entgegenstehen und diese erschweren oder unmöglich machen.[341]
Problematisch ist daher die Möglichkeiten der Rückforderung eigenkapitalersetzender Darlehen zu beurteilen, da diese gem. § 39 Abs. 1 Nr. 5 InsO als nachrangige Insolvenzforderungen zu behandeln sind.[342]

---

340 *Ehricke* ZIP 2000, 1656 (16660).

341 §14 VerfVO; EuGH Slg. 1990, I-959 Rn.61; EuGH Slg. 1990, I-3437 Rn.12.

342 Dafür *Smid* FS-Uhlenbruck S. 405 (418); *Rapp/Bauer* KTS 2001, 1 (23); *Ehricke* ZIP 2000, 1656 (1660), *ders.* WM Sb. 3/2001 S. 1 (16); **a.A.** *von der Lühe/Lösler* ZIP 02, 1752 (1757); wohl auch *Schroeder* ZHR 161 (1997), 805 (824); zumindest zweifelnd *Borchardt* ZIP 2001, 1301 (1302).

## § 3 Eigenkapitalersetzende, gemeinschaftsrechtwidrige Darlehen in der Insolvenz

### A. Einleitung

Eigenkapitalersatz liegt vor, wenn ein Gesellschafter oder eine gleichgestellte Person (vgl. § 32a Abs. 2 GmbHG) seiner GmbH in einer Gesellschaftskrise, also zu einem Zeitpunkt, in dem er ihr als „ordentlicher Kaufmann" Eigenkapital zugeführt hätte, statt dessen ein Darlehen gewährt oder gleichgestellte Rechtshandlungen[343] vornimmt. Außerhalb des Insolvenzverfahrens darf der Gesellschafter nach den von der Rechtsprechung entwickelten Regeln analog §§ 30, 31 GmbHG[344] das eigenkapitalersetzende Darlehen nicht zurückfordern, sofern dies zu einer Unterbilanz oder zur Überschuldung der Gesellschaft führen würde. Ansonsten entsteht ein Rückforderungsanspruch der Gesellschaft. Wurde das eigenkapitalersetzende Darlehen im Jahr vor der Insolvenz zurückgezahlt, so hat die Gesellschaft gem. § 32b GmbHG einen Rückgewähranspruch.
Im Insolvenzverfahren kann der Anspruch des Gesellschafters auf Rückgewähr des Darlehens gem. § 32a Abs. 1 GmbHG nur nachrangig (§ 39 Abs. 1 Nr. 5 InsO) geltend gemacht werden.

Eigenkapitalersetzende Darlehen können Beihilfen darstellen, wenn die öffentliche Hand Gesellschafterin des Unternehmens ist, in Krisenzeit ein Darlehen gewährt oder stehen lässt, und nach dem sog. market economy investor test die Voraussetzungen einer Beihilfe gegeben sind.[345] Sofern das Darlehen in der Krise der Gesellschaft gewährt wurde und nicht bewiesen werden kann, dass ohne die Vergabe des Darlehens für die öffentliche Hand ein noch größerer finanzieller Verlust gedroht hätte, ist fast immer eine Beihilfe anzunehmen.[346]
Wurde die Beihilfe nicht bei der Kommission angemeldet, so ist sie, wie bereits aufgeführt, rechtswidrig. In diesem Fall kann die Beihilfe von der Kommission unter den Voraussetzungen des Art. 11 VerfVO zurückgefordert werden; sofern zusätzlich eine Unvereinbarkeit mit dem gemeinsamen Markt besteht, ist sie gem. Art. 14 Abs. 1 VerfVO zurückzufordern.

---

343 Im Folgenden sollen beim Begriff der eigenkapitalersetzenden Darlehen der Einfachheit wegen auch vergleichbare Rechtshandlungen mit erfasst sein, soweit nicht explizit anders vermerkt.

344 aufgrund der fragmentarischen Regelung der §§32a,b GmbHG, sind die von der Rspr. entwickelten, auf §§30,31 basierenden Regelungen hierzu weiterhin anwendbar. BGHZ 90,370 (376); *Seidl* ZGR 1988, 296 (312); *Hommelhoff* ZGR 1988, 460 (478 f.); v.Gerkan/Hommelhoff/*v.Gerkan* Rn.2.102 ff.

345 Hierzu *Dreher* GS-Knobbe-Keuk S. 583 (602 ff.); *Schroeder* ZHR 161 (1997), 805 (823f); *Koenig/Ritter* ZIP 2000, 769 (774 ff.); LG Erfurt ZIP 2001, 1673 ff; *von der Lühe/Lösler* ZIP 2002, 1752 ff; *Ehricke* ZIP 2000, 1656 (1660).

346 Kommission ABl. 1999, L 29/28 (31); *Koenig/Ritter* ZIP 2000, 769 (775); zur Sonderproblematik der Beihilfeneigenschaft stehen gelassener Gesellschafterdarlehen in der Krise, siehe *Bonkamp* S.63 ff.

## B. Problematik der Pflicht zur Passivierung

Ob in der Überschuldungsbilanz eigenkapitalersetzende Darlehen zu passivieren sind, ist umstritten.

Gegen eine Pflicht zur Passivierung wird im Wesentlichen aufgeführt, dass es gerade nicht das Ziel des Eigenkapitalersatzrechts sein soll, die Gesellschaft in die Insolvenz zu „stürzen“. Ziel soll vielmehr die Behandlung des Eigenkapitalersatzes als Quasi-Eigenkapital sein. Ansonsten bestände die Möglichkeit, dass das Insolvenzverfahren eröffnet wird, ohne dass für die Gläubiger der Gesellschaft ein Ausfall ihrer Forderungen droht.[347]

Anderer Ansicht nach soll für die Passivierungspflicht sprechen, dass eigenkapitalersetzende Darlehen in der Insolvenz als nachrangige Forderungen gem. § 39 Abs. 1 Nr. 5 InsO zu befriedigen sind, auch wenn in der Praxis selten eine Rückzahlung erfolgt.[348] Sofern der Gesellschafter eine Passivierung des eigenkapitalersetzenden Darlehens verhindern will, soll er verpflichtet sei, eine Rangrücktrittserklärung abzugeben. Hierdurch soll sich seine Finanzierungsverantwortung manifestieren, indem er entscheiden kann, ob die Gesellschaft liquidiert werden soll oder weitergeführt werden kann.[349]

Die Problematik der Bilanzierung eigenkapitalersetzender Darlehen in der Überschuldungsbilanz wird jedoch nur relevant, wenn das Eigenkapitalersatzrecht auf gemeinschaftsrechtswidrige Beihilfen überhaupt anwendbar ist.
Bei gemeinschaftsrechtswidrigen eigenkapitalersetzenden Darlehen stellt sich die Frage, inwiefern diese nach nationalem Recht unter Berücksichtigung etwaiger Besonderheiten des Gemeinschaftsrechts in der Überschuldungsbilanz aufzuführen sind, und ob die Nachrangigkeit der Forderung im Insolvenzverfahren gegen den gemeinschaftsrechtlichen Grundsatz des „effet utile“ verstößt.[350]

## C. Vereinbarkeit des Kapitalersatzrechts mit dem „effet utile“

Zum Teil wird die Ansicht vertreten, dass eine Nachrangigkeit der Forderung mit dem europäischen Beihilfenrecht vereinbar sei, solange eine Passivierung der Forderung des Gesellschafters in der Überschuldungsbilanz erfolgt.[351] Der Grund dafür soll dieser Ansicht nach darin liegen, dass den Anforderungen des EuGH an eine effektive Rückforderung der Beihilfe genüge getan sein soll, wenn der Beihilfenempfänger, sofern er

---

[347] *Noack* GesR-InsO Rn.80; v.Gerkan/Hommelhoff/*Kleindiek* Rn. 7.31.

[348] BGH ZIP 2001, 235 (237f); *Altmeppen* ZIP 2001, 240 ff.; *Habersack/Mayer* NZG 2001, 365 f; *Bauer* ZInsO 2001, 486 ff.; *Goette* Rn.36; *K.Schmidt* GesR 4.A. §37 IV 6. b); *Meyer-Löwry* ZIP 03, 1920 (1923).

[349] *Altmeppen* ZHR 164 (2000), 349 (370 ff.).

[350] Dazu *Borchardt* ZIP 2001, 1301 (1302); *von der Lühe/Löslen* ZIP 2002, 1752; *Smid* FS-Uhlenbruck S. 405 (417 ff.); *Rapp/Bauer* KTS 2001, 1 (21 ff.) *Klein* DZWIR 2003, 89 (99 f.); *Geuting/Michels* ZIP 2004, 12 (15); *Schmuck-Amende* S. 130.

[351] LG Erfurt ZIP 2002, 1673 (1678); *Bork* FS-Lutter S. 301 (314 f.); *Rapp/Bauer* KTS 2001, 1 (22 f.); *Smid* FS-Uhlenbruck S. 405 (418); *Geuting/Michels* ZIP 2004, 12 (15).

die Beihilfe nicht vollends zurückzahlen kann, durch ein durchgeführtes Insolvenzverfahren schließlich aus dem Wettbewerb ausscheidet. Im Falle des Ausscheidens aus dem Wettbewerb durch die insolvenzrechtliche Liquidation des Unternehmens soll die erfolgte Wettbewerbsverzerrung ausreichend kompensiert sein, so dass es unerheblich sein soll, wenn aufgrund der Nachrangigkeit der Forderung diese kaum bis gar nicht befriedigt wird.[352]

Von der Gegenansicht wird dagegen eingewendet, dass zwar das Ausscheiden des Beihilfenempfängers aus dem Wettbewerb die notwendige Folge sei, wenn die Beihilfe nicht in vollem Umfang zurückgewährt werden kann; dieses für sich genommen soll jedoch nicht ausreichend sein, um die durch die Beihilfengewährung erfolgte Wettbewerbsverzerrung zu kompensieren.[353] Stattdessen soll zusätzlich zur insolvenzrechtlichen Liquidation des Unternehmens die Beihilfe auch im Insolvenzverfahren dem Mitgliedsstaat im größtmöglichen Umfang erstattet werden. Vom EuGH wurde zwar anerkannt, dass eine Berücksichtigung der Beihilfenrückforderung als einfache Insolvenzforderung mit dem Gemeinschaftsrecht vereinbar ist,[354] dies soll jedoch nicht zwangsläufig bedeuten, dass auch eine Nachrangigkeit der Forderung mit dem Gemeinschaftsrecht konform ist.
Vielmehr sollen Beihilfenrückforderungen stets als einfache Insolvenzforderungen geltend gemacht werden, um eine Gleichbehandlung mit den restlichen Insolvenzgläubigern zu erreichen.[355] Auf diese Weise soll dem Mitgliedsstaat zumindest die Insolvenzquote zukommen. Der Gläubigerschutzgedanke des deutschen Eigenkapitalersatzrechts soll dementsprechend weniger gewichtig sein als die effektive Rückforderung der Beihilfe.[356]

## D. Eigener Lösungsvorschlag

Im Vorfeld der Überprüfung, welche Auswirkungen Beihilfenrückforderung eigenkapitalersetzender Darlehen im Insolvenzverfahren haben, ist zu hinterfragen, ob die Regeln über eigenkapitalersetzende Darlehen im Falle der Gemeinschaftsrechtswidrigkeit der Darlehensgewährung überhaupt nach nationalem Recht anwendbar sind. Bevor also die Problematik der möglichen Passivierung eigenkapitalersetzender Darlehen in der Überschuldungsbilanz thematisiert werden kann, ist zunächst die Anwendbarkeit der Regeln über Eigenkapitalersatz zu erörtern.

---

352 *Bork* FS-Lutter S. 301 (314 f.); *Rapp/Bauer* KTS 2001, 1 (22); *Smid*, FS-Uhlenbruck S. 405 (418); *Geuting/Michels* ZIP 2004, 12 (15); *Schmuck-Amende* S. 130.

353 *von der Lühe/Lösler* ZIP 2002, 1752 (1756 ff.).

354 EuGH Slg. 1990, I-959 Rn.60 – Tubemeuse -; ebenso: Kommission ZIP 2000, 1953 (1959) Rn.116 -CDA-, näher hierzu 2.Teil, §2 B I.

355 *von der Lühe/Lösler* ZIP 2002, 1752 (1758).

356 *von der Lühe/Lösler* ZIP 2002, 1752 (1757) mit Verweis auf EuGH Slg.1986, 89 ff –Boch-., in welcher der EuGH die Beihilfenrückforderung für höherrangig als eine gläubigerschützende Kapitalerhaltungsvorschrift des belgischen Gesellschaftsrecht erachtet hat.

## I. Anwendbarkeit des Eigenkapitalrechts nach nationalem Recht

Die Anwendbarkeit könnte jedoch nicht erst aufgrund der Rechtsfolge der Nachrangigkeit der Insolvenzforderungen eigenkapitalersetzender Darlehen fraglich sein, sondern bereits nach nationalem Recht, wenn der Tatbestand der Norm nicht erfüllt bzw. diese nicht anwendbar ist.
Eine Unanwendbarkeit könnte aus der sich aus § 134 BGB ergebenden Nichtigkeit der Beihilfe-beinhaltenden Darlehensgewährung[357] folgen, wenn im Falle der Nichtigkeit des eigenkapitalersetzenden Darlehens das Eigenkapitalersatzrecht keine Anwendung findet. Dafür müsste ungeschriebenes Tatbestandsmerkmal des Eigenkapitalrechts die rechtsgeschäftliche Wirksamkeit des Darlehens sein.

### *1. Neue Rechtsprechung des BGH*

In der Rechtsprechung wurde unlängst entschieden, dass nur eine rechtsgeschäftlich wirksame Kapitalzuführung eigenkapitalersetzenden Charakter haben kann, „da ansonsten den Regeln über das eigenkapitalersetzende Darlehen die Grundlage entzogen sei".[358]
Dem Urteil des BGH lag der Sachverhalt zugrunde, dass ein Insolvenzverwalter auf Zahlung eines Betrages aufgrund eines schuldrechtlich gewährten, eigenkapitalersetzenden Schuldbeitritts an die Insolvenzmasse klagte. Dieser Schuldbeitritt fiel jedoch in den Anwendungsbereich des VerbrKrG und war aufgrund der nicht eingehaltenen Schriftform nach Ansicht des BGH nichtig. Der BGH führte (allerdings ohne nähere Begründung) aus, dass für die Anwendbarkeit des Eigenkapitalersatzrechts kein Raum sei, wenn das zugrunde liegende Rechtsgeschäft aufgrund eines Verstoßes gegen das VerbrKrG nichtig sei.[359] Auch in dem vom OLG Dresden zu entscheidenden Fall lag eine Nichtigkeit des eigenkapitalersetzenden Darlehens aufgrund eines Verstoßes gegen das VerbrKrG vor.[360] Die Anwendbarkeit der Vorschriften des Eigenkapitalersatzrechts wurde gleichfalls verneint.
Wenn man diesen Gedanken auf die hier behandelte Problematik anwendet, so würden Darlehen der öffentlichen Hand an Unternehmen, an denen sie beteiligt ist, sofern die Darlehen unangemeldete Beihilfen darstellen, niemals eigenkapitalersetzende Darlehen darstellen können. Diese Darlehen wären zwingend gem. § 134 BGB nichtig. Gleiches würde auch für eigenkapitalersetzende Nutzungsüberlassungen etc gelten.

### *2. Kritik an dieser Rechtsprechung*

Gegen das Erfordernis der rechtsgeschäftlichen Wirksamkeit wird in der Literatur aufgeführt, dass die Anwendbarkeit der Regeln über eigenkapitalersetzende Darlehen sich

---

[357] Dazu 1.Teil §2 C 2.
[358] BGH BB 2000, 1909; i.E. ebenso die Vorinstanz OLG Naumburg NZG 2001, 30 f.; OLG Dresden GmbHR 2002, 269.
[359] BGH BB 2000, 1909.
[360] OLG Dresden GmbHR 2002, 269 (271).

schon aus der eigenkapitalersetzenden Funktion der Kapitalgewährung ergäbe und nicht aus der rechtsgeschäftlichen Wirksamkeit.[361]
Solange also der Gesellschafter die Möglichkeit von der Kenntnis der Krise der Gesellschaft hat und dieser Gesellschaft tatsächlich Vermögenswerte anhand eines Darlehens oder einer gleichgestellten Rechtshandlung zukommen lässt, soll das Eigenkapitalersatzrecht anwendbar sein, unabhängig von der rechtsgeschäftlichen Wirksamkeit der Darlehensgewährung. Maßgeblich soll nur das tatsächliche Finanzierungsverhalten des Gesellschafters sein.[362] Eine solche tatsächliche Finanzierung sei auch gegeben, wenn das die Finanzierung begründende Rechtsgeschäft nichtig ist, der Gesellschaft der Vermögenswert jedoch tatsächlich zugeflossen ist.
Des Weiteren wird argumentiert, dass im Falle der Nichtanwendbarkeit des Eigenkapitalersatzrechts bei nichtigen Darlehen die Parteien in der Lage seien, durch die absichtliche Verabredung einer nichtigen Vereinbarung die Eigenkapitalersatzregeln zu umgehen.[363] Das kritisierte Urteil des BGH soll daher sogar die Funktion der Regeln des Eigenkapitalersatzrechts gänzlich verkennen.[364]

Das LG Erfurt hat unlängst, zeitlich nach dem o.g. Urteil des BGH, ein Urteil erlassen, welches auf einem Sachverhalt beruht, wonach die öffentliche Hand gem. § 32b GmbHG vom Insolvenzverwalter auf Rückzahlung der Zinsen eines gemeinschafsrechtswidrig gewährten, eigenkapitalersetzenden Darlehen in Anspruch genommen wurde, wobei schon eine die Beihilfen betreffende Rückforderungsanordnung der Kommission ergangen war.[365] In diesem Urteil hat das LG Erfurt die Frage der Anwendbarkeit des Eigenkapitalrechts für nicht einmal erörterungswürdig gehalten, bzw. diese sogar stillschweigend vorausgesetzt.

### *3. Eigene Stellungnahme*

Die sich stellende Frage ist, ob das Erfordernis der Anknüpfung des Eigenkapitalersatzrechts an das tatsächliche Finanzierungsverhalten des Gesellschafters so zu verstehen ist, dass auch nichtige Rechtsgeschäfte erfasst werden sollen.
Aus der Rechtsprechung des BGH ließ sich bisher entnehmen, dass es nicht zwingende Tatbestandsvoraussetzung des Eigenkapitalersatzrechts sei, dass dem Verhalten des Gesellschafters rechtsgeschäftlicher Charakter zukomme, sondern dass das tatsächliche Finanzierungsverhalten maßgeblich sei.[366] Der Grund dafür soll in der Gewährung

---

361 *Scholz*, BB 2001, 2541; i.E. übereinstimmend, explizit zum Beihilfenrecht: *Smid* FS-Uhlenbruck S. 405 (417).
362 *Scholz*, BB 2001, 2541 (2544).
363 *Scholz*, BB 2001, 2541 (2546).
364 v.Gerkan/Hommelhoff/*v.Gerkan* Rn.3.9a; i.E. ebenfalls ablehnend *Lutter/Hommelhoff* GmbHG 15.A. §§32a/b Rn.117.
365 LG Erfurt ZIP 2001, 1673 ff., in der Berufung wurde dieses Urteil jedoch aufgrund fehlerhafter Tatsachenfeststellung des erstinstanzlichen Gericht durch das OLG Thüringen aufgehoben, OLG Thüringen vom 13.8.2002, AZ 5 U 1070/01 (nicht veröffentlicht).
366 BGH ZIP 85, 1075 (1076); BGH ZIP 1992, 177 (179); BGH NJW 1995, 457, zustimmend: *Altmeppen* ZIP 1994, 1939 (1941); Rowedder/Schmidt-Leithoff/*Pentz* §32a Rn.43; teilweise abwei-

eines umfassenden Gläubigerschutzes liegen.[367] Aus der Sicht des Gesellschafters soll die bloße Erkennbarkeit der Krise der Gesellschaft ausreichend sein.[368] Dieser Aussage des BGH lag der Fall zugrunde, dass ein nicht in Krisenzeiten gewährtes Gesellschafterdarlehen in der Krise „stehen gelassen" wurde.
Eine Aussage darüber, ob dies auch gelten soll, wenn ein Rechtsgeschäft besteht, die Rechtsordnung jedoch den Bestand dieses Rechtsgeschäfts missbilligt, wird man daraus jedoch nicht zwingend ableiten können. Dies gilt auch dann, sofern man für stehen gelassene Darlehen der Ansicht des BGH folgt, dass keine Finanzierungsabrede erforderlich ist. Zwischen dem Fall, dass ein Rechtsgeschäft nichtig ist und dem Fall, dass überhaupt kein Rechtsgeschäft gegeben ist, können durchaus Unterschiede gesehen werden.
Bei der Frage, ob auch im Falle der Nichtigkeit des eigenkapitalersetzenden Darlehens das Eigenkapitalersatzrecht Anwendung finden soll, handelt es sich hauptsächlich um eine Wertungsfrage. Abzuwägen ist zwischen der die Gesellschaftsgläubiger schützenden Funktion des Eigenkapitalersatzrechts und dem Schutz des Rechtsverkehrs durch die Möglichkeit der Rückabwicklung nichtiger Rechtsgeschäfte.

### a. Vergleich einzelner Nichtigkeitsgründe

Rechtsgeschäfte können u.a. nichtig sein im Falle der Nichteinhaltung der gesetzlichen Form gem. § 125 S. 1 BGB, im Falle des Verstoßes gegen ein Schutzgesetz nach § 134 BGB, wegen Sittenwidrigkeit und Wucher gem. § 138 Abs. 1, 2 BGB, aufgrund von Anfechtung gem. § 142 BGB etc. Diese Nichtigkeitsgründe haben gemeinsam, dass der Schutz eines Vertragspartners oder der Rechtsordnung als solcher für bedeutsamer gehalten wird, als der Bestandsschutz des vereinbarten Rechtsgeschäfts und das Vertrauen des anderen Vertragspartners auf dessen Wirksamkeit.

Zu bedenken ist, dass auch bei der Vergabe eigenkapitalersetzender Darlehen die Vorschriften der §§ 119 ff. BGB grundsätzlich anwendbar sind. Sofern ein Gesellschafter ein eigenkapitalersetzendes Darlehen gewähren will, sich jedoch bei der Höhe des zu versprechenden Betrages verschreibt und einen höheren Betrag auf Papier niederschreibt, als er eigentlich gewähren wollte, so bleibt ihm die Möglichkeit der Anfechtung aufgrund eines Erklärungsirrtums gem. § 119 Abs. 1 2.Alt. BGB. Dies würde zur Nichtigkeit des Vertrages führen (§ 142 BGB) und der Gesellschafter müsste sich nur an dem wirklich Gewollten festhalten lassen. Sofern in Unkenntnis des Irrtums bereits geleistet wurde, so steht grundsätzlich der Weg der Rückforderung gem. § 812 Abs. 1 S. 1 (Leistungskondiktion) offen.
Wenn jedoch die Wirksamkeit des Rechtsgeschäfts keine Voraussetzung des Eigenkapitalersatzrechts sein soll, so würde das Rückzahlungsverbot in der Krise der Gesellschaft Anwendung finden, so dass der Gesellschafter seine Leistung nicht zurückfor-

---

chend: Scholz/*K.Schmidt*, §§32a, b Rn.50, der im Regelfall eine konkludente Finanzierungsabrede annehmen will, damit aber zum gleichen Ergebnis kommt.

367 *Scholz* BB 2001, 2541 (2544).

368 BGH NJW 1992, 1169; BGHZ 127, 336 (344f); BGH NJW 2000, 3565; Rowedder/Schmidt-Leithoff/*Pentz* §32a Rn.145; *Altmeppen* ZIP 1995, 24.

dern könnte. In dieser Konstellation würde der Gesellschafter mit einer höheren Summe haften als er der Gesellschaft jemals zuführen wollte. Dies erscheint mit der Rechtfertigung des Eigenkapitalersatzrechts durch die Finanzierungsentscheidung des Gesellschafters schwer vereinbar. Denn es kann nicht nur auf das „Ob“ der Finanzierung, sondern auch auf das „Wie “ ankommen.[369] Dementsprechend muss auch das „Wie viel“ von Bedeutung sein. Es ist nicht ersichtlich, warum der Schutz der Gesellschaftsgläubiger gegenüber dem Schutz vor Willensmängeln der Gesellschafter als höherrangig anzusehen sein soll.[370]

Auch ein Vergleich mit stehen gelassenen Darlehen kann hier die Anwendbarkeit des Eigenkapitalersatzrechts nicht begründen, selbst wenn dem BGH folgend in subjektiver Hinsicht von dem Gesellschafter bei einem stehen gelassenen Darlehen nicht mehr verlangt wird als die Möglichkeit der Kenntnisnahme von der Krise der Gesellschaft. Dies kann dadurch begründet werden, dass der Gesellschafter der Gesellschaft rechtswirksam Fremdkapital zugeführt hat und sich demnach auch über die finanzielle Lage der Gesellschaft zu informieren hat.[371] Dies folgt aus der mit der aus der Vergabe des Fremdkapitals erfolgten Finanzierungsentscheidung.
Eine Haftung, die jedoch über die Finanzierungsentscheidung hinausgeht, ist abzulehnen. Die Finanzierungsentscheidung des Gesellschafters muss sich an dem wirklich Gewollten orientieren und kann nicht nur auf tatsächlich Erfolgtes Verhalten abstellen. Das Eigenkapitalersatzrecht soll gerade keine Durchgriffshaftung auf die Gesellschafter begründen.[372] Daher wird man den Gesellschafter nur mit dem Betrag haften lassen dürfen, den er der Gesellschaft auch zuführen wollte.
Aus diesen Gründen wird zumindest im Fall der Anfechtung des Rechtsgeschäfts dessen Unwirksamkeit auch die Nichtanwendbarkeit des Eigenkapitalersatzrechts zur Folge haben.

Fraglich ist, ob die Anwendung des Eigenkapitalersatzrechts bei unterschiedlichen Nichtigkeitsgründen unterschiedlich beurteilt werden kann.
Der Anfechtung vergleichbar ist auch der Fall, dass das eigenkapitalersetzende Darlehen gem. § 125 BGB aufgrund der Missachtung der gesetzlich vorgeschriebenen Form nichtig ist. Formvorschriften dienen grundsätzlich u.a. dem Schutz vor Übereilung (sog. Warnfunktion).[373] Wenn jedoch dieser Schutz nicht gegeben ist, das eigenkapitalersetzende Darlehen also gewährt wurde, ohne dass der Gesellschafter vor übereilten Handlungen geschützt wurde, so wird man auch nicht von einer zurechenbaren Finanzierungsfolgeverantwortung des Gesellschafters ausgehen können. Ohne den zusätzlichen Schutz der Einhaltung der gesetzlichen Formvorschrift fehlte dem Gesellschafter die zusätzliche Entscheidungsfreiheit, die der Gesetzgeber durch die Anordnung der Nichtigkeit im Falle des Verstoßes gegen eine Formvorschrift durch § 125 BGB gerade gewährleistet sehen wollte.

---

369 v.Gerkan/Hommelhoff/*Hommelhoff* Rn.2.17.
370 Ähnlich bzgl. § 6 VerbrKrG: OLG Dresden GmbHR 2002, 269 (271).
371 BGH NJW 1995, 326.
372 Scholz/*K.Schmidt* §§32a,b Rn.16.
373 MüKo/*Einsele* 4.A. §125 Rn.6; Staudinger/*Dilcher* 12.A. §125 Rn.3.

Demnach kann auch im Falle des Verstoßes gegen eine Formvorschrift das Eigenkapitalersatzrecht nicht anwendbar sein.

**b. Bedeutung der Finanzierungsentscheidung des Gesellschafters**

Wenn stehen gelassene Darlehen aufgrund des tatsächlichen Finanzierungsverhaltens des Gesellschafters wie gewährte Darlehen behandelt werden, so liegt dies insbesondere daran, dass durch das in der Gesellschaft vorhandene Kapital die Verkehrserwartung einer Fortführung der Gesellschaft begründet wird.[374]

Die Nichtigkeit eines Rechtsgeschäfts bedeutet jedoch, dass die Rechtsordnung gerade nicht den Verbleib des aufgrund des nichtigen Rechtsgeschäfts zugeführten Vermögenswerts im Vermögen des Vertragspartners will. Für diese Fälle sollen die §§ 812 ff. BGB einen Ausgleich darstellen, so dass das bereits Geleistete zurückgefordert werden kann.

Grund für die Anwendung des Eigenkapitalersatzrechts ist die Finanzierungsentscheidung, aufgrund welcher sich der Gesellschafter in einer Situation, in der er sich zwischen der Liquidierung und der Weiterzuführung der Gesellschaft entscheiden musste, er sich für die Weiterführung der Gesellschaft entschieden hat.[375] Allerdings hat er dafür nicht den gebotenen Weg der Erhöhung des Stammkapitals gewählt, sondern die Zuführung von Fremdkapital. Daher muss der Gesellschafter in der Krise der Gesellschaft die liquidationsreife Gesellschaft finanziell weiter tragen.[376]

Die Zuführung eigenkapitalersetzender Darlehen ist insofern nichts Verbotenes.[377] Wenn ein Gesellschafter allerdings solche eigenkapitalersetzenden Darlehen vergibt, dann muss er auch die Rechtsfolgen akzeptieren, sog. „Finanzierungsfolgeverantwortung" des Gesellschafters.[378]

Anderes kann aber jedoch dann gelten, wenn die Rechtsordnung gerade die Zuführung dieses Darlehens verbietet, sei es weil Formvorschriften missachtet wurden, sei es wegen eines Verstoßes gegen ein Verbotsgesetz.

In diesem Fall wird man vielmehr eine Wertung des Gesetzgebers annehmen können, nach welcher höherrangige Interessen als das Eigenkapitalersatzrecht geschützt werden müssen. Insbesondere in den Fällen, in denen die Gewährung des Darlehens ein Verstoß gegen ein Schutzgesetz iSv. § 134 BGB darstellt, ist die Wertung des Gesetzgebers anzuerkennen, dass die Darlehensgewährung keinen Bestand haben soll. Dies gilt insbesondere, wenn gerade der Erfolg des Rechtsgeschäfts durch das Verbotsgesetz verhindert werden soll. Durch das Rückzahlungsverbot der §§ 30, 31 GmbHG analog in der Krise der Gesellschaft würde aber gerade der Bestand des Darlehens gesichert.

---

[374] *Scholz* BB 2001, 2541 (2546).

[375] BGHZ 127, 336 (344 f.); *T.Bezzenberger* FS-G.Bezzenberger S. 30; Scholz/*K.Schmidt* §§32a,b Rn.4.

[376] BGHZ 127, 336 (344 f.); *T.Bezzenberger* FS-G.Bezzenberger S. 30.

[377] Scholz/*K.Schmidt* §§32a,b Rn.7.

[378] BGHZ 105, 168 (175f.); v.Gerkan/Hommelhoff/*Hommelhoff* Rn.2.21; *Lutter/Hommelhoff* §§32a/b Rn.3.

### c. Absolute Wirkung der Nichtigkeit

Die Nichtigkeit eines Rechtsgeschäfts wirkt absolut und nicht relativ.[379] Daher erscheint es fraglich, warum im Verhältnis zwischen Gesellschafter und Gesellschaft dies in einigen Fällen nunmehr nicht gelten soll. Eine Parallele zur fehlerhaften Gesellschaft zu ziehen,[380] erscheint nicht angebracht, da in der vorliegenden Konstellation nur ein einzelnes Rechtsgeschäft als unwirksam anzusehen ist und nicht alle der Gesellschaft getätigten Geschäfte berücksichtigt werden müssen.
Sofern aufgeführt wird, dass im Falle der Nichtanwendbarkeit des Eigenkapitalersatzrechts bei unwirksamen Rechtsgeschäften die Parteien es in der Hand hätten, durch die absichtliche Vereinbarung eines nichtigen Rechtsgeschäfts die Rechtsfolgen des Eigenkapitalersatzrechts zu umgehen,[381] wird man entweder durch § 117 Abs. 2 BGB zu dem Ergebnis kommen, dass das wirklich Gewollte zu gelten hat oder man wird aufgrund des gegebenen Umgehungstatbestandes das Eigenkapitalersatzrecht in diesem Fall ausnahmsweise zur Anwendung bringen können.

### d. Vorrang höherrangiger Interessen

Auch *Scholz* als Kritiker der neuen BGH-Rechtsprechung führt aus, dass das Eigenkapitalersatzrecht wohl außer Anwendung zu bleiben hat, wenn höherrangige Interessen als der Gläubigerschutz betroffen sind.[382] Er führt dabei insbesondere den Schutz Geschäftsunfähiger und auch Fälle der arglistigen Täuschung auf.
Aus der EuGH-Entscheidung „Boch" und insbesondere aus den dort vom EuGH nicht widersprochenen Ausführungen des Generalanwalts Lenz ergibt sich, dass das gemeinschaftsrechtliche Wettbewerbsrecht gegenüber den Gläubigerschutzvorschriften des nationalen Gesellschaftsrechts als höherrangig anzusehen ist,[383] da die Gesellschaftsgläubiger keinen Anspruch darauf haben, dass ihnen rechtswidrig zugeführtes Gesellschaftskapital zusteht.[384] Sofern den Gesellschaftsgläubigern hierdurch ein Schaden entsteht, sind sie in der Lage, diesen unmittelbar gegenüber dem Staat geltend zu machen.[385]
Daher wird man zumindest in den Fällen, in denen die Nichtigkeit des eigenkapitalersetzenden Darlehens auf einem Verstoß gegen Gemeinschaftsrecht beruht, davon ausgehen können, dass höherrangige Interessen als der Gläubigerschutz betroffen sind.[386] Dies führt dazu, dass dann die Regeln über eigenkapitalersetzende Darlehen bereits tatbestandsmäßig nicht anwendbar sind.

Da der Schutzgedanke des Eigenkapitalersatzrechts keine Anwendung findet, wenn das eigenkapitalersetzende Darlehen nichtig ist, erfolgt die Rückforderung dieses Dar-

---

[379] Vgl. OLG Naumburg NZG 1999, 30.
[380] So *Scholz* BB 2001, 2541 (2545).
[381] So *Scholz* BB 2001, 2541 (2546).
[382] *Scholz* BB 2001, 2541 (2546).
[383] EuGH Slg. 1986, I-89 Rn.14 –Boch-; Generalanwalt *Lenz*, Slg. 1986, I-89 (98 f.).
[384] Generalanwalt *Lenz*, Slg. 1986, I-89 (99).
[385] Generalanwalt *Lenz*, Slg. 1986, I-89 (99).
[386] *Ehricke* Insolvenzrecht 2003, 117 (136 f.).

lehens als Kondiktionsanspruch nach §812 Abs. 1 S. 1 1.Var. BGB. Dieser Rückforderungsanspruch kann auch im Gegensatz zur Rückforderung eines Darlehens, auf welches die Regeln des Eigenkapitalersatzrechts Anwendung finden, nicht als nachrangige Forderung qualifiziert werden.[387]

#### *4. Stehengelassene Darlehen*

Zu überlegen ist noch, ob die soeben getroffenen Feststellungen auch dann gelten können, wenn die öffentliche Hand ihren Rückforderungsanspruch in der Krise der Gesellschaft stehen lässt.
Grds. finden die Regeln des Eigenkapitalersatzrechts auch dann Anwendung, wenn der Gesellschafter ein Darlehen oder eine gleichgestellte vermögenswerte Leistung vor der Krise gewährt hat, dieses bei dem Eintreten der Krise jedoch nicht zurückfordert, sondern stehen lässt.[388] Voraussetzung ist nur, dass der Gläubiger die Krise der Gesellschaft hätte erkennen können und darauf nicht reagiert hat.
Diese Voraussetzungen können auch vorliegen, wenn die öffentliche Hand eine Beihilfenrückforderung in der Krise der Gesellschaft nicht geltend macht. Dies kann insbesondere in den Konstellationen eintreten, in denen die öffentliche Hand noch nicht von der Kommission zur Rückforderung der Gesellschaft verpflichtet wurde.

Zu bedenken ist jedoch hier, dass in der Gesellschaftskrise stehengelassene Darlehen mit Darlehen gleichgesetzt werden, die erst in der Krise der Gesellschaft gewährt werden.[389] Wenn aber, wie vorliegend, bei Darlehen, die in der Krise der Gesellschaft gewährt werden, das Eigenkapitalersatzrecht schon nicht anwendbar ist, dann kann für Handlungen, die der Gewährung eines Darlehens gleichgestellt sind, nichts anderes gelten. Es würde einen evidenten Wertungswiderspruch bedeuten, wenn die öffentliche Hand schlechter gestellt ist, wenn sie in Kenntnis der Krise ein neues Darlehen gewährt, als wenn sie ihren Rückforderungsanspruch stehen lässt.

## II. Zusammenfassung

Festzuhalten bleibt daher, dass gemeinschaftsrechtswidrige eigenkapitalersetzende Darlehen eines Mitgliedsstaats an eine Gesellschaft nichtig sind und dass daher das Eigenkapitalersatzrecht auf diese Beihilfen keine Anwendung findet.
Demzufolge handelt es sich bei den Rückforderungen dieser Darlehen in der Insolvenz nicht um nachrangige Forderungen gem. § 39 Abs. 1 Nr. 5 InsO, sondern um einfache Insolvenzforderungen. In der Überschuldungsbilanz sind darum Beihilfenrückforderungen auch dann zu passivieren, wenn der Beihilfe im Fall der Anwendbarkeit des Eigenkapitalersatzrechts eigenkapitalersetzender Charakter zugekommen wäre.

---

387 Ähnlich *Ehricke* Insolvenzrecht 2003, 117 (140).

388 st. Rspr.: BGHZ 81, 252 (256 ff.); BGH ZIP 85, 1075 (1076); BGH ZIP 1992, 177 (179); BGH NJW 1995, 457; *Altmeppen* ZIP 1994, 1939 (1941); Rowedder/Schmidt-Leithoff/*Pentz* §32a Rn.43.

389 s.o.

## *§ 4 Pflichten der öffentlichen Hand im Insolvenzverfahren*

### A. Verpflichtung des Mitgliedsstaats

Der Mitgliedsstaat ist durch die Anordnung zur Rückforderung der Kommission dazu verpflichtet, die Beihilfe vom Empfänger umfassend nebst Zinsen zurückzufordern. Wenn der Beihilfenempfänger aufgrund von Überschuldung (§ 19 InsO) oder Zahlungsunfähigkeit (§ 17 InsO) nicht zur Rückzahlung in der Lage ist, dann wird über sein Vermögen ein Insolvenzverfahren eröffnet wird.

Dies bedeutet jedoch nicht, dass die öffentliche Hand ihrerseits mit der Eröffnung des Insolvenzverfahrens über das Vermögen des Beihilfenempfängers von jeglichen gemeinschaftsrechtlichen Verpflichtungen frei wird. Vielmehr ist die öffentliche Hand auch im Rahmen des Insolvenzverfahrens gehalten, alles in ihrer Macht stehende zu unternehmen, um die Beihilfe so umfangreich wie möglich zurück zu erhalten.[390] Hierbei hat sich die öffentliche Hand so zu verhalten, wie dies von jedem privaten Insolvenzgläubiger auch erwartet werden würde, dessen Interesse auf eine Minimierung seine Verluste gerichtet ist.[391]

### B. Anmeldung der Forderung

#### I. Feststellung der Forderung

Wichtigste Pflicht des Mitgliedsstaates zur Erreichung einer effektiven Rückforderung der Beihilfe ist die Pflicht zur Anmeldung der Forderung zur Eintragung in die Tabelle beim Insolvenzverwalter gem. § 174 InsO,[392] wenn der Mitgliedsstaat bei seiner Beihilfenrückforderung einfacher Insolvenzgläubiger ist.

Sofern der Mitgliedsstaat aussonderungsberechtigter Gläubiger ist, besteht keine Pflicht zur Anmeldung der Forderung, da diese nicht aus der Insolvenzmasse beglichen wird, arg e § 47 InsO. Selbstredend wird man auch in diesen Fällen von dem Mitgliedstaat verlangen müssen, dass er vom Insolvenzverwalter die Rückgabe des betreffenden Gegenstandes verlangt. Wenn der Mitgliedstaat Massegläubiger ist, so trifft ihn auch dann keine Pflicht zur Anmeldung der Forderung, auf die Geltendmachung der Forderung darf er hingegen nicht verzichten.

Sofern die öffentliche Hand Insolvenzgläubiger ist, ergibt sich aus den §§ 28, 174 InsO die Pflicht des Gläubigers, seine Forderungen innerhalb der im Eröffnungsbeschluss festgelegten Frist beim Insolvenzverwalter anzumelden. Die Anmeldung hat schriftlich zu erfolgen (§174 Abs. 1 InsO), Betrag und Rechtsgrund der Forderung sind zu bezeichnen. Durch die Anmeldung seiner Beihilfenrückforderung im Insolvenzverfahren nimmt die öffentliche Hand einen Teil ihrer Pflichten bei der Rückforderung

---

390 EuGH Slg. 1990, I-959 Rn.60 ff. –Tubemeuse-; *Ehricke* ZIP 2000, 1656 (1660); *ders.* Insolvenzrecht 2003, 117 (128); *Borchardt* ZIP 2001, 1301 (1302); *Koenig* Insolvenzrecht 2000, S. 155 (164); *Klein* DZWIR 2003, 89 (96).

391 *Koenig* Insolvenzrecht 2000, S. 155 (164); *Klein* DZWIR 2003, 89 (96); *Ehricke* Insolvenzrecht 2003, 117 (128).

392 *Ehricke* ZIP 2000, 1656 (1660); *Borchardt* ZIP 2001, 1301 (1302); *Klein* DZWIR 2003, 89 (96); *Quardt* EWS 2003, 312 (314).

der Beihilfe war.[393] Da aufgrund der Insolvenz des beihilfenbegünstigten Unternehmens die vollständige Rückforderung der Beihilfe zum Teil tatsächlich unmöglich geworden ist, kann die öffentliche Hand nicht mehr die vollständige Beihilfe zurückverlangen und muss sich mit der ihr zustehenden Insolvenzquote zufrieden geben.
Die öffentliche Hand trifft jedoch, wie aufgeführt, die Pflicht zur Anmeldung ihrer Forderung beim Insolvenzverwalter, damit sie bei der Verteilung berücksichtig werden kann, so dass so viel von der gewährten Beihilfe wie möglich zurück an den Mitgliedsstaat fließt. Wenn die Insolvenzforderung nicht innerhalb dieser im Eröffnungsbeschluss festgelegten Frist angemeldet wird, und eine Berücksichtigung im Hauptprüfungstermin nicht mehr möglich ist, dann muss der Insolvenzgläubiger die Kosten des nachträglich einberäumten Prüfungstermins tragen. Die Frist zur Anmeldung der Forderung im Eröffnungsbeschluss ist also im Gegensatz zum früheren § 14 Abs. 1 S. 1 GesO keine Ausschlussfrist (vgl. § 177 InsO), verspätete Anmeldungen können jedoch in kostenrechtlicher Sicht zu Nachteilen im Verteilungsverfahren führen. Für Forderungen, die erst nach dem (allgemeinen) Prüfungstermin angemeldet wurden, ist ein besonderer Prüfungstermin oder eine schriftliche Prüfung der Forderung unumgänglich. Die Kosten hierfür hat gem. § 177 Abs. 1 S. 2 InsO der jeweilige Gläubiger zu tragen. Wenn die öffentliche Hand ihre Forderung also nicht innerhalb dieses Zeitraumes anmeldet, dann hat sie mit zusätzlichen Verfahrenskosten zu rechnen. Die effektive Rückforderung der Beihilfe wird hierdurch jedoch nicht beeinträchtigt, da diese Kosten von der öffentlichen Hand selbst zu tragen sind, der Rückzahlungsanspruch hierdurch jedoch nicht geschmälert wird.
Verspätet angemeldete Forderungen können bei Verteilungen nur insoweit berücksichtigt werden, als noch eine restliche Insolvenzmasse vorhanden ist (§§ 187, 192 InsO). In Höhe der restlichen Insolvenzforderung ist die Rückforderung tatsächlich unmöglich geworden und kann von der öffentlichen Hand nicht weiter betrieben werden.

## II. Ausschluss der Berücksichtigung gem. § 189 InsO

Gem. § 189 InsO droht ein Ausschluss der Berücksichtigung, wenn nicht innerhalb von zwei Wochen nach öffentlicher Bekanntmachung des Verteilungsplans für die Schlussverteilung die Forderung „angemeldet" wird. Nachträgliche Anmeldungen können bei Verteilungen nur noch insoweit berücksichtigt werden, wie ausreichende restliche Insolvenzmasse besteht. Danach kann die Forderung nicht mehr berücksichtigt werden.
Fraglich ist, ob diese Konsequenz auch eintreten kann, wenn es der zur Rückforderung der Beihilfe verpflichtete Mitgliedsstaat versäumt, innerhalb der Frist seine Forderung anzumelden. Diese Folge würde nämlich bedeuten, dass eine Norm des nationalen Rechts der Rückforderung der Beihilfe entgegenstehen würde, so dass diese wirkungslos werden würde. Andererseits würde der Beihilfenempfänger im Regelfall auch ohne eine Anmeldung de Forderung der öffentlichen Hand aus dem Wettbewerb ausscheiden. Wenn die öffentliche Hand jedoch nicht mal eine Stellung als Insolvenzgläubiger erhalten hat, dann wird sie auch die weiteren, weiter unten behandelten Pflichten der

---

[393] *Ehricke* ZIP 2000, 1656 (1660); *Borchardt* ZIP 2001, 1301 (1302); *Klein* DZWIR 2003, 89 (96); *Quardt* EWS 2003, 312 (314).

öffentlichen Hand im Insolvenzverfahren erfüllen können, so dass das bloße Ausscheiden des Beihilfenempfängers aus dem Wettbewerb noch nicht völlig ausreichend ist.
Sofern die Schlussverteilung der Insolvenzmasse erfolgt ist und kein Restvermögen übrig geblieben ist, so ist auch hier jegliche Rückforderung der gewährten Beihilfe tatsächlich unmöglich geworden. Allerdings können Insolvenzgläubiger, die ganz oder teilweise ausgefallen sind, nach Aufhebung des Insolvenzverfahrens aufgrund eines vollstreckbaren Auszugs der Tabelleneintragung ihre Forderung gem. § 201 Abs. 1 InsO unbeschränkt gegen den Gemeinschuldner geltend machen. Gegenüber juristischen Personen, um die es sich bei den meisten Beihilfenempfängern handelt, ist jedoch ein solches vorgehen mangels restlichem Vermögen und der folgenden Liquidierung der Gesellschaft[394] wenig Erfolg versprechend.
Solange jedoch eine Berücksichtigung in der Schlussverteilung noch praktisch erreicht werden kann, so wird man zur effektiven Umsetzung der gemeinschaftsrechtlich gebotenen Pflicht zur Rückforderung der Beihilfe auch nach dem Ablauf der Frist noch vornehmen müssen. Nach diesem Zeitpunkt, also spätestens nach erfolgter Schlussverteilung, je nach den Umständen wahrscheinlich auch schon kurz davor, wird schon aus praktischen Erwägungen eine Berücksichtigung der Forderung der öffentlichen Hand ausscheiden müssen, da es dann entweder keine Masse mehr zu verteilen gibt oder dies zumindest so kurz bevorsteht, oder eine Berücksichtigung der Forderung schlichtweg technisch nicht mehr zu realisieren ist.
Dieses Ergebnis wird man auch mit der bisherigen Rechtsprechung des EuGH in Einklang bringen können, da ab diesem Zeitpunkt nicht nur eine rechtliche, sondern eine tatsächliche Unmöglichkeit der Rückforderung besteht.

## III. Verhaltenspflicht bei streitigen Forderungen

Sofern die öffentliche Hand ihre Forderung fristgerecht angemeldet hat, wird die Forderung nebst den anderen angemeldeten Forderungen im Prüfungstermin gem. § 176 InsO geprüft. Wenn die Forderung vom Insolvenzverwalter oder von einem anderen Gläubiger bestritten wird, ist es die Pflicht der öffentlichen Hand, alle Widersprüche gegen diese Forderung zu beseitigen, indem die Forderung eindeutig bewiesen wird.[395]
Sofern die öffentliche Hand nicht in der Lage ist, die gegen die Forderung vorgebrachten Widersprüche auszuräumen, ist Feststellungsklage gem. §§ 179 ff. InsO einzulegen. Auch in diesem Fall liegt die Begründung für die Verhaltenspflicht der öffentlichen Hand darin, dass ihre Beihilfenrückforderung so umfangreich wie möglich durchgesetzt werden muss. Würde die Forderung der öffentlichen Hand aus der Insolvenztabelle gestrichen, so könnte sie ihrer gemeinschaftsrechtlichen Verpflichtung zur Rückforderung nicht mehr nachkommen.
Vice versa ist bei Zweifeln an der Begründetheit von Bestehen und Umfang von Forderungen anderer Insolvenzgläubiger diesen Forderungen zu widersprechen und gegen

---

394 Vgl. z.B. §262 Abs. 1 Nr. 3 AktG; §60 Abs. 1 Nr. 4 GmbHG.
395 *Ehricke* ZIP 2000. 1656 (1660); *ders.* Insolvenzrecht 2003, 117 (128); *Borchardt* ZIP 2001, 1301 (1302); *Quardt* EWS 2003, 312 (314).

diese Forderungen Widerspruch einzulegen, damit diese Forderungen nicht in die Insolvenztabelle eingereicht werden und nicht an den Verteilungen teilnehmen.[396]
Ziel der öffentlichen Hand muss es sein, dass sie, genau wie ein privater Gläubiger, den größtmöglichen Erlös aus der Insolvenzmasse erlangt. Sofern andere Gläubiger mit nicht bestehenden Forderungen auch an der Verteilung teilnehmen würden, so würde sich der Verteilungserlös der öffentlichen Hand prozentual dementsprechend verringern, so dass nicht mehr von einer größtmöglichen Rückforderung der Beihilfe ausgegangen werden könnte.

## C. Gläubigerversammlung und Gläubigerausschuss

Außerdem hat die öffentlich Hand in der Gläubigerversammlung (§§ 74 InsO) und dem Gläubigerausschuss (§§ 67, 69 InsO) aktiv mitzuwirken.[397]

### I. Teilnahme

Voraussetzung für die Mitwirkung ist zunächst die Teilnahme des Mitgliedsstaates an der Gläubigerversammlung und ggf. dem Gläubigerausschuss. Voraussetzung dafür ist natürlich, dass die öffentliche Hand zur Teilnahme berechtigt ist.

#### *1. Gläubigerversammlung*

Teilnahmeberechtigt an der Gläubigerversammlung gem. § 74 Abs. 1 S. 2 InsO sind alle absonderungsberechtigten Gläubiger, alle Insolvenzgläubiger, der Insolvenzverwalter, die Mitglieder des Gläubigerausschusses und der Schuldner. Im Gläubigerausschuss, sofern einer eingesetzt wird,[398] sollen gem. § 67 Abs. 2 S. 1 InsO die absonderungsberechtigten Gläubiger, die Insolvenzgläubiger mit den höchsten Forderungen und die Kleingläubiger vertreten sein.
Wenn die öffentliche Hand daher, wie in den meisten Fällen, einfacher Insolvenzgläubiger[399] ist, dann kann sie auf jeden Fall an der Gläubigerversammlung teilnehmen. Wenn die öffentliche Hand jedoch aussonderungsberechtigter Gläubiger oder Massegläubiger[400] sein sollte, dann ist sie grundsätzlich nicht berechtigt an der Gläubigerversammlung teilzunehmen. Eine Ausnahme besteht nur, wenn sie Mitglied des Gläubigerausschusses ist, was gem. § 67 Abs. 3 InsO auch Personen (auch juristische Personen[401]) seinen können, die keine Gläubiger sind.

---

396 *Ehricke* ZIP 2000, 1656 (1660); *Borchardt* ZIP 2001, 1301 (1302).
397 *Ehricke* ZIP 2000, 1656 (1660); *Borchardt* ZIP 2001, 1301 (1302).
398 Tatsächlich geschieht dies nur in etwa 20% der Fälle, vg. *Pape/Uhlenbruck* Rn.263; Kübler/Prütting/*Kübler* Rn.3 ff.
399 2. Teil §2 B I.
400 2. Teil §2 B II.
401 *Pape/Uhlenbruck* Rn.267; Kübler/Prütting/*Kübler* §67 Rn.14; Kölner Schrift zur Insolvenzordnung/*Heidland* S.711 Rn.16; HK-InsO/*Eickmann* §67 Rn.4.

### *2. Gläubigerausschuss*

Mitglied des Gläubigerausschusses kann die öffentliche Hand dann werden, wenn sie einfacher (oder absonderungsberechtigter) Insolvenzgläubiger ist, oder aussonderungsberechtigter Gläubiger und sich in den Gläubigerausschuss wählen lässt. Bzgl. der Wahl in den Gläubigerausschuss ist jedoch zu beachten, dass im Gläubigerausschuss, obwohl es keine Beschränkung der Zahl der Mitglieder gibt (mehr als eine Person muss es allerdings sein), im Regelfall im Interesse der Funktionsfähigkeit des Ausschusses die Zahl der Mitglieder drei nicht übersteigen sollte.[402] Da arg. e § 67 Abs. 2 InsO möglichst alle relevanten Gläubigergruppen im Gläubigerausschuss vertreten sein sollen,[403] ist eine Wahl der öffentlichen Hand in den Gläubigerausschuss zumindest nicht sehr wahrscheinlich. Die Wahl erfolgt bei einem vom Insolvenzgericht eingesetzten Gläubigerausschuss nach dessen freiem Ermessen gem. § 67 Abs. 1 InsO, ansonsten gem. § 68 Abs. 1 InsO durch die Wahl der Gläubigerversammlung.

## II. Mitwirkung

### *1. Gläubigerversammlung*

Wichtig ist, dass die öffentliche Hand im Rahmen ihrer Beteiligung in der Gläubigerversammlung und gegebenenfalls dem Gläubigerausschuss alles in ihrer Macht stehende, rechtlich mögliche unternimmt, um später in der Schlussverteilung den größtmöglichen Erlös zu erhalten.[404] Dementsprechend ist von Seiten der öffentlichen Hand genau zu prüfen, ob und wie zu verfahren ist, um dieses Ziel zu erreichen.

Im Rahmen der Gläubigerversammlung hat die öffentliche Hand (bzw. die staatlich kontrollierte Gesellschaft, an welche die Beihilfe zurückzuzahlen ist) durch entsprechendes Engagement und Abstimmungsverhalten dafür zu sorgen, dass im Rahmen des § 57 InsO gegebenenfalls ein neuer, kompetenterer Insolvenzverwalter ernannt wird, wenn der vom Gericht bestellte nicht geeignet erscheint.

Eine besondere Sorgfaltspflicht besteht bei der Prüfung der Schlussrechnung des Verwalters nach § 66 InsO, der Anforderung von Einzelauskünften und Berichten sowie der Prüfung des Geldverkehrs und -bestandes nach § 79 InsO.

Gleiches gilt für die Entgegennahme des Berichts des Verwalters nach § 156 InsO, auf dessen Grundlage über den Fortgang des Verfahrens gem. § 157 InsO entschieden werden muss. Inwiefern die Beschließung eines Planverfahrens möglich ist, wird näher im 4.Teil §3 untersucht.

Auch wenn gem. § 164 InsO Rechtshandlungen des Insolvenzverwalters entgegen Beschlüssen der Gläubigerversammlungen nach den §§ 160 bis 163 InsO wirksam bleiben, sind dennoch Beschlüsse nach diesen Vorschriften von enormer Bedeutung. Einer Betriebsveräußerung unter Wert gem. § 163 InsO darf die öffentliche Hand z.B. wohl unter keinen Umständen zustimmen, da ansonsten nicht der größtmögliche Erlös in der Schlussverteilung erzielt werden kann.

---

402 Kölner Schrift zur Insolvenzordnung/*Heidland* S.711 Rn.12; *Pape/Uhlenbruck* Rn.266.
403 *Pape/Uhlenbruck* Rn.266.
404 Ähnlich *Ehricke* ZIP 2000, 1656 (1660); *Borchardt* ZIP 2001, 1301 (1302).

Insbesondere bei Veräußerungen an nahestehende Personen (§ 138 InsO), die am Vermögen des Schuldners zu mindestens einem Fünftel beteiligt sind, ist Vorsicht geboten. Auch hier muss die öffentliche Hand durch ihr Abstimmungsverhalten dafür sorgen, dass keine Veräußerung erfolgt, aufgrund welcher eine Haftung des Erwerbers[405] eintritt.

Zu den bedeutendsten Mitwirkungspflichten der öffentlichen Hand in der Gläubigerversammlung gehört eine Beteiligung im Schlusstermin nach § 197 InsO. In diesem Termin ist die Schlussverteilung zu erörtern, Einwendungen können gegen das Schlussverzeichnis erhoben werden und Entscheidungen können über nicht verwertete Gegenstände der Insolvenzmasse getroffen werden. Hier muss von Seiten der öffentlichen Hand dafür gesorgt werden, dass für die Insolvenzgläubiger auch wirklich der größtmögliche Erlös erzielt und auch ausgezahlt wird.
Sollte stattdessen mangels Masse eine Einstellung des Verfahrens gem. § 207 Abs. 1 InsO drohen, so ist gem. § 207 Abs. 2 InsO die Gläubigerversammlung zu hören. In diesem Zusammenhang hat sich die öffentliche Hand zu vergewissern, dass auch wirklich keine ausreichende Masse besteht.

### *2. Gläubigerausschuss*

Im Gläubigerausschuss, sofern einer besteht und die öffentliche Hand Mitglied ist, ist zu beachten, dass eine Neutralitätspflicht der Ausschussmitglieder besteht.[406] Diese Neutralitätspflicht zwingt zur Geheimhaltung von Insiderwissen und zum Verbot der „Selbstbegünstigung".
Von der öffentlichen Hand wird jedoch auch vom Gemeinschaftsrecht nicht gefordert, dass sie im Rahmen des Insolvenzverfahrens grundsätzlich dafür sorgt, dass sie besser gestellt, ist als andere Gläubiger. Ansonsten hätte der EuGH auch nicht die Stellung des Mitgliedstaates als einfachen Insolvenzgläubiger im mitgliedsstaatlichen Insolvenzverfahren explizit anerkannt.[407] Ziel der öffentlichen Hand im Gläubigerausschuss muss es daher sein, dass durch eine entsprechende Ausübung der Kontrollfunktion des Gläubigerausschusses alle Gläubiger den größtmöglichen Erlös aus der Masse erhalten. Dementsprechend muss auch das Verhalten der öffentlichen Hand im Gläubigerausschuss sein. Es ergeben sich daher insofern keine Besonderheiten für das Verhalten der öffentlichen Hand im Gläubigerausschuss im Verhältnis zu ihren Verhaltenspflichten innerhalb der Gläubigerversammlung.

Hauptaufgabe des Gläubigerausschusses ist die Unterstützung und Überwachung des Insolvenzverwalters gem. § 69 InsO.[408] Um diese Aufgabe erfüllen zu können, ist es Voraussetzung, dass der Insolvenzverwalter den Ausschussmitgliedern Einsicht in sämtliche Unterlagen des Verfahrens gewährt. Die Ausschussmitglieder müssen in

---

405 Mehr dazu unter 3.Teil §3, 4.
406 Dazu Kübler/Prütting/*Kübler* § 69 Rn.20; *Pape/Uhlenbruck* Rn.262.
407 EuGH Slg 1990, I-959 Rn..59 f. –Tubemeuse-.
408 Vgl. *Pape* WM 2003, 361 (367); Kölner Schrift zur Insolvenzordnung/*Heidland* S.711 Rn.22 ff.

regelmäßigen Abständen von ihrem Kontrollrecht Gebrauch machen und vom Insolvenzverwalter umfassende Auskünfte einholen.
Zu den weiteren wichtigen Aufgaben des Gläubigerausschusses im Insolvenzverfahren gehört die Zustimmung zu wichtigen Geschäften gem. § 160 InsO. Aus § 160 Abs. 2 InsO ergibt sich, in welchen Fällen ein wichtiges Geschäft iSv. § 160 Abs. 1 InsO insbesondere vorliegt. Sofern keine Gläubigerausschuss besteht, hat in diesen Fällen der Insolvenzverwalter die Zustimmung der Gläubigerversammlung einzuholen. Sollte der Insolvenzverwalter die Zustimmung von Gläubigerausschuss respektive Gläubigerversammlung nicht eingeholt haben, so ist gem. § 164 InsO die Handlung im Außenverhältnis wirksam, im Falle eines Schadensersatzanspruchs gegen den Insolvenzverwalter kann dieser sich dann aber nicht auf die entlastende Wirkung der Zustimmungserteilung berufen.[409]
Des Weiteren kann der Gläubigerausschuss gem. § 149 Abs. 1 InsO bestimmen, bei welcher Stelle und zu welchen Bedingungen Geld, Wertpapiere und Kostbarkeiten hinterlegt oder angelegt werden sollen. Gem. Abs. 2 sind Anweisungen des Verwalters auf diese Stelle nur gültig, wenn ein Mitglied des Gläubigerausschusses sie mitunterzeichnet hat. Zur Entgegennahme von Geld, Wertpapiere oder Kostbarkeiten von der Stelle, bei der hinterlegt oder angelegt worden ist, ist der Insolvenzverwalter nur berechtigt, wenn ein Mitglied des Gläubigerausschusses die Quittung mitunterzeichnet. Dies gilt gem. Abs. 3 jedoch nur, solange die Gläubigerversammlung nicht anderes beschlossen hat.
Ferner hat der Gläubigerausschuss gem. § 195 Abs. 1 InsO für eine Abschlagsverteilung auf Vorschlag des Insolvenzverwalters den zu zahlenden Bruchteil festzulegen.
Als Antragsrechte stehen dem Gläubigerausschuss das Recht zur Einberufung der Gläubigerversammlung gem. § 74 InsO sowie gem. § 59 InsO das Recht zur Beantragung der Entlassung des Insolvenzverwalters zu.

In diesen und auch den weiteren bestehenden, aber weniger relevanten Normen, welche eine Beteiligung des Gläubigerausschusses im Insolvenzverfahren vorschreiben, hat die öffentliche Hand stets dafür Sorge zu tragen, dass der Insolvenzverfahren sich ordnungsgemäß verhält und seinerseits für eine größtmögliche Quote alle Gläubiger in der Schlussverteilung sorgt.

## D. Auswirkungen von Versäumnissen

Aus Art. 14 VerfVO ergibt sich die gemeinschaftsrechtliche Verpflichtung des Mitgliedsstaates, die Rückforderungsanordnung der Kommission umzusetzen. Wenn der Staat bei solventen Schuldnern dieser Pflicht zur Rückforderung nicht nachkommt, dann kann ihm durch das besondere Vertragsverletzungsverfahren gem. Art. 88 Abs. 2 UnterAbs. 2, 228 EGV diese Pflicht erneut (durch Zwangsgelder) aufgegeben werden, bis er dieser Pflicht nachkommt. Gleiches hat grundsätzlich im Rahmen des laufenden Insolvenzverfahrens zu gelten.

---

409 *Pape* WM 2003, 361 (367) mwN.

Diese Pflicht zur umfassenden Rückforderung der Beihilfe besteht im Insolvenzverfahren, wie bereits ausgeführt, allerdings nur eingeschränkt, da es im Insolvenzverfahren nur in Ausnahmefällen möglich ist, eine vollständige Befriedigung der Forderung zu erlangen. Es wird im Regelfall nur eine Insolvenzquote ausgezahlt. Insofern besteht im Insolvenzverfahren die Pflicht der öffentlichen Hand auch nur darin dafür zu sorgen, dass sie die größtmögliche Quote ausgezahlt bekommt.

Hat der Mitgliedsstaat jedoch seine Forderung rechtzeitig im Insolvenzverfahren angemeldet, [410] und hat er in Gläubigerversammlung und Gläubigerausschuss sofern möglich mitgewirkt etc., so hat er diesbezüglich seine gemeinschaftsrechtliche Verpflichtung erfüllt, so dass keine Vertragsverletzung iSv Art. 88 Abs. 2 UnterAbs. 2, 228 EGV begangen wurde.
Problematisch ist es, wenn die öffentliche Hand es versäumt, die Forderung anzumelden oder alles Notwendige zu unternehmen, um ihren Pflichten in Gläubigerausschuss und/oder Gläubigerversammlung gerecht zu werden.

### *1. Vorliegen einer Vertragsverletzung*

Sofern die öffentliche Hand ihrer Verpflichtung zur Anmeldung der Forderung nicht ordnungsgemäß nachkommt, so wird nicht der größtmögliche Betrag im Rahmend es Insolvenzverfahrens an die öffentliche Hand zurückgezahlt. Ein solcher Verstoß führt daher eindeutig zu einer Vertragsverletzung.

Eine mangelnde Beteiligung der öffentlichen Hand in Gläubigerausschuss und/oder Gläubigerversammlung wird als solche noch nicht grundsätzlich als ausreichend angesehen werden können, um eine Vertragsverletzung iSv. Art. 88 Abs. 2 UnterAbs. 2 EGV anzunehmen.
Anderes wird man annehmen können, wenn aufgrund der mangelnden Mitwirkung der öffentlichen Hand diese eine geringere Insolvenzquote ausgezahlt bekommt, als wenn sie sich angemessen beteiligt hätte. Denkbar wäre dies in dem Fall, dass die öffentliche Hand mangels Mitwirkung Fehler des Insolvenzverwalters nicht bemerkt und demzufolge auch nicht gerügt hatte, so dass im Ergebnis eine geringere Insolvenzquote auf jeden Gläubiger entfiel. Hierdurch würde auch die öffentliche Hand weniger zurückgezahlt bekommen, als ihr eigentlich zugestanden hätte, so dass sie ihrer Pflicht nicht nachgekommen wäre.
Als Beispielsfall wäre auch denkbar, dass der Insolvenzverwalter vom Gläubigerausschuss mangels Überprüfung der Bücher und des Geldverkehrs unbemerkt Massegegenstände beiseite schafft.[411] Auch hierdurch würde eine geringe Insolvenzquote auf jeden Gläubiger, also auch auf die öffentliche Hand entfallen.

---

[410] Zu einer Fallgestaltung, in welcher der Mitgliedsstaat seiner Verpflichtung durch Anmeldung der Forderung in der Konkurstabelle nachgekommen ist, vgl. EuGH Rs. C-276/99 v. 25.20.2001, Rn. 29.

[411] Siehe hierzu BGHZ 49, 121 (123 f); BGHZ 71, 253 (257 ff); BGH WM 1994, 164.

Versäumnisse der öffentlichen Hand im Rahmen des Gläubigerausschusses oder der Gläubigerversammlung können daher nur dann zu einer Vertragsverletzung iSv. Art. 88 Abs. 2 UnterAbs. 2 EGV führen, wenn die Versäumnisse der öffentlichen Hand so groß waren, dass sich aufgrund dieser Versäumnisse eine Verringerung der Insolvenzquote ergeben hat.
Die öffentliche Hand kann sich insofern auch nicht darauf berufen, dass auch andere Mitglieder Gläubigerversammlung oder des Gläubigerausschusses ihrerseits nichts unternommen hätten. Diese anderen Gläubiger (und auch Mitglieder des Gläubigerausschusses die keine Insolvenzgläubiger sind) sind nicht durch das Gemeinschaftsrecht verpflichtet, für eine größtmögliche Quote zu sorgen. Sie riskieren im Regelfall nur ihre eigene Quote.

Nicht nur im Rahmen ihrer eigenen Insolvenzquote haften Mitglieder des Gläubigerausschusses. Diese haften gem. § 71 InsO gegenüber den absonderungsberechtigten Gläubigern und den Insolvenzgläubigern persönlich für Schäden, die sie durch eine schuldhafte Verletzung ihrer Pflichten verursacht haben. Wenn jedoch schon eine Verpflichtung der öffentlichen Hand zur Zahlung von Schadensersatz gem. § 71 InsO festgestellt wurde, so kommt auch ein Vertragsverletzungsverfahren gem. Art. 88 Abs. 2 UnterAbs. 2 EGV in Betracht. Wenn neben der öffentlichen Hand auch andere Mitglieder des Gläubigerausschusses es schuldhaft unterlassen haben, ihre Kontrollfunktion auszuüben mit der Folge, dass der Masse ein Schaden entstanden ist, so ist dies für das Vertragsverletzungsverfahren gem. Art. 88 Abs. 2 UnterAbs. 2 EGV ohne Bedeutung.
Eine Vertragsverletzung der öffentlichen Hand kann aber nicht in den Fällen eintreten, in denen die öffentliche Hand zwar die anderen Insolvenzgläubiger geschädigt hat, jedoch selbst profitiert hat, so z.B. wenn bei einer Zustimmung zu besonderen Rechtsgeschäften die öffentliche Hand nicht signalisiert hat, dass sie selbst (außerhalb ihrer Stellung als Ausschussmitglied) von dem Geschäft profitiert. Dies kann zwar durchaus eine Haftung nach § 71 InsO begründen,[412] die Insolvenzquote der öffentlichen Hand wurde hierdurch jedoch nicht geschädigt. Die öffentliche Hand trifft daher im Verhältnis zum Gemeinschaftsrecht nur die Verpflichtung, sich selbst durch eine Verringerung der Insolvenzquote nicht zu schädigen, eine Schädigung der anderen Gläubiger ist aus der Sicht des Gemeinschaftsrechts unerheblich.

### *2. Einschränkung auf nicht unerhebliche Fälle*

Zu beachten ist jedoch, dass die Kommission wohl nur in schwerwiegende Fällen ein Vertragsverletzungsverfahren in Betracht ziehen wird, wenn das Insolvenzverfahren trotz der unterlassenen Mitwirkung des Mitgliedsstaates zur Liquidation des beihilfebegünstigten Unternehmens führt. Zwar erhält der Mitgliedsstaat in diesem Fall nicht die Beihilfe in größtmöglichen Umfang zurück, Ziel der Beihilfenrückforderung ist jedoch auch nicht die Sanierung des Haushalts eines Mitgliedsstaates, sondern die Ausgleichung der erfolgten Wettbewerbsverzerrung. Sofern der Beihilfenempfänger

---

[412] Siehe hierzu *Pape* WM 2003, 361 (365).

nicht mehr am Markt tätig ist, dauert die Benachteiligung der Konkurrenten nicht mehr an, so dass eine zumindest teilweise Kompensation eingetreten ist.
Nachdem das Insolvenzverfahren bereits abgeschlossen und der Beihilfenempfänger liquidiert wurde, ist ein Einschreiten der Kommission daher aus Gründen der Wiederherstellung der Wettbewerbsbedingungen nicht mehr nötig. In welchen Fällen die Kommission ansonsten einschreiten wird, wird davon abhängig sein, wie erheblich die sich anbahnende Verringerung der Insolvenzquote der öffentlichen Hand ist. Unverhältnismäßig wäre es, bei jeglicher, noch so geringen Verletzung der Verhaltenspflichten der öffentlichen Hand ein Vertragsverletzungsverfahren anzustrengen.
Anderseits darf nicht übersehen werden, dass der Mitgliedsstaat auch dazu gebracht werden muss, seinen gemeinschaftsrechtlichen Verpflichtungen so umfangreich wie nur irgend möglich nachzukommen. Es darf den Mitgliedsstaaten, in den hier behandelten Fällen konkret der Bundesrepublik Deutschland, nicht ermöglicht werden, sich ihren Verpflichtungen innerhalb eines Insolvenzverfahrens generell zu entziehen, solange davon auszugehen ist, dass der Beihilfenempfänger mit dem Abschluss des Insolvenzverfahrens liquidiert wird. Eine Ahndungeiner Pflichtverletzung im Falle eines (erheblichen) Fehlverhaltens im Rahmen eines Vertragsverletzungsverfahrens hat daher möglich zu sein.
Ob im konkreten Fall die Einleitung eines Vertragsverletzungsverfahrens angebracht ist, wird man abhängig machen müssen von den Umständen des Einzelfalls. Von Bedeutung für die jeweilige Beurteilung müssen sein, die Höhe der zurückzufordernden Beihilfe, der Umfang der Verringerung der Quote der öffentlichen Hand, der Größe und Bedeutung des betreffenden Insolvenzverfahrens und der jeweiligen Pflichtverletzung der öffentlichen Hand. Wenn sich aufgrund dieser Kriterien ergibt, dass die Folge der Pflichtverletzung der öffentlichen Hand mehr als nur unerheblich ist, dann muss der Mitgliedsstaat auch mit der Einleitung eines Vertragsverletzungsverfahrens rechnen.

## § 5 Insolvenzplanverfahren

Der Erörterung bedarf auch die Frage, welche Auswirkungen die Rückforderung von sich im Vermögen des Schuldners befindlichen Beihilfen auf die möglichen Ausgestaltungen eines Insolvenzplanverfahrens gem. §§ 217 ff. InsO hat.

### A. Bedeutung des Insolvenzplanverfahrens

Das Insolvenzplanverfahren ist vom Gesetzgeber als ein Kernstück der InsO betrachtet worden.[413] Um dem Grundsatz der Gläubigerautonomie in größtmöglichem Umfang gerecht zu werden, wird den Gläubigern gestattet, durch die Erstellung eines Insolvenzplans im allgemeinen Interesse von dem vorgegebenen Verfahrensmodell abzuweichen, wenn sie meinen, dass sie dadurch zu einer größtmöglicheren Gläubigerbefriedigung gelangen können.[414] Die Befriedigung der absonderungsberechtigten Gläubiger und der Insolvenzgläubiger, die Verwertung der Insolvenzmasse und deren Verteilung an die Beteiligten sowie die Haftung des Schuldners nach Beendigung des Insolvenzverfahrens können gem. § 217 InsO abweichend von den Vorschriften des insolvenzrechtlichen Regelverfahrens festgelegt werden.

Auch wenn § 1 S. 1 a.E. InsO bestimmt, dass ein Insolvenzplan insbesondere zum Erhalt des Unternehmens in Betracht kommt, ist der Anwendungsbereich des Insolvenzplans nicht auf die Sanierung des Unternehmens beschränkt. Es kann vielmehr unterschieden werden, zwischen einem *Sanierungsplan*, einem *Übertragungsplan* und einem *Liquidationsplan.*[415]

Unter einem Sanierungsplan versteht man einen Plan, der alle Regelungen und Maßnahmen enthält, die erforderlich sind, um die Ertragskraft des notleidenden Schuldners wieder herzustellen.[416]

Ein Übertragungsplan legt die übertragende Sanierung des Schuldnerunternehmens fest. Bei einer übertragenden Sanierung wird zumeist als Auffanggesellschaft eigens dafür eine Tochtergesellschaft gegründet, auf die dann die gesamten Assets der Muttergesellschaft übertragen werden; eine andere Möglichkeit besteht darin, die Assets des Schuldnerunternehmens unmittelbar an ein weiteres Unternehmen zu veräußern.[417]

Ein Liquidationsplan liegt vor, wenn die Verwertung der Insolvenzmasse und die Verteilung des Verwertungserlöses an die Gläubiger abweichend vom Gesetz geregelt wird.[418] Streng genommen ist jedoch auch die übertragende Sanierung ein besonderer Fall der Liquidation.[419]

---

413 Beschlussempfehlung des Rechtsausschusses zum Regierungsentwurf einer Insolvenzordnung, BT-Drs. 12/7302, 181.

414 *Bork* Rn.310; Gottwald/*Braun* §67 Rn.1.

415 *Pape/Uhlenbruck* Rn.779; Kölner Schrift zur Insolvenzordnung/*Maus* S.931 ff. Rn.8; *Bork* Rn.312; Gottwald/*Braun* §67 Rn.5; *Smid/Rattunde* Rn.38 ff..

416 *Pape/Uhlenbruck* Rn.780.

417 *K.Schmidt* ZIP 1980, 328 (336 f.); *ders.* Wege zum Insolvenzrecht der Unternehmen §6 II 1; *Haarmeyer/Wutzke/Förster* S. 476.

418 *Pape/Uhlenbruck* Rn.781.

419 *Jauernig* § 88 I; Kölner Schrift zur Insolvenzordnung/*Maus* S.931 ff. Rn.9; *Pape/Uhlenbruck* Rn.780.

Vorgelegt wird ein Insolvenzplan gem. § 218 Abs. 1 S. 1 InsO entweder vom Insolvenzverwalter oder vom Schuldner, nicht aber von den (oder einzelnen) Gläubigern. Die Gläubigerversammlung kann jedoch den Insolvenzverwalter gem. § 157 S. 2 InsO mit der Erstellung eines Plans beauftragen.
Inhaltlich sind die Parteien grundsätzlich frei in der inhaltlichen Konkretisierung des Plans, die InsO legt nur den formellen Rahmen fest. Im Regelfall sieht ein Insolvenzplan vor, dass die Forderungen der Insolvenzgläubiger gekürzt werden.[420]

Für die Stelle der öffentlichen Hand, welche die Rückforderung betreibt, wird nach § 222 Abs. 2 InsO grds. eine eigene Gruppe zu bilden sein. Nach § 222 Abs. 1 ist bei der Bildung von Gruppen zu differenzieren zwischen absonderungsberechtigten Gläubigern, nicht absonderungsberechtigten Gläubigern und nachrangigen Gläubigern. Die öffentliche Hand ist im Regelfall als nicht absonderungsberechtigter Gläubiger einzustufen,[421] wie die meisten Insolvenzgläubiger. § 222 Abs. 2 InsO bestimmt jedoch, dass auch einzelne Gruppen für Gläubiger mit gleichen wirtschaftlichen Interessen gebildet werden können. Die Bildung einer Gruppe für einen eigenen Gläubiger ist möglich.[422] Da die öffentliche Hand aufgrund ihrer gemeinschaftsrechtlichen Verpflichtung zur Rückforderung der Beihilfe ein im Vergleich zu den sonstigen Insolvenzgläubigern eigenes Interesse am Verlauf des Insolvenzverfahrens hat, ist zumindest dann, wenn eine Unterteilung der nicht nachrangigen Gläubiger in verschiedene Gruppen unterfällt, für die öffentliche Hand eine eigene Gruppe zu bilden.[423] Eine Verpflichtung, in jedem Fall eine eigene Gruppe zu bilden, wird man dem Gemeinschaftsrecht hingegen nicht entnehmen können.[424]

## B. Die „Tubemeuse"-Entscheidung des EuGH

Die einzige Entscheidung eines europäischen Gerichts, die sich mit diesem Themenkomplex im weiteren Sinne (konkret mit einem belgischen Vergleichsverfahren) befasst, ist die sog. „Tubemeuse" Entscheidung[425] des EuGH.
Der Sachverhalt dieser Entscheidung verhielt sich so, dass das Königreich Belgien dem wirtschaftlich schwachen Unternehmen Tubemuse rechtswidrige, mit dem gemeinsamen Markt nicht zu vereinbarende Beihilfen gewährt hatte. Trotz der gewährten Beihilfen konnte das Unternehmen Tubemeuse sich am Markt nicht behaupten, so dass über das Vermögen der Tubemeuse ein Vergleichsverfahren eröffnet wurde. Die Entscheidung der Kommission zur Rückforderung der Beihilfe erfolgte nach der Eröffnung des Vergleichsverfahrens.
Der EuGH entschied, dass die Rückforderung der Beihilfe durch die Eröffnung des Insolvenzverfahrens nicht obsolet geworden war, da der Liquidator im belgischen Vergleichsverfahren berechtigt sei, die Geschäftstätigkeit des Unternehmens zunächst

[420] *Smid/Rattunde* Rn.289; Bork Rn.326.
[421] siehe 2.Teil §2 A IV.
[422] MüKo-Inso/*Eidenmüller* §222 Rn.29.
[423] so z.B. auch geschehen im Fall LG Magdeburg ZInsO 2001, 475 (476).
[424] *Schmuck-Amende* S. 134 f
[425] EuGH Slg. 1990, I-959 –Tubemeuse-.

fortzuführen, was im konkreten Fall auch geschehen sei.[426] Die belgische Regierung sei ihrer Verpflichtung zur Rückforderung der Beihilfe jedoch durch die Anmeldung ihrer Forderung im Vergleichsverfahren nachgekommen.[427]
Weitere Erkenntnisse über vorstellbare Gestaltungsmöglichkeiten innerhalb eines deutschen Insolvenzplanverfahrens vergleichbaren Vergleichsverfahrens ergeben sich aus dieser Entscheidung jedoch nicht.

## C. Vereinbarkeit eines Insolvenzplans mit dem Beihilfenrecht

Probleme der Vereinbarkeit eines Insolvenzplans mit dem Beihilfenrecht können sich daraus ergeben, dass der Ausgleich der durch die Beihilfengewährung erfolgten Wettbewerbsverzerrung dadurch geschehen soll, dass der Beihilfenempfänger entweder die ganze Beihilfe nebst Zinsen zurückzahlt, oder dass im Rahmen des staatlichen Insolvenzverfahrens das beihilfebegünstigte Unternehmen liquidiert wird. Im Rahmen der Umsetzung eines Insolvenzplanes wird das Schuldnerunternehmen jedoch nicht zwangsläufig liquidiert, sondern es besteht die Möglichkeit, dass das Unternehmen nach Abschluss des Verfahrens weiter am Markt fortbesteht.
In der Literatur wird daher vertreten, dass die Durchführung eines Insolvenzplanes sich aus der Sicht des Gemeinschaftsrechts wohl gänzlich verbiete.[428]

### I. Möglichkeit des Verzichts oder der Stundung im Rahmen des Insolvenzplans

Richtig an dem dieser Ansicht zugrunde liegenden Verständnis ist, dass die öffentliche Hand, ihre Stellung als einfacher Insolvenzgläubiger vorausgesetzt, nicht berechtigt ist, im Rahmen eines Insolvenzplanes auf ihre Forderung teilweise oder vollkommen zu verzichten oder diese zu stunden.[429]
Es ist zwar zutreffend, dass generell die Möglichkeit besteht, dass aufgrund eines Verzichts oder zumindest einer Stundung der Forderung und eines erfolgreich durchgeführten Insolvenzplanes der Beihilfenempfänger wirtschaftlich wieder erstarkt und zu einem späteren Zeitpunkt in der Lage sein wird, die gesamte Beihilfe wieder zurückzuzahlen.[430] Daher könnte auch ein sich wie ein privater Gläubiger verhaltender Mitgliedsstaat zu der Prognose kommen, dass eine Sanierung des insolventen Beihilfenempfängers aufgrund eines Sanierungsplans wirtschaftlich vorteilhaft wäre.
Die Rückforderung der Beihilfe wurde jedoch durch die Kommission angeordnet, mit der Folge, dass der Mitgliedsstaat von sich aus nicht über die Beihilfe disponieren darf.[431] Wenn ein Mitgliedsstaat nur einen Teil der Beihilfe, die er zurückfordern

---

426 EuGH Slg. 1990, I-959 Rn.51 –Tubemeuse-.
427 EuGH Slg. 1990, I-959 Rn.62 –Tubemeuse-.
428 *Borchardt* ZIP 2001, 1301 (1303); *Rapp/Bauer* KTS 2001, 1 (23); zumindest zweifelnd: *Klein* DZWIR 2003, 89 (96).
429 *Schmuck*-Amende S. 136; ähnlich: EuGH Slg. 1998, I-7907 Rn.45 –Ecotrade-, allerdings bezogen auf die Gewährung einer neuen Beihilfe und nicht auf die Rückforderung bereits gewährter Beihilfen.
430 Dies erwägend *Klein* DZWIR 2003, 89 (96).
431 *Borchardt* ZIP 2001, 1301 (1303).

müsste, nicht einfordert oder dem Beihilfenempfänger die Beihilfe stundet, so kommt der Mitgliedsstaat seiner Verpflichtung gegenüber der Kommission nicht nach.[432] Vielmehr wird die eigentlich rückgängig zu machende Wettbewerbsverzerrung vom Mitgliedsstaat wissentlich über einen längeren Zeitraum aufrechterhalten.
Zusätzlich würde ein solcher Verzicht oder auch eine Stundung gleichzeitig zumeist eine neue Beihilfe darstellen.[433] Die Genehmigungsfähigkeit einer solchen Beihilfe ist jedoch mehr als fraglich. Einschlägig sind in diesem Zusammenhang die Leitlinien der Kommission zur Rettung und Umstrukturierung von Unternehmen in Schwierigkeiten.[434] Auch wenn es keine gemeinschaftliche Bestimmung des Begriffs des „Unternehmens in Schwierigkeiten" gibt, soll es sich zumindest um ein solches Unternehmen handeln, wenn bei Gesellschaften mit Haftungsbeschränkungen mehr als die Hälfte des gezeichneten Kapitals verschwunden ist und mehr als ein Viertel dieses Kapitals während der letzten zwölf Monate verloren ging.[435] Unabhängig von der Gesellschaftsform handelt es sich außerdem um ein solches Unternehmen, wenn die im innerstaatlichen Recht vorgesehenen Voraussetzungen für die Eröffnung eines Kollektivverfahrens wegen Insolvenz gegeben sind.[436] Dass die letztgenannte Voraussetzung gegeben ist, wenn sogar bereits ein Insolvenzplanverfahren angestrebt wird, bedarf keiner weiteren Erörterung.

Zunächst erscheint es problematisch, ob ein Forderungsverzicht als Rettungs- oder Umstrukturierungsbeihilfe überhaupt genehmigungsfähig ist, da laut den Leitlinien der Kommission nur Kredite und Bürgschaften als Rettungsbeihilfen in Betracht kommen.[437] Mit einigem Begründungsaufwand mag man einen Forderungsverzicht einem Kredit gleichstellen, vorausgesetzt die marktüblichen Zinsen werden dennoch verlangt. Rn. 25 und 48 der Leitlinien legen jedoch fest, dass Rettungs- bzw. Umstrukturierungsbeihilfen nur einmal vergeben werden dürfen (sog. one time, last time-Prinzip). Wiederholte Beihilfen zur Rettung des Unternehmens sind nicht gestattet. Wurden dem Unternehmen in Schwierigkeiten zur Umstrukturierung innerhalb der letzten zehn Jahre bereits Beihilfen gewährt, so ist die Gewährung einer neuen Beihilfe ausgeschlossen. Erschwerend kommt bei der im vorliegenden Fall behandelten Problematik der Beihilfe im Rahmen des Insolvenzplans hinzu, dass das betreffende Unternehmen nicht nur bereits Beihilfen erhalten hatte, sondern dass es diese Beihilfen noch nicht zurückgewährt hat. Nach dem sog. „Deggendorf-Prinzip" können neue Beihilfen nicht mit dem Gemeinsamen Markt vereinbar sein, so lange die alten rechtswidrigen Beihilfen nicht zurückgezahlt wurden, da die kumulierende Wirkung der Beihilfen eine beträchtliche Verzerrung des Wettbewerbs auf dem Gemeinsamen Markt hervorruft.[438] Nähme die öffentliche Hand also einen solchen Verzicht oder eine solche Stundung im Rahmen eines Insolvenzplanverfahrens vor, so würde es sich hierbei um eine neue,

---

[432] EuGH Slg. 1998, I-7907 Rn.45 –Ecotrade-; auch *Koenig* Insolvenzrecht 2000, S. 155 (165).
[433] *Koenig* Insolvenzrecht 2000, S. 155 (165); *Klein* DZWIR 2003, 89 (96).
[434] Kommission ABl. 1999, C 288/2.
[435] Kommission ABl. 1999, C 288/2, Rn.4 a).
[436] Kommission ABl. 1999, C 288/2, Rn.4 c).
[437] Kommission ABl. 1999, C 288/2, Rn. 23.
[438] EuGH Slg. 1997, I-2564, Rn.25 -Textilwerke Deggendorf-.

nicht genehmigungsfähige Beihilfe handeln, die zivilrechtlich als Verstoß gegen ein Verbotsgesetz iSv. § 134 BGB und damit als nichtig anzusehen wäre.[439]
Daher wäre es auch nicht möglich, den Schuldner entgegen der Vermutungsregelung des § 227 InsO von seinen Restschulden nach Beendigung des Verfahrens zu befreien. Es bestände zwar die Möglichkeit, dass der Schuldner dann die erhaltene Beihilfe umfassend zurückzahlt, jedoch ändert dies nichts an der fehlenden Möglichkeit des Verzichts durch die öffentliche Hand.

Auch im Rahmen des Obstruktionsverbots gem. § 245 InsO wäre ein solcher Verzicht bzw. eine solche Stundung durch die öffentliche Hand wohl nicht zu erzwingen, da auf diese Weise das nationale Insolvenzrecht die gemeinschaftsrechtlich gebotene Rückforderung zumindest teilweise unmöglich machen würde.[440]
§ 245 Abs. 1 Nr. 1 InsO sieht die Zustimmung einer Gläubigergruppe als entbehrlich an, wenn die Gläubiger dieser Gruppe durch den Insolvenzplan voraussichtlich nicht schlechter gestellt werden, als sie ohne den Plan stünden. Da jedoch ein solcher Insolvenzplan, der eine Kürzung oder Stundung des Anspruchs der öffentlichen Hand vorsieht, mit dem Gemeinschaftsrecht nicht vereinbar wäre, dürfte ein solcher Insolvenzplan auch nicht in die Tat umgesetzt werden.
Keine Gruppe von Insolvenzgläubigern würden daher mit dem Insolvenzplan besser dastehen als ohne, unabhängig davon, ob die öffentliche Hand eine eigene Gruppe darstellt oder nicht. Gegebenenfalls hat die öffentliche Hand gem. § 251 Abs. 1 InsO einen Antrag auf Versagung des Insolvenzplanes zu stellen.

Dies bedeutet also, dass ein sanierender Insolvenzplan, welcher einen Verzicht oder eine Stundung der Forderung der öffentlichen Hand beinhaltet, mit dem Gemeinschaftsrecht nicht vereinbar wäre. Es bedeutet jedoch nicht, dass das Gemeinschaftsrecht generell der Durchführung eines Insolvenzplans entgegensteht. Nach der Rechtsprechung des EuGH stellt es eine neue Beihilfe dar, wenn dem Beihilfenempfänger ermöglicht wird, seine wirtschaftliche Tätigkeit unter Umständen fortzusetzen, unter denen dies bei Anwendung allgemeiner konkursrechtlicher Vorschriften ausgeschlossen gewesen wäre.[441] Vergleichbares muss auch im Rahmen der Rückforderung von Beihilfen gelten. Sofern also die allgemeinen Regelungen des Insolvenzplanverfahrens eingehalten werden und die öffentliche Hand nicht auf ihre Forderung oder einen Teil davon verzichtet, steht dies einem Insolvenzplan grundsätzlich nicht entgegen.

---

439 Vgl. 1.Teil C.II 2 a.
440 *Borchardt* ZIP 2001, 1301 (1303); *Schmuck-Amende* S. 138.
441 EuGH Slg. 1998, I-7907 Rn.45 -Ecotrade-.

## II. Mögliche Ausgestaltungen eines Insolvenzplans

### *1. Verzicht durch andere Gläubiger*

Wenn die Forderung der öffentlichen Hand in voller Höhe befriedigt wird, dann ist sogar ein sanierender Insolvenzplan theoretisch möglich. Denn in diesem Fall würde die durch die Beihilfengewährung eingetretene Wettbewerbsverzerrung wieder beseitigt.

Da jedoch eine Sanierung des Unternehmensträgers stets einen Vergleich der Gläubiger zum Abbau der Überschuldung voraussetzt,[442] würde eine Sanierung ohne eine Kürzung der Forderung der öffentlichen Hand bedeuten, dass in einem solchen Fall die öffentliche Hand als einziger Gläubiger auf die Befriedigung ihrer Forderung in voller Höhe bestehen müsste, während wohl alle anderen Gläubiger gezwungen wären, auf einen entsprechend höheren Anteil ihrer Forderung zu verzichten. Eine solche Lösung wird wohl nur in absoluten Ausnahmefällen erfolgversprechend sein. Im Regelfall werden sich die anderen Gläubiger nicht auf ein solches Geschäft einlassen, da eine Sanierung unter dieser Voraussetzung entweder kaum Aussicht auf Erfolg hat oder die anderen Gläubiger schlechter ständen, als wenn der Schuldner ordnungsgemäß liquidiert würde. Insbesondere ist zu bedenken, dass in den meisten Fällen die öffentliche Hand derjenige Gläubiger mit der höchsten Forderung sein wird.

In der Praxis wird eine dementsprechende vergleichsweise Einigung der Insolvenzgläubiger wohl so gut wie nie zu erzielen sei.

### *2. Sanierender Insolvenzplan bei kompetitiver Restitution?*

*Koenig* hat die Hypothese aufgestellt, dass die Sanierung des beihilfebegünstigten Unternehmens in einem weiteren Fall möglich sei, nämlich wenn im Zusammenhang mit dem Verkauf von Produktionsmitteln an Konkurrenten ein wesentlicher Kapazitätsabbau stattfindet.[443] Auf diese Weise sollen die erfolgten Wettbewerbsverzerrungen in kompetitiver Hinsicht ausgeglichen werden könnten. Eine kompetitive Restitution wird seiner Ansicht nach im Regelfall vor allem dadurch bewirkt, dass der durch die Gewährung der Beihilfe eingetretene Nachteil der Konkurrenten im jeweils relevanten Markt durch den Verkauf von Assets des begünstigten insolventen Unternehmens (an seine Konkurrenten) zumindest teilweise rückgängig gemacht wird.[444]

Die Grundannahme *Koenigs* ist, dass in dem Fall, dass das beihilfebegünstigte Unternehmen nicht zur Rückzahlung der Beihilfe in der Lage ist, eine kompensatorische Restitution der erfolgten Wettbewerbsverzerrung nicht eintritt und deshalb eine kompetitive Restitution erfolgen muss.

Wenn diese kompensatorische Wettbewerbsverzerrung nicht erfolgt, muss jedoch entgegen *Koenig* das beihilfebegünstigte Unternehmen im Rahmen eines staatlichen Insolvenzverfahrens liquidiert werden. Würde ein Großteil der Assets des Beihilfenempfängers an Konkurrenten verkauft, wogegen der Beihilfenempfänger am Markt beste-

---

[442] Kölner Schrift zur Insolvenzordnung/ *Maus* S.931 ff Rn.18; *Bork* Rn.366.

[443] *Koenig* Insolvenzrecht 2000, S. 155 (170).

[444] *Koenig* Insolvenzrecht 2000, S. 155 (166).

hen bleibt, so verbliebe dem Beihilfenempfänger durch den Verkauf der beihilfebegünstigten Assets der Wert der Beihilfe in seinem Vermögen. An die Stelle der Assets im Vermögen des Beihilfenempfängers würde nur die Gegenleistung treten. Die Wettbewerber ständen nicht anders, als wenn sie die Assets von einem anderen Verkäufer erworben hätten. Eine Restitution tritt also nicht ein. Eine solche kompensatorische Restituton kann nur eintreten, wenn der Beihilfenempfänger vom Markt verschwindet und seine Konkurrenten dadurch den freigewordenen Platz am Markt einnehmen können. Daher ist dieser Hypothese *Koenigs* nicht zuzustimmen.

### *3. Liquidierender Insolvenzplan und übertragende Sanierung*

Ein liquidierender Insolvenzplan hingegen wirft keine beihilfenrechtlichen Bedenken auf, solange der auf die öffentliche Hand entfallende Teil des Verwertungserlöses nicht unter dem Anteil zurückbleibt, den die öffentliche Hand im Rahmen einer Liquidierung nach den gesetzlichen Vorschriften erhalten hätte. Sofern der Beihilfenempfänger aus dem Markt ausscheidet und damit die erfolgte Wettbewerbsverzerrung zumindest teilweise kompensiert wird, ist kein relevanter Fall denkbar, in dem ein solcher liquidierender Insolvenzplan nicht verabschiedet und durchgeführt werden könnte. Ein Insolvenzverfahren, das auf die Liquidation des Unternehmens ausgerichtet ist, versucht im Regelfall auch bestmögliche Gläubigerbefriedigung zu erreichen.[445] Wenn die Zerschlagung des Unternehmens und die Verwertung einzelner Vermögenswerte im konkreten Fall unter Abweichung vom gesetzlichen Regelungsmodell durchgeführt werden können, so steht das Gemeinschaftsrecht dem nicht entgegen.

Da, wie bereits aufgezeigt wurde, eine übertragende Sanierung unter der Voraussetzung der Übertragung zum Marktpreis und den weiteren dargestellten Voraussetzungen durchführbar ist, muss es dementsprechend auch möglich sein, eine solche übertragende Sanierung im Rahmen eines Übertragungsplanes durchzuführen. Eine Kürzung des Anspruchs der öffentlichen Hand wäre jedoch in diesem Zusammenhang nicht möglich.[446] Sofern allerdings die Forderung der öffentlichen Hand nicht bereits im Insolvenzplan gekürzt würde und anschließend eine zumindest anteilige Befriedigung aus dem Veräußerungserlös im Rahmen der Insolvenzquote erfolgt, bleibt eine übertragende Sanierung im Rahmen eines Insolvenzplans durchaus möglich.
Die öffentliche Hand ist jedoch auch in diesem Zusammenhang verpflichtet zu überprüfen, ob sich im Rahmen einer übertragenden Sanierung für sie wirklich ein höherer Erlös ergibt als bei einer Zerschlagung des Unternehmens.

### *4. Folgen bei Verstößen gegen diese Grundsätze*

Die öffentliche Hand ist als gemeinschaftsrechtlich verpflichtet anzusehen, gegen einen Insolvenzplan zu stimmen, der gegen die oben erarbeiteten Grundsätze verstößt.
Es wäre im Ergebnis jedoch theoretisch möglich, dass ein Insolvenzplan dennoch einen Verzicht oder eine Stundung des Anspruchs der öffentlichen Hand vorsieht und

[445] *Koenig* Insolvenzrecht 2000, S. 155 (165).
[446] Vgl. hierzu die Ausführungen zur übertragenden Sanierung 3.Teil §4 C II 4.

die öffentliche Hand entweder in der Abstimmung überstimmt wird, da sie z.B. keine eigene Gläubigergruppe darstellt oder sich ihrer gemeinschaftsrechtlichen Verpflichtung nicht bewusst war und gar nicht entgegen einen solchen Insolvenzplan stimmt. Dies hätte zur Folge, dass ein entsprechender Insolvenzplan angenommen würde.

Auch wenn es gesetzlich nicht normiert wurde, so kann es trotz der vielen Gestaltungsmöglichkeiten, welche den Gläubigern im Rahmen des Insolvenzplanverfahrens gegeben werden, nicht sein, dass durch einen Insolvenzplan einem der Insolvenzgläubiger eine Verpflichtung auferlegt wird, durch welche er zu rechtswidrigem Verhalten gezwungen wäre. Ein solcher Insolvenzplan wäre mit dem geltenden Recht, insbesondere mit dem Anwendungsvorrang des Gemeinschaftsrechts, nicht zu vereinbaren und dürfte daher nicht in Kraft treten.
Die Festlegung einer solchen Verpflichtung der öffentlichen Hand im Insolvenzplan müsste im Ergebnis dazu führen, dass das Insolvenzgericht den Insolvenzplan im Rahmen seiner Prüfung spätestens gem. § 250 InsO, wenn nicht schon bei der seiner vorläufigen Prüfung nach § 231 InsO, zu versagen hat. Da der Wortlaut keiner der beiden Vorschriften exakt passt, ist auf den Sinn und Zweck der jeweiligen Vorschrift abzustellen. Im Ergebnis scheint hier § 231 InsO vorzugswürdig, da es der Sinn und Zweck dieser Vorschrift gebietet, dass sie als Filter zur Vermeidung der Verfahrensverschleppung durch gesetzweswidrige Pläne fungiert, um gleichzeitig eine Grenze der gesetzlich beabsichtigten Deregulierung des Verfahrens zu erreichen.[447] Auf diesem Wege müsste ein mit dem Gemeinschaftsrecht nicht zu vereinbarender Plan auch nicht mehr zur Abstimmung vorgelegt werden, da schon frühzeitig eine dementsprechende Überprüfung stattfände.

Sollte der restliche Insolvenzplan auch ohne die Maßnahme der öffentlichen Hand Sinn ergeben, so ist im konkreten Fall zu überlegen, ob der restliche Teil des Plans nicht aufrechterhalten bleiben soll. Bedenken von gemeinschaftsrechtlicher oder auch insolvenzrechtlicher Seite bestehen dagegen nicht. Wichtig ist nur, dass der von den Gläubigern erwünschte Erfolg auch weiterhin eintreten kann.

---

[447] FK-InsO/*Jaffé* §231 Rn.2.

# 3.Teil Rückforderung der Beihilfen von Dritten

## *§ 1 Einleitung*

Ist über das Vermögen des Beihilfenempfängers das Insolvenzverfahren eröffnet worden, so führt die teilweise tatsächliche Unmöglichkeit der Rückzahlung der Beihilfe dazu, dass der Mitgliedsstaat die gewährte Beihilfe, wie bereits ausgeführt, im Regelfall nur im Rahmen der ihm zustehenden Insolvenzquote aus der Insolvenzmasse zurückverlangen kann.

Die Kommission hat zuletzt in einigen Fällen angeordnet, dass unter bestimmten Umständen die gemeinschaftsrechtswidrig gewährte Beihilfe nicht nur von dem Beihilfenempfänger selbst, sondern auch von einem Dritten zurückzufordern sei, sofern es sich bei diesem um den „tatsächlichem Nutznießer" der Beihilfe handelt. Dies liegt zumeist bei Konstellationen vor, in denen der Beihilfenempfänger insolvent geworden war oder anhand der (drohenden) Rückforderungsanordnung der Kommission zu werden drohte, und daraufhin seine beihilfebegünstigten Güter meist unter Marktpreis an ein ihm nahe stehendes Unternehmen veräußerte. Die Kommission hat in solchen Fällen einen Versuch der Umgehung der zu erwartenden Rückforderungsentscheidung angenommen und als Konsequenz den Mitgliedsstaat dazu verpflichtet, auch von dem Erwerber der beihilfebegünstigten Güter die Rückzahlung der Beihilfe zu verlangen.

Aufgrund der bisherigen Vorgehensweise der Kommission in anderen Fällen vermochte diese Erstreckung der Rückforderung auf Dritte durchaus zu überraschen, da bis dato der Erwerber des Vermögens des beihilfebegünstigten Unternehmens nicht zur Rückzahlung der Beihilfe verpflichtet worden war.

## *§ 2 Bisherige Kommissionspraxis*

Exemplarisch werden zunächst drei Kommissionsentscheidungen dargestellt, bei denen zwar bzgl. der Beihilfenrückforderung ein Drittbezug vorlag, die Kommission jedoch die Rückforderung nur vom eigentlichen Beihilfenempfänger betrieben hat.

### A. Isoroy und Pinault

Typisch für die frühere Praxis der Kommission ist die Entscheidung "Isoroy und Pinault"[448]. In diesem Fall war der Beihilfenempfänger zahlungsunfähig geworden und hatte seine Assets an ein drittes Unternehmen veräußert. Hierfür wurde nur ein symbolischer Kaufpreis gezahlt. Die Kommission ordnete dennoch die Rückforderung nur gegenüber dem ursprünglichen Beihilfenempfänger an. Die Möglichkeit einer Haftung des Vermögenserwerbers für beihilferechtliche Rückzahlungsverpflichtungen des Beihilfenempfängers wurde von der Kommission nicht einmal angedeutet.

---

448 Kommission ABl. 1988, L 119/38 - Isoroy und Pinault-.

## B. Alfa Romeo

Etwas mehr Problembewusstsein zeigte die Kommission wenige Jahre später in der Rechtssache „Alfa Romeo“[449]. Hier wurde die Frage des Haftungsübergangs auf den Erwerber "beihilfebefangenen" Vermögens zumindest in Betracht gezogen, jedoch schließlich verneint.

In dem zugrunde liegenden Sachverhalt hatte der italienische Kfz-Hersteller Alfa Romeo gemeinschaftsrechtswidrige Beihilfen erhalten und während des laufenden Beihilfeverfahrens vor der Kommission sein wesentliches Betriebsvermögen (feste und immaterielle Werte, Betriebskapital und Lagerbestände) sowie die Geschäftsanteile an ihren Tochtergesellschaften an die Fiat-Gruppe veräußert. Zusätzlich wurden von Fiat Verbindlichkeiten von Alfa Romeo bis zu einer Höhe von 700 Mrd. ITL übernommen. Anschließend wurde Alfa Romeo liquidiert; die verbleibenden Aktiva und Verbindlichkeiten wurden von der Muttergesellschaft der Alfa Romeo, der Finmeccanica, übernommen.

Die Kommission richtete die beihilferechtliche Rückforderung nur gegen die Muttergesellschaft Alfa Romeos, die Finmeccanica, nicht aber gegen den Erwerber Fiat. Ausschlaggebend für die Nichtanordnung einer Rückforderung gegenüber dem Erwerber waren nach Auffassung der Kommission folgende Gesichtspunkte: Fiat hatte nicht das gesamte Vermögen von Alfa Romeo übernommen, es hatte seine finanzielle Haftung für deren Verbindlichkeiten auf 700 Mrd. ITL beschränkt und einen angemessenen Preis für die übernommenen Vermögenswerte gezahlt. Dieser Verkaufserlös war Finmeccanica in vollem Umfang zugute gekommen.

Die italienische Regierung hatte die Entscheidung vor dem EuGH angefochten, da sie davon ausging, dass nicht die Muttergesellschaft Finmeccanica, sondern allenfalls Fiat als tatsächlicher Nutznießer der Beihilfe anzusehen war.[450] Zur Begründung wurde aufgeführt, dass Fiat das Unternehmen schließlich übernommen habe.[451] Der EuGH folgte jedoch in dieser Frage stillschweigend den Ausführungen des Generalanwalts *van Gerven*. Dieser hielt in Anlehnung an die Entscheidung der Kommission den Gesichtspunkt für entscheidend, dass Fiat nur einen Teil der Aktiva übernommen und einen angemessenen Kaufpreis hierfür entrichtet hatte.[452]

## C. Fabricantes Vascos de Herramientas SA

Der erst zehn Jahr später ergangenen Entscheidung „Fabricantes Vascos de Herramientas SA“[453] lag ein Asset Deal im Rahmen eines Konkursverfahrens zu Grunde.

Der Beihilfenempfänger war nach Erhalt der Beihilfe zahlungsunfähig geworden. Nach der Eröffnung des Konkursverfahrens wurde ihr Betriebsvermögen auf ein neu gegründetes Unternehmen übertragen. In wirtschaftlicher Hinsicht war offenbar die Weiterführung des Wirtschaftsbetriebs des insolventen Beihilfenempfängers beabsichtigt. Dafür sprach auch die Tatsache, dass sich das neu gegründete Unternehmen zur

---

[449] Kommission ABl. 1989, L 394/9 - Alfa Romeo-.
[450] EuGH, Slg. 1991, I-1604 Rn.40 –Alfa Romeo-.
[451] Sitzungsbericht Alfa Romeo, Slg. 1991, I-1604 (1615).
[452] Schlussanträge Generalanwalt *Van Gerven*, Slg. 1991, I-1604 (1616) Rn. 22.
[453] Kommission ABl. 1999 L 46/56 - Fabricantes Vascos de Herramientas SA-.

Vermarktung seiner Produkte der gleichen Markennamen bediente wie der Beihilfenempfänger. Zudem waren im Aufsichtsrat des neu gegründeten Unternehmens mehrere Mitglieder der Geschäftsführung des Beihilfenempfängers vertreten.
Die Kommission ordnete dennoch keine Rückforderung gegenüber dem Erwerber des Betriebsvermögens an. Maßgeblich hierfür war, dass "sich der Konkurs des Unternehmens unter rechtlich einwandfreien Umständen" vollzogen hatte und dass "sich die Gläubiger durch den Verkauf der Aktiva des Unternehmens in größtmöglicher Weise schadlos halten konnten".[454]

## *§ 3 Neue Kommissionspraxis*

Von besonderer Bedeutung für die Rückforderung der gewährten Beihilfe von Dritten sind die folgenden neueren Kommissionsentscheidungen. Aufmerksamkeit verdient hier insbesondere die Tatsache, dass die meisten dieser relevanten Beihilfenfälle mit Drittbezug Beihilfen betreffen, die in den neuen Bundesländern gewährt wurden und demnach von der Bundesrepublik Deutschland zurückgefordert werden müssen.

### A. Gröditzer Stahlwerke

Im Fall „Gröditzer Stahlwerke"[455] war dieses Unternehmen (im Folgenden GSW) Empfängerin von diversen Beihilfen, welche in Form von Gesellschafterdarlehen, Subventionen und Bürgschaften gewährt worden waren. Die Notifizierung bei der Kommission erfolgte verspätet, also erst, nachdem die Beihilfen bereits gewährt worden waren. Während des Kontrollverfahrens der Kommission wurde das gesamte Betriebsvermögen der GSW an zwei rechtlich selbstständige Unternehmen im Wege des Asset Deals veräußert. Die Veräußerung erfolgte erheblich unterhalb des Marktwertes. Die erwerbenden Unternehmen standen beide, wie auch die GSW aufgrund einer komplizierten Holdingstruktur im Eigentum der BvS (Bundesanstalt für vereinigungsbedingte Sonderaufgaben).
Aufgrund dieser Besonderheiten ging die Kommission davon aus, dass versucht wurde, die Rückzahlung der (inzwischen für mit dem gemeinsamen Markt nicht vereinbar befundenen) Beihilfe zu umgehen und statt dessen den beihilfebegünstigten Betriebsteil am Markt zu erhalten. Daher ordnete die Kommission die Beitreibung der Rückzahlung der Beihilfe durch den Mitgliedsstaat nicht nur von der inzwischen insolventen GSW an, sondern auch „von jedem Unternehmen, an welches Vermögenswerte dergestalt übertragen wurden, dass die Übertragung die Rückforderungsentscheidung wirkungslos gemacht hat".[456] Die Rückforderung sollte nach Ansicht der Kommission nämlich nicht auf das ursprünglich begünstigte Unternehmen beschränkt sein, sondern sei auf die Unternehmen zu erweitern, welche die Tätigkeit mit den über-

---

[454] Kommission ABl. 1999 L 46/56, Ziffer I, IV.

[455] Kommission ABl. 1999, L 292/27, der EuGH hat darüber als Rs. C-334/99 am 28.1.2003 entschieden.

[456] Art. 7 Abs. 3 der Kommissionsentscheidung ABl.1999, L 292/27.

tragenen Produktionsmitteln fortführen, sofern auf eine Fortführung der Geschäftstätigkeit mit den übertragenen Geschäftsteilen zu schließen sei.[457]

Gegen diese Kommissionsentscheidung wurde eine Nichtigkeitsklage erhoben. Der EuGH musste über die Rechtmäßigkeit dieses Teils der Kommissionsentscheidung in seinem Urteil[458] jedoch nicht entscheiden, da sich die von der Bundesrepublik Deutschland erhobene Nichtigkeitsklage mit anderen Rechtsfragen befasste als der Rückforderungsverpflichtung von den Erwerbern. Der Grund dafür lag darin, dass bereits aufgrund der ergangenen Kommissionsentscheidung die BvS die Anteile an den Gesellschaften, welche die Assets der Gröditzer Stahlwerke erworben hatten, auf die Gröditzer Stahlwerke selbst übertragen hatte. Es war daher nicht mehr notwendig, diesen Teil der Kommissionsentscheidung anzugreifen.

## B. Seleco SpA

Auch in dem Fall „Seleco SpA“[459] ordnete die Kommission die Rückforderung einer Beihilfe von einem anderen Unternehmen als dem ursprünglichen Beihilfenempfänger an, welches der gleichen Unternehmensgruppe angehörte.
Dieser Entscheidung lag der Sachverhalt zugrunde, dass das beihilfebegünstigte Unternehmen Seleco SpA während des laufenden Prüfungsverfahrens der Kommission ein Tochterunternehmen der Seleco SpA, die Seleco Multimedia, gegründete, dessen alleiniger Eigentümer die Seleco SpA zunächst blieb. Auf die Seleco Multimedia wurden die rentabelsten Tätigkeiten der Seleco SpA übertragen. Vier Monate nach der Transaktion wurden je 1/3 der Aktien der Seleco Multimedia an die Unternehmen „Italtel“ und „Friula“ verkauft. Bei der Friula handelt es sich um eine Gesellschaft, die von der italienischen Region Friaul-Julisch-Venetien beherrscht wurde. Italtel gehörte zu 50% dem Staatsunternehmen Stet. Die restlichen Anteile wurden auf die Tochtergesellschaft der Seleco, die „Finanziana Electonica“ übertragen, an der Seleco 99% der Anteile hielt. Faktisch behielt daher Seleco die Kontrolle über die Seleco Multimedia. Das Paket Aktien der Seleco Multimedia, über das Seleco mittels „Finanziana Electonica“ selbst das Verfügungsrecht innehatte, wurde im Dezember 1997 durch Zwangsverkauf an ein privates Unternehmen veräußert. Dieses Unternehmen firmierte danach als SIM 2 Multimedia.
Die Kommission entschied in Art. 2 Abs. 1 ihrer Entscheidung,[460] dass die italienischen Behörden die gewährten Beihilfen von der Seleco und ersatzweise den von dieser nicht rückforderbaren Teil von der Seleco Multimedia und jedem anderen Unternehmen, auf welches die entsprechenden Aktiva übertragen wurden, zurückzufordern hätte. Begründet wurde dies damit, dass Umstände, welche den Prozess der Durchführbarkeit der Rückforderungsentscheidung behindern und wirkungslos werden lassen könnten, dazu führten, dass die Rückforderung nicht auf das ursprüngliche Unternehmen beschränkt bliebe, z.B. wenn Aktiva und Passiva auf eine andere Gesellschaft

[457] Kommission ABl.1999, L 292/27 Rn.104.
[458] EuGH Rs. C-334/99, Urteil vom 28.1.2003.
[459] Kommission ABl. 2000, L 227/24.
[460] Kommission ABl. 2000, L 227/24 (40).

übertragen wurden, die vom Beihilfenempfänger oder dessen Gesellschaftern kontrolliert wurden, um die Aktiva den Folgen der Kommissionsentscheidung zu entziehen.[461]

Auch diese Entscheidung wurde gerichtlich angegriffen. Generalanwalt *Geelhoed* hatte in seinem Schlussantrag vom 27.9.2001 dieser Rechtsansicht der Kommission zugestimmt.
In einer seltenen Divergenz wich der EuGH im Ergebnis von der Ansicht des Generalanwalts ab und erklärte den Art. 2 Abs. 1 der Kommissionsentscheidung für nichtig. Dies lag daran, dass die Kommission nicht geprüft hatte, ob die Übertragung der Aktiva nicht zum Marktpreis erfolgt wäre, obwohl der Kaufpreis zu den von der Kommission aufgestellten Kriterien, welche zu einer Erstreckung der Haftung führen konnte, gehörte. Im vorliegenden Fall war sogar die Höhe des Kaufpreises durch ein Sachverständigengutachten ermittelt worden. Begründete Zweifel an der Richtigkeit dieses Sachverständigengutachtens wurden von der Kommission aber nicht vorgebracht. Da die Kommission diese Gesichtspunkte nicht berücksichtigt hatte und die angebliche Unerheblichkeit des offensichtlich dem Marktpreis entsprechenden Kaufpreises nicht ausreichend begründet hatte, wurde dieser Teil der Kommissionsentscheidung für nichtig erklärt.[462]

## C. CD Albrechts

Auch im Fall „CD Albrechts“[463] wurde von der Kommission die Rückforderung der Beihilfe auf ein weiteres Unternehmen erstreckt.
Das der landeseigenen Thüringer Industriebeteiligungsgesellschaft mbH (TIB) gehörende Unternehmen CDA Compact Disc Albrechts GmbH (CD Albrechts) hatte rechtswidrige, mit dem gemeinsamen Markt unvereinbare Beihilfen erhalten. Später wurde das Unternehmen „CD Albrechts“ umfirmiert in „LCA Logistik Center Albrechts“ (LCA). Anlage- und Umlaufvermögen, technisches Know-how und Vertrieb der „CD Albrechts“ wurde im Wege des Asset Deals offenbar nicht zum Marktpreis (zumindest konnte dieser nicht nachgewiesen werden) an ein anderes, ebenfalls der TIB gehörendes Unternehmen MTDS veräußert, welches sich anschließend umfirmierte in CDA Datenträger Albrechts GmbH (CDA).
Die Kommission führte auf, dass der Erwerb der wesentlichen Vermögenswerte der CDA durch die MTDA keine neue Beihilfe darstellte, da der Erwerb zum Verkehrswert erfolgte.[464] Allerdings war nach Ansicht der Kommission die Beihilfe von dem Unternehmen zurückzufordern, welches den tatsächlichen Nutzen davon hatte.[465] Im konkreten Fall waren dies sowohl die LCA als auch die CDA Albrechts, da erstere Rechtsnachfolgerin der CD Albrechts war und letztere die Geschäftstätigkeit des Bei-

461 Kommission ABl. 2000, L 227/24., Rn.114 ff.
462 EuGH EuZW 03, 368 Rn.86 –Seleco-.
463 Kommission ABl. 2000 L 318/62; angefochten vor dem EuG, Rs. T–318/00 und T–324/00.
464 Kommission ABl. 2000 L 318/62, Rn.102 f.
465 Kommission ABl. 2000 L 318/62, Rn.114.

hilfenempfängers mit dessen Produktionsmitteln fortführte.[466] Um eine Umgehung der Kommissionsentscheidung durch die Entziehung der Vermögensgegenstände aus der Reichweite der Kommission zu verhindern, wurden daher sowohl die LCA als auch die CDA Albrechts als Beihilfenempfänger angesehen. Die LCA musste aufgrund der gesamtschuldnerischen Verpflichtung zur Rückzahlung der Beihilfe Konkurs anmelden.[467]

## D. SMI

Etwas anders lag der Fall SMI[468] (System Microelectronic Innovation). Hier wurde die Rückforderung der Beihilfe zum ersten Mal zusätzlich von einem Unternehmen angeordnet, das (zum Zeitpunkt des Erwerbs der Gesellschaftsanteile des Beihilfenempfängers) nicht mit dem eigentlichen Beihilfenempfänger in irgendeiner Form rechtlich verbunden war.
Die SMI war 1997 zahlungsunfähig geworden, weshalb über ihr Vermögen die Gesamtvollstreckung eröffnet wurde, so dass sie zur SMI i.G. (in Gesamtvollstreckung) wurde. Der Konkursverwalter hatte eine Tochtergesellschaft (SIMI) zwecks Weiterführung des Geschäftsbetriebes gegründet, durch welche das Anlagevermögen des Beihilfenempfängers weitergenutzt wurde. Sämtliche Anteile der SIMI gehörten der SMI. Die Vermögenswerte der SMI wurden der SIMI geleast. Von dieser Tochtergesellschaft SIMI wurde durch den Konkursverwalter eine weitere Tochtergesellschaft gegründet (sog. Enkelgesellschaft), die MD&D.
Die SMI i.G. erhielt insgesamt 135,1 Mio. DM, die SIMI insgesamt 5 Mio. DM an gemeinschaftsrechtswidrigen Beihilfen. An die MD&D wurden keine Beihilfen geleistet.
Die Geschäftsanteile der MD&D wurden größtenteils an ein außenstehendes Unternehmen (zu 80% an MEGACCESS, zu 20% an drei Arbeitnehmer der MD&D) veräußert. Diese frühere Enkelgesellschaft MD&D erwarb dann sowohl die Anteile seiner früheren Muttergesellschaft als auch das Anlagevermögen der SMI vom Konkursverwalter zum Marktpreis. Die Veräußerung erfolgte, nachdem die Kommission mehrfach erläuternde Informationen über vom Land Thüringen geleistete Beihilfen eingefordert hatte.

Die Kommission ordnete die Rückforderung der Beihilfe auch von der ehemaligen Enkelgesellschaft MD&D an. Zwar sprach der Umstand des Erwerbs zum Marktpreis gegen die Annahme eines Umgehungstatbestandes, jedoch sollte aufgrund der Struktur und der ehemaligen Verbindung der Unternehmen sowie aufgrund des Zeitpunkts der Veräußerung während des laufendes Überprüfungsverfahrens nach Ansicht der Kommission die Übertragung nur zum Zweck der Umgehung erfolgt sein, damit die Vermögenswerte außer Reichweite der zu erwartenden Kommissionsentscheidung gehalten werden konnten.[469]

466 Kommission ABl. 2000 L 318/62, Rn.118.
467 Antwort der Kommission auf eine Anfrage, ABl. 2002, C 301/78.
468 Kommission 11.4.2000, ABl. 2000, L 238/50; angefochten vor dem EuGH Rs. C-277/00.
469 Kommission, ABl. 2000, L 238/50 Rn.47 ff. –SMI.

Generalanwalt *Tizzano* hat in seinen Schlussanträgen beantragt, dass die Beihilfen, die der SIMI gewährt wurden, nicht von der MD&D zurückgefordert werden dürften, da die MD&D nur die Anteile der SIMI erworben habe und dies unter keinen Umständen dazu führen könne, dass die Anteilseigner für die Rückzahlung einzustehen hätten.[470] Aber auch eine Haftung für die der SMI gewährten Beihilfen sollte seiner Ansicht nach nicht in Frage kommen, da die MD&D die Assets der SMI zum Marktpreis erworben hatte. Bei einem Erwerb zum Marktpreis soll aber eine Umgehung der Kommissionsentscheidung auszuschließen sein, da der Insolvenzmasse des Beihilfenempfängers aufgrund der Gegenleistung keine Mittel entzogen wurden.[471] Die Entscheidung des EuGH steht noch aus.

## E. Graf von Henneberg

Im Fall „Graf von Henneberg Porzellan GmbH"[472] (GvH) erhielt das Unternehmen nach der Privatisierung zwischen 1991 und 1995 rechtswidrige Beihilfen, musste aber 1995 dennoch Konkurs anmelden und firmierte von diesem Zeitpunkt an als Graf von Henneberg Porzellan in Abwicklung (GvHiA). Die Suche nach einem neuen Investor zur Fortführung der Geschäftstätigkeit schlug fehl. Ende 1995 wurde ein neues Unternehmen unter derselben Firma gegründet, „Graf von Henneberg Porzellan GmbH" (GvH2), wobei die GvHiA 51 % der Anteile übernahm, die restlichen Anteile übernahm eine landeseigene Gesellschaft des Freistaats Thüringen (wie auch im Fall „CD Albrechts" die TIB). Die GvH2 übernahm die Mehrzahl der Belegschaft und das Anlagevermögen der GvHiA. Hierfür erhielt auch die GvH2 rechtswidrige Beihilfen. 1998 wurde die GvH2 ohne ein offenes, transparentes Bietverfahren an einen privaten Investor veräußert. Es hat sich nicht feststellen lassen, wie der Kaufpreis ermittelt wurde.

Die Kommission ordnete die Rückforderung der Beihilfen gemeinschaftlich von GvHiA und GvH2 an. Obwohl die Kommission anerkannte, dass es sich bei GvH2 um eine Gesellschaft mit eigener Rechtspersönlichkeit handelt, wurde die Rückforderung dennoch auf die GvH2 erstreckt, da sie ohne ein offenes, transparentes Bietverfahren die Anteile erworben hatte, die Geschäftstätigkeit der GvH fortführte, ohne dafür den marktüblichen Preis bezahlt zu haben und die Kontrolle über die GvH2 zunächst mehrheitlich von der GvHiA ausgeübt wurde.[473]

## F. Zusammenfassung

Zusammenfassend lässt sich ausführen, dass die Kommission die Rückforderung der Beihilfe nicht mehr nur von dem Unternehmen anordnet, dem der Mitgliedsstaat die

---

470 Schlussanträge des Generanwalts *Tizzano* v.19.6.2003, Rs C-277/00, Rn.86.
471 Schlussanträge des Generanwalts *Tizzano* v.19.6.2003, Rs C-277/00, Rn.97 ff.
472 Kommission ABl. 2002, L 307/1.
473 Kommission, ABl. L 307/24 f, Rn.138 ff.

Beihilfe zugewendet hat, sondern von den Unternehmen, die nach Ansicht der Kommission den „tatsächlichen Nutzen“ von der Beihilfe haben.[474]
Der Grund für die Erstreckung des Adressatenkreises der Beihilferückforderung auf weitere Unternehmen liegt darin, dass die effektive Rückforderung nicht durch Übertragung des Vermögen des Beihilfenempfängers auf rechtlich selbstständige Dritte umgangen werden soll, die anschließend die Produktion eigenhändig weiterführen.[475] Von dem meist aufgrund der Beihilfenrückforderung inzwischen insolvent gewordenen beihilfenbegünstigten Unternehmen ist die vollständige Beihilfe nicht mehr zurückzuerlangen, da dieses zumeist als „leere Hülle“ übrig bleibt. Wirtschaftlich betrachtet soll nach Ansicht der Kommission demzufolge das „neue“ Unternehmen mit dem Wettbewerbsvorteil in den Markt starten, welcher dem alten Unternehmen ungerechtfertigterweise durch die Beihilfe zukam.

Der beihilfeninitiierte Wettbewerbsvorteil ist nach der Ansicht der Kommission mit dem Betrieb eines Unternehmens verbunden. Dieser Wettbewerbsvorteil soll sich auch fortsetzen, wenn das Unternehmen von einem anderen als dem eigentlichen Beihilfenempfänger fortgeführt wird. Voraussetzung für eine Rückforderung von dem Erwerber ist jedoch, dass Anhaltspunkte dafür gegeben sind, dass bestimmte Aspekte der Übertragung des Unternehmens darauf hindeuten, dass die wesentlichen Betriebsteile des Beihilfenempfängers im neuen Unternehmen fortwirken können.[476] Es soll dadurch verhindert werden, dass die beihilfebegünstigten Vermögensgegenstände der Reichweite der Kommissionsentscheidung entzogen werden können und diese so umgangen werden kann.[477]

## G. Kritik an der neuen Kommissionspraxis

Diese Kommissionspraxis ist vielfach kritisiert worden. Bemängelt wurde u.a., dass die Voraussetzungen der Ausweitung der Rückforderung auf Dritte nicht ausreichend konkretisiert worden sei,[478] dass vielfach keine zwingenden Gründen für eine derartige Ausweitung der Haftung auf Dritte bestanden hätten,[479] dass im deutschen Recht für eine solche unmittelbare Inanspruchnahme der Dritten keine Anspruchsgrundlage ge-

---

[474] Kommission, 2000 ABl. L 318/76 Rn.114 –CDA; Kommission 2000, ABl. L 227/24 Rn.104 – SMI; unter Berufung auf die Rechtsprechung des EuGH, Slg. 1991, I-1433 Rn.60,-ENI/Lanerossi-, wo in Form von Kapitalzufuhr durch der in staatlicher Hand liegenden Holdinggesellschaft ENI Beihilfen an deren Tochterunternehmen Lanerossi Confezioni u.a. verwendete. Der EuGH entschied, dass die Beihilfe von den Töchterunternehmen zurückzuzahlen sei, da diese den tatsächlichen Nutzen gezogen hätten.

[475] Kommission 2.6.1999, ABl. 2000, L 227/24 Rn 113; *Ehricke* ZIP 2000, 1656, 1658 f.

[476] Kommission ABl.2000, L 318/76 Rn.118 -CDA- ; Kommission ABl. 2000, L 227/39 Rn.116 -Seleco-; Kommission ABl.2000, L 238/50 Rn.48 -SMI-; Kommission ABl. 2002, L 307/25 Rn.145 –Graf von Henneberg-.

[477] Kommission ABl.2000, L 318/76 Rn.119 –CDA-; Kommission, ABl.2000, L 227/38 Rn.114 – Seleco-; Kommission ABl. 2000, L 238/50 Rn.48 –SMI -.

[478] *Soltesz* BB 2001, 1049 (1052); *Bauer* EuZW 2001, 748 (749 ff.).

[479] *Meessen* DB 2001, 1294 (1295 ff.); *Smid* FS-Uhlenbruck S. 405 (420 f.); *Rapp/Bauer* KTS 2001, 1 (35 ff.); *Bauer* EuZW 2001, 748 (749 ff.); *Lübbig* EWS 2001, 517 (520 ff.); *Zühlke* EWS 2003, 61 ff.

geben sei[480] und auch der EGV eine solche Kompetenz der Kommission nicht enthalte.[481]

Auf diese Kritik wird im Folgenden im Rahmen der Darstellung der einzelnen von der Kommission herausgearbeiteten Ansatzpunkte einzugehen sein, wobei gleichzeitig versucht werden wird, praktikable Kriterien für die Rückforderung von Dritten in den aufzuzeigenden notwendigen Fällen aufzustellen.

Zunächst ist jedoch die Kompetenz der Kommission zur Anordnung der Rückforderung auch von Dritten zu erörtern.

## H. Kompetenz der Kommission

Wie auch alle anderen Stellen der öffentlichen Verwaltung bedarf die Kommission für Handlungen, die in die Rechte von Beteiligten eingreifen, einer Ermächtigungsgrundlage.[482] Für Organe der Europäischen Gemeinschaften müssen sich diese Kompetenzen aus dem primären und sekundären Gemeinschaftsrecht ergeben.

Aus Art. 211 1.Spiegelstrich EGV ergibt sich die Verpflichtung der Kommission, als „Hüterin des Gemeinschaftsrechts" für die Anwendung des Vertrages Sorge zu tragen. Im EGV findet sich jedoch keine explizite Ermächtigung der Kommission die Rückforderung von Beihilfen auch von Dritten anzuordnen. Dies wird z.T. als Begründung gegen die Rechtmäßigkeit der neuen Kommissionspraxis aufgeführt.[483]

Doch auch die Rückforderung vom Beihilfenempfänger selbst ist im EGV nicht geregelt und hat erst kürzlich durch die VerfVO eine geschriebene Grundlage bekommen. Es entspricht jedoch der zutreffenden ständigen Rechtsprechung des EuGH, dass die Rückforderung der Beihilfe die „logische Folge" der Feststellung ihrer Gemeinschaftsrechtswidrigkeit ist,[484] der Grund für die Rückforderung einer gemeinschaftsrechtswidrigen Beihilfe also der ist, dass die eingetretene Wettbewerbsverzerrung ausgeglichen wird. Daher war auch schon vor der Verabschiedung der VerfVO, konkret seit 1973, die Rückforderung vom Beihilfenempfänger anerkannt.

Wenn nun die Rückforderung der Beihilfe schon „logische Folge" ihrer rechtswidrigen Gewährung ist, dann wird man auch Maßnahmen gegen (versuchte) Umgehungen der Kommissionsentscheidungen noch als von der Kompetenz erfasst ansehen können und müssen.[485] Es kann aus der Sicht des Gemeinschaftsrechts nicht akzeptiert werden, wenn sich beihilfebegünstigte Unternehmen durch eine Umgehung der (drohenden) Rückforderungsanordnung der Rückzahlung der Beihilfe entziehen und die wettbewerbsverzerrende Wirkung der gemeinschaftsrechtswidrigen Beihilfe auf diese Weise weiter aufrechterhalten wird.

---

[480] *Meessen* DB 2001, 1294 (1296); *Rapp/Bauer* KTS 2001, 1 (35 ff.); *Harings* Rn.285; *Zühlke* EWS 2003, 61 (66).

[481] *Meessen* DB 2001, 1294; *Zühlke* EWS 2003, 61 (64 ff.).

[482] EuGH Slg. 1989, 2859 Rn.19 –Hoechst-; darauf auch hinweisend Callies/Ruffert/*Cremer* Art. 88 Rn.24; Handbuch des EU-Wirtschaftsrechts/*Schloh* A. II. 5. Rn.226 ff.; *Harings* Rn.285

[483] *Meessen* DB 2001, 1294; *Zühlke* EWS 2003, 61 (64 ff.).

[484] EuGH Slg. 1990, I-959 Rn.66- Tubemeuse-; EuGH, Slg.1991, I-1603 Rn.41 –Alfa Romeo-.

[485] *Ehricke* ZIP 2000, 1656 (1660 f.); *ders* ZIP 2001, 489; *Klein* DZWiR 2003, 89 (101).

Für ein Vorgehen gegen eine versuchte Umgehung der Rückforderungsanordnung der Kommission am Rande des geschriebenen Rechts muss aber Voraussetzung sein, dass auch eine Notwendigkeit für eine solche Kompetenz besteht. Hierfür sind die Gründe der Rückforderungen von Beihilfen zu beachten.

Hauptgrund für die Rückforderung einer gemeinschaftsrechtswidrigen Beihilfe ist die Wiederherstellung des status quo ante.[486] Sofern die Beihilfe nicht vollständig inkl. Zinsen zurückgezahlt werden kann, ist im Rahmen des staatlichen Insolvenzverfahrens das beihilfenbegünstigte Unternehmen grundsätzlich zu liquidieren, so dass durch sein Ausscheiden aus dem Markt die Wettbewerbsverzerrung, die durch die Gewährung der Beihilfe entstanden ist, ausgeglichen werden kann. Der von dem Beihilfenempfänger besetzte Teil des Marktes wird nun frei, und den Konkurrenten wird gleichzeitig die Möglichkeit gegeben, die Vermögenswerte des Beihilfenempfängers zu erwerben und gewinnbringend einzusetzen.[487] Ein aus dem Markt ausgeschiedenes Unternehmen kann seine Konkurrenten nicht mehr schädigen.[488]

Anderes gilt nun, wenn der Beihilfenempfänger seine ganzen Vermögenswerte ohne entsprechende Gegenleistung auf ein anderes Unternehmen überträgt, um auf diese Weise seine Tätigkeit fortzusetzen. Es ist aus der Sicht des freien Wettbewerbs nicht zu akzeptieren, dass Rückforderungsentscheidungen der Kommission umgangen werden. In der Verschiebung beihilfebegünstigter Unternehmensteile außerhalb der Reichweite der Kommissionsentscheidung wird man einen Umgehungstatbestand sehen können,[489] wenn der ursprüngliche Beihilfenempfänger als solcher aus dem Markt ausscheidet, jedoch im neuen Gewand zu Lasten seiner Konkurrenten weiter am Markt tätig ist. Es kann dem Beihilfenempfänger nicht gestattet werden, im Schutz der „Rückforderungsgrenze seiner Insolvenz“,[490] seine Tätigkeit mit den beihilfebegünstigten Assets durch einen anderen Rechtsträger weiter fortzusetzen.

Wie bereits aufgeführt, ist diese Kompetenz zur Rückforderung in Art. 14 der VerfVO inzwischen explizit verankert worden. Eine effektive Ausgleichung der eingetretenen Wettbewerbsverzerrung sowie langfristig gesehen ein generelles Unterlassen der Gewährung von nicht angemeldeten Beihilfen durch die Mitgliedstaaten kann nur dann erreicht werden, wenn auch Versuche, die Rückforderungsentscheidungen der Kommission zu umgehen, erfolgreich abgewendet werden. Daher ist im Gegensatz zu der von *Meessen* und *Zühlke* vertretenen Ansicht[491] grundsätzlich eine Kompetenz der Kommission zum Einschreiten gegen Umgehungsversuche aufgrund von Art. 88 EGV anzunehmen.[492]

---

486 Siehe 1.Teil §2 A.

487 Kommission ABl.1999 L 292/27 Rn.100 f.- Gröditzer Stahlwerke -; Kommission ABl.2000 L 227/24 Rn.113 – Seleco -; Kommission ABl.2000 L 238/50 Rn.47 –SMI-.

488 *Borchardt* ZIP 2001, 1301.

489 Ebenso *Ehricke* ZIP 2000, 1656 (1661); *Borchardt*, ZIP 2001, 1301 (1301 f.).

490 *Ehricke* ZIP 2000, 1656 (1661).

491 *Meessen* DB 2001, 1294; *Zühlke* EWS 2003, 61 (64 ff.).

492 I.E. ebenso *Borchardt* ZIP 2001, 1301 (1309).

Ob in den konkreten Fällen aufgrund der vorgelegenen Anhaltspunkte ein Umgehungsversuch anzunehmen war und ob den Gegenmaßnahmen der Kommission zu folgen ist, wird im folgenden Abschnitt erörtert.

## *§ 4 Aspekte für eine Erweiterung der Haftung auf einen Dritten*

Als Aspekte, die objektiv auf eine Umgehung der (zu erwartenden) Rückforderungsanordnung aufgrund der Übertragung des Unternehmensgegenstandes schließen lassen, hat die Kommission als Beispiele genannt:
den **Unternehmensgegenstand** (Vermögenswerte und Verbindlichkeiten, Übernahme von Arbeitskräften, zusammengefasste Vermögenswerte),
den **Kaufpreis**,
die **Identität der Anteilseigner** und/oder **Eigentümers** des ursprünglichen Unternehmens und des Erwerbers,
den **Zeitpunkt**, zu dem die **Übertragung** durchgeführt wurde (nach Einleitung der Überprüfungen, des förmlichen Prüfverfahrens oder in Erwartung bzw. nach der endgültigen Entscheidung) und
die **Wirtschaftlichkeit der Übertragung.**[493]
Diese Erwägungen sollen auch gelten, wenn die Geschäftstätigkeit im Verlauf des Insolvenzverfahrens übertragen wird.[494]
Eine Vermutung aufgrund dieser Aspekte bedarf nicht der kumulativen Erfüllung aller Punkte, vielmehr soll nach Ansicht der Kommission durch eine Gesamtbetrachtung unter Berücksichtigung des Vorliegens bzw. Nichtvorliegens der einzelnen Aspekte das Ergebnis zu gewinnen sein, ob von einer Umgehung der Kommissionsentscheidung auszugehen ist.[495] Dies wird daraus deutlich, dass die Kommission in den betreffenden Entscheidungen nicht jeden der Punkte für sich genommen geprüft hat, sondern sich auf die ihrer Meinung nach entscheidenden Gründe, die für eine versuchte Umgehung der Kommissionsentscheidung sprachen, berufen hat.

Im Folgenden ist zu erörtern, was die Kommission unter diesen Kriterien versteht und inwiefern aufgrund dieser Kriterien eine Haftung des Dritten gerechtfertigt erscheint.

### A. Unternehmensgegenstand

Bei der Beurteilung des von der Kommission aufgestellten Kriteriums des Unternehmensgegenstandes ist zu differenzieren, ob das Unternehmen als ganzes im Wege der Übertragung der Unternehmensanteile (sog. Share Deal) oder durch Übertragung von Vermögenswerten (sog. Asset Deal) veräußert wurde. Im letztgenannten Fall ist zu differenzieren, ob durch den Asset Deal das (nahezu) gesamte Vermögen des beihilfebegünstigten Unternehmens veräußert wurde oder ob es sich nur um einzelne Assets handelte, der Kern des Unternehmens jedoch weiterhin fortbesteht.

---

[493] Kommission ABl. 1999, L 292/27 (39) Rn.104 -Gröditzer Stahlwerke- ; Kommission ABl. 2000, L 227/24 (39) Rn.117 – Seleco-.
[494] Kommission ABl. 2000, L 238/50 Rn.48 -SMI-.
[495] Diesen Aspekt der Gesamtbetrachtung verkennt *Zühlke* EWS 2003, 61 (62 ff.), die aufgrund von ihr geäußerter Bedenken gegen die einzelnen Merkmale die angebliche Unrichtigkeit der Ansicht der Kommission in toto darstellen will.

## I. Share Deal

Sofern das gesamte Unternehmen im Wege eines Share Deals, also durch Veräußerung der gesamten (oder zumindest mehrheitlichen) Anteile eines Unternehmens, übertragen wird, so bleibt grundsätzlich das beihilfenbegünstigte Unternehmen selbst Rückforderungsschuldner,[496] denn die Beihilfen sind von dem Unternehmen zurückzufordern, welches den tatsächlichen Nutzen aus ihnen gezogen hat.[497]
Das beihilfebegünstigte Unternehmen bleibt bei einem Share Deal identisch; wer Inhaber der Gesellschaftsanteile ist, ist für die Feststellung des Adressaten der Beihilfenrückforderung irrelevant.[498] Es besteht daher keine Notwendigkeit für eine wie auch immer geartete Erstreckung der Rückforderung auf den Erwerber des Unternehmens,[499] da weiterhin das beihilfebegünstigte Unternehmen selbst Schuldner der Rückzahlungsforderung des Mitgliedstaates bleibt. Hierfür ist auch grundsätzlich unerheblich, ob der Anteil (wie meist) unmittelbar vom Veräußerer erworben wird, oder ob (insbesondere bei börsennotierten Gesellschaften) ein Erwerb über den Markt erfolgt oder sogar eine börsennotierte Gesellschaft in der Bundesrepublik Deutschland infolge einer Übernahme durch ein freiwilliges Erwerbsangebot nach den Vorschriften des WpÜG erworben wird.
Im Unterschied zum Asset Deal[500] kann es bei einem Unternehmenserwerb im Wege des Share Deals grundsätzlich keinen Unterschied machen, ob ein etwaiger Marktpreis gezahlt wurde.[501] Die Beihilfenrückzahlungsschuld ist eine Schuld, welche dem Unternehmen anlastet.[502] Dies kann sich auch nicht durch die Höhe des Kaufpreises ändern. Der Grund für die Rückzahlung der Beihilfe, der Wettbewerbsvorteil, den das Unternehmen durch den Erhalt der rechtswidrigen Beihilfe erhalten hat, besteht auch nach einer Änderung der Eigentumsverhältnisse an diesem Unternehmen fort.

Sofern der Erwerber dieses Haftungsrisiko einschränken möchte, so hat er vor dem Erwerb des Unternehmens im Rahmen einer durchzuführenden Due-Diligence-Prüfung darauf zu achten, ob sich möglicherweise rechtswidrige Beihilfen im Vermögen des Beihilfenempfängers befinden.[503] Gegebenenfalls ist der Kaufpreis dement-

---

496 EuGH Slg.1991, I-1433 Rn.56 ff. –ENI-Lanerossi-; EuGH EuZW 2003, 368 (374) Rn.83 –Seleco-; Kommission, 2001 ABl. L 307/1 Rn.143, -Graf von Henneberg-; Schlussantrag des Generalanwalts *Geelhoed* vom 27.9.2001, Rs C-328/99 u C399/00, Rn. 77 –Seleco-; Schlussanträge des Generanwalts *Tizzano* v.19.6.2003, Rs C-277/00, Rn.83 ff. -SMI-; *Koenig* EuZW 2001, 37 (41); *Lübbig* EWS 2001, 517 (521); *Soltesz* BB 2001, 1049; *Ritter* EuZW 2003, 374 (376); *Verse/Wurmnest* ZHR 167 (2003), 403 (408 f.); *Maier/Luke* DB 2003, 1207 (1208).

497 EuGH Slg.1991, I-1433 Rn.57 -ENI-Lanerossi-.

498 Kommission, ABl. 2001 L 307/1 Rn.143, -Graf von Henneberg-; Schlussanträge des Generanwalts *Tizzano* v.19.6.2003, Rs C-277/00, Rn.85 –SMI-.

499 *Lübbig* EWS 2001, 517 (521).

500 Dazu 3.Teil §4 C.

501 *Verse/Wurmnest* ZHR 167 (2003), 403 (410); vgl. hierzu aber die Ausnahme bei 3.Teil §4 C III 4.

502 *Maier/Luke* DB 2003, 1207 (1208).

503 Ähnlich die Kommission ABl. 2001 L307/1 Rn.143 -Graf von Henneberg-, wo die Kommission aufführt, dass der Käufer sich schützen könne, „indem er mit der im Verkehr üblichen Sorgfalt vorgeht"; zur Due Diligence beim Erwerb vom Beihilfenempfänger *Maier/Luke* DB 2003, 1203 (1209).

sprechend zu mindern.[504] Sofern der Verkäufer die Beihilfen schuldhaft in seiner Bilanz nicht ordnungsgemäß aufgeführt hat oder andere unrichtige Angaben über das Bestehen von Beihilfen gemacht hat, kommen im Fall des Erwerbs (fast) aller Anteile des beihilfebegünstigten Unternehmens oder nach deutschem Recht Schadensersatzansprüche gegen den Verkäufer in Betracht (§§ 280, 311 Abs. 1 Nr. 1 BGB (c.i.c.); oder auch §§ 453 Abs. 1, 434 Abs. 1 BGB).
Es ist festzustellen, dass durch die Gewährung einer Beihilfe nicht nur dem beihilfebegünstigten Unternehmen ein Vorteil zukommt, sondern dass gleichzeitig auch der Wert der Gesellschaftsanteile steigt. Wenn der alleinige (oder Mehrheits-) Gesellschafter des beihilfebegünstigten Unternehmens nun seine Gesellschaftsanteile veräußert, ohne dass den Vertragsparteien dabei bewusst ist, dass eine Beihilfenrückforderung droht, dann erlangt der alleinige oder Mehrheits- Gesellschafter aufgrund der gewährten Beihilfe einen höheren Veräußerungserlös als er bekommen würde, wenn den Vertragsparteien bewusst wäre, dass in Zukunft eine Rückforderung der dem Unternehmen zugeflossenen Beihilfe erfolgen würde. Der Verkäufer erlangt hierdurch, also aufgrund der Gewährung der Beihilfe, einen Vorteil. Dieser Vorteil ist jedoch beihilfenrechtlich als irrelevant anzusehen. Nicht der Gesellschafter, sondern das beihilfenbegünstigte Unternehmen steht im Wettbewerb und hat durch die Beihilfengewährung einen unlauteren Wettbewerbsvorteil erlangt. Es besteht dafür von Seiten des Gemeinschaftsrechts kein Grund für eine Rückgängigmachung des Vorteils des Gesellschafters. Ansonsten würde außerdem die Trennung von dem Gesellschaftsvermögen und dem Gesellschaftervermögen missachtet.[505]
Eine solche Ausgleichspflicht kann sich höchstens im Verhältnis zwischen Erwerber und Verkäufer ergeben. Denn der Erwerber hat in diesem Fall mehr bezahlt als das Unternehmen aufgrund der Beihilfenverstrickung Wert war. Hier kommen ggf. Schadensersatz- oder Vertragsanpassungsansprüche des Erwerbers gegen den Verkäufer in Betracht.
All dies ändert jedoch nichts daran, dass auch nach einem Eigentümerwechsel des beihilfenbegünstigten Unternehmens weiterhin das Unternehmen für die Rückgewährschuld einzustehen hat.

Zu der problematischen Frage, wie es sich auswirkt, wenn der Beihilfenempfänger zunächst seine gesamten Aktiva auf eine Tochtergesellschaft überträgt und anschließend die Anteile dieser Tochtergesellschaft zum Marktpreis verkauft, siehe 3.Teil § 4 C III 4.

## II. Erwerb des (nahezu) ganzen Vermögen des Beihilfenempfängers

In Betracht kommt eine Erstreckung der Rückforderung auf den Erwerber im Falle des Erwerbs der gesamten oder nahezu der gesamten Vermögenswerte (going concern Asset Deal) des beihilfebegünstigten Unternehmens mit dem Ziel der Fortführung der Tätigkeit.

---

[504] *Maier/Luke* DB 2003, 1203 (1209).
[505] *Ritter* EuZW 2003, 374 (376).

In diesem Fall wird die wirtschaftliche Tätigkeit des Beihilfenempfängers in einem neuen Gewand fortgesetzt, die mit öffentlichen Mitteln subventionierte Tätigkeit bleibt mit all ihren Mitteln bestehen.[506] Der Anknüpfungspunkt der Kommission für die Erstreckung der Haftung auf den Erwerber besteht nämlich darin, dass die wettbewerbsverzerrende Wirkung der Beihilfe am Markt weiter besteht, so dass der Nachteil der Konkurrenten des Beihilfenempfängers nicht durch die Rückzahlung der Beihilfe oder das Ausscheiden des Beihilfenempfängers aus dem Markt ausgeglichen wird. Eine Fortsetzung der wettbewerbsverzerrenden Wirkung kann dann angenommen werden, wenn das beihilfebegünstigte Unternehmen als solches weiterhin am Markt tätig ist, auch wenn der Rechtsträger gewechselt hat.
Daher ist der Erwerb des (nahezu) ganzen Vermögens des beihilfenbegünstigten Unternehmens zumindest als gewichtiger Anhaltspunkt, wenn nicht als Grundvoraussetzung für eine mögliche Umgehung der Kommissionsentscheidung zu sehen. Ohne eine Veräußerung der gesamten Aktiva des Unternehmens ist eine Haftung des Erwerbers nicht denkbar.
Zu beachten sind hierbei jedoch auch die weiteren von der Kommission aufgestellten Kriterien, insbesondere bzgl. der Person der Erwerbers, wonach zu differenzieren ist, zwischen dem Beihilfenempfänger nahestehenden Personen oder Unternehmen und außenstehenden Personen oder Erwerbern (mehr dazu unter dem Aspekt „Identität der Anteilseigner“), sowie dem Kriterium des gezahlten Kaufpreises (mehr hierzu unter dem Aspekt „Kaufpreis). Sofern aufgrund dieser Kriterien von einer versuchten Umgehung der Kommissionsentscheidung auszugehen ist, soll der Vorgang „analog dem Verkauf von Unternehmensbeteiligungen bewertet werden“,[507] so dass die Rückforderung dem Verbleib der beihilfenbegünstigten Unternehmenswerte folgt.

Sofern vom Erwerber vertraglich nicht nur die Aktiva, sondern auch die gesamten Passiva des beihilfebegünstigten Unternehmens erworben wurden, hat der Erwerber selbstverständlich für die Rückzahlung der Beihilfe gegenüber dem Mitgliedsstaat einzustehen, ohne dass es auf die besonderen von der Kommission aufgestellten Kriterien ankommt. Dies wird insbesondere bei Veräußerungen an konzernfremde Unternehmen sehr häufig der Fall sein, da es meist im Sinne des Verkäufers sein wird, dass der Erwerber für die Verbindlichkeiten des übernommenen Unternehmens aufkommt.

## III. Erwerb einzelner Vermögenswerte

Sofern das begünstigte Unternehmen einzelne Vermögenswerte (sog. „Singularverwertung“) an einen Erwerber veräußert, wird grundsätzlich auch nur vom eigentlichen Beihilfenempfänger die Rückforderung der Beihilfe zu betreiben sein.[508] Der Grund dafür ist, dass für eine Erstreckung der Rückzahlungspflicht auf den Dritten der Erwerber die wirtschaftliche Tätigkeit des Beihilfenempfängers am Markt fortführen

---

[506] Schlussantrag des Generalanwalts *Geelhoed* vom 27.9.2001, verb. Rs C-328/99 u C-399/00, Rn. 82 -Seleco-.
[507] Kommission, Wettbewerbsbericht 2000, S.98 Rn.420.
[508] *Borchardt* ZIP 2001, 1301 (1304); *Ehricke* ZIP 2001, 489 (490); *Koenig* EuZW 2001, 37 (41); *Montag* NJW 2001, 1613 (1619); *Lübbig* EWS 2001, 517 (521).

muss und daher den Wettbewerbsvorteil des Beihilfenempfängers fortsetzt.[509] Von der Fortführung der Tätigkeit des beihilfebegünstigten Unternehmens kann aber beim Erwerb nur einzelner Vermögenswerte nicht ausgegangen werden.
Dem beihilfebegünstigten Unternehmen kommt der Verkaufserlös zu, der an die Stelle der veräußerten Vermögenswerte tritt und somit den Gläubigern des Unternehmens als Haftungsmasse zur Verfügung steht. Insofern kann durch die Insolvenz des Beihilfenempfängers die eingetretene Wettbewerbsverzerrung ausgeglichen werden.[510] Sofern nur eine Veräußerung einzelner Assets erfolgt, kann nicht davon ausgegangen werden, dass sich die wettbewerbsverzerrende Wirkung der Beihilfe bei dem Erwerber der einzelnen Assets fortsetzt. Rein praktisch wäre es der Kommission auch kaum möglich nachzuweisen, auf welche Art und Weise jeglicher vom Beihilfenempfänger veräußerte Gegenstand in das Vermögen anderer Unternehmen gelangen konnte.

Die Kommission geht also zutreffend davon aus, dass beim Verkauf von nur einzelnen Vermögensgegenständen keine Erstreckung der Rückforderungspflicht auf den Erwerber geschieht, vielmehr ist bei dem Verkauf von Assets zumindest Voraussetzung für eine Haftung des Erwerbers, dass die wesentlichen Vermögensteile übertragen worden sind.[511]
Sofern hingegen die Veräußerung einzelner Vermögensgegenstände durch die öffentliche Hand erfolgt oder das beihilfebegünstigte Unternehmen mehrheitlich der öffentlichen Hand gehört, kann unter Umständen darin eine neue Beihilfe gesehen werden, wenn die Veräußerung unterhalb des Marktpreises erfolgt.[512]

## IV. Problem der funktionalen Unternehmens( –teil)identität

Streitig ist die Frage, ob im Falle des Erwerbs einzelner, abgrenzbarer Produktionseinheiten eine Erstreckung der Haftung auf den Erwerber stattfinden kann.
Dies wird z.T. mit dem Argument vertreten, dass im Falle des Erwerbs einzelner, abgrenzbarer Produktionseinheiten keine bloße Übertragung von Sachmitteln stattfände, sondern dass eine funktionale Unternehmens(-teil)identität bestände oder zumindest bestehen könnte, insbesondere wenn „Know-how-träger“ mit dem Ziel der Fortführung des Unternehmens dieses übernehmen würden.[513] Gleiches soll gelten im Fall einer Absprache zwischen Veräußerer und Erwerber mit dem Ziel, bestimmte Tätigkeitsfelder des Unternehmens weiterzuführen.[514]

Diesem Ansatz ist jedoch zu widersprechen. Aus den Entscheidungen der Kommission lassen sich weder Anhaltspunkte dafür ableiten, dass eine Überleitung der Beihilfe auf den Dritten auch schon im Falle der Übertragung von weit weniger als (nahezu) dem

---

509 *Ehricke* ZIP 2000, 1656 (1661); *ders./Blask* ZInsO 2002, 693 (694); *Verse/Wurmnest* ZHR 167 (2003), 403 (411).
510 *Ehricke* ZIP 2001, 489 (490).
511 Ebenso *Ehricke* ZIP 2000, 1656 (1662); *ders*, ZIP 2001, 489 (490); *Verse/Wurmnest* ZHR 167 (2003), 403 (411).
512 *Borchardt* ZIP 01, 1301 (1304); *Verse/Wurmnest* ZHR 167 (2003), 403 (411 f.).
513 *Koenig* EuZW 2001, 37 (42).
514 *Koenig* EuZW 2001, 37 (42 f.).

gesamten Vermögen anzunehmen wäre,[515] noch besteht zur Wiederherstellung des status quo ante eine Notwendigkeit dies anzunehmen. Eine solche Argumentation würde vielmehr dazu führen, dass die bereits durch die Kommissionsentscheidungen hervorgerufenen Unsicherheiten auf Seiten möglicher Erwerber insolventer Unternehmen noch verstärkt wurden, da eventuell schon der Erwerb einzelner Vermögenswerte zur Überleitung einer Beihilfe führen würde. Es erscheint auch kaum möglich festzustellen, welchem Betriebsteil eines Unternehmens die Beihilfen wirklich zugeflossen sind.[516]
Konsequenz dieses Ansatzes wäre überdies, dass die Beihilfe von diversen Erwerbern mehrerer Betriebsteile zurückgefordert werden müsste, wenn ein beihilfebegünstigter Betrieb in mehrere Betriebsteile aufgesplittet wird. Dies würde zu einer ersichtlich nicht gewollten Ausweitung der Erstreckung der Rückzahlungspflicht auf Dritte führen.

Bei dem Erwerb nur einzelner Vermögenswerte wird man auch nicht von einem Weiterbestehen der erfolgten Wettbewerbsverzerrung ausgehen können. Daher ist festzuhalten, dass der Erwerb einzelner Unternehmnesteile im Regelfall nicht zu einer Erstreckung der Haftung auf den Erwerber führt (zu möglichen Ausnahmen bei Erwerbstatbeständen innerhalb von Konzernen s.u.).

## B. Identität der Anteilseigner

### I. Erwerb durch identische Anteilseigner oder verbundene Unternehmen

Das Vorliegen einer Identität der Anteilseigner von Veräußerer und Erwerber ist eines der Kriterien, welches nach Ansicht der Kommission meist zu einer nahezu unwiderlegbaren Vermutung der versuchten Umgehung der Kommissionsentscheidung führt.[517]
Eine Identität der Eigentümer ist nicht nur bei absoluter, rechtlicher Übereinstimmung der Erwerbers und des Verkäufers anzunehmen, sondern auch schon dann, wenn ein derart enger rechtlicher und wirtschaftlicher Zusammenhang besteht, dass de-facto eine Gleichstellung mit dem Eigentümer anerkannt werden kann.[518]
Daher wird eine solche Identität der Eigentümer meist bei Vermögensverschiebungen innerhalb eines Konzerns vorliegen; hier wird zumeist eine wirtschaftliche Einheit anzunehmen sein, sofern nicht bewiesen werden kann, dass die jeweils betroffenen Konzernunternehmen völlig selbstständig agieren. Im Falle einer Verschiebung von Vermögenswerten kann dann auch der dem gleichen Konzern oder der gleichen Holding angehörige Erwerber als beihilfenbegünstigtes Unternehmen angesehen werden.
Für diese Ansicht der Kommission spricht, dass ohne ein solches Kriterium versuchte Manipulationen durch beihilfenbegünstigte Konzerne leichter stattfinden könnten.

---

[515] Vgl. *Ehricke* ZIP 2001, 489 (492).
[516] *Ehricke* ZIP 2001, 489 (492); *Verse/Wurmnest* ZHR 167 (2003), 403 (423).
[517] Kommission ABl. 2000, L 227/24 Rn.114 –Seleco-; Kommission ABl. 1999, L 292/27 –Gröditzer Stahlwerke-; Kommission ABl. 2000 L 318/62 –CDA-.
[518] *Borchardt* ZIP 2001, 1301 (1307).

Denkbar ist z.B. der Fall, dass innerhalb eines Konzerns Vermögensgegenstände verschoben werden und die übertragende Gesellschaft im Anschluss an die erfolgte Vermögensübertragung aufgelöst wird oder nur noch als Mantelgesellschaft fortbesteht.[519] Die Identität der Anteilseigner ist daher häufig ein Anzeichen dafür, dass versucht wurde, das beihilfebegünstigte Unternehmen weiterhin am Markt zu erhalten, ohne die Beihilfe an den Mitgliedsstaat zurückzahlen zu müssen.

Zu beachten ist hier, dass grundsätzlich bei einer Beihilfe, die einen konzernangehörigen Unternehmen gewährt wurde, nicht alle konzernangehörigen Unternehmen als beihilfebegünstigt anzusehen sind, so dass auch nicht von allen konzernangehörigen Unternehmen die Beihilfe zurückgefordert werden kann.[520] Vielmehr ist es so, dass auch bei konzernabhängigen Unternehmen genau überprüft werden muss, welches Unternehmen konkret durch die Beihilfe begünstigt wurde. Die Kommission verfügt jedoch bei der Prüfung, ob Gesellschaften, die z.B. zu einer Holding gehören, als wirtschaftliche Einheit oder als rechtlich und finanziell selbstständige Unternehmen zu behandeln sind, über ein weites Ermessen.[521] Wenn also der Beihilfenempfänger und der Erwerber beide mehrheitlich oder vollständig dem gleichen Eigentümer gehören, z.B. der gleichen verbundenen Unternehmensgruppe angehören, dann wird dies im Regelfall als ein deutliches Indiz für eine Erstreckung der Haftung auch auf den Erwerber zu sehen sein.

Einzuschränken ist jedoch die oben getroffene Feststellung, dass beim Erwerb einzelner Vermögenswerte eine Erstreckung der Haftung grundsätzlich nicht in Betracht kommt. Vorliegen muss jedoch die Konstellation, dass innerhalb eines Konzerns auf jeden Fall die gesamten oder fast die gesamten Vermögenswerte des beihilfebegünstigten Unternehmens auf mehrere andere konzernangehörige Unternehmen verteilt werden.[522] Rückforderungsschuldner ist dann jedes (konzernangehörige) Unternehmen, welches von einem verbundenen Rechtsträger beihilfebegünstigte Vermögenswerte übernimmt.[523] Dies kann sogar das herrschende Konzernunternehmen sein, wenn das Verhalten der Tochtergesellschaft dem Mutterunternehmen zurechenbar ist.[524] Andernfalls könnten durch eine Hin- und Herverschiebung der beihilfebegünstigten Unternehmensteile innerhalb der Unternehmensgruppe diese Unternehmensteile stets außerhalb der Reichweite der Kommissionsentscheidung gebracht werden.

Problematisch ist, ob eine etwaige Marktgerechtigkeit des Kaufpreises bei Veräußerungen innerhalb einer Unternehmensgruppe eine Rolle spielen kann,[525] wenn der Er-

---

519 *Verse/Wurmnest* ZHR 167 (2003), 403 (413).

520 Dies missinterpretierend: *Zühlke* EWS 2003, 61 (64).

521 Schlussantrag des Generalanwalts *Geelhoed* vom 27.9.2001, Rs C-328/99 u C-399/00, Rn.82 – Seleco-.

522 *Ehricke* ZIP 2000, 1656 (1663); *ders./Blask* ZInsO 2002, 603 (695); *Verse/Wurmnest* ZHR 167 (2003), 403 (413).

523 *Borchardt* ZIP 2001, 1301 (1304); *Koenig* EuZW 2001, 37 (41).

524 *Ehricke* ZIP 2001, 489 (493); *ders.* ZIP 2000, 1656 (1663).

525 Für eine Unerheblichkeit des Kaufpreises: *Koenig* EuZW 2001, 37 (41 f.).

werb über ein offenes, transparentes Verfahren erfolgt, bei dem konkurrierende Unternehmen die faire Möglichkeit zum Erwerb der Assets hatten.[526] Dies wird im Rahmen der Darstellung des Kriteriums des Kaufpreises zu erörtern sein, genau wie die Fragestellung, ob neben Identität der Anteilseigner weitere Kriterien hinzukommen müssen.

Sofern der Erwerber ein Tochterunternehmen des beihilfenbegünstigten Unternehmens ist, stellt sich die Frage, ob eine unmittelbare Inanspruchnahme der Tochtergesellschaft notwendig ist, da im Rahmen des Insolvenzverfahrens der Muttergesellschaft die Anteile der Tochtergesellschaft über den Markt veräußert werden. Ansonsten würde auch die gesellschaftsrechtliche Liquidation des Tochterunternehmens in Betracht kommen.[527]
Hierbei handelt es sich jedoch um Fragen, die bei der Umsetzung der Kommissionsentscheidung in nationales Recht von Bedeutung sein können. Da es jedoch nicht Aufgabe der Kommission sein kann, das Recht des jeweiligen Mitgliedsstaats im Vorfeld auf unterschiedliche Möglichkeiten der Umsetzung der Kommissionsentscheidung zu untersuchen, kann dieses Problem hier dahingestellt bleiben. Für die Rechtmäßigkeit der Kommissionsentscheidungen sind diese Möglichkeiten des nationalen Rechts irrelevant.

## II. Erwerb durch außenstehende Personen oder Unternehmen

Auch im Fall des Erwerbs der Assets durch ein außenstehendes Unternehmen ist eine Erstreckung der Haftung auf den Erwerber möglich.[528] Da in diesem Fall das Kriterium der Identität der Anteilseigner nicht erfüllt ist, müssen andere Kriterien erfüllt sein, damit dennoch auf eine versuchte Umgehung der Kommissionsentscheidung zu schließen ist.[529]
In Betracht kommt insofern insbesondere eine Veräußerung der gebündelten Vermögenswerte des beihilfebegünstigten Unternehmens unterhalb des Marktpreises ohne ein offenes, transparentes Verfahren und das Vorliegen weiterer Anhaltspunkte, wie der Zeitpunkt der Veräußerung etc. Darauf wird noch näher bei dem Kriterium der Einhaltung des Marktpreises einzugehen sein.

Gegen die Möglichkeit, überhaupt eine Erstreckung der Rückforderung auf konzernfremde Dritte vorzunehmen, wird in der Literatur aufgeführt, dass im deutschen Recht keine Anspruchsgrundlagen für eine solche Erstreckung der Haftung ersichtlich wären, bzw. dass eine Rückgängigmachung auch mittelbar innerhalb oder außerhalb des Insolvenzverfahrens durch Anfechtung gem. §§ 129 ff. InsO respektive §§ 1 f. AnfG durchgeführt werden könnte, mit der Konsequenz, dass den dementsprechenden Kommissionsentscheidungen nicht zu folgen sein soll.[530]

---

[526] Zur Problematik der Beteiligung eines dem gleichen Konzern wie der Beihilfenempfänger angehörigen Unternehmens im Bietverfahren, siehe 4.Teil §2 IV.
[527] Dafür *Smid* FS-Uhlenbruck S. 405 (421); *Meessen* DB 2001, 1294 (1295).
[528] Kommission, 11.4.2000, ABl. 2000, L 238/50 -SMI-.
[529] Hierzu Kommission, 11.4.2000, ABl. 2000, L 238/50 –SMI-.
[530] *Rapp/Bauer* KTS 2001, 1 (40 f.); *Meessen* DB 2001, 1294 (1296).

Diese Ansichten übersehen jedoch, dass das nationale Recht der Durchsetzung einer Kommissionsentscheidung nicht entgegenstehen oder diese unmöglich machen darf.[531] Sofern einer Kommissionsentscheidung entgegengehalten wird, dass im nationalen Recht mangels Anspruchsgrundlage keine Umsetzung möglich sei, widerspricht dies dem soeben aufgeführten Grundsatz. Gegebenenfalls sind bestehende Anspruchsgrundlagen europarechtskonform auszulegen.[532]
Sofern im nationalen Recht die Möglichkeit der Anfechtung der Veräußerung (durch den Insolvenzverwalter) selbst gegeben ist, handelt es sich hierbei um eine Frage der Durchsetzung der Kommissionsentscheidung im nationalen Recht und nicht um eine Rechtmäßigkeitsfrage der Kommissionsentscheidung als solche. Daher kann diese Argumentation nicht gegen die Kommissionsentscheidung angebracht werden. Inwiefern die §§ 129 ff. InsO in den vorliegenden Konstellationen angewendet werden können, ist im Rahmen der Durchsetzung der Kommissionsentscheidung im nationalen Recht zu beurteilen.[533] Demnach ist auch grundsätzlich eine Erstreckung der Haftung bei einem Erwerb durch außenstehende Unternehmen möglich.

Zu beachten ist jedoch, dass außerhalb eines Insolvenzverfahrens praktisch nur in wenigen Fällen eine Veräußerung an konzernfremde Unternehmen unterhalb des Marktpreises erfolgen wird. Möglich erscheint dies allerdings in den Fällen des sog. „krisenbedingten Schlussverkaufs“[534], wenn der Schuldner angesichts der drohenden Insolvenz seine Vermögenswerte zu Schleuderpreisen veräußert, um noch möglichst schnell an Bargeld zu kommen. Innerhalb eines Insolvenzverfahrens erfolgt eine Veräußerung der gebündelten Assets eines Unternehmens häufig im Wege der sog. „übertragenden Sanierung“. Hierzu mehr im 4.Teil §5 III 4.

## C. Kaufpreis

### I. Darstellung des Kriteriums

Sofern die Veräußerung der (nahezu) gesamten Vermögenswerte des beihilfebegünstigten Unternehmens an den Erwerber unterhalb des Marktpreises erfolgt ist, kann dies als deutlicher Anhaltspunkt für eine versuchte Umgehung der Kommissionsentscheidung angesehen werden.[535]
Wenn nicht einmal ein marktgerechter Kaufpreis gezahlt wurde, ist häufig kein wirtschaftlich vernünftiger Grund ersichtlich, warum eine Übertragung des Vermögens erfolgen sollte, wenn nicht zur Umgehung der drohenden Rückforderungsentscheidung der Kommission. Stattdessen gelangt in das Vermögen des Beihilfenempfängers kein adäquater Gegenwert für die veräußerten Assets. Die Haftungsmasse wird dadurch zum Nachteil der Gläubiger, im konkreten Fall insbesondere zum Nachteil der öffent-

---

531 St. Rspr., vgl. EuGH Slg. 1986, 89 Rn.16 –Boch-; EuGH Slg. 1989, 175 Rn.12 –Primäraluminium-; EuGH Slg. 1990, I-959 Rn.61-Tubemeuse-.
532 Vgl. EuGH Slg. 1991, I-1433 Rn.60 -ENI/Lanerossi-.
533 Näher dazu 3.Teil §6.
534 So Gottwald/*Huber* §46 Rn.49.
535 *Ehricke/Blask* ZInsO 2002, 693 (695).

lichen Hand, geschmälert. Dies hat häufig zur Folge, dass die Haftungsmasse nicht mehr zur Begleichung aller Forderungen ausreicht und der ursprüngliche Beihilfenempfänger Insolvenz anmelden muss, wohingegen der Erwerber mit den beihilfebegünstigten Vermögenswerten weiter am Markt tätig ist und die aufgrund der Gewährung der Beihilfe eingetretene Wettbewerbsverzerrung weiter fortbesteht.
Es ist jedoch nicht auszuschließen, dass auch beim Verkauf unterhalb des Marktwerts keine Haftung des Erwerbers eintritt, wenn sich aus einer Gesamtschau aller von der Kommission aufgestellten Kriterien mehr Anhaltspunkte gegen als für eine versuchte Umgehung der Kommissionsentscheidung ergeben.

Solange eine Übertragung gebündelter Vermögenswerte, welche die Substanz des begünstigen Unternehmens ausmachen, im Rahmen eines offenen, transparenten und bedingungslosen Bietverfahrens zum Marktpreis an ein außenstehendes Unternehmen erfolgt („übertragene Sanierung"), besteht unter keinen Umständen eine objektive Vermutung der Umgehung der Kommissionsentscheidung.[536]

### *1. Kritik an dem Kriterium des Kaufpreises*

Gegen das Kriterium des Kaufpreises wird eingewendet, dass die Höhe des Kaufpreises ohne Relevanz dafür sei, ob das beihilfebegünstigte Unternehmen weiterhin am Markt tätig sei oder der Erwerber den aus der Gewährung der Beihilfe resultierenden Wettbewerbsvorteil übernehme.
Der Umstand, dass der Erwerber für die Vermögensgegenstände einen Marktpreis gezahlt hat, soll nur besagen, dass der Beihilfenempfänger aus *diesem* Geschäft keinen Vorteil gezogen habe.[537] Der These, dass der durch die Beihilfe bedingte Vorteil in den Marktpreis eingearbeitet sei, läge die unrichtige Vorstellung zu Grunde, dass die Beihilfe den Wert des Produktionsvermögens konstant erhöhe und daher bei einer marktkonformen Veräußerung zwangsläufig mitberücksichtigt werde. Dies soll eine wirtschaftlich unzutreffende Prämisse sein, da der Beihilfenempfänger die Beihilfen nicht zwingend gewinnbringend einsetzt haben muss, so dass ein Liquiditätsvorteil in die Unternehmensbewertung nicht immer einfließen wird.[538] Auch wenn ein Vorteil generiert wird, sollen andere Faktoren wie Zeitablauf oder Abschreibungen dazu führen, dass sich das erhaltene Beihilfenäquivalent in der Unternehmensbewertung nicht abbildet.

### *2. Erwiderung*

Dieser Kritik kann nicht zugestimmt werden. Wird einem Unternehmen eine Beihilfe gewährt, so erhöht sich zunächst der Wert dieses Unternehmens um den entsprechenden Betrag. Es ist natürlich durchaus möglich, dass das beihilfenbegünstigte Unternehmen die Beihilfe nicht gewinnbringend einzusetzen vermag und statt dessen sogar weitere Verluste einfährt, so dass der Wert des Unternehmens daraufhin wieder gerin-

---

536 *Borchardt* ZIP 2001, 1301 (1305 f.).
537 *Ritter* EuZW 2003, 374 (376).
538 *Lübbig/Martín-Ehlers*, EU-Beihilfenrecht, 2003, Rn.705; *Ritter* EuZW 2003, 374 (376).

ger ist, als er vor der Beihilfengewährung war. Dies entbindet den Beihilfenempfänger aber nicht von seiner Verpflichtung, eine gemeinschaftsrechtswidrige Beihilfe zurückzuzahlen.
Dementsprechend kann es auch bei der Veräußerung des beihilfenbegünstigten Unternehmens im Wege des Asset Deals keinen Unterschied machen, wie sich das Vermögen des Beihilfenempfängers nach dem Erhalt der Beihilfe entwickelt hat. Die Beihilfe ist dennoch aus dem Vermögen des Beihilfenempfängers zurückzuzahlen.
Wenn nun für die Vermögenswerte des beihilfenbegünstigten Unternehmen deutlich weniger gezahlt wird, als es eigentlich wert ist und der Beihilfenempfänger quasi als leere Hülle zurückgelassen wird, dann kann dies dennoch durchaus ein Anzeichen dafür sein, dass versucht wird, die Verpflichtung zur Rückzahlung der Beihilfe zu umgehen. Solange die Beihilfe nicht zurückgezahlt wurde, besteht der Wettbewerbsvorteil nämlich fort, auch wenn die Assets des beihilfenbegünstigten Unternehmens auf einen neuen Rechtsträger übertragen wurden.
Daher ist der Kaufpreis als Kriterium durchaus geeignet aufzuzeigen, ob möglicherweise eine versuchte Umgehung der Kommissionsentscheidung vorliegt.

## II. Erweiterung der Haftung trotz Zahlung des Marktpreises

### *1. Ansicht der Kommission*

Die Höhe des Kaufpreises ist eines der entscheidenden Kriterien dafür, ob die Veräußerung eines beihilfenbegünstigten Unternehmens eine versuchte Umgehung der Kommissionsentscheidung darstellt. Dennoch ist die Kommission der Ansicht, dass die Zahlung eines marktgerechten Kaufpreises allein nicht ausreichend sei, um eine Erweiterung der Haftung auf den Erwerber zwingend auszuschließen, wenn dieser Marktpreis nicht durch ein offenes und transparentes Bietverfahren ermittelt wurde.[539]

Wenn innerhalb einer Unternehmensgruppe eine Verschiebung von Assets geschieht, dann soll durch die Zahlung eines Kaufpreises von einem konzernangehörigen Unternehmen an ein anderes konzernangehöriges Unternehmen kein Ausgleich für die Vermögensverschiebung erfolgen. Sowohl die beihilfebegünstigten Assets als auch der Kaufpreis befinden sich anschließend weiterhin im Vermögen von demselben Konzern angehörigen Unternehmen. Von einer Gesamtbetrachtung ausgehend soll der Konzern daher genauso stehen, wie er vor der Vermögensverschiebung stand. Demzufolge ist nach Ansicht der Kommission in einem solchen Fall der Veräußerung von Vermögenswerten innerhalb einer Unternehmensgruppe grundsätzlich von einer Erstreckung der Haftung auf den Erwerber auszugehen.[540]

Aber nach Ansicht der Kommission ist eine Haftung des Erwerbers auch dann nicht zwingend ausgeschlossen, wenn alle wesentlichen Assets des Beihilfenempfängers an ein nicht zur Unternehmensgruppe gehörendes Unternehmen ohne ein offenes, transparentes Verfahren zum Marktpreis veräußert werden, wenn die Tätigkeit des beihilfe-

---

539 Kommission ABl. 2000, L 238/50 (57) Rn.47 –SMI-; ebenso *Borchardt* ZIP 2001, 1301, (1306).
540 Kommission ABl. 2000, L 227/24 Rn. 118 f. –Seleco-; ebenso *Koenig* EuZW 2001, 37 (41 f.).

begünstigten Unternehmens anschließend vom Erwerber fortgeführt wird,.[541] Der Grund dafür soll in der mangelnden Wiederherstellung des status quo ante liegen, der daraus resultiert, dass die Konkurrenten des beihilfebegünstigten Unternehmens nicht in der Lage waren, die Aktiva im Rahmen eines freien und bedingungslosen Bietverfahren selbst zu erwerben. Sofern die beihilfenbegünstigte Tätigkeit am Markt fortgesetzt wird, wenn auch von einem anderen Unternehmen, so soll die Wettbewerbsverzerrung grundsätzlich fortbestehen[542] Nur durch ein solches Bietverfahren könne die eingetretene Wettbewerbsverzerrung ausgeglichen werden können.

Allein ein Kauf zum Marktpreis innerhalb eines offenen, transparenten (Biet-) Verfahrens[543] soll daher die Haftung des Erwerbers generell ausschließen können.[544] Wenn die Assets unter nicht diskriminierenden Wettbewerbsbedingungen und zum Marktpreis, d. h. zum höchsten Preis, den ein privater Investor unter normalen Wettbewerbsbedingungen für diese Gesellschaften in der Situation, in der sie sich - insbesondere nach dem Erhalt staatlicher Beihilfen - befanden, zu zahlen bereit war, wurde das Beihilfenelement zum Marktpreis bewertet und in den Kaufpreis einbezogen. Unter diesen Umständen könnten die Zuschlagsempfänger nicht als Nutznießer eines Vorteils gegenüber den übrigen Marktteilnehmern angesehen werden.[545]
Die Kommission geht bei Erwerbstatbeständen ohne ein solches Bietverfahren davon aus, dass im Falle des Vorliegens weiterer Anhaltspunkte, die für eine Umgehung der Rückforderungshaftung sprechen, die Haftung auch auf den Erwerber ausgedehnt werden könne.[546] Ohne ein Verfahren, in dem den Wettbewerbern die Möglichkeit offen steht, selbst Vermögenswerte des Beihilfenempfängers zu erwerben, soll kein Ausgleich der erfolgten Wettbewerbsverzerrung eintreten, da kein Verkauf „über den Markt" stattfindet.[547] Aus der Sicht der Wettbewerber soll in diesem Fall die Situation nicht anders sein als vor der Insolvenz des eigentlichen Beihilfenempfängers. Dieselbe widerrechtlich subventionierte Tätigkeit würde nun im neuen Gewand fortgesetzt werden, ohne dass die Konkurrenten die Möglichkeit gehabt hätten, diese Wettbewerbsverzerrung durch einen Erwerb der beihilfebegünstigten Vermögenswerte selbst auszugleichen.[548]

Allenfalls soll von dem offenen, transparenten Bietverfahren eine Ausnahme gemacht werden müssen, wenn es sich nur um ein kleines Insolvenzverfahren handelt, bei dem die Notwendigkeit besteht, dass der Insolvenzverwalter persönlich etwaige Interessen-

---

541 Kommission ABl. 2000, L 238/50 (57) Rn.47 -SMI; ebenso *Borchardt* ZIP 2001, 1301, (1306); ähnlich *Verse/Wurmnest* ZHR 167 (2003), 403 (421).
542 *Verse/Wurmnest* ZHR 167 (2003), 403 (421).
543 Zu den einzelnen Voraussetzungen eines offenen, transparenten Verfahrens siehe 4.Teil §2.
544 Kommission ABl. 2000, L 238/50 (57) Rn.47 –SMI; *Ehricke* ZIP 2001, 489 (493 f.); *Borchardt* ZIP 2001, 1301 (1306 f.); *Koenig* EuZW 2001,741 (743); *ders.* Insolvenzrecht 2000, S. 155 (158).
545 Ebenso EuGH Slg. 2001, I-6117, Rn. 77 -HJ Banks-.
546 Kommission ABl. 1999, L 292/27 (39) Rn.101 –Gröditzer Stahlwerke-; Kommission ABl. 2000, L 238/50 (57) Rn.47 –SMI-; dem folgend *Borchardt* ZIP 2001, 1301 (1306).
547 *Borchardt* ZIP 2001, 1301 (1306); *Koenig* EuZW 2001, 741 (743).
548 *Borchardt* ZIP 2001, 1301 (1306); *Koenig* EuZW 2001, 741 (743).

ten anspricht, um eine Veräußerung von Vermögensgegenständen überhaupt zu ermöglichen.[549]

## *2. Einwände gegen die Ansicht der Kommission*

In der Literatur wird in diesem Zusammenhang weitestgehend die Ansicht vertreten, dass die Zahlung eines marktgerechten Kaufpreises die Haftung des Erwerbers stets ausschließen müsse.[550] Auch das Urteil des EuGH in der Sache „Seleco"[551] wird zumeist in diesem Sinn verstanden.[552] Explizit hat sich auch Generalanwalt *Tizzano* in seinen Schlussanträgen in der Sache „SMI" so geäußert.[553]

Für einen Ausschluss der Haftung des Erwerbers soll sprechen, dass der Kaufpreis in die Haftungsmasse des beihilfenbegünstigten Unternehmens fällt und daher vom Mitgliedsstaat (im Rahmen seiner Insolvenzquote) beansprucht werden kann.[554] Daher soll auch keine Schlechterstellung der öffentlichen Hand erfolgen, der Wert der Insolvenzmasse würde sich nicht verändern.

Für die von der Kommission geäußerte Begründung zur Wiederherstellung des sog. „level playing field" soll es außerdem weder eine ausreichende wettbewerbstheoretische Begründung geben,[555] noch Anhaltspunkte in der Rechtsprechung des EuGH. Vielmehr verbleibt auch nach Auffassung des EuGH der beihilfenbedingte Vorteil - zumindest grundsätzlich - beim Begünstigten, wenn er für die veräußerten Assets einen marktgerechten Preis erhält.[556] Im Umkehrschluss heißt dies, dass der Vermögenserwerber nur dann zur Rückforderung herangezogen werden soll, wenn ihm aus der Vermögenstransaktion selbst ein Vorteil erwächst.

Für die Konkurrenten des Beihilfenempfängers soll kein Unterschied zwischen einem Bietverfahren und einem freihändigen Verkauf durch den Insolvenzverwalter bestehen, da dieser nach nationalem Recht gehalten sei, einen Käufer zu suchen, der bereit sei, den durch ein etwaiges Wertgutachten bestimmten, zumindest aber den höchsterzielbaren Preis zu zahlen, wofür der Insolvenzverwalter zumindest verschiedenen Wettbewerbern die Gegenstände zum Kauf anbieten würde.[557]

Der Erwerber, welcher beihilfebegünstigte Unternehmensteile zum Marktpreis erworben hat, soll daher nicht mit einer Rückforderung rechnen müssen. Er dürfe nicht anders dastehen, als hätte er ein Unternehmen erworben, in welches keine Beihilfen geflossen sind, da er für die gebündelten Vermögenswerte den Marktpreis bezahlt hat

[549] *Ehricke* ZIP 2001, 489 (495).

[550] *Soltesz* BB 2001, 1049 (1052); *Bauer* EuZW 2001, 748 (750); *Ehricke/Blask* ZInsO 2002, 693 (697); *Harings* Rn. 276; *Schütte/Elsner* EWS 2003, 327 (328)..

[551] EuGH EuZW 2003, 368 Rn.83 –Seleco-.

[552] Vgl. 3.Teil §3 B.

[553] Schlussanträge des Generanwalts *Tizzano* v.19.6.2003, Rs C-277/00, Rn.98.

[554] Schlussanträge des Generanwalts *Tizzano* v.19.6.2003, Rs C-277/00, Rn.97; *Soltesz* BB 2001, 1049 (1052); *Bauer* EuZW 2001, 748 (750); *Ehricke/Blask* ZInsO 2002, 693 (697).

[555] *Bauer* EuZW 2001, 748 (750).

[556] EuGH EuZW 2003, 368 Rn.83 –Seleco .

[557] *Ehricke/Blask* ZInsO 2002, 693 (697); *Bauer* EuZW 2001, 748 (750).

und genau so gut für diesen Preis auch anderweitig ein gleichwertiges Unternehmen hätte kaufen können.[558]

Sofern die Konkurrenten des Beihilfenempfängers durch diesen ohne Durchführung eines Bietverfahrens erhaltenen Wettbewerbsvorteil einen finanziellen Schaden erlitten haben, sollen sie diesen gegenüber dem Mitgliedsstaat geltend machen können.[559]

### 3. *Eigene Schlussfolgerungen*

Der letztgenannten Ansicht, dass die Zahlung des Marktpreises die Haftung es Erwerbers für die Rückzahlung der Beihilfe auszuschließen vermag, ist zuzustimmen.
Grundsätzlich wird man auch bei einem Erwerb zum Marktpreis an ein außenstehendes Unternehmen davon ausgehen können, dass keine Umgehung der Kommissionsentscheidung erfolgt ist noch jemals beabsichtigt war.
Beim Erwerb der Assets zum Marktpreis, d. h. zum höchsten Preis, den ein privater Investor unter normalen Wettbewerbsbedingungen für diese gebündelten Vermögenswerte in der Situation, in der sie sich - insbesondere nach dem Erhalt staatlicher Beihilfen - befanden, zu zahlen bereit war, wurde auch das Beihilfeelement zum Marktpreis bewertet und in den Kaufpreis einbezogen (selbst wenn den Vertragsparteien nicht bewusst war, dass eine Beihilfe vorlag). Unter diesen Umständen steht der Erwerber des beihilfenbegünstigte Unternehmen nicht anders, als hätte er ein nicht beihilfenbegünstigtes Unternehmen zum Markpreis erworben. Er kann demnach nicht als Nutznießer eines Vorteils gegenüber den übrigen Marktteilnehmern angesehen werden, da er genauso gut für diesen Preis die Assets eines nicht beihilfebegünstigten Unternehmens hätte kaufen können. Vielmehr spiegelt der Marktpreis grundsätzlich die Auswirkungen der zuvor gewährten Beihilfe auf das betroffene Unternehmen wider, und der Verkäufer dieses Unternehmens bleibt aufgrund des ihm zugeflossenen Vermögensvorteils Nutznießer der Beihilfe.[560] Anstelle der Assets befindet sich nun der gezahlte Kaufpreis in seinem Vermögen. Eine Umgehung der drohenden Kommissionsentscheidung kann darin also nicht gesehen werden.
In diesem Fall muss in erster Linie durch die Rückerstattung der Beihilfe seitens des Verkäufers für die Wiederherstellung der früheren Situation gesorgt werden,[561] nicht jedoch durch die Erstreckung der Haftung auf den Erwerber.

Es vermag nicht zu überzeugen, dass die Kommission verlangt, dass für die Konkurrenten des Beihilfenempfängers zwingend die Möglichkeit gegeben sein muss, in einem Bietverfahren die Assets des Beihilfenempfängers zu erwerben. Der Erwerber der Assets des Beihilfenempfängers ist den Konkurrenten gegenüber nicht besser gestellt,

---

558 *Bauer* EuZW 2001, 748 (750).

559 *Bauer*, EuZW 2001, 748 (750); zum Schadensersatzanspruch der Konkurrenten allgemein: *Soltesz/Kühlmann* EWS 2001, 513 ff.

560 Vgl. Kommission ABl. 2002, L 307/1 Rn.141 – Graf von Henneberg-; ähnlich EuGH Slg. 2001, I-6117 Rn. 77 f.; EuGH Slg. 2002, I-7869 Rn.180.

561 EuGH Slg. 2001, I-6117, Rn. 78 –HJ Banks-; Schlussantrag des Generalanwalts *van Gerven* Slg. 1991, I-1603 Rn.27 -Alfa Romeo-.

als hätte er die Assets eines nicht beihilfebelasteten Unternehmens erworben. Die bloße Möglichkeit von Konkurrenten des ehemaligen Beihilfenempfängers, dessen Assets im Rahmen eines Bietverfahren zu erwerben, kann nicht so gewichtig sein, dass anderenfalls der Erwerber der gebündelten Assets des Beihilfenempfängers zum Marktpreis dazu verpflichtet wird, die Beihilfe an den Mitgliedsstaat zurückzuzahlen.
Solange der Erwerb zum Marktpreis stattfindet, macht es also keinen Unterschied, ob die Assets ursprünglich durch gemeinschaftsrechtswidrige Beihilfen finanziert wurden. Deshalb kann auch nicht behauptet werden, dass sich in diesem Fall der Wettbewerbsvorteil des Beihilfenempfängers beim Erwerber fortsetzt.
Daran kann auch eine etwaige Kenntnis des Erwerbers über eine Verstrickung von Beihilfen beim Veräußerer nichts ändern, da ohne eine Weiterleitung der Wettbewerbsverzerrung auch kein Grund für eine Erweiterung der Rückzahlungspflicht gegeben sein kann. Zu bedenken ist des Weiteren, dass durch das Ausscheiden des Beihilfenempfängers vom Markt eine Lücke entsteht, welche von den Konkurrenten ausgefüllt werden kann und die durch die Gewährung der Beihilfe eingetretene Wettbewerbsverzerrung größtenteils ausgeglichen wird.

Außerdem würde die Kommission vor fast unlösbare Probleme gestellt, wenn nicht ein neues Unternehmen (wie im Fall SMI[562]) die Assets vom Beihilfenempfänger erwirbt,[563] sondern ein bisheriger Konkurrent dies zum Marktpreis erhält, jedoch ohne dass anderen Konkurrenten die Assets im Wege eines Bietverfahrens hätten erwerben können.
Auf Grundlage der bisherigen Aussagen der Kommission lässt sich nicht vorhersagen, ob in diesem Fall die Wettbewerbsverzerrung weiter bestehen soll oder nicht.[564] Den Wettbewerbsnachteil, den der Erwerber einst hatte, dürfte dieser durch den Erwerb vom Beihilfenempfänger ausgeglichen haben. Für die anderen Konkurrenten, für die ja nach Ansicht der Kommission die Möglichkeit des Erwerbs der Assets zu einem Ausgleich der eingetretenen Wettbewerbsverzerrung geführt hätte, erscheint es unklar, welche Ansicht die Kommission hier vertreten würde. Konsequenterweise müsste man wohl davon ausgehen, dass für die Konkurrenten, die nicht in der Lage waren, selbst Assets zu erwerben, die Lage nicht anders ist, als wenn es sich bei dem Erwerber nicht um einen Konkurrenten gehandelt hätte. Dieses Beispiel zeigt, dass der Ansatz der Kommission in sich durchaus nicht unproblematisch und noch weniger überzeugend ist. Demzufolge kann auf ein offenes Bietverfahren verzichtet werden, wenn eine Veräußerung zum Marktpreis erfolgt.[565]

Zu beachten ist natürlich, dass es dann zwingende Voraussetzung sein muss, dass auch wirklich ein Erwerb zum Marktpreis stattgefunden hat. Dieser Marktpreis kann jedoch

---

562 Vgl. 3.Teil §3 D.

563 Oder wie im Fall SMI ein ehemaliges Tochterunternehmen, welches inzwischen nicht mehr mit dem Veräußerer verbunden ist.

564 ähnlich *Montag* NJW 2001, 1613 (1619).

565 Auch in dem Schlussantrag des Generalanwalts *Geelhoed* vom 27.9.2001, Rs C-328/99 u C-399/00, Rn. 82 –Seleco-, scheint dieser die Marktgerechtigkeit des Kaufpreises als einen Ausschlussgrund für eine Haftung des konzernfremden Drittens anzunehmen.

im Regelfall sowohl durch ein Bietverfahren, als auch durch ein Sachverständigengutachten festgestellt werden.[566] Anderes kann nur gelten, wenn es für den betreffenden Gegenstand keinen objektiv bestimmbaren Markt gibt.[567] Dann wird man auf ein offenes Bietverfahren nicht verzichten können. Ansonsten kann der entlastende Effekt eines Erwerbs zum Marktpreis nicht bewiesen werden.
Bei einem Verkauf der Assets ohne ein offenes Bietverfahren ist auch zu beachten, dass eine drohende Insolvenz des Verkäufers den Kaufpreis negativ beeinflussen kann.[568]

#### *4. Bedeutung dieser Schlussfolgerung für die übertragende Sanierung*

Im Rahmen einer übertragenden Sanierung wird (meist vom Insolvenzverwalter) häufig als Auffanggesellschaft eine Tochtergesellschaft eigens gegründet, auf die dann die gesamten Assets der Muttergesellschaft übertragen werden.[569] Da aufgrund einer teleologischen Reduktion des § 25 HGB diese Norm bei Verkäufen durch den Insolvenzverwalter grundsätzlich nicht anwendbar ist,[570] entsteht so eine neue Gesellschaft, in der die Aktiva der insolventen Muttergesellschaft gebündelt sind, nicht jedoch deren Passiva. Diese Tochtergesellschaft veräußert der Insolvenzverwalter anschließend im Wege des Share Deals, um dann den Veräußerungserlös in die Insolvenzmasse fließen zu lassen. Durch diese Veräußerung des gesamten Unternehmens werden zumeist höhere Erlöse erzielt als es bei einer Veräußerung vereinzelter Assets im Wege der Zerschlagung der Fall wäre.[571] Der Erwerber hat den Vorteil, dass er ein Unternehmen erhält, in dem nur die Aktiva des insolventen Unternehmens gebündelt sind, jedoch ohne für die Passiva einstehen zu müssen.

Im Fall der Verstrickung von Beihilfen im Vermögen des insolventen Unternehmens könnte in Fortführung der Rechtsansichten der Kommission nicht an diesen Ergebnissen festgehalten werden. Würde der Erwerber das Tochterunternehmen des Beihilfenempfängers unterhalb des Marktpreises erwerben, so hätte er aufgrund der Nichtanwendbarkeit des § 25 HGB nicht für die Beihilfenrückforderung einzustehen. Wenn man aber davon ausgeht, dass schon das Tochterunternehmen selbst für die Rückforderung einzustehen hat, da diesem Unternehmen die Aktiva des Beihilfenempfängers zugeführt wurden, ohne dass dafür der Marktpreis gezahlt wurde,[572] dann würde der Erwerb des Tochterunternehmens im Wege des Share Deals nichts an der Haftung des

566 *Ehricke/Blask* ZInsO 2002, 693 (697); *Ehricke* Insolvenzrecht 2003, 117 (152).
567 *Bauer* EuZW 2001, 748 (749); *Ehricke/Blask* ZInsO 2002, 693 (697).
568 Schlussantrag des Generalanwalts *Geelhoed* vom 27.9.2001, Rs C-328/99 u C399/00, Rn. 82 – Seleco-.
569 *K.Schmidt* ZIP 1980, 328 (336 f.); *ders.* Wege zum Insolvenzrecht der Unternehmen §6 II 1; *Haarmeyer/Wutzke/Förster* S. 476; *Smid/Rattunde* Rn.42; *Wellensiek* NZI 2002, 233; *Rattunde* ZIP 03, 2103 (2105).
570 Allg. Meinung, spätestens seit BGH ZIP 1988, 727 ff.
571 Vgl. *Noack* GesR-InsO Rn.169.
572 Dies übersehen *Verse/Wurmnest* ZHR 167 (2003), 403 (418 f.).

Unternehmens selbst ändern, da der Rechtsträger derselbe geblieben ist und dieser Rechtsträger bereits vorher zur Rückzahlung der Beihilfe verpflichtet war.[573]
Anderes kann sich jedoch ergeben, wenn die Muttergesellschaft beihilfenbegünstigte Aktiva auf eine Tochtergesellschaft übertragen hat und nun diese Tochtergesellschaft verkauft. In der Rechtssache „Seleco“ hatte der EuGH ausgeführt, dass es durchaus möglich sei, dass durch die Veräußerung zum Marktpreis der gesamten Anteile der Tochtergesellschaft, auf welche die beihilfebegünstigten Aktiva übertragen wurden, die Muttergesellschaft den Vorteil der Beihilfe behalten hätte.[574] Daher hatte der EuGH die Kommissionsentscheidung bzgl. der Rückforderung der Beihilfe von der Tochtergesellschaft, auf welche die gesamten Assets des beihilfebegünstigten Unternehmens übertragen wurden, aufgehoben.
Der Grund dafür lag darin, dass die Kommission nicht geprüft bzw. zumindest nicht ausreichend begründet hatte, dass für die Anteile der Tochtergesellschaft der Marktpreis gezahlt worden war. Es konnte nach Ansicht des EuGH auch nicht vorgebracht werden, dass sich etwas anderes daraus ergäbe, dass die Übertragung der Tochtergesellschaft im Rahmen eines sog. Share Deals erfolgte. Es sei zwar zutreffend, dass grundsätzlich der Wechsel der Anteilseigner nichts an der Haftung des Unternehmens für die Rückzahlung der Beihilfe ändere. Im vorliegenden Fall sei jedoch zu beachten, dass es sich um den Verkauf von Multimedia-Anteilen durch die Seleco gehandelt hatte, welche dieses Unternehmen gegründet hatte und dessen Vermögen der Kaufpreis der Anteile zugute kam. Es sei durchaus möglich, dass hierdurch die Seleco den Vorteil der Beihilfe dadurch behalten habe, dass sie ihre Anteile zum Marktpreis verkauft hatte.[575]
Zur weiteren Begründung verwies der EuGH auf das Urteil „H. J. Banks“, wonach in dem Fall, dass ein Unternehmen, welches eine Beihilfe erhalten hat, zum Marktpreis verkauft wurde, der Kaufpreis grundsätzlich die Auswirkungen der zuvor gewährten Beihilfe widerspiegelt, und der Verkäufer dieses Unternehmens Nutznießer der Beihilfe bleibt.[576] Der EuGH differenziert demnach anscheinend zwischen einem reinen Share Deal und einem Share Deal, dem eine Ausgliederung von Aktiva des ursprünglichen Beihilfenempfängers vorausgegangen ist.[577]

Dieser Begründung des EuGH ist im Ergebnis zuzustimmen. Weder aus der Sicht der Beihilfenempfängers noch aus der Sicht des Marktes macht es einen Unterschied, ob der Beihilfenempfänger seine Aktiva unmittelbar zum Marktpreis an ein anderes Unternehmen veräußert, oder ob er seine beihilfebegünstigten Aktiva auf eine Tochtergesellschaft überträgt, deren einziges Vermögen diese Aktiva sind, und anschließend die Anteile dieser Tochtergesellschaft zum Marktpreis veräußert.
Man wird den EuGH möglicherweise sogar so verstehen können, dass, wie schon oben vertreten, die Zahlung des Marktpreises auch beim Asset Deal die Verpflichtung des Erwerbers zur Haftung für die Rückzahlung der Beihilfe gänzlich auszuschließen ver-

---

573 so auch die Kommission, ABl. 2001 L 307/1 Rn.143 –Graf von Henneberg-.
574 EuGH EuZW 2003, 368; , Rn.83 –Seleco-.
575 EuGH EuZW 2003, 368; , Rn.83 –Seleco-.
576 EuGH Slg. 2001, I-6117 Rn.78 –HJ Banks-; EuGH Slg. 2002, I-7869 Rn.180.
577 Die Entscheidung des EuGH auch so verstehend *Verse/Wurmnest* ZHR 167 (2003), 403 (418).

mag. Eine besondere Begründungspflicht bzgl. des Kaufpreises wird der EuGH von der Kommission wohl nur dann fordern, wenn er die Möglichkeit des Ausschlusses der Haftung durch die Zahlung des Marktpreises annimmt.[578]

Die gegenteilige Ansicht der Kommission würde hingegen zu der merkwürdigen Konsequenz führen, dass in der hier besprochenen Konstellation der übertragenden Sanierung eine Haftung des Tochterunternehmens auch dann bestehen bleiben würde, wenn der Erwerber den Marktpreis in einem transparenten Bietverfahren gezahlt hat. Hätte er dagegen nur die Assets unmittelbar vom Beihilfenempfänger zum Marktpreis erworben, so hätte nur der insolvente, ehemalige Beihilfenempfänger für die Rückzahlung einzustehen, und der Erwerber müsste nicht haften.
Eine logische Begründung für diese unterschiedliche Behandlung zwischen Asset Deal und Share Deal ist jedoch nicht ersichtlich. Es gibt keinen ersichtlichen Grund, warum im Fall des Asset Deals durch die Zahlung des marktgerechten Kaufpreises der Wert der Beihilfe beim ursprünglichen Empfänger der Beihilfe verbleiben soll, wohingegen beim Erwerb der Assets eines Unternehmens, auf welches die Assets übertragen wurden, eine Erstreckung der Haftung erfolgen soll. Es ist zwar nicht so, dass es grundsätzlich keine Unterschiede zwischen einem Asset Deal und einem Share Deal geben dürfe, dafür sind die Unterschiede in der Natur diesen beiden Transaktionsarten zu groß. Dennoch sollte in den Fällen, in denen eine Gleichbehandlung notwendig erscheint, auch eine solche erfolgen. Die übertragende Sanierung erfolgt im Regelfall gerade deshalb, um eine Haftung des Erwerbers bzgl. der Verbindlichkeiten des ursprünglichen Schuldnerunternehmens auszuschließen. Würde eine Erstreckung der Haftung auf den Erwerber nun im Fall des Share Deals erfolgen, obwohl bei einer Veräußerung im Rahmen des Asset Deals gerade keine Haftung eingetreten wäre, so würden ohne jegliche Notwendigkeit erhebliche Beeinträchtigungen der Rechtssicherheit und des Bestands von Vermögenswerten in Kauf genommen.

Die Lösung dieses Problems kann es aber auch nicht sein, die Haftung der Tochtergesellschaft stets auszuschließen. M.E. kann die einzige praktikable Lösung, wie dies auch anscheinend der EuGH sieht, nur darin bestehen, dass in dem Fall der übertragenden Sanierung (insbesondere innerhalb des Insolvenzverfahrens) der Erwerber der Tochtergesellschaft so zu behandeln ist, als hätte er nicht das Tochterunternehmen im Wege eines Share Deals erworben, sondern so, als hätte er das Vermögen der Tochtergesellschaft (= die ehemaligen beihilfebegünstigten Aktiva des Mutterunternehmens) unmittelbar im Wege eines Asset Deals vom Mutterunternehmen erworben. Wirtschaftlich gesehen bestehen auch keine wesentlichen Unterschiede zwischen diesen beiden Möglichkeiten.
Wurde das Unternehmen für einen unterhalb des Marktpreises liegenden Kaufpreises erworben, so hat der Erwerber nach den soweit erarbeiteten Grundsätzen der Kommission auch für die Rückforderung der Beihilfe einzustehen; wurde hingegen der Markt-

578 Ebenso *Ritter* EuZW 03, 374 (375); *Schütte/Elsner* EWS 03, 327 (328); *Verse/Wurmnest* ZHR 167 (2003), 403 (418).

preis gezahlt, so verbleibt der Vorteil der Beihilfengewährung beim Veräußerer, so dass nur dieser für die Rückzahlung einzustehen hat.

Dagegen wird wiederum argumentiert dass die Inanspruchnahme der Muttergesellschaft durch den EuGH gar nicht erst hätte erwogen werden dürfen.[579] Denn der EuGH durchbricht angeblich mit dieser Überlegung die grundlegende Unterscheidung zwischen der Gesellschaft und ihren Gesellschaftern (so genanntes Trennungsprinzip) und würde damit letztlich eine Durchgriffshaftung gegen die Anteilseigner begründen. Wären die Überlegungen zutreffend, hätte in dem vom EuGH behandelten Fall angeblich auch die Rückforderungshaftung der Anteilseigner der Seleco überprüft werden müssen.[580] Da beim Anteilskauf anders als beim Vermögenskauf sowohl die Unternehmensidentität als auch die Rechtsträgeridentität vollständig gewahrt bleibt, soll die Rückforderung weiterhin in den das Unternehmen haltenden Rechtsträger vollstreckt werden können. Vom Rechtsträger - im Zweifel also der Gesellschaft - strikt zu unterscheiden sind dessen Anteilseigner. Gegenüber den Gläubigern haftet grundsätzlich das Gesellschaftsvermögen. Dass die Inanspruchnahme des Anteilseigners in die Irre führt, soll im Übrigen an folgender Erwägung deutlich werden: Wäre der staatliche Kapitalgeber selbst Anteilseigner des von ihm begünstigten Rechtsträgers, wäre er Beihilfengeber und Begünstigter in einer Person und müsste an sich selbst zurückzahlen.[581]

Diese Ansicht übersieht jedoch, dass eine Haftung der Anteilseigner des ursprünglichen Beihilfenempfängers nie in Betracht gezogen wurde. Vielmehr soll eine Ausnahme von dem Grundsatz, dass bei einem Share Deal weiterhin nur das jeweilige Unternehmen selbst haftet, nur dann gemacht werden, wenn der Beihilfenempfänger eine Tochtergesellschaft gegründet hat, auf welche alle Assets des Beihilfenempfängers übertragen wurden, so dass in diesem Sonderfall eine Vergleichbarkeit mit einem Asset Deal entsteht.

### *5. Zulässigkeit vertraglicher Haftungsfreistellungen*

Gerade bei Veräußerungen an konzernfremde Dritte wird in der Praxis häufig explizit ein Haftungsausschluss für im Betrieb des Veräußerers entstandene Verbindlichkeiten vereinbart werden, um den Erwerber vor unliebsamen Überraschungen zu schützen.[582] Die Kommission hat sich bisher zur Zulässigkeit solcher Haftungsfreistellungen bei der Veräußerung beihilferelevanter Unternehmen nicht geäußert. In dem der „Alfa Romeo"-Entscheidung des EuGH[583] zugrunde liegenden Sachverhalt hatte FIAT im Wege des Asset Deals die Aktiva des beihilfebegünstigten Unternehmens Alfa Romeo erworben. Die Verbindlichkeiten wurden bis zur Höhe von 770 Milliarden LIT von FIAT übernommen, die restlichen Verbindlichkeiten sollten beim Veräußerer Finmec-

579 *Ritter* EuZW 2003, 374 (376).
580 *Ritter* EuZW 2003, 374 (376).
581 *Ritter* EuZW 2003, 374 (376).
582 *Maier/Luke* DB 2003, 1207 (1210) ; *Verse/Wurmnest* ZHR 167 (2003), 403 (430 ff.).
583 EuGH Slg. 1991, I-1603 –Alfa Romeo-.

canica verbleiben. Der EuGH hat in stillschweigender Billigung der Ausführungen des Generalanwalts *van Gerven*[584] in diesem Fall die Rückforderung der Beihilfe nur vom Veräußerer bestätigt. FIAT sollte aufgrund des Haftungsausschlusses und des gezahlten Marktpreises nicht haften müssen. Insofern scheint ein Haftungsausschluss zumindest in Verbindung mit einem gezahlten Marktpreis (zum Marktpreis s.u.) möglich.
Im Ergebnis macht es für die Konkurrenten des Beihilfenempfängers auch keinen Unterschied, ob der Erwerber nach der vollzogenen Transaktion die Beihilfe an den Mitgliedsstaat zurückzahlen muss, oder ob der Kaufpreis in Anbetracht der drohenden Beihilfenrückzahlung bereits dementsprechend gesenkt wird und der Veräußerer dann die Beihilfe zurückzahlt.[585] So oder so würde die Beihilfe aus der Substanz des beihilfenbegünstigten Unternehmens zurückgezahlt werden, mit der Folge, dass die eingetretene Wettbewerbsverzerrung wieder ausgeglichen würde.

Sofern nicht der Marktpreis für das Unternehmen gezahlt wurde, wird ein Haftungsausschluss hingegen nicht zu akzeptieren sein, wenn der Verkäufer offensichtlich nicht in der Lage ist, aus seinem Vermögen die Beihilfenrückzahlung zu begleichen. In diesem Fall ist meist eine versuchte Umgehung der Kommissionsentscheidung anzunehmen.
Ein Haftungsausschluss ist außerdem nicht möglich, wenn es sich bei dem Beihilfenempfänger um ein staatliches Unternehmen handelt und der Mitgliedsstaat dann mit dem Erwerber einen Haftungsausschluss vereinbart. [586] In einem solchen Fall würde ein Haftungsausschluss dazu führen, dass von staatlicher Seite dem Erwerber des beihilfenbegünstigten Unternehmens der Wert der Beihilfe wieder zugeführt würde, was die Rückforderung der Beihilfe vereiteln würde.[587]

## D. Zeitpunkt der Übertragung

Sofern eine Veräußerung erfolgt ist, nachdem die Kommission mit der Überprüfung der Beihilfe begonnen oder sogar die ersten Entscheidungen erlassen hat, ist dies als Anhaltspunkt für eine versuchte Umgehung zu bewerten. Sofern hingegen die Kommission bis zum Zeitpunkt der Veräußerung nicht tätig wurde ist, ist dies als mögliches, allerdings widerlegbares Indiz für eine fehlende Umgehungsabsicht zu bewerten.[588]
Beachtet werden muss zusätzlich, ob das veräußernde Unternehmen aufgrund der (drohenden) Kommissionsentscheidung Insolvenz anzumelden hatte. Eine hastige Veräußerung der beihilfebegünstigten Assets kurz vor Anmeldung des Insolvenzverfahrens trägt zumindest den Anschein einer versuchten Umgehung der Kommissionsentscheidung in sich.

---

[584] Schlussanträge *van Gerven* Slg. 1991, I-1603 Rn.21 f.
[585] *Lübbig* EWS 2001, 517 (522).
[586] Kommission ABl. 1992 L 171/54 (63) –Hytasa-; Kommission ABl.1997 L96/30 - Hytasa 2-; bestätigt durch EuGH Slg. 1994, I-1403 Rn.9; EuGH Slg. 1998, I-6993 Rn.12.
[587] *Lübbig* EWS 2001, 517 (522); *Verse/Wurmnest* ZHR 167 (2003), 403 (433); *Maier/Luke* DB 2003, 1207 (1211).
[588] *Borchardt* ZIP 2001, 1301 (1307).

Allerdings kann das Kriterium des Zeitpunkts der Übertragung nur dazu dienen, bereits bestehende Verdachtsmomente, die für eine versuchte Umgehung der Kommissionsentscheidung sprechen, zu erhärten. Nicht hingegen wird aufgrund des bloßen Zeitpunkts der Übertragung allein auf eine versuchte Umgehung der Kommissionsentscheidung zu schließen sein.
Insbesondere jedoch bei Veräußerungen an andere angehörige Unternehmen des gleichen Konzerns in Anbetracht einer drohenden oder sogar nach erlassener Kommissionsentscheidung wird der Anschein einer versuchten Umgehung der Kommissionsentscheidung erheblich verstärkt.

## E. Wirtschaftlichkeit der Übertragung

Das Merkmal der Wirtschaftlichkeit der Übertragung steht in engem Zusammenhang mit dem Merkmal des gezahlten Kaufpreises.
Wenn der Übertragung der Vermögenswerte des beihilfebegünstigten Unternehmens keine verständigen wirtschaftlichen Kriterien zu Grunde liegen, kann dies als Anhaltspunkt für eine Umgehung der Kommissionsentscheidung angesehen werden. Eine Wirtschaftlichkeit der Übertragung ist meist zu verneinen, wenn die Veräußerung unter dem Marktpreis erfolgte, obwohl es möglich gewesen wäre, den Marktpreis durch eine Veräußerung an einen anderen Interessenten zu erzielen. Hierfür sind im Regelfall keine verständigen wirtschaftlichen Kriterien zu finden.
Wie auch das Kriterium des Zeitpunktes der Übertragung ist das Kriterium der Wirtschaftlichkeit der Übertragung nur dazu geeignet, bereits aufgrund anderer erfüllter Kriterien gegebene Verdachtsmomente zu erhärten oder auch zu widerlegen. Nur weil eine Transaktion wirtschaftlich wenig sinnvoll erscheint, kann deshalb noch nicht auf eine versuchte Umgehung einer Kommissionsentscheidung geschlossen werden. Im Zusammenhang mit anderen bestehenden Verdachtsmomenten kann jedoch eine fehlende Wirtschaftlichkeit der Übertragung durchaus geeignet sein, „den Kreis zu schließen“.

## F. Subjektive Kriterien

In den maßgeblichen Kommissionsentscheidungen nicht explizit behandelt worden ist die Frage, inwiefern subjektive Kriterien für die Erstreckung der Rückforderungshaftung auf Dritte relevant sind.
Zu beachten ist, dass die Kommission aufgeführt hat, dass die jeweiligen Transaktionen erfolgt sein müssen, „um die Kommissionsentscheidungen zu umgehen“[589]. Eine Umgehung einer Kommissionsentscheidung kann jedoch nur versucht werden, wenn mit einer solchen gerechnet oder sie zumindest für möglich gehalten wird. Wenn beide Vertragsparteien in Unkenntnis über die Beihilfeneigenschaft einer staatlichen Maßnahme sind, so kann auch von ihnen nicht versucht worden sein, eine Kommissionsentscheidung zu umgehen. Ob die Kommission mit dieser Äußerung jedoch ein weiteres Kriterium begründen wollte, ist nicht eindeutig zu beantworten. Einerseits hat sie

---

[589] So Kommission ABl. 2000 L 238/50 Rn.48 –SMI-; Kommission ABl. 2000 L 318/62 Rn.118 – CDA-.

in keiner ihrer Entscheidungen eine etwaige Kenntnis der Beihilfeneigenschaft der staatlichen Maßnahme auf Seiten des Veräußerers oder Erwerbers näher geprüft. Andererseits scheint insbesondere das von der Kommission aufgestellte Kriterium der Identität der Anteilseigner dafür gedacht zu sein, eine Vermutung für eine Umgehungsabsicht darzulegen.

Sofern der Hauptgrund der Rückforderung auch von dem Dritten in der Aufrechterhaltung der durch die Beihilfengewährung entstandenen Wettbewerbsverzerrung zu Lasten der Konkurrenten gesehen wird, so mag man auf ein solches subjektives Kriterium verzichten wollen. Die wettbewerbsverzerrende Wirkung besteht ja unabhängig von einer möglichen Kenntnis weiter.

Wenn man jedoch hauptsächlich auf die (versuchte) Umgehung der Kommissionsentscheidung abstellt, wird man hingegen ein subjektives Kriterium zwingend für notwendig erachten müssen. Denn ohne Kenntnis kann auch keine Umgehung versucht worden sein. [590] Folgerichtig müsste man davon ausgehen müssen, dass für die Erstreckung der Haftung auf den Erwerber die beiden Vertragsparteien gewusst haben müssen, dass sich rechtswidrige Beihilfen im Vermögen des Schuldners befanden,[591] oder dies zumindest für möglich gehalten haben.

Die Haftung des Erwerbers für die Rückzahlung der Beihilfe stellt im Ergebnis keinen Selbstzweck dar, welcher quasi als Strafe für eine versuchte Kommissionsentscheidung verhängt wird. Voraussetzung ist vielmehr, dass eine Umgehung der Kommissionsentscheidung versucht wurde, gerade um den beihilferechtswidrigen Vorteil weiterhin am Markt zu haben.

Im Ergebnis wird man jedoch auf ein subjektives Kriterium nicht verzichten können. Die Haftung des Erwerbers für die Rückzahlung der Beihilfe ist eine wirtschaftlich zu gravierende Folge, die dem Erwerber nicht auferlegt werden sollte, ohne dass er es für möglich erachtet hatte, dass dem von ihm erworbenen Unternehmen Beihilfen gewährt worden waren. Der Schutz des freien Marktes kann gegenüber dem Interesse des Erwerbers nicht überwiegen, wenn dieser das beihilfenbegünstigte Unternehmen zu einem Preis erwarb, bei dem er von einer günstigen Gelegenheit ausging, da sich dieser Preis unterhalb des Marktpreises bewegte.

Dies darf den Erwerber selbstverständlich nicht von einer sorgfaltigen Prüfung im Rahmen einer Due-Diligence-Prüfung entlasten. Wenn der Erwerber hätte erkennen können oder müssen, dass eine Verstrickung von Beihilfen erfolgt ist, dann ist er insofern nicht schutzwürdig. Daher kommt eine befreiende Unkenntnis nur in seltenen Fällen in Betracht, nämlich nur dann, wenn es dem Erwerber unmöglich war, die Verstrickung von Beihilfen zu erkennen. Da jedoch bei Leistungen, die durch die öffentliche Hand gewährt wurden, stets eine Möglichkeit besteht, dass es sich eventuell um Beihilfen handeln könnte, wird zu verlangen sein, dass der Erwerber nicht einmal erkennen konnte, dass die Leistung durch die öffentliche Hand erfolgt war.

---

[590] *Ehricke/Blask* ZInsO 2002, 693 (695).

[591] *Ehricke* ZIP 2000, 1656 (1664); *ders./Blask* ZInsO 2002, 693 (695); **a.A.** *Soltesz*, BB 2001, 1049 (1052).

Die Beweisbarkeit dieser Unkenntnis der Beihilfenverstrickung bei Veräußerer und Erwerber stellt sich natürlich insofern als problematisch dar, als es sich um eine sog. innere Tatsache handelt. Daher wird man *prima facie* davon ausgehen müssen, dass im Falle des Vorliegens der von der Kommission aufgestellten objektiven Kriterien grundsätzlich auf eine Umgehungsabsicht zu schließen ist.[592] Die von der Kommission aufgestellten Kriterien dienen gerade dazu, objektive Anhaltspunkte für eine solche Umgehungsabsicht zu liefern. Wiederum müssen nicht alle Kriterien der Kommission kumulativ erfüllt sein, sondern es müssen sich aus einer Gesamtschau der erfüllten Kriterien objektiv deutliche Anhaltspunkte für eine versuchte Ungehung ergeben.
Sofern diese objektiven Kriterien erfüllt sind, wird es Aufgabe des Mitliedstaates[593] respektive des Beihilfenempfängers und des Dritten sein zu beweisen, dass keine Umgehungsabsicht vorlag. Man wird insofern von einer Beweislastumkehr ausgehen können.
Zu beachten ist zusätzlich, dass auch in diesem Zusammenhang die allgemeinen Regeln der Wissenszurechnung eingreifen. Im Falle des Vorliegens eines besonderen Näheverhältnisses zum Beihilfenempfänger ist die Kenntnis des Beihilfenempfängers dem Dritten zuzurechnen. Für die Bestimmung eines solchen Näheverhältnisses kann insbesondere, aber nicht ausschließlich, auf die in § 138 InsO aufgeführten Personenkreise zurückgegriffen werden.[594] Daher ist auch gerade bei Transaktionen zwischen verbundenen Unternehmen davon auszugehen, dass auch der Erwerber Kenntnis von einer etwaigen Beihilfenverstrickung im Vermögen des Veräußerers hat.

## G. Verfahren vor der Kommission

Im Übrigen ist darauf hinzuweisen, dass auch im Gemeinschaftsrecht der Grundsatz der Rechtssicherheit gilt. [595] Dies bedeutet, dass aus belastenden Rechtsakten der Gemeinschaft für die Beteiligten klar und unzweideutig bestimmbar sein muss, in welcher Weise sie von dem Rechtsakt betroffen sind, damit sie ihr Verhalten entsprechend einrichten können.[596]
Daher hat es die Kommission auch bekannt zu geben, wenn sie erwägt, auch die Rückforderung von einem anderen Unternehmen als dem ursprünglichen Beihilfenempfänger anzumelden.[597] Es muss einem Unternehmen ermöglicht werden, im Rahmen des Verfahrens vor der Kommission Verteidigungsmittel vorzubringen und nicht vor vollendete Tatsachen gestellt zu werden.

---

592 *Ehricke*, ZIP 2000, 1656 (1664); *ders./Blask* ZInsO 2002, 693 (695); *Borchardt* ZIP 2001, 1301 (1307).

593 *Borchardt* ZIP 2001, 1301 (1307).

594 *Ehricke* ZIP 2000, 1656 (1664); vgl. hierzu die Ausführungen zu § 138 InsO, 3.Teil §6 B IV.

595 EuGH Slg. 1989, 405 Rn.22 –CFCF-; EuGH Slg. 1997, I-6495 Rn.19 –Wiener-.

596 *Quardt* EWS 2003, 312.

597 IdS. auch die Rüge der Bundesrepublik Deutschland in der Sache SMI C-277/00, Rn.56 der Schlussanträge des Generalanwalts *Tizzano*. Generalanwalt *Tizzano* ist jedoch auf diese Rüge nicht weiter eingegangen.

## H. Zusammenfassung der gefundenen Ergebnisse

Festzuhalten bleibt, dass eine Erstreckung der Rückzahlungspflicht auf einen Dritten nur dann stattfinden kann, wenn diverse Kriterien erfüllt sind, aufgrund derer objektive Anhaltspunkte für eine Umgehung der Rückforderungsentscheidung der Kommission durch Entziehung der Beihilfe außerhalb der Kommissionsreichweite der gegeben sind. Hierfür können die von der Kommission aufgestellten Kriterien mit leichten Einschränkungen verwendet werden.

Voraussetzung für eine Inanspruchnahme des Dritten ist zunächst, dass dieser Dritte das (nahezu) gesamte Vermögen eines beihilfebegünstigten Unternehmens im Wege eines Asset Deals erworben hat. Auch wenn nicht alle Kriterien kumulativ erfüllt sein müssen, so lässt sich aus den bisherigen Kommissionsentscheidungen doch entnehmen, dass zunächst zwingend ein Erwerb nahezu der gesamten Vermögenswerte zur Fortführung der Tätigkeit des Beihilfenempfängers am Markt erfolgt sein muss. Bei einem Share Deal besteht für eine Erstreckung der Haftung auf den Dritten im Regelfall kein Bedarf.
Bei dem Erwerber muss es sich nicht zwingend um ein einzelnes Unternehmen handeln, es besteht auch die Möglichkeit der Zurechnung im Falle des Erwerbs nur einzelner Vermögenswerte durch mehrere Unternehmen des gleichen Konzerns, wobei jedoch die erworbenen Vermögenswerte zusammengenommen (nahezu) das gesamte Vermögen ausmachen müssen.

Des Weiteren muss der Erwerber es zumindest für möglich gehalten haben, dass im Vermögen des Veräußerers (gemeinschaftsrechtswidrige) Beihilfen vorhanden sind, da ansonsten nicht von einer versuchten Umgehung der Kommissionsentscheidung ausgegangen werden kann. Die Beweislast dafür, dass eine solche Kenntnis nicht bestand, hat der Erwerber zu tragen, wenn die objektiven Anhaltspunkte auf eine versuchte Umgehung schließen lassen.

Nach der hier vertretenen Ansicht muss der Erwerb auch (zumindest außerhalb von Konzernverbindungen) zum Marktpreis, wenn auch nicht zwingend im Rahmen eines Bietverfahrens, erfolgt sein. Insofern bleibt festzuhalten, dass nicht die Erfüllung eines einzelnen Kriteriums ausreicht,[598] sondern dass allenfalls die Kriterien der „Identität der Anteilseigner" und des „Kaufpreises" (also des Erwerbs unterhalb des Marktpreises) kumulativ gegeben sein müssen, wohingegen die Kriterien des „Zeitpunkts der Übertragung" und der „Wirtschaftlichkeit der Übertragung" nur als bloße zusätzliche Indizien gewertet werden können, die im Falle einer Übertragung des gesamten Unternehmens unterhalb des Marktpreises den Gesamteindruck verstärken können.
Spiegelbildlich kann jedoch auch im Fall einer Übertragung des gesamten beihilfebegünstigten Unternehmens unterhalb des Marktpreises eine Haftung des Erwerbers auszuschließen sein, wenn aufgrund des Zeitpunkts und der Wirtschaftlichkeit der Übertragung eine Umgehungsabsicht auszuschließen ist.

---

[598] Dies übersieht *Zühlke* EWS 2003, 61 (62 ff.).

Das Kriterium der Identität der Anteilseigner kann wiederum als ein gewichtiges Indiz für eine versuchte Umgehung der Kommissionsentscheidung gewertet werden, da bei verbundenen Unternehmen die Gefahr von Vermögensverschiebungen zu Lasten der Gläubiger besonders groß ist. Wenn hingegen die Transaktion zwischen nicht miteinander verbundenen Unternehmen erfolgt, so besteht seltener eine begründete Annahme für eine versuchte Umgehung der Kommissionsentscheidung.

Zweck der Rückforderung der Beihilfe von einem anderen Unternehmen als dem ursprünglichen Beihilfenempfänger ist, dass verhindert werden soll, dass die Assets eines beihilfebegünstigten Unternehmens unter Wert veräußert werden. Ansonsten droht die Folge, dass der ursprüngliche Beihilfenempfänger ohne nennenswertes Vermögen dasteht und zur Rückzahlung der Beihilfe nicht in der Lage ist, wohingegen der Erwerber das Unternehmen nahezu unverändert am Markt weiter betreiben kann, ohne dass der Wert der Beihilfen dem Unternehmen wieder entzogen wurde. Hierdurch wird die Benachteiligung der Wettbewerber weiter aufrechterhalten. Indem die Kommission nun die Mitgliedsstaaten verpflichtet, in solchen Fällen die Rückforderung der Beihilfen auch von dem Erwerber zu betreiben, können solche Umgehungsversuche untauglich gemacht werden. Daher ist diese neue Kommissionspraxis unter den hier erörterten Einschränkungen als probates Mittel zur Wiederherstellung des Wettbewerbs anzusehen.

## § 5 Bewertung der ergangenen Kommissionsentscheidungen

Aufgrund der getroffenen Analyse und Bewertung der von der Kommission aufgestellten Kriterien, welche auf eine versuchte Umgehung der Kommissionsentscheidung schließen lassen, sind die bislang getroffenen Kommissionsentscheidungen zu bewerten.

### A. Gröditzer Stahlwerke

Der Fall „Gröditzer Stahlwerke" stellt quasi ein Musterbeispiel einer versuchten Umgehung der Beihilfenrückforderung durch den Beihilfenempfänger und einem verbundenen Unternehmen dar.
Nachdem die Kommission mit der Überprüfung der geleisteten Beihilfen begonnen hatte, wurden kurz vor der Insolvenz des Beihilfenempfängers die gesamten Assets unter Marktpreis an ein verbundenes Unternehmen veräußert. Hier lagen die von der Kommission aufgeführten Kriterien (Unternehmensgegenstand, Identität der Anteilseigner, Kaufpreis, Zeitpunkt der Übertragung und Wirtschaftlichkeit der Übertragung) kumulativ vor.
Aufgrund der erfolgten Verschiebungen von Assets an verbundene Unternehmen bei einer drohenden Kommissionsentscheidung vermögen diese Entscheidungen daher zu überzeugen.

### B. CD Albrechts

Im Fall „CD Albrechts" verlangte die Kommission die Rückforderung der Beihilfe von den Unternehmen „LCA" und „CDA".
Es handelt sich bei dem Unternehmen „LCA" um den Beihilfenempfänger, der lediglich umfirmierte. Bei dem Unternehmen „CDA" handelt es sich um ein mit dem ursprünglichen Beihilfenempfänger verbundenes Unternehmen, welches die Geschäftstätigkeit des Beihilfenempfängers am Markt fortsetzt. Die Veräußerung erfolgte offensichtlich nicht zum Marktpreis und nachdem die Kommission angefangen hatte, sich mit dem Fall zu befassen.
Daher sind auch in diesem Fall ausreichende Anhaltspunkte für eine Erstreckung der Haftung auf den Erwerber gegeben. Demnach ist auch diese Kommissionsentscheidung als richtig anzusehen.

### C. Seleco SpA

Im Fall „Seleco" erfolgte nach der Einleitung des Überprüfungsverfahrens durch die Kommission eine Zusammenfassung der rentabelsten Aktiva des Unternehmens auf ein neues Unternehmen, welches zunächst vom Mehrheitsgesellschafter geleitet wurde. Die Kommission nahm an, dass versucht wurde, den ursprünglichen Beihilfenempfänger als leere Hülle zurückzulassen. Von der Kommission nicht berücksichtigt wurde jedoch der Umstand, dass die Übertragung der Aktiva des Unternehmens zum Marktpreis erfolgte. Da nach der hier vertretenen Ansicht bei einer Übertragung zum Marktpreis eine Erweiterung der Haftung nicht in Betracht kommt, ist diese Kommissionsentscheidung als fehlerhaft abzulehnen und wurde vom EuGH zu Recht aufgehoben.

## D. Graf von Henneberg

Der Entscheidung „Graf von Henneberg" kann nur im Ergebnis zugestimmt werden. Das Unternehmen GvHiA hatte gemeinschaftsrechtswidrige Beihilfen erhalten, wie auch die GvH2. Der GvH2 wurden die Aktiva und das Personal der (mit ihr verbundenen) GvHiA übertragen. Insofern waren die Voraussetzungen für eine Erstreckung der von der GvHiA erhaltenen Beihilfen auf die GvH2 gegeben. Daher haftete die GvH2 vor ihrer Veräußerung an den privaten Investor bereits für die ihr geleisteten Beihilfen sowie zusätzlich für die der GvHiA gewährten Beihilfen. Die Kommission weist jedoch darauf hin, dass auch die Veräußerung der Anteile der GvH2 nichts an dieser Haftung für die erhaltenen Beihilfen ändert. Dies widerspricht den bereits herausgearbeiteten Ausnahmen im Fall der übertragenden Sanierung innerhalb des Insolvenzverfahrens.

Bemerkenswert ist hingegen die Anmerkung der Kommission, dass auch der private Investor, welcher die Anteile erworben hat, nicht nach einem bedingungsfreien und transparenten Bietverfahren ausgewählt wurde.[599] Würde die Auswahl des Erwerbers der Unternehmensanteile nichts an der Haftung des Unternehmens ändern, wäre auch ein etwaiges Bietverfahren irrelevant.

Da der Erwerber der GvH2 jedoch anscheinend nicht den Marktpreis für das Unternehmen gezahlt hat, ist der Entscheidung im Ergebnis zuzustimmen.

## E. SMI

Der Entscheidung „SMI" kann hingegen weder im Ergebnis noch in der Begründung gefolgt werden.

Wie bereits aufgezeigt, kann ein Erwerb der gebündelten Vermögenswerte des Beihilfenempfängers durch ein außenstehendes Unternehmen zum Marktpreis nicht dazu führen, dass der Erwerber neben dem Veräußerer zur Rückzahlung der vom Beihilfenempfänger erhaltenen Beihilfe verpflichtet wird.

Im konkreten Fall SMI ist anzumerken, dass aufgrund der Tatsache, dass der Erwerber MD&D früher ein Enkel- respektive Tochterunternehmen der Beihilfenempfänger SMI und SIMI war, auf den ersten Blick eine Umgehungsabsicht nicht fern liegend zu sein scheint. Da jedoch MD&D zum Zeitpunkt des Erwerbs in keinerlei rechtlicher Verflechtung mit dem Veräußerer mehr stand, darf MD&D auch nicht schlechter gestellt werden, als hätte sie die Assets eines völlig fremden Unternehmens gekauft. Auch eine Haftung der MD&D aufgrund des Erwerbs der Anteile der SIMI hätte nicht angenommen werden dürfen, da durch den Erwerb von Gesellschaftsanteilen keine Haftung des erwerbenden Unternehmens eintreten kann.

---

[599] Kommission ABl. 2002 L 307/25 Rn.143 -Graf von Henneberg-.

## *§ 6 Rückforderung vom Dritten nach deutschem Recht*

Wenn die Kommission die Rückforderung der Beihilfe angeordnet hat, dann ist der Mitgliedsstaat gem. Art. 14 Abs. 1 VerfVO verpflichtet, alle notwendigen Maßnahmen zu treffen, um die Beihilfe vom Empfänger zurückzufordern. Die Rückforderung hat gem. Art. 14 Abs. 3 VerfVO nach den Vorschriften des nationalen Rechts zu erfolgen, wobei nationale Vorschriften der effektiven Rückforderung der Beihilfe nicht entgegenstehen dürfen und gegebenenfalls außer Acht zu lassen sind.
Wichtig ist es, in Erinnerung zu rufen, dass die Entscheidung der Kommission nur den Mitgliedsstaat verpflichtet, die Rückforderung der Beihilfe zu betreiben. Eine Verpflichtung des Beihilfenempfängers selbst oder auch des Dritten zur Rückzahlung der Beihilfe an den Mitgliedsstaat entsteht erst durch die Geltendmachung der Forderung durch den Mitgliedsstaat ihnen gegenüber, nicht jedoch bereits durch die Kommissionsentscheidung.

Problematisch ist, wie und aufgrund welcher Anspruchsgrundlage nach deutschem Recht die Rückforderung vom Dritten durch den Mitgliedsstaat zu erfolgen hat.
Bei den bisher von der Kommission erlassenen Rückforderungsentscheidungen, welche die Mitgliedsstaaten auch zur Rückforderung der Beihilfe von einem Dritten verpflichten, handelte es sich zumeist um Beihilfen, die zumindest auf der zweiten Stufe in privatrechtlicher Form gewährt wurden, daher wurde die Diskussion um die Rückforderung der Beihilfe von Dritten fast ausschließlich mit Bezug auf zivilrechtlich gewährte Beihilfen geführt.[600]
Aufgrund der zivilrechtlichen Gewährung dieser Beihilfen muss auch die Rückforderung nach den Vorschriften des deutschen Zivilrechts erfolgen (sog. Kehrseitentheorie).[601] Aufgrund welcher Anspruchsgrundlage und in welcher Ausgestaltung die Rückforderung dieser zivilrechtlich gewährten Beihilfe zu erfolgen hat, ist im Folgenden zu untersuchen. Danach ist auf den Fall der Rückforderung der Beihilfe von einem Dritten einzugehen, wenn die ursprüngliche Beihilfe durch Verwaltungsakt gewährt wurde, sofern eine unterschiedliche dogmatische Konstruktion erforderlich erscheint.

Da § 419 BGB a.F. mit Wirkung zum 31.12.1998 aufgehoben wurde, wird diese Anspruchsgrundlage im weiteren Gang der Untersuchung außer Acht gelassen, obwohl ein Großteil der Fälle sich bei der Anwendbarkeit dieser Vorschrift wohl (relativ einfach) lösen ließe.

### A. Unmittelbare Inanspruchnahme des Dritten

#### I. § 812 Abs. 1 BGB Leistungskondiktion

Vom Beihilfenempfänger selbst kann durch den Mitgliedsstaat, wie bereits erläutert, eine zivilrechtlich gewährte Beihilfe gem. § 812 Abs. 1 S. 1 1.Fall (Leistungskondikti-

---

600 Vgl. *Koenig* BB 2000, 573 (577); *Ehricke* ZIP 2000, 1656 (1666 ff.); *ders.* WM Sb 3/2001 S. 3 (13 ff.), *Rapp/Bauer* KTS 2001, 1 (34 f.).

601 Siehe hierzu *Oldiges* NVwZ 2001, 626 (627); Stober/Vogel/*Ehlers* S. 127 (128 f.); *Harings* S. 166 Rn.279.

on) zurückgefordert werden, da der Vertrag, welcher der Beihilfengewährung zugrunde liegt, gem. § 134 BGB nichtig ist.[602]
Eine Leistungskondiktion erfordert eine Leistung, also die bewusste und zweckgerichtete Mehrung fremden Vermögens.[603] Ein solches Leistungsverhältnis besteht naturgemäß zwischen der die Beihilfe gewährenden Stelle des Mitgliedsstaates und dem Beihilfenempfänger, nicht jedoch zwischen dem Mitgliedsstaat und dem Dritten, da zwischen diesen keine unmittelbare Rechtsbeziehung besteht.[604] Noch weniger könnte man sagen, dass der Mitgliedsstaat mit der Zuwendung der Beihilfe an den Beihilfenempfänger das Vermögen des Dritten vermehren wollte. Daher sind die tatbestandlichen Voraussetzungen einer Leistungskondiktion gegenüber dem Dritten nicht gegeben. Diese Anspruchsgrundlage kommt daher bei wortlautgetreuer Anwendung dieser Vorschrift nicht in Betracht.

## II. § 822 BGB Herausgabepflicht Dritter

Möglich erscheint in den Fällen, in denen der Beihilfenempfänger seine gesamten Aktiva unentgeltlich an einen Dritten übertragen hat, ein Herausgabeanspruch gegenüber dem Dritten gem. § 822 BGB.
Voraussetzung des § 822 BGB ist zunächst, dass der Empfänger etwas ohne rechtlichen Grund erlangt hat. Aufgrund der Nichtigkeit der zivilrechtlich gewährten Beihilfe gem. § 134 BGB hat der Beihilfenempfänger diese ohne rechtlichen Grund erlangt. Des Weiteren müsste der Empfänger das Erlangte unentgeltlich an einen Dritten zugewendet haben.
In vielen Fällen wird es so sein, dass der Beihilfenempfänger für die - zumeist in der Auszahlung von Geld bestehenden - Beihilfe Anlagegüter oder dergleichen erwirbt. Nach zutreffender hL greift § 822 BGB jedoch nicht nur dann ein, wenn das Erlangte selbst unentgeltlich an einen Dritten weitergegeben wurde, sondern auch bei unentgeltlicher Weitergabe von Surrogaten oder Nutzungen.[605] Daher kann auch das vom Beihilfenempfänger mit den durch die Beihilfe gewährten Mitteln Erlangte tatbestandsmäßig ausreichend sein iSv. § 822 BGB.

Problematisch ist jedoch, dass § 822 voraussetzt, dass eine Haftung des Dritten nur eintritt, wenn die Verpflichtung des Empfängers zur Herausgabe der Bereicherung ausgeschlossen ist. Diese Voraussetzung ist erfüllt, wenn die Haftung des Bereicherten gem. § 818 Abs. 3 BGB ausgeschlossen ist.[606] Wie jedoch bereits ausgeführt wurde, kann sich der Empfänger einer gemeinschaftsrechtswidrigen Beihilfe nicht auf den Wegfall der Bereicherung gem. § 818 Abs. 3 BGB berufen.[607] Die Haftung des Emp-

602 Siehe 1.Teil §2 C. II 2 a.
603 BGHZ 40, 272 (277); BGHZ 58, 184 (188); Palandt/*Sprau* 62. A. §812 Rn.3.
604 *Ehricke* WM Sb.3/2001 S. 3 (14).
605 Staudinger/*Lorenz* § 822 Rn.6; MüKo/Lieb § 822 Rn.7; Palandt/*Thomas* § 822 Rn.3; RGRK/*Heimann-Trosien* § 822 Rn.6; Soergel/*Mühl* § 822 Rn.2.
606 Palandt/*Thomas* § 822 Rn.3; MüKo/Lieb § 822 Rn.5
607 Vgl. 1.Teil §2 C II 2 d.

fängers ist daher nicht ausgeschlossen, so dass die Voraussetzungen des § 822 BGB nicht gegeben sind.
Diskutiert wird jedoch, ob (im Fall der verschärften Haftung des Empfängers) dann, wenn dieser insolvent ist, § 822 BGB zumindest analog angewandt werden sollte. Die Schutzbedürftigkeit des Gläubigers sei hier keine andere, als in dem Fall, in dem der Anspruch gegen den Empfänger aus Rechtsgründen ausgeschlossen ist, während sich an der fehlenden Schutzwürdigkeit des Dritten nichts geändert habe.[608]
Dagegen wird eingewandt, dass die Formulierung des § 822 BGB indessen eindeutig sei: Der Anspruch gegen den Dritten werde nur gewährt, wenn "die Verpflichtung" des Empfängers nicht mehr bestehe, d.h. der Anspruch gegen ihn müsse „aus Rechtsgründen" erloschen sein.[609]
Im Ergebnis wird man der zuletzt genannten Ansicht zustimmen müssen. Der Wortlaut des Gesetzes erscheint zu eindeutig, um eine analoge Anwendung befürworten zu können. Auch für den hier gegeben Fall der „Weitergabe" von gemeinschaftsrechtswidrigen Beihilfen erscheint aus Gründen der gemeinschaftsrechtlich gebotenen Rückforderung der Beihilfe eine analoge Anwendung nicht geboten, da nur die seltenen Fälle der unentgeltlichen Weitergabe von Beihilfen erfasst würden. Für die Fälle, in denen jedoch ein Entgelt geleistet wurde, müsste auch weiterhin nach einer Anspruchsgrundlage gesucht werden. Vorzuziehen wäre jedoch eine Anspruchsgrundlage, die wenn nicht alle, doch zumindest möglichst viele Fälle erfasst sehen würde. Eine analoge Anwendung des § 822 erscheint daher wenig viel versprechend.
Eine Inanspruchnahme gem. § 822 BGB kommt daher grundsätzlich nicht in Betracht.

## III. § 816 Abs. 1 S. 2 BGB

Sofern die gewährte Beihilfe nicht in der Zuführung von Geld bestand, sondern in der Übertragung eines Grundstücks oder körperlicher Gegenstände, die nicht gem. 948 BGB untrennbar in das Vermögen des Beihilfenempfängers gelangt sind, so blieb aufgrund der dinglichen Nichtigkeit der Übertragung die Beihilfe weiterhin im Eigentum des Mitgliedsstaates bzw. der die Beihilfe gewährenden Stelle.[610]
Wenn der Beihilfenempfänger anschließend über das Grundstück oder den bzw. die Gegenstände verfügt hat, so bestand auf Seiten des Erwerbers die Möglichkeit eines gutgläubigen Erwerbs gem. § 892 oder § 932 BGB. Sollte der Beihilfenempfänger diese Verfügung unentgeltlich vorgenommen haben, so wären die Voraussetzungen des § 816 Abs. 1 S. 2 (Verfügung eines Nichtberechtigten, Wirksamkeit gegenüber dem Berechtigten, Unentgeltlichkeit der Verfügung) gegeben, mit der Folge, dass der Erwerber dem Mitgliedstaat zur Rückgabe der betreffenden Sache verpflichtet ist.
Weitere Fallkonstellationen werden von dieser Anspruchsgrundlage jedoch nicht abgedeckt. Eine Rückforderung aufgrund dieser Vorschrift wird daher nur in seltenen Fällen vorkommen können.

---

608 So MüKo/*Lieb* § 822 Rn.6; *Canaris*, FS-Larenz, S. 799 (833); *Medicus*, SchR II Rn 691; *Knütel* NJW 1989, 2504 (2508); *Schilken* JR 1989, 363 (365 f.).

609 BGH NJW 1969, 605; ebenso BGH NJW 1999, 1026, 1028 mwN; Staudinger/Lorenz § 822 Rn.10; *Kornblum* JuS 1970, 437 (441); Palandt/*Thomas* § 822 Rn.7; *Reuter/Martinek* S. 366 f.

610 Vgl. 1.Teil §2 C. II 3.

## IV. § 812 Abs. 1 BGB Nichtleistungskondiktion

### *1. Wortlautgetreue Anwendung*

Aufgrund der tatbestandlichen Unanwendbarkeit der Leistungskondiktion gegenüber dem Dritten wird vertreten, dass die Beihilfe vom Dritten im Wege der Nichtleistungskondiktion gem. § 812 Abs. 1 S. 1 2. Fall BGB zurückgefordert werden kann.[611]

Nach der zutreffenden herrschenden Meinung besteht im Bereicherungsrechts jedoch kein Raum für die Anwendung einer Nichtleistungskondiktion, wenn der Bereicherungsgegenstand vom Rückfordernden geleistet wurde, da in diesem Fall keine Bereicherung „in sonstiger Weise" erfolgt ist.[612] Es soll sich die Rückforderung primär immer innerhalb eines vorliegenden Kausalverhältnisses abspielen. Nur wenn kein solches Kausalverhältnis gegeben ist, innerhalb dessen eine Rückabwicklung nach der Leistungskondiktion in Betracht kommt, ist Raum für eine Nichtleistungskondiktion. Der Grund dafür liegt hauptsächlich darin, dass jede Partei nur das Insolvenzrisiko ihres eigenen Vertragspartners zu tragen hat.[613]

Im Falle der Rückforderung von einem Dritten, welcher beihilfebegünstigte Vermögenswerte vom Beihilfenempfänger erworben hat, lag jedoch mit der Gewährung der Beihilfe bereits eine Leistung vom Mitgliedsstaat an den Beihilfenempfänger vor.

### *2. Europarechtskonforme Auslegung*

Um dem Grundsatz des „effet utile" gerecht zu werden, hat *Koenig* daher vorgeschlagen, dass in den hier behandelten Fällen, in denen die Beihilfe von einem Dritten zurückgefordert werden muss, der Vorrang der Leistungs- vor der Nichtleistungskondiktion im Wege eine europarechtskonformen Auslegung außer Acht zu lassen ist.[614] Würde an dem Grundsatz des Vorranges der Leistungskondiktion festgehalten, so würde seiner Ansicht nach durch einen Verstoß gegen die Art. 87, 88 EGV die Rückforderung der Beihilfe von dem Dritten erschwert, wenn nicht gänzlich unmöglich gemacht.

---

611 *Koenig* BB 2000, 573 (577).

612 BGHZ 40, 272 (278); Palandt/*Sprau* 62.A. §812 Rn.2; *Medicus* BR Rn.727; *Reuter/Martinek* §10 II 3; HK-*Schulzem,* Vor §§ 812–822 Rn. 4.

613 Grundlegend hierzu *Canaris* FS-Larenz, S.799 (810 ff.).

614 *Koenig* BB 2000, 573 (577).

### *3. Einwände*

Diese Ansicht sieht sich zu Recht mit den Einwänden konfrontiert, dass der grundsätzliche Vorrang der Leistungs- vor der Nichtleistungskondiktion nicht vorschnell außer Acht gelassen werden sollte.[615] Hierbei handelt es sich um einen der tragenden Grundsätze des deutschen Bereicherungsrechts. Bevor dieser Grundsatz außer Anwendung gelassen wird, wäre erst festzustellen, ob nicht auf andere Weise, also aufgrund einer anderen Anspruchsgrundlage die Rückforderung durchgesetzt werden kann.

Problematisch erscheint auch, dass die Beihilfe, welche der Beihilfenempfänger durch Leistung des Mitgliedsstaates erlangt hat, nicht identisch ist mit den Vermögenswerten, die der Dritte von dem Beihilfenempfänger erworben hat.[616] Vielmehr wird man sagen können, dass überhaupt kein Eingriff des Dritten in den Zuweisungsgehalt des Rechts des Entreicherten vorliegt.[617] Der Mitgliedsstaat wird durch eine Verfügung des Beihilfenempfängers an den Dritten nicht entreichert. Insofern wird man auch den Tatbestand der Nichtleistungskondiktion schon nicht als erfüllt ansehen können.

Die aufgeführten dogmatischen Bedenken sind zu gewichtig, als dass eine analoge Anwendung dieser Vorschrift in Betracht gezogen werden sollte, um eine Rückforderung der Beihilfe von dem Dritten zu erreichen.

## V. § 823 Abs. 2 BGB iVm. Art. 87, 88 EGV iVm. den Grundsätzen der Drittschadensliquidation

### *1. Ansicht* Koenigs

Eine weitere, ebenfalls von *Koenig* aufgezeigte Möglichkeit soll eine Rückforderung der Beihilfe von dem Dritten gem. § 823 Abs. 2 iVm Art. 87, 88 EGV iVm den Grundsätzen der Drittschadensliquidation darstellen.[618]

Das Beihilfenverbot der Art. 87, 88 EGV soll nach der Ansicht *Koenigs* ein Schutzgesetz iSv. § 823 Abs. 2 BGB darstellen, zumindest dann, wenn eine Konkretisierung dieser Normen durch eine Kommissionsentscheidung erfolgt ist, welche die Unvereinbarkeit der Beihilfe mit dem gemeinsamen Markt festgestellt hat.[619]

Anspruchsinhaber im Falle der Verletzung eines Schutzgesetzes kann nur sein, wer in den Schutzbereich des betreffenden Gesetzes fällt. Geschützt durch die Art. 87, 88 EGV sind grundsätzlich die Konkurrenten des Beihilfenempfängers, nicht jedoch der Mitgliedsstaat. Durch die Besonderheiten der Beihilfenrückforderung soll es dem Mitgliedsstaat jedoch im Wege einer atypischen, neukonstruierten Konstellation der Drittschadensliquidation möglich sein, den Anspruch selbst gegenüber dem Dritten durchzusetzen. Der Mitgliedsstaat soll insofern den Schaden der Konkurrenten, den diese durch die Gewährung der Beihilfe an den Beihilfenempfänger erlitten haben, im eige-

---

615 *Smid* FS-Uhlenbruck, S. 405 (420 f.); *Ehricke* ZIP 2000, 1656 (1665); *Rapp/Bauer* KTS 2001, 1 (28).

616 *Rapp/Bauer* KTS 2001, 1 (28).

617 *Ehricke* ZIP 2000, 1656 (1665).

618 *Koenig* BB 2000, 573 (577 f.).

619 *Koenig* a.a.O.

nen Namen geltend machen.[620] Allerdings soll dieser Anspruch nur subsidiär zu dem von *Koenig* ebenfalls in Betracht gezogenen Anspruch aus Eingriffskondiktion gem. § 812 Abs. 1 S. 1 2. Fall BGB zur Anwendung kommen können.

### *2. Einwände*

Man wird *Koenig* zumindest darin zustimmen können, dass die Art. 87, 88 EGV grundsätzlich Schutzgesetze i.S.v. § 823 Abs. 2 BGB zum Schutz der Konkurrenten des Beihilfenempfängers darstellen können. Dies wird allein daraus deutlich, dass auch Wettbewerber im Fall einer Verletzung der Art. 87, 88 EGV vor nationalen Gerichten befugt sind, Rechtsschutz zu suchen.[621]
Eine Verletzung dieses Schutzgesetzes wird man auch in der Gewährung der Beihilfe durch den Mitgliedsstaat an den Beihilfenempfänger sehen können. Ob hingegen in der Entgegennahme der Beihilfe durch den Beihilfenempfänger eine Verletzung dieses Schutzgesetzes zu sehen sein kann, erscheint schon fraglich.[622] Von dem Dritten wurde diese Schutzgesetzverletzung jedenfalls nicht begangen.[623] Daher kann ihm gegenüber dieser Anspruch auch nicht geltend gemacht werden.
Unklar erscheint auch, weshalb der Schaden, den die Konkurrenten durch Wettbewerbsnachteile erlitten haben, deckungsgleich sein soll mit dem Wert der Beihilfe, die der Beihilfenempfänger erhalten hat.[624] Diese Annahme erscheint doch zu sehr pauschalisierend und müsste ggf. im Einzelfall konkret überprüft werden.
Des Weiteren ist zu bedenken, dass eine Drittschadensliquidation von der Rechtsprechung bislang nur in absoluten Ausnahmefällen anerkannt wurde, weshalb bei der Kreierung neuer Fallgruppen mit extremer Vorsicht vorgegangen werden sollte.
Demnach ist eine Inanspruchnahme des Dritten aufgrund von § 823 Abs. 2 BGB iVm. Art. 87, 88 EGV iVm. den Grundsätzen der Drittschadensliquidation abzulehnen.

## VI. (Analoge) Anwendung des § 25 HGB

Denkbar erscheint außerdem eine Haftung des Erwerbers aufgrund einer gesetzlichen Schuldübernahme gem. § 25 Abs. 1 HGB.
Eine Veräußerung der gesamten Aktiva eines Unternehmens außerhalb des Insolvenzverfahrens erfolgt nur in seltenen Fällen ohne die gleichzeitige Veräußerung der Passiva des Unternehmens. Der Verkäufer wird kaum ein Interesse daran haben, weiterhin für Altverbindlichkeiten einzustehen, ohne dass er diese aus seinem Unternehmen begleichen könnte. Daher wird in den vielen Fällen einer Unternehmensübertragung eine Schuldübernahme ohnehin vereinbart sein.[625]
Zusätzlich bestimmt § 25 Abs. 1 S. 1 HGB, das in dem Fall des Erwerbs eines Handelsgeschäfts unter Fortführung der Firma der Erwerber auch für alle im Betrieb des Geschäfts begründeten Verbindlichkeiten einzustehen hat. Rechtsgrund für diese Haf-

---

620 *Koenig* a.a.O.
621 Vgl. 1.Teil §1 G IV 1.
622 *Ehricke* ZIP 2000, 1656 (1666); *Rapp/Bauer* KTS 2001, 1 (29).
623 *Ehricke* ZIP 2000, 1656 (1666).
624 *Rapp/Bauer* KTS 2001, 1 (29).
625 *Maier/Luke* DB 2003, 1207 (1208 f.).

tung ist nach überwiegender, wenn auch umstrittener Ansicht, eine entsprechende Erwartung des Rechtsverkehrs.[626]

Bei den beihilfebegünstigten Unternehmen wird es sich in den meisten Fällen um Kaufleute iSv. §§ 1 ff. HGB handeln, da es zumeist eine GmbH (Kaufmann gem. § 13 Abs. 3 GmbHG, § 6 Abs. 1 HGB) oder eine AG (Kaufmann gem. § 3 Abs. 1 AktG, § 6 Abs. 1 HGB) sein wird. Insofern wird in vielen denkbaren Konstellationen der Erwerber ohnehin schon gem. § 25 HGB für die Beihilfenrückzahlung haften.[627]
Es ist jedoch auch möglich, dass es sich bei dem Beihilfenempfänger nicht um einen Kaufmann iSv. §§ 1 ff. HGB handelt. Eine analoge Anwendung des § 25 HGB auf Nichtkaufleute wird mangels Regelungslücke zu Recht überwiegend abgelehnt.[628]
Zu beachten ist allerdings auch, dass der Erwerber gem. § 25 Abs. 1 S. 1 HGB nur im Fall der Fortführung der bisherigen Firma für die Altverbindlichkeiten haftet. Gem. § 25 Abs. 2 HGB kann der Erwerber seine Haftung auch durch eine entsprechende Eintragung in das Handelsregister ausschließen.
Wenn der Insolvenzverwalter im Rahmen einer übertragenden Sanierung die Assets des Schuldners überträgt, dann findet aufgrund einer teleologischen Reduktion § 25 HGB keine Anwendung.[629] Der Erwerber muss daher nicht für Verbindlichkeiten des insolventen Schuldners einstehen.

Wollte man erreichen, dass aufgrund von § 25 HGB stets eine Haftung des Erwerbers des beihilfenbegünstigten Unternehmens stattfindet, so müsste in den hier behandelten Fällen gegebenenfalls eine analoge Anwendung des § 25 HGB erfolgen, wenn es sich bei dem beihilfenbegünstigten Unternehmen nicht um einen Kaufmann handeln sollte.
Des Weiteren müsste gegebenenfalls auf das Tatbestandsmerkmal der Fortführung der Firma verzichtet werden, es dürfte die Haftung des Erwerbers nicht gem. § 25 Abs. 2 HGB durch eine Eintragung im Handelsregister ausgeschlossen werden können. Zusätzlich müsste auf die teleologische Reduktion bei Verkäufen innerhalb eines Insolvenzverfahrens verzichtet werden.
Das gewünschte Ergebnis der Haftung des Erwerbers gegenüber der öffentlichen Hand könnte also auch durch eine (ggf. analoge) Anwendung des § 25 HGB erreicht werden. Allerdings führen die ggf. vielen notwendigen Analogien zu Bedenken. Der Tatbestand de Norm könnte im Extremfall auf den bloßen Erwerb eines beihilfebegünstigten Unternehmens beschränkt sein.

---

626 *Canaris* §7 Rn.18; Staub/*Hüffer* §25 Rn.27; *Lieb,* FS Börner, 1992, S.747, 751; *Schricker* ZGR 1972, 121 (151); *Säcker* ZGR 1973, 261 (277 f.); **a.A.** Ebenroth/Boujong/Joost/*Zimmer* §25 Rn.2 mwN.

627 *Maier/Luke* DB 2003, 1207 (1208 f.).

628 BGHZ 18, 234 (240) zu Minderkaufleuten; BGH NJW 1992, 112 (113); OLG Köln NZI 2001, 308; Baumbach/*Hopt* § 25 Rn.2; Röhricht/Graf von Westphalen/*Ammon* § 25 Rn.2; Koller/Roth/Morck/*Roth* § 25 Rn.3; *Canaris* § 7 Rn.20; **a.A.** *K.Schmidt* HR § 8 II 1a, S. 239 f.; Staub/*Hüffer* § 25 Rn.85.

629 allg. Meinung; z.B.: .BGHZ 104 151 (154); Staub/*Hüffer* § 25 Rn. 60 ff; MüKo-HGB/*Lieb* § 25 Rn.32; *Canaris* § 7 Rn.25.

Die Erwartung des Rechtsverkehrs, die für die Haftung nach § 25 HGB grundlegend ist, begründet sich jedoch gerade auf der Fortführung der Firma. Auch eine Erstreckung auf Freiberufler und Kleingewerbetreibende würde zu großer Rechtsunsicherheit führen. Gleiches gilt für eine Außerachtlassung der teleologischen Reduktion im Fall des Erwerbs im Rahmen des Insolvenzverfahrens. § 25 HGB sollte daher nicht durch Analogien derart entgegen seinem Wortlaut und seiner Ratio angewendet werden.

Demnach kann zwar eine Haftung gem. § 25 HGB im Falle der Erfüllung aller Tatbestandsmerkmale erfolgen. Abzulehnen ist jedoch eine analoge Anwendung der Norm auf weitere Fälle, da so Konstellationen denkbar sind, in denen der Wortlaut und Ratio der Norm nahezu völlig außer Betracht gelassen würden.

## VII. Anfechtung nach dem AnfG

Solange kein Insolvenzverfahren eröffnet ist, besteht auch häufig die Möglichkeit der Anfechtung der Übertragung der Vermögenswerte nach dem Anfechtungsgesetz. Dazu bedarf es eines vollstreckbaren Titels des Gläubigers gegen den Schuldner (§2 AnfG), der Erfolglosigkeit der Vollstreckung in das Schuldnervermögen (§ 2 AnfG) und eines Anfechtungsgrundes. Ein solcher Anfechtungsgrund wird häufig gem. §§ 3 oder 4 AnfG gegeben sein, wenn eine vorsätzliche Benachteiligung oder eine unentgeltliche Leistung gegeben ist.[630]

Im Fall der erfolgreichen Anfechtung kann die öffentliche Hand gem. § 11 AnfG unmittelbar beim Erwerber der Assets in diese vollstrecken und so die erfolgte Wettbewerbsverzerrung ausgleichen.

Zu beachten ist jedoch, dass eine Anfechtung nach dem Anfechtungsgesetz auch nur in betracht kommt, solange kein Insolvenzverfahren eröffnet wurde. Dies bedeutet, dass sowohl die Erlangung des vollstreckbaren Titels gegen den ursprünglichen Beihilfenempfänger als auch die darauf folgende erfolglose Zwangsvollstreckung vor der Eröffnung eines Insolvenzverfahrens erfolgt sein müssen. Da jedoch in den vorliegend behandelten Fällen zumeist bereits vor oder kurz nach dem Ergehen einer die Beihilfenrückforderung anordnenden Kommissionsentscheidung die Übertragung der Assets erfolgt sein wird, ist nicht davon auszugehen, dass Voraussetzungen des Anfechtungsgesetz häufig gegeben sein werden. Die öffentliche Hand wird zumeist nicht der einzige Schuldner des ursprünglichen Beihilfenempfängers sein. Daher wird nach einer Übertragung der gesamten Assets des Beihilfenempfängers dieser auch die Forderungen seiner anderen Schuldner nicht mehr begleichen können, so dass er häufig selbst oder einer seiner anderen Gläubiger einen Insolvenzantrag stellen wird.

Grundsätzlich bleibt jedoch auch eine Inanspruchnahme des Erwerbers im Wege der Anfechtung nach dem Anfechtungsgesetz möglich.

[630] Aufgrund der Vergleichbarkeit der Vorschriften größeren praktischen Relevanz werden Einzelheiten im Rahmen der Besprechung der Insolvenzanfechtung aufgeführt.

## VIII. Rechtsfigur des faktischen Beihilfenempfängers

### *1. Ansicht* Ehrickes

Ein weiterer Vorschlag für eine Anspruchsgrundlage zur Rückforderung der Beihilfe von dem Dritten ist die Schaffung einer neuen Rechtsfigur, des sog. faktischen Beihilfenempfängers.[631]

Diese Rechtsfigur ist angelehnt an die Rechtsfigur des sog. faktischen Geschäftsführers. Ein faktischer Geschäftsführer ist eine Person, die nicht als Geschäftsführer einer Gesellschaft bestellt ist, jedoch die Aufgaben eines Geschäftsführers in dieser Gesellschaft faktisch ausübt. Daher wird dieser faktische Geschäftsführer auch wie ein richtiger Geschäftsführer behandelt und haftet dementsprechend.[632]

In Übertragung dieser Grundsätze auf den Erwerber von beihilfebegünstigten Betriebsteilen soll dies bedeuten, dass der Erwerber als faktischer Beihilfenempfänger behandelt werden soll, da ihm nun der Nutzen der Beihilfe zufällt und sich das Unternehmen am Markt so präsentiert wie der tatsächliche Beihilfenempfänger.[633] In beiden Fällen soll es darum gehen, dass die tatbestandlichen Voraussetzungen für eine bestimmte Rechtsfolge in einer bestimmten Person bzw. einem bestimmten Unternehmen zwar vorlägen, die betreffende Norm jedoch nicht anwendbar sei, da die bestimmten Person bzw. das bestimmte Unternehmen formal kein Normadressat sei. Auch der Erwerber des Unternehmens sei zwar nicht Normadressat, dennoch ergäbe sich aus den Kommissionsentscheidungen, dass er die Voraussetzungen für die Beihilfenrückzahlung erfülle. Die Interessen- und Wertungslage beim faktischen Beihilfenempfänger soll daher gegenüber der des faktischen Geschäftsführers kongruent sein.

Demzufolge soll der Erwerber auch gegenüber dem Mitgliedsstaat so behandelt werden, als hätte er die Beihilfe unmittelbar vom Mitgliedstaat erhalten. Als Folge könnte der Mitgliedsstaat gegen den faktischen Beihilfenempfänger einen Anspruch aus entsprechender Anwendung der Leistungskondiktion gem. § 812 Abs. 1 S. 1 1.Alt BGB geltend machen.[634]

### *2. Einwände*

Gegen diese von *Ehricke* entwickelte Konstruktion wird vorgebracht, dass sie keine tatbestandlichen Voraussetzung für die Inanspruchnahme des Dritten gäbe, sondern nur beschreibe, dass dem Dritten durch die Übertragung der Vermögenswerte vom Beihilfenempfänger die Vorteile der Beihilfe zugeflossen sind.[635]

Für den Erwerber der Vermögenswerte von Beihilfenempfängern bestände aber keine Klarheit darüber, unter welchen Voraussetzungen sie in Anspruch genommen werden können. Aufgrund der enormen wirtschaftlichen Bedeutung der Beihilferückzahlung könne es nicht angehen, einen Dritten ohne eine detaillierte gesetzliche Anspruchs-

631 *Ehricke* ZIP 2000, 1656 (1666 ff.); *Ehricke* WM Sb 3/2001 S. 3 (14).
632 *K.Schmidt* GesR 4.A. §14 III 4; *Roth* ZGR 1984, 597; *Ehricke* ZIP 2000, 1656 (1666).
633 *Ehricke* ZIP 2000, 1656 (1666).
634 *Ehricke* ZIP 2000, 1656 (1666).
635 *Rapp/Bauer* KTS 2001, 1 (30 f.).

grundlage in Anspruch zu nehmen.[636] Der Vorbehalt des Gesetzes sei auch im Gemeinschaftsrecht anerkannt, so dass eine Rückforderung von dem Dritten mangels Anspruchgrundlage nicht geboten wäre.[637] Zudem sei eine Vergleichbarkeit mit dem faktischen Geschäftsführer nicht gegeben, da dieser im Gegensatz zum faktischen Beihilfenempfänger durch sein eigenes Verhalten die Grundlage für seine Haftung geschaffen habe.[638]

### *3. Eigene Beurteilung*

Diese Einwände vermögen nicht zu überzeugen.
Man mag zwar vertreten, dass aus der Sicht eines nationalen Rechtsanwenders in dieser Konstellation die Voraussetzungen einer Analogie,[639] nämliche eine unbewusste Regelungslücke bei vergleichbarem Sachverhalt, nicht gegeben seien. Es entspricht jedoch der ständigen Rechtssprechung des EuGH, dass nationales Recht der Rückforderung nicht entgegenstehen darf.[640] Wie bereits aufgeführt kann nur die absolute, nicht aber die rechtliche Unmöglichkeit der Rückforderung der Beihilfe entgegenstehen.
Es ist zwar zutreffend, dass der Vorbehalt des Gesetzes als Teil des Rechtsstaatsprinzips gemeinschaftsrechtlich grundsätzlich anerkannt ist.[641] Würde jedoch den Mitgliedsstaaten die Möglichkeit gewährt, sich ihrer gemeinschaftsrechtlich verankerten Verpflichtung zur Rückforderung dadurch zu entziehen, dass in den mitgliedsstaatlichen Rechtsordnungen für derartige Fälle keine Rechtsgrundlagen bestehen, so wäre der effektiven Rückforderung der Beihilfen durch die Mitgliedsstaaten jeglicher Boden entzogen. Daher ist die Rechtsprechung des EuGH zutreffend, wonach ggf. das nationale Recht gemeinschaftsrechtskonform auszulegen ist. Auch das BVerfG hat mehrfach entschieden, dass dieser Grundsatz, wonach dem Gemeinschaftsrecht Vorrang vor dem einfachen deutschen Recht zukommt, verfassungsrechtlich nicht zu beanstanden ist.[642]
Dies bedeutet im Ergebnis sowohl, dass, wenn notwendig, bestehende Tatbestandsmerkmale außer Anwendung gelassen werden, als auch, dass bestehende Anspruchsgrundlagen analog angewendet werden müssen, um das gemeinschaftsrechtlich gebotene Ziel zu erreichen. Grundsätzlich ist demnach auch eine analoge Anwendung einer bestehenden Anspruchsgrundlage durchaus möglich.

Unter welchen Voraussetzungen eine Inanspruchnahme des Dritten in Betracht kommt, wurde anhand der bislang ergangenen Kommissionsentscheidungen bereits erläutert. Sofern eine detaillierte gesetzliche Anspruchsgrundlage gefordert wird, ist

---

636 *Rapp/Bauer* KTS 2001, 1 (31).
637 *Harings* Rn.285.
638 *Schmuck-Amende* S. 107-
639 Dazu *Larenz/Canaris* Kapitel 5 2b.
640 EuGH Slg. 1990, I-3437 Rn.18 –BUG Alutechnik- ; EuGH Slg. 1991, I-1433 Rn.60 –ENI/Lanerossi-; EuGH Slg. 1997, I-1591 Rn.24 –Alcan II-.
641 EuGH Slg. 1989, 2859 Rn.19 –Hoechst-; darauf auch hinweisend Callies/Ruffert/*Cremer* Art. 88 Rn.24.
642 BVerfG NJW 2002, 2015 (2016); BVerfGE 31, 145 (173 ff.); BVerfGE 75, 223 (244).

darauf hinzuweisen, dass aufgrund der europarechtskonformen Auslegung des § 48 VwVfG bei der Rückforderung einer durch Verwaltungsakt gewährten Beihilfe vom Beihilfenempfänger, die Norm des § 48 VwVfG bei weitem nicht so angewendet wird, wie dies der Wortlaut der Norm an sich fordern würde (Ermessenreduzierung auf null, Unbeachtlichkeit der Frist, einschränkende Auslegung des Vertrauensschutzes).
Des Weiteren ist darauf hinzuweisen, dass z.B. im GmbH-Recht in bestimmten Fallgruppen (materielle Unterkapitalisierung, Rechtsformmissbrauch, Vermögensvermischung etc.) eine sog. Durchgriffshaftung auf den Gesellschafter als Ausnahme zu § 13 Abs. 2 GmbHG angenommen wird,[643] um nur ein weiteres Beispiel zu nennen. Auch diese Durchgriffshaftung ist ein vom Gesetzgeber nicht vorgesehenes, aber von der Rechtsprechung anerkanntes Instrument, um die Haftung der Gesellschafter zu erreichen.[644] Die wirtschaftlichen Auswirkungen einer solchen Durchgriffshaftung sind nicht zu unterschätzen. Dennoch ist auch diese Durchgriffshaftung richterrechtlich anerkannt.
Man wird daher bei der Rückforderung der Beihilfe von einem Dritten nicht sagen können, dass eine Inanspruchnahme ausscheidet, nur weil keine gesetzliche Anspruchsgrundlage besteht. Sofern die gemeinschaftsrechtliche Notwendigkeit für eine Inanspruchnahme besteht, müssen ggf. bestehende Anspruchsgrundlagen auch gemeinschaftsrechtskonform ausgelegt werden. Also besteht theoretisch die Möglichkeit, mit der Rechtsfigur des faktischen Beihilfenempfängers eine Rückforderung der Beihilfe von dem Erwerber zu erreichen.
Es ist auch nicht zutreffend, dass der faktische Beihilfenempfänger im Gegensatz zum faktischen Geschäftsführer nicht durch eigenes handeln die Grundlage für seine Haftung geschaffen habe. Zumindest nach der vorliegend vertretenen Auffassung, soll eine Haftung nur in Betracht kommen, wenn eine versuchte Umgehung der Kommissionsentscheidung gegeben ist. Dies bedeutet als Schlussfolgerung, dass gerade auch eine Verantwortlichkeit des „faktischen Beihilfenempfängers" aufgrund eigenen Handelns gegeben ist.

Dies soll jedoch nicht bedeuten, dass der Ansicht *Ehrickes* zwingend zu folgend ist. Man wird dem Ansatz von *Ehricke* insofern zugestehen müssen, dass er eine wohl praktikable Möglichkeit der Inanspruchnahme des Dritten gibt. Wenn auch in den bisherigen Erörterungen die analoge Anwendung anderer Anspruchsgrundlagen abgelehnt wurde, da sich die analoge Anwendung zu weit von ihrer gesetzlichen Grundlage entferne, so scheint die Schaffung dieser neuen Rechtsfigur hingegen weniger problematisch. Daher erscheint eine Rechtsfigur wie die des „faktischen Beihilfenempfängers" grundsätzlich dazu geeignet, eine solche unmittelbare Inanspruchnahme zu ermöglichen.
Es bleibt jedoch zu beachten, dass es sich hierbei nicht um zwingende Auslegung des geltenden Rechts handelt, sondern um den Versuch der Etablierung einer neuen Rechtsfigur. Eine geschriebene Anspruchsgrundlage, die eine unmittelbare Inanspruchnahme des Dritten durch den Mitgliedsstaat in allen notwendigen Fällen ermög-

[643] dazu *K.Schmidt* GesR 4.A. §9 IV; *Ehricke* AcP 199 (1999), 257 ff.; jeweils mwN.
[644] *Ehricke* AcP 199 (1999), 257 (270).

licht, ist im deutschen Recht derzeit nicht zu finden.[645] Allerdings wurden oben bereits einige Konstellationen genannt, in denen auch nach geltendem Recht eine Inanspruchnahme des Dritten rechtlich möglich ist.
Bevor jedoch diese neue Rechtsfigur anerkannt wird, ist zunächst zu untersuchen, ob mit dem geltenden Recht, wann auch vielleicht nicht stets unmittelbar, erreicht werden kann, dass die Vermögenswerte des Beihilfenempfängers nicht im Vermögen des Dritten verbleiben.

### IX. Zwischenergebnis

Festzuhalten bleibt also, dass eine Rückforderung der Beihilfe von dem Erwerber zumindest möglich ist, wenn die tatbestandlichen Voraussetzungen des § 816 Abs. 1 S. 2 BGB, des § 25 HGB oder der Anfechtung nach dem AnfG gegeben sind.
Sollten die Tatbestandsmerkmale von keiner dieser Normen gegeben sein, so kann die gemeinschaftsrechtlich gebotene Rückforderung nur durch Analogien erreicht werden. In Betracht kommt bei zivilrechtlich gewährten Beihilfen eine Rückforderung gem. § 812 Abs. 1 S. 1 1. Fall (Leistungskondiktion) iVm. der von *Ehricke* entwickelten Rechtsfigur des faktischen Beihilfenempfängers.
Allerdings sollten solche schwerwiegenden Eingriffe in das nationale Rechtssystem nur vorgenommen werden, wenn keine anderen Möglichkeiten zur Rückforderung der Beihilfe bestehen. Möglich erscheint es jedoch gerade im Insolvenzverfahren, dass eine mittelbare Rückzahlung der Beihilfe erfolgt. Dies soll bedeuten, dass untersucht werden muss, ob nicht mit Mitteln des Insolvenzrechts eine Rückzahlung von dem Erwerber an das insolvente, beihilfebegünstigte Unternehmen möglich erscheint. In diesem Fall würde die Beihilfe der Insolvenzmasse wieder zur Verfügung stehen und könnte daher zumindest im Rahmen der Insolvenzquote an den Mitgliedsstaat zurückerstattet werden.

## B. Eigene Lösung

Fraglich scheint, ob die Umsetzung der Kommissionsentscheidung durch den Mitgliedsstaat es zwingend erfordert, dass der Mitgliedsstaat die Rückzahlung Beihilfe unmittelbar von dem Dritten einfordert, oder ob eine mittelbare Rückzahlung der Beihilfe an den Mitgliedstaat ausreichend ist.

Art. 14 Abs. 3 S. 2 VerfVO bestimmt, dass zu dem Zweck der effektiven Rückforderung die betreffenden Mitgliedstaaten unbeschadet des Gemeinschaftsrechts alle in ihren jeweiligen Rechtsordnungen verfügbaren erforderlichen Schritte einschließlich vorläufiger Maßnahmen zu unternehmen haben. Da eine Rückforderung nach dem Recht des betroffenen Mitgliedsstaats zu erfolgen hat, müssen auch zunächst alle Möglichkeiten des nationalen Rechts wahrgenommen werden, bevor eine analoge Anwendung bestehender Anspruchsgrundlagen im Wege der Rechtsfortbildung in Betracht kommt.

---

[645] Vgl. *Rapp/Bauer* KTS 2001, 1 (35 ff.).

Theoretisch denkbar erscheint es z.B., im Wege der Insolvenzanfechtung gem. § 129 ff. InsO die Rückgängigmachung des Erwerbs der Assets durch den Dritten durchzusetzen. Sofern der Beihilfenempfänger seine Vermögenswerte an eine eigene Tochtergesellschaft veräußert, könnten in der Insolvenz des Beihilfenempfängers die Anteile an der Tochtergesellschaft verwertet werden, so dass eine unmittelbare Inanspruchnahme der Tochtergesellschaft nicht mehr unbedingt zwingend notwendig erscheint.

Fraglich ist insofern, ob die Verpflichtung des Mitliedsstaats zur Rückforderung der Beihilfe durch Kommissionsentscheidung auch so verstanden werden kann, dass die Rückforderung nur mittelbar erfolgt, indem der Dritte an den ursprünglichen Beihilfenempfänger die erworbenen Assets zurück überträgt bzw. Wertersatz leistet.
Inhaltlich besagt eine Kommissionsentscheidung, welche die Anordnung der Rückforderung enthält, dass der Mitgliedsstaat alle notwendigen Mittel ergreifen muss, um die Rückzahlung der Beihilfe an den Mitgliedsstaat zu erreichen. Grund für die Anordnung der Rückforderung ist die Wiederherstellung des status quo ante, indem dem Beihilfenempfänger der Wert der Beihilfe nebst Zinsen wieder entzogen wird.
Wenn nun eine Rückzahlung der Beihilfe zunächst von dem Erwerber des beihilfebegünstigten Unternehmens an den ursprünglichen Beihilfenempfänger erfolgt und im Rahmen der Verteilung der Insolvenzmasse an die Gläubiger anschließend dem ursprünglichen Beihilfenempfänger wieder entzogen wird, so besteht für die Wettbewerber des Beihilfenempfängers kein Unterschied zu einer unmittelbaren Inanspruchnahme. Der Wert der Beihilfe wird sowohl dem Vermögen des Erwerbers als auch dem Vermögen des ursprünglichen Beihilfenempfängers entzogen. Insofern erscheint auch eine mittelbare Inanspruchnahme denkbar. Zudem ist es gerade nicht Sinn und Zweck der Beihilfenrückforderung, den Staatshaushalt zu sanieren, indem diesem der Wert der Beihilfe zurückgeführt wird.[646]

Vergleichbar ist in diesem Zusammenhang wohl auch die Entscheidung des EuGH „Alfa Romeo II“[647]. Dort hat der EuGH festgestellt, dass im Fall der Gewährung einer Beihilfe durch ein öffentliches Unternehmen die Beihilfe nicht zwingend an den Mitgliedsstaat unmittelbar zurückgezahlt werden muss. Vielmehr soll es ausreichend sein, wenn der Beihilfenempfänger die Beihilfe an das betreffende öffentliche Unternehmen zurückzahlt, welches jeweils die Beihilfe gewährt hat.[648] Die Notwendigkeit einer unmittelbaren Inanspruchnahme des Beihilfenempfängers durch den Mitgliedsstaat wurde also nicht als zwingend erachtet.
Wenn man als Schlussfolgerung dieses Urteil auf die vorliegend behandelten Konstellationen anwendet, dann liegt der Schluss nahe, dass es zumindest grundsätzlich auch ausreichend sein kann, wenn der Dritte, von dem nach einer entsprechenden Entscheidung der Kommission die Beihilfe zurückzufordern ist, die Beihilfe zunächst an den eigentlichen Beihilfenempfänger zurückgewährt.

---

646 *Geuting/Michels* ZIP 2004, 12 (15).
647 EuGH Slg. 1995, I-673 –Alfa Romeo II-.
648 EuGH Slg. 1995, I-673 Rn.27 –Alfa Romeo II-.

Eine mittelbare Rückzahlung der Beihilfe durch den Dritten könnte dergestalt erfolgen, dass der Dritte verpflichtet wird, die Beihilfe nicht an den Mitgliedsstaat zurückzugewähren,[649] sondern an den Beihilfenempfänger selbst. Anspruchsinhaber wäre in diesem Fall regelmäßig der Insolvenzverwalter des ursprünglichen Beihilfenempfängers, der die Rückzahlung der Beihilfe an die Insolvenzmasse verlangt. Inwiefern im konkreten Fall diese mittelbare Rückforderung den gemeinschaftsrechtlichen Anforderungen entspricht, ist zu erörtern, nachdem festgestellt wurde, welche Möglichkeiten genau in Betracht kommen.

## I. Nichtigkeit der Veräußerung gem. § 138 BGB

Vorausgesetzt, dass der Veräußerer und der Erwerber kollusiv zum Schaden der Gläubiger gehandelt haben, kommt eine Nichtigkeit der Veräußerung gem. § 138 Abs. 1 BGB in Betracht.[650]

Folge dieser Nichtigkeit ist, dass im Fall der Insolvenz des Veräußerers der Insolvenzverwalter einen Anspruch auf Rückübertragung der übertragenen Assets gem. § 812 Abs. 1 S. 1 1.Fall (Leistungskondiktion) hätte. Eine solche Nichtigkeit gem. § 138 Abs. 1 BGB ist jedoch nur in absoluten Ausnahmefällen geboten, nämlich wenn ein bewusstes Zusammenwirken zum Nachteil des Dritten gegeben ist.[651]

In den Fällen, in denen es möglich ist, beiden Vertragsparteien eine solche Schädigungsabsicht nachzuweisen, wird man § 138 Abs. 1 BGB sicherlich anwenden und das erwünschte Ziel erreichen können. Rein praktisch wird es natürlich einen Ausnahmefall darstellen, dass es möglich ist, beiden Vertragsparteien eine solche Absicht nachzuweisen. Insofern erscheint diese Kategorie nur bedingt praxisrelevant.

## II. Veräußerung der Assets von der Konzernmutter an eine Konzerntochter

### *1. Fehlender Bedarf für eine Rückforderung*

Zunächst besteht die Möglichkeit, dass es sich bei dem Beihilfenempfänger um ein herrschendes Unternehmen iSv. § 17 AktG handelt, das in Anbetracht der drohenden Rückzahlungsaufforderung seine gebündelten Assets an ein abhängiges Unternehmen (auch Tochterunternehmen) veräußert.[652]

In diesem Fall besteht allerdings nach deutschem Recht kein praktischer Bedarf dafür, unmittelbar von dem Tochterunternehmen die Rückzahlung der Beihilfe zu verlangen, wenn sich die Assets noch im Vermögen der Tochtergesellschaft befinden.

Wenn aufgrund der Rückzahlungsaufforderung des Mitgliedsstaates das Insolvenzverfahren über das Vermögen des Beihilfenempfängers eröffnet wird, dann erstreckt sich die Insolvenz des herrschenden Unternehmens zwar nur auf dessen Vermögen, nicht

---

[649] wofür es, wie aufgezeigt, keine in jeder Konstellation durchgreifende Anspruchsgrundlage gibt.

[650] *Ehricke* ZIP 2000, 1656 (1665); *Rapp/Bauer* KTS 2001, 1 (36 f.).

[651] BGH NJW-RR 1996, 869; Palandt/*Heinrichs* 62.A. §138 Rn.61; *Medicus* AT Rn.706; MüKo/*Mayer-Maly/Armbrüster* Rn. 96 ff.

[652] Vgl. den Sachverhalt des Falls Seleco-, 3.Teil §3 B, Kommission ABl. 2000, L 227/24.

dagegen unmittelbar auf das der Tochtergesellschaft.[653] Jedoch gelangen die vom Beihilfenempfänger gehaltenen Anteile an den Tochterunternehmen des Beihilfenempfängers in die Insolvenzmasse, da sie zum haftenden Gesellschaftsvermögen gehören.[654] Der Insolvenzverwalter wird dann im Regelfall diese Anteile der Tochterunternehmen unter Berücksichtigung ihres Wertes (also auch in Anbetracht der den Tochterunternehmen zugeflossenen Vermögenswerte) meistbietend verwerten.[655] Der Erlös dieser Verwertung fließt dann in die Insolvenzmasse und dient in der Verteilung an die Gläubiger gem. §§ 187 ff. InsO auch der anteiligen Befriedigung des Rückforderungsanspruchs des Mitgliedsstaats. Der Erwerber der Anteile des Tochterunternehmens wird diese vom Insolvenzverwalter meist durch ein Bietverfahren oder zumindest anderweitig zum Marktpreis erworben haben. Daher kommt dem Erwerber kein Wettbewerbsvorteil durch den Erwerb der Anteile eines mittelbar beihilfenbegünstigten Unternehmens zu.
Hat der Insolvenzverwalter nicht die Anteile des Tochterunternehmens veräußert, sondern dieses liquidiert und anschließend die verbleibenden Assets gesondert veräußert, so wird bei einer Veräußerung zum Marktpreis ebenfalls der Erlös zur Befriedigung der Insolvenzgläubiger verwendet Dem Erwerber bzw. den Erwerbern hingegen kommt durch die Zahlung des Marktpreises für die Assets kein Wettbewerbsvorteil.

Durch die Veräußerung der Anteile bzw. der Assets des liquidierten Tochterunternehmens durch den Insolvenzverwalter entsteht also ein Veräußerungserlös, welcher in die Insolvenzmasse fließt und dort zur anteiligen Befriedigung der Rückzahlungsforderung des Mitgliedsstaats verwendet wird. Der Erwerber hat durch die Zahlung des Marktpreises keinen irgendwie gearteten Wettbewerbsvorteil. Demnach ist die Verwertung des Tochterunternehmens durch den Insolvenzverwalter ausreichend, um die erfolgte Wettbewerbsverzerrung wieder auszugleichen.
Gleiches gilt auch, wenn die Veräußerung der Assets erst während des Insolvenzverfahrens durch den Insolvenzverwalter an ein Tochterunternehmen erfolgt.

### *2. Auseinandersetzung mit den Einwänden der Kommission*

Gegen die Möglichkeit der mittelbaren Verwertung des Vermögens der Tochtergesellschaft in diesem Zusammenhang scheint die Kommission Einwände zu haben.[656] Um Umgehungsmöglichkeiten vorzubeugen, hat die Kommission in dem betreffenden Schreiben (ohne nähere Argumentation) die Rechtsansicht geäußert, dass die Beihilfe nach erfolgter Vermögensübertragung unmittelbar von einer Tochtergesellschaft zurückzufordern sei.
Die Kommission hat in diesem Zusammenhang jedoch übersehen, dass auch nach der Übertragung der Aktiva des Mutterunternehmens auf das Tochterunternehmen sich die

653 Vgl. Uhlenbruck/*Hirte* §11 Rn.395
654 *Meessen* DB 2001, 1294 (1296).
655 *Meessen* DB 2001, 1294 (1296).
656 Vgl. Schreiben der Kommission vom 9.12.1999 bzgl. Fall „Gröditzer Stahlwerke", abrufbar im Internet unter: www.kuebler-gbr.de link: „Insolvenzverfahren"; eingeben: „Gröditzer Stahlwerke"; Stand 16.8.2003.

Gesellschaftsanteile des Tochterunternehmens immer noch im Vermögen des Mutterunternehmens befinden. Daher kommen, wie bereits festgestellt, diese Anteile an dem Tochterunternehmen in die Insolvenzmasse, wenn über das Vermögen der Muttergesellschaft das Insolvenzverfahren eröffnet wird. Ein mittelbarer Zugriff auf die Tochtergesellschaft bleibt also auch im Insolvenzverfahren durch die Möglichkeit der Veräußerung der Anteile der Tochtergesellschaft bestehen.
Der Ansicht der Kommission ist daher nicht zu folgen. Es bleibt zu hoffen, dass die Kommission diese Ansicht nicht weiter verfolgt, notfalls aufgrund einer entsprechenden Entscheidung des EuG oder EuGH.

### *3. Auseinandersetzung mit den Einwänden* Koenigs

Der Erörterung bedürfen aber auch die von *Koenig*[657] gegenüber einer bloß mittelbaren Inanspruchnahme des Dritten vorgebrachten Einwände.
*Koenig* ist der Ansicht, dass eine unmittelbare Inanspruchnahme der Tochtergesellschaft gemeinschaftsrechtlich geboten ist, da durch die Eröffnung eines Insolvenzverfahrens über das Vermögen der Tochtergesellschaft (welches aufgrund der Beihilfenrückforderung meist unausweichlich sein soll) die Beihilfe umfangreicher von der Tochtergesellschaft zurückerlangt werden könne. Dafür soll sprechen, dass außerhalb eines Insolvenzverfahrens der Tochtergesellschaft die Möglichkeiten der Insolvenzanfechtung gem. §§ 129 ff. InsO versperrt wäre, wenn die Tochtergesellschaft ihrerseits Vermögen schenkungsweise oder unterhalb des Marktpreises abgegeben hat.[658]
Des Weiteren sollen die insolvenzrechtliche Kündigungserleichterung des § 113 Abs. 1 S. 1 InsO und die mögliche Beschränkung von Sozialabfindungen auf 2,5 Monatsbezüge gem. § 123 InsO die Vermögensmasse der Tochtergesellschaft in einem größeren Maße erhalten, so dass die praktische Wirksamkeit der Kommissionsentscheidung so besser sichergestellt werden könne.[659]
Diesen Ausführungen *Koenigs* kann jedoch nicht zugestimmt werden.
Wenn die Tochtergesellschaft ihrerseits Vermögenswerte ohne entsprechende Gegenleistung weiterveräußert hat, dann wäre eine unmittelbare Inanspruchnahme des jeweiligen Erwerbers doch konsequenter, anstatt gerade dann eine Insolvenzanfechtung zuzulassen, wenn die Tochtergesellschaft anfechtbare Handlung getätigt hat, nicht jedoch bei der Veräußerung von der Muttergesellschaft an eine Tochtergesellschaft. Sofern sich die Vermögenswerte des Beihilfenempfängers im Vermögen eines außenstehenden Unternehmens befinden, dann ist nach Möglichkeiten zu suchen, von diesem die Beihilfe zurückzuerlangen.[660] Dies durch einen Umweg über die Tochtergesellschaft zu erreichen, erscheint jedoch unnötig.
Eine Inanspruchnahme der Tochtergesellschaft erscheint auch wenig sinnvoll, wenn diese ihrerseits die beihilfenbegünstigten Vermögenswerte in ihrem Vermögen hat. In diesem Fall können, wie bereits ausgeführt, die Anteile der Tochtergesellschaft veräußert werden. Wenn die Übertragung der Vermögenswerte vor der Eröffnung des Insol-

---

[657] *Koenig* BB 2000, 573 (576)
[658] *Koenig* a.a.O.
[659] *Koenig* a.a.O.
[660] Mehr dazu unter 3.Teil §6 B V.

venzverfahrens erfolgt ist, ist zusätzlich an eine Rückgängigmachung der Transaktion im Wege einer Insolvenzanfechtung zwischen Mutter- und Tochtergesellschaft zu denken.[661] Sofern sich die Beihilfe nicht mehr im Vermögen der Tochtergesellschaft befindet, haftet die Tochtergesellschaft im Falle eines Verschuldens gem. §§ 819, 818 Abs. 4, 292 Abs. 1, 989 BGB auf Schadensersatz. Sofern dies auch zur Insolvenz des Tochterunternehmens führt, kann deren Insolvenzverwalter eine Insolvenzanfechtung nach den §§ 129 ff. InsO anstreben.

Es erscheint auch kein Grund ersichtlich, warum in diesem Zusammenhang der Mitgliedsstaat besser gestellt werden müsste als andere Insolvenzgläubiger. Zumindest kann diese Begründung nicht in den Fällen greifen, in denen keine Weiterveräußerung durch das Tochterunternehmen erfolgt ist. In diesem Fall besteht kein Bedürfnis für einen derartigen Eingriff in das nationale Recht. Die Wiederherstellung der Wettbewerbsverhältnisse kann jedoch auch auf dem hier beschriebenen Weg erfolgen. Aus dem gleichen Grund ist das Argument bzgl. der Kündigungserleichterung nicht überzeugend.

## III. Veräußerung der Assets von einer Konzerntochter an die Konzernmutter

Anders zu beurteilen ist der Fall, dass ein abhängiges Konzernunternehmen gemeinschaftsrechtswidrige Beihilfen erhalten und später seine gebündelten Vermögenswerte an die Konzernmutter veräußert hat.

Da es im deutschen Insolvenzrecht kein sog. Konzerninsolvenzverfahren gibt, also die Insolvenz eines konzernangehörigen Unternehmens nicht zur Eröffnung eines Insolvenzverfahrens über alle konzernangehörigen Unternehmen führt, muss bei jedem Unternehmen im Falle des Vorliegens eines Insolvenzgrundes ein gesondertes Insolvenzverfahren durchgeführt werden. Bei der Insolvenz eines abhängigen Unternehmens ist also nur über das Vermögen dieses Unternehmens ein Insolvenzverfahren durchzuführen.[662] Zu beachten ist allerdings, dass die Insolvenz eines abhängigen Unternehmens nicht aufgrund von Überschuldung eintreten kann, solange noch ein vollwertiger Ausgleichsanspruch gegen die Muttergesellschaft besteht.[663] Insbesondere im Vertragskonzern kann aufgrund des Ausgleichsanspruchs gem. §§ 302, 303 AktG, welcher auch analog auf den GmbH-Konzern anwendbar ist,[664] grundsätzlich keine Insolvenz aufgrund von Überschuldung, sondern nur aufgrund von Zahlungsunfähigkeit eintreten, solange die Muttergesellschaft selbst solvent ist.[665]

Sofern ein abhängiges Unternehmen seine gebündelten Vermögenswerte an sein Mutterunternehmen unterhalb des Marktwerts veräußert hat, verbleibt das Tochterunternehmen in der Insolvenz zumeist ohne nennenswerte Insolvenzmasse. Denkbar wäre aber bei einer Veräußerung außerhalb des Insolvenzverfahrens eine Vergrößerung der

661 Zu den näheren Voraussetzungen, siehe unten.
662 Uhlenbruck/*Hirte* §11 Rn.394; *Noack* GesR-InsO Rn.712 ff.
663 *Noack* GesR-InsO Rn.712.
664 *Kuhlmann/Ahnis* Rn.323 f.; *Emmerich/Sonnenschein/Habersack* §29 III 1.
665 Uhlenbruck/*Hirte* §11 Rn.399.

Insolvenzmasse im Wege einer Insolvenzanfechtung gem. §§ 129 ff. InsO durch den Insolvenzverwalter.

### *1. Insolvenzanfechtung gem. § 132 Abs. 1 InsO*

In Betracht kommt im Fall der Veräußerung der Assets unter Marktwert zunächst eine Anfechtung gem. § 132 Abs. 1 InsO.
Dafür müsste die Veräußerung gem. § 132 Abs. 1 Nr. 1 InsO innerhalb der letzten drei Monate vor dem Antrag auf Eröffnung des Insolvenzverfahrens (oder gem. Nr. 2 sogar danach) vorgenommen worden sein. Der Verkauf von Vermögenswerten unterhalb des Marktwerts stellt den geradezu klassischen Fall einer unmittelbar nachteiligen Handlung iSv. § 132 Abs. 1 InsO dar.[666]
Diese Anfechtung setzt des Weiteren voraus, dass der Erwerber, also im konkreten Fall das Mutterunternehmen bzw. dessen vertretungsberechtigte Organe, von der Zahlungsunfähigkeit wusste, bzw. bei einer Veräußerung nach dem Antrag auf Eröffnung des Verfahrens alternativ Kenntnis von dem Antrag oder von der Zahlungsunfähigkeit hatte. Gem. § 132 Abs. 3 iVm. § 130 Abs. 3 InsO findet § 138 InsO, der nahestehende Personen betrifft, auf § 132 InsO Anwendung. Gem. § 138 Abs. 2 Nr. 1 InsO ist eine (natürliche oder juristische) Person, die zu mehr als einem Viertel am Kapital des Schuldners beteiligt ist, als nahestehende Person zu qualifizieren. Ein herrschendes Unternehmen iSv. § 17 AktG fällt unter diesen Tatbestand.[667] In der Praxis wird eine Kenntnis meist allein deshalb vorliegen, weil die betreffende Rechtshandlung gerade auf Initiative der herrschenden Gesellschaft erfolgt ist.[668] Dies hat zur Folge, dass gem. § 130 Abs. 3 iVm. § 132 Abs. 3 InsO die Kenntnis von der Zahlungsunfähigkeit (allerdings widerleglich) vermutet wird, mit der Folge, dass die Muttergesellschaft beweisen muss, dass sie keine Kenntnis von der Situation des Tochterunternehmens hatte.
Unter diesen Voraussetzungen kann also der Insolvenzverwalter durch die Anfechtung des Rechtsgeschäfts die Rückzahlung der übertragenen Vermögenswerte verlangen.[669]

### *2. Insolvenzanfechtung gem. § 133 Abs. 1, 2 InsO*

Daneben kommt auch die Möglichkeit in Betracht, dass der Insolvenzverwalter gem. § 133 Abs. 1, 2[670] InsO zur Anfechtung befugt ist.
Hierfür ist zunächst ein vom Insolvenzschuldner mit einer nahestehenden Person geschlossener, entgeltlicher Vertrag erforderlich, der die Insolvenzgläubiger unmittelbar benachteiligt. Dies ist bei einer Veräußerung der gebündelten Vermögenswerte unter

---

[666] Kübler/Prütting/*Paulus* §132 Rn.12; Uhlenbruck/*Hirte* §132 Rn.2; Gottwald/*Huber* §47 Rn.49; *Zeuner* Rn.162; zur Vorgängervorschrift des §30 KO schon: RG JW 1908, 458.
[667] Uhlenbruck/*Hirte* §138 Rn.40; MüKo-InsO/*Stodolkowitz* §138 Rn. 28.
[668] *Ehricke* KTS 1996, 209 (219).
[669] zur Problematik der Rechtsfolge der Insolvenzanfechtung, siehe Uhlenbruck/*Hirte* §129 Rn. 132 ff.; Kübler/Prütting/*Paulus* §129 Rn.45 ff., jeweils mwN.
[670] Abs. 2 stellt keinen eigenständigen Anfechtungstatbestand dar, es handelt sich vielmehr um eine Beweislastregel für Verträge mit nahestehenden Personen, Uhlenbruck/*Hirte* §133 Rn.33; Kübler/Prütting/*Paulus* §133 Rn.15; a.A. Gottwald/*Huber* §46 Rn.59.

Marktwert anzunehmen, da in diesem Fall der Insolvenzmasse nicht der höchste am Markt zu erzielende Gegenwert zufließt.
Dieser Vertrag darf nicht mehr als zwei Jahre vor der Eröffnung des Insolvenzverfahrens geschlossen worden sein. Des Weiteren ist als subjektives Tatbestandsmerkmal ein Vorsatz der Gläubigerbenachteiligung erforderlich. Ausreichend ist hierfür ein auf den Erfolg der Gläubigerbenachteiligung gerichteter Wille, wobei die Gläubigerbenachteiligung weder Beweggrund noch alleiniger oder überwiegender Zweck sein muss.[671] Sofern der Schuldner, wie in den vorliegend behandelten Fällen, seine (nahezu) gesamten Assets unter Marktwert veräußert, wird man wohl zwingend annehmen müssen, dass der Schuldner eine Schädigung seiner Gläubiger billigend in Kauf nimmt. Wenn den Gläubigern ohne Deckung (nahezu) ihre gesamte Haftungsgrundlage entzogen wird, dann wird man dem Schuldner auch ein voluntatives Element bei seinen Handlungen unterstellen müssen, da es abwegig erscheint, zu glauben, dass eine solche Handlung nicht zu einer Schädigung der Gläubiger führen könnte.
Letztlich muss die Konzernmutter von dem Vorsatz die Gläubiger des Insolvenzschuldners gewusst haben. § 133 Abs. 2 S. 2 InsO statuiert insofern eine Beweislastumkehr, so dass es Sache der Konzernmutter ist zu beweisen, dass sie nicht von dem Vorsatz ihres Tochterunternehmens wusste. Zumeist werden den Veräußerungen der gebündelten Assets jedoch entsprechende Weisungen des Mutterunternehmens vorangegangen sein, so dass der Beweis durch das Mutterunternehmen kaum zu erbringen sein wird.
Eine Anfechtungsmöglichkeit gem. §133 Abs. 1, 2 InsO kommt demnach bei den vorliegend behandelten Fällen häufig in Betracht.

### *3. Insolvenzanfechtung gem. § 134 InsO*

Sofern die Übertragung der Assets an die Konzernmutter ohne Gegenleistung erfolgt oder ein äußerst extremes Missverhältnis zwischen gezahltem Kaufpreis und den gesammelten Vermögenswerten bestand, erscheint sogar eine Insolvenzanfechtung gem. § 134 Abs. 1 InsO möglich.
§ 134 Abs. 1 InsO setzt zwar grundsätzlich eine unentgeltliche Leistung des Insolvenzschuldners voraus, doch wird man aufgrund der Wertung des Gesetzes dies schon im Falle ein besonders krassen Missverhältnisses zwischen Leistung und Gegenleistung annehmen können, um nicht eine Umgehung des Gesetzes durch die Zahlung winziger Beträge zu ermöglichen.[672] Hier ist jedoch zu beachten, dass nur bei sehr großen Missverhältnissen eine Gleichstellung mit unentgeltlichen Leistungen vorzunehmen ist. Sofern dies jedoch der Fall ist, kann der Insolvenzverwalter auch Leistungen, die nicht früher als vier Jahre vor dem Antrag auf Eröffnung des Insolvenzverfahrens vorgenommen wurden, anfechten.

---

[671] zu §31 KO: BGH NJW 1954, 673; BGH WM 1969, 374; BGH NJW 1994, 449 (451); zu §133 InsO: Uhlenbruck/*Hirte* §133 Rn.12; Kübler/Prütting/*Paulus* §133 Rn.7.
[672] Kübler/Prütting/*Paulus*, §134 Rn.15, *Ehricke* Das abhängige Konzernunternehmen in der Insolvenz, S. 47.

Es ist also nicht auszuschließen, dass auch eine Insolvenzanfechtung gem. § 134 InsO dazu führt, dass der Dritte zur Rückgabe der beihilfebegünstigten Assets an den ursprünglichen Beihilfenempfänger verpflichtet wird.

### *4. Insolvenzanfechtung bei Veräußerung zum Marktpreis*

Wurde bei der Veräußerung der Assets von dem Tochter- an das Mutterunternehmen eine gleichwertige Gegenleistung (der Marktpreis) gezahlt, so bedeutet das nicht zwingend, dass dies keine unmittelbar benachteiligende Handlung iSv. § 133 Abs. 2 InsO darstellt. Allerdings ist in diesem Fall eine Insolvenzanfechtung auch nur gem. § 133 InsO möglich, wie sich aus § 142 InsO ergibt.

Selbst Veräußerungen, bei denen gleichwertige Gegenleistungen erbracht werden, können eine unmittelbar benachteiligende Handlung darstellen,[673] z.B. wenn der Schuldner seine Vermögensgegenstände zu einem angemessenen Preis veräußert, jedoch den Veräußerungserlös seinen Gläubigern entziehen will.[674]

Sofern die Veräußerung geschieht, um die Vermögenswerte außer Reichweite der Kommissionsentscheidung zu verschieben, kommt daher bei einer Veräußerung von einer Konzerntochter an die Konzernmutter auch eine Insolvenzanfechtung gem. § 133 InsO in Betracht.

### *5. Zusammenfassung*

Festzuhalten bleibt demnach, dass für den Fall der Veräußerung der gebündelten Vermögenswerte an das Mutterunternehmen außerhalb des Insolvenzverfahrens der Insolvenzverwalter in den meisten denkbaren und relevanten Fällen die Veräußerung anfechten kann mit der Folge, dass ein Rückgewähranspruch der Masse entsteht.

Sofern die Veräußerung jedoch durch den Insolvenzverwalter vorgenommen wurde, greifen die Insolvenzanfechtungstatbestände nicht ein. Es erscheint jedoch wirtschaftlich auch wenig verständlich, weshalb ein Insolvenzverwalter eine solche Veräußerung vornehmen sollte. Bei den seltenen Fällen von konzerninternen Veräußerungen durch den Insolvenzverwalter sind die gleichen Grundsätze wie bei Veräußerungen an konzernfremde Unternehmen anzuwenden, welche unter V. noch erörtert werden.

## IV. Veräußerung der Assets von einer Konzerntochter an eine Konzernschwester

Problematischer ist der Fall, dass die Veräußerung der gebündelten Vermögenswerte nicht von einem abhängigen Konzernunternehmen an das Mutterunternehmen erfolgte, sondern von einem abhängigen Unternehmen an ein anderes von der gleichen Muttergesellschaft abhängiges Unternehmen, also bei einer Veräußerung, die zwischen zwei Schwesterunternehmen stattfand.

---

673 Uhlenbruck/*Hirte* §133 Rn.18 ff.

674 Jaeger/*Henckel* §31 KO Rn.12; Uhlenbruck/*Hirte* §133 Rn.19.

In Betracht kommt auch in diesem Fall grundsätzlich eine Insolvenzanfechtung zumindest gem. § 132 Abs. 1 oder § 133 Abs. 1, 2 InsO.
Hier stellt sich die Frage, ob eine Wissenszurechnung gem. § 138 InsO nicht nur in vertikaler Ebene, also von Konzerntochter zu Konzernmutter verläuft, sondern ob auch auf horizontaler Ebene eine Wissenszurechnung möglich ist.
Sofern die Kenntnis des Konzernschwesterunternehmens von der Zahlungsunfähigkeit gem. § 132 Abs. 1 InsO bzw. von dem Vorsatz der Gläubigerschädigung gem. § 133 Abs. 2 InsO bewiesen werden kann, stellt sich das Problem nicht. § 138 InsO ermöglicht jedoch eine Umkehr der Beweislast mit der Folge, dass es von dem erwerbenden Unternehmen, der Konzernschwester, bewiesen werden muss, dass keine Kenntnis vorlag. Praktisch wird dies äußerst selten gelingen.
Daher ist von Bedeutung, ob § 138 Abs. 2 InsO auch Schwesterunternehmen erfasst. Gem. § 138 Abs. 2 Nr. 1 InsO sind nahestehende Personen u.a. dann anzunehmen, wenn eine Beteiligung von mehr als einem Viertel am Kapital des Schuldners besteht. Eine solche Beteiligung zwischen Schwesterunternehmen kommt jedoch nur in den seltensten Fällen vor.

Denkbar erscheint jedoch eine Zurechnung über § 138 Abs. 2 Nr. 2 InsO. Dafür müsste u.a. eine Gesellschaft, hier das Schwesterunternehmen, eine vergleichbare gesellschaftsrechtliche oder dienstvertragliche Möglichkeit haben, sich über die wirtschaftlichen Verhältnisse zu informieren. Ein Schwesterunternehmen hat im Regelfall keine gesellschaftsrechtliche Möglichkeit, sich über die wirtschaftlichen Verhältnisse einer anderen Konzernschwester unmittelbar zu informieren. Aufgrund der Tatsache, dass im Verhältnis von abhängigen Unternehmen zueinander keine besonderen unmittelbaren Informationsmöglichkeiten bzgl. der wirtschaftlichen Verhältnisse bestehen, geht die Regierungsbegründung zur InsO davon aus, dass Schwesterunternehmen nicht nahestehende Personen sein können.[675]
Möglich erscheint aber eine Informationsweitergabe über die Muttergesellschaft, welche regelmäßig die Möglichkeit zur Unterrichtung über die Verhältnisse ihrer Tochtergesellschaften hat.[676]

Fraglich ist daher, ob § 138 Abs. 2 Nr. 2 InsO nicht als Auffangtatbestand zu qualifizieren ist, mit der Folge, dass auch Fälle einer solchen möglichen mittelbaren Informationsweitergabe erfasst sein sollen.
Zu bedenken ist nämlich, dass in dem Fall der Krise eines abhängigen Unternehmens das herrschende Unternehmen häufig versuchen wird, Vermögen auf ein anderes abhängiges Unternehmen zu übertragen, um es dem Gläubigerzugriff zu entziehen.[677]
Für diese Fälle ist ein Bedürfnis für eine Möglichkeit der Insolvenzanfechtung anzuerkennen. Auch wenn Konzernunternehmen rechtlich selbstständige Unternehmen sind, so gehen von Konzernen dennoch größere Gefahren bzgl. der Umgehung von Haftungen aus als bei anderen Unternehmen. Es ist nicht ersichtlich, weshalb für solche nahe-

675 RegBegr. BT-Drs. 12/2443 S. 163.
676 Vgl. hierzu *Ehricke* KTS 1996, 209 (219 ff.), MüKo-InsO/*Stodolkowitz* §138 Rn.32.
677 *Ehricke* KTS 1996, 209 (220), MüKo-InsO/*Stodolkowitz* §138 Rn.32.

liegenden Umgehungsversuche innerhalb von Konzernen die Vermutung des § 138 Abs. 2 Nr. 2 InsO nicht greifen sollte. Sofern es sich bei den Schwesterunternehmen also um dem gleichen Konzern angehörige Unternehmen handelt, sind sie folglich auch als nahestehende Unternehmen anzusehen.[678]
Dies hat zur Folge, dass eine Anfechtung gem. § 132 Abs. 1 oder § 133 Abs. 1, 2 InsO unter den bereits aufgeführten Voraussetzungen möglich ist.

## V. Veräußerung an konzernfremde Unternehmen

Bei der Veräußerung an konzernfremde Unternehmen wird man unterscheiden müssen zwischen Veräußerungen, die vor der Eröffnung des Insolvenzverfahrens erfolgten und Veräußerungen durch den Insolvenzverwalter.

### *1. Veräußerung außerhalb des Insolvenzverfahrens*

Eine Veräußerung der gesamten Aktiva eines Unternehmens außerhalb des Insolvenzverfahrens erfolgt nur in seltenen Fällen ohne die gleichzeitige Veräußerung der Passiva des Unternehmens. Der Verkäufer hat zumeist kein Interesse daran, weiterhin für Altverbindlichkeiten einzustehen, ohne dass er diese aus seinem Unternehmen begleichen kann. Daher wird in den meisten Fällen eine Schuldübernahme vereinbart. Zusätzlich kann eine Haftung gem. § 25 Abs. 1 HGB bestehen. Insofern wird in vielen Fällen der Erwerber ohnehin schon für die Beihilfenrückzahlung haften. Ein wirksamer Haftungsausschluss iSv. § 25 Abs. 2 HGB wird in den Fällen mit dem Beihilferecht vereinbar sein, in denen der Erwerber den Marktpreis für die Assets zahlt.

Wurde nicht der Marktpreis gezahlt, so besteht die Möglichkeit, dass die Kommission eine gemeinschaftsrechtliche Verpflichtung zur Rückgängigmachung der Übertragung der Vermögenswerte als gegeben ansieht, unabhängig davon, ob der Erwerber die Firma des Veräußerers fortgeführt hat und der Tatbestand des §25 HGB dadurch erfüllt ist.
Sofern das beihilfebegünstigte Unternehmen seine gebündelten Vermögenswerte unter Marktpreis an ein konzernfremdes Unternehmen veräußert hat, kommt nach Eröffnung des Insolvenzverfahrens eine Insolvenzanfechtung grundsätzlich aufgrund derselben Normen der InsO in Betracht, wie bei Veräußerungen innerhalb eines Konzerns (allerdings kann bei § 133 InsO nur Abs. 1 angewendet werden, nicht Abs. 2).
Zu beachten ist jedoch, dass in diesen Fällen § 138 InsO mangels konzerninternen Näheverhältnisses nicht zur Anwendung kommen kann, es sei denn, die Übertragung erfolgt an ein Unternehmen, mit dem ein sonstiges unter § 138 InsO fallendes Näheverhältnis besteht.
Eine ansonsten mangelnde Anwendbarkeit des § 138 InsO hat zur Folge, dass die erforderliche Kenntnis des Erwerbers nicht vermutet wird, sondern vom Insolvenzver-

[678] *Ehricke* KTS 1996, 209 (220), *ders.*, Das abhängige Konzernunternehmen in der Insolvenz S. 41; HK-InsO/*Kreft* §138 Rn.16; MüKo-InsO/*Stodolkowitz* §138 Rn.32; Uhlenbruck/*Hirte* §138 Rn.41; FK-InsO/*Dauernheim* §138 Rn.18; **a.A.** Kübler/Prütting/*Paulus* §138 Rn.22; *Hess* §138 Rn.60.

walter positiv bewiesen werden muss.[679] Dies bereitet erfahrungsgemäß meist Schwierigkeiten.

Eine Anfechtung aufgrund von § 132 Abs. 1 InsO bleibt weiterhin möglich, sofern die Veräußerung unterhalb des Marktwerts (das unmittelbar nachteilige Rechtsgeschäft iSv. § 132 Abs. 1 InsO) innerhalb der letzten drei Monate vor dem Antrag auf Eröffnung des Insolvenzverfahrens vorgenommen wurde (Nr. 1) oder nach dem Eröffnungsantrag (Nr. 2).
Da es sich bei Veräußerungen an konzernfremde Dritte meist um sog. „krisenbedingte Schlussverkäufe" handelt, wird dieses zeitliche Erfordernis häufig vorliegen. Der Beweis der Kenntnis der Krise des Schuldners durch den Insolvenzverwalter wird gem. § 132 Abs. 3 iVm. § 130 Abs. 2 InsO dadurch erleichtert, dass der Kenntnis der Zahlungsunfähigkeit oder des Eröffnungsantrags die Kenntnis von Umständen gleichsteht, die zwingend auf die Zahlungsunfähigkeit oder den Eröffnungsantrag schließen lassen. Sofern der Schuldner, wie in den vorliegend behandelten Fällen, seine (nahezu) gesamten Assets unter Marktwert veräußert, erscheint eine Kenntnis des Schuldners von den eine Zahlungsunfähigkeit begründenden Umständen zumindest nicht fern liegend.

Bei einer Anfechtung gem. § 133 InsO hat der Insolvenzverwalter zu beweisen, dass der Erwerber um die Zahlungsunfähigkeit (bzw. den Eröffnungsantrag nach Nr. 2) wusste.
In diesem Fall wird eine positive Kenntnis des Erwerbers zum Zeitpunkt der Vornahme des Rechtsgeschäfts von einer Benachteiligungsabsicht des Schuldners[680] aufgrund einer Veräußerung unter Marktwert nur in den seltensten Fällen gegeben sein. Selbst ein Kennenmüssen ist bei einer Anfechtung nach § 133 InsO nicht ausreichend.[681] Solange also das Gericht nicht aus feststehenden objektiven Umständen auf den Benachteiligungsvorsatz schließen konnte, z.B. aufgrund einer etwaigen Vertrautheit des Erwerbers mit den geschäftlichen Verhältnissen des Schuldners auf eine Kenntnis des Benachteiligungsvorsatzes,[682] wird eine Anfechtung gem. § 133 InsO nur selten erfolgreich sein.

Auch eine unentgeltliche Übertragung der Vermögenswerte des Schuldners an nicht konzernangehörige Unternehmen wird, mit Ausnahme von der Übertragung an andere nahestehende Personen, eher selten vorkommen, so dass eine Anfechtung gem. § 134 Abs. 1 InsO unter den gegebenen tatbestandlichen Voraussetzungen nur selten möglich sein wird.

Sofern also eine Übertragung der beihilfebegünstigten Vermögenswerte an nicht dem gleichen Konzern angehörige Unternehmen erfolgt ist, sind strengere Voraussetzungen an die Anfechtung der Übertragung der Vermögenswerte gegeben. Eine Rückforde-

---

[679] Vgl. Uhlenbruck/*Hirte* §132 Rn.17 f.; §133 Rn.29 ff.; Kübler/Prütting/*Paulus* §132 Rn.21 f.; Gottwald/*Huber* §47 Rn.28.
[680] Vgl. hierzu Uhlenbruck/*Hirte* §133 Rn.25 f.; MüKo-InsO/*Kirchhof* §133 Rn.19 ff.
[681] Uhlenbruck/*Hirte* §133 Rn.25; MüKo-InsO/*Kirchhof* §133 Rn.19.
[682] Vgl. hierzu BGH WM 1961, 387 (389); BGH KTS 1965, 30.

rung der übertragenen Vermögenswerte an die Insolvenzmasse durch den Insolvenzverwalter wird dadurch erschwert.
Da jedoch eine Übertragung der (nahezu) gesamten Vermögenswerte des Schuldners an ein nicht dem gleichen Konzern angehöriges Unternehmen (welches auch nicht anderweitig als nahestehende Person iSv. § 138 InsO zu qualifizieren ist), nur selten vorkommen wird, wird man die gegebenen Möglichkeiten zur Rückforderung wohl als zumeist ausreichend erachten können.

#### 2. *Veräußerung innerhalb des Insolvenzverfahrens*

Wenn der Insolvenzverwalter im Rahmen einer übertragenden Sanierung die Assets des Schuldners überträgt, findet aufgrund einer teleologischen Reduktion § 25 HGB keine Anwendung.[683] Der Erwerber muss daher nicht für Verbindlichkeiten des insolventen Schuldners einstehen.
Sofern jedoch die Kommission entschieden hat, dass auch dem Erwerber aufgrund eines Erwerbs unterhalb des Marktpreises der Wert der Beihilfe zugeflossen ist, muss aufgrund des Vorrangs des Gemeinschaftsrechts auch die Rückgängigmachung dieser Vermögensübertragung vom Erwerber möglich sein. Im Gegensatz zur Veräußerung außerhalb des Insolvenzverfahrens besteht hier aber keine Möglichkeit der Insolvenzanfechtung, da diese bei durch den Insolvenzverwalter getätigten Veräußerungen nicht einschlägig ist.

### V. Zusammenfassung

Festzuhalten bleibt daher, dass durch die Reglungen der Insolvenzanfechtung, eine Rückforderung der übertragenen Vermögenswerte in den meisten denkbaren Konstellationen möglich erscheint.
Problematisch sind allerdings zum einen die Fälle, in denen eine Anfechtung an einer tatbestandlichen Voraussetzung wie der Anfechtungsfrist (z.B. bei Veräußerung mehr als drei Monate vor dem Antrag auf Eröffnung des Insolvenzverfahrens bei § 132 Abs. 1 InsO etc.) scheitert. Problematisch ist zum anderen die Frage, ob es mit dem Grundsatz des „effet utile" überhaupt vereinbar ist, wenn eine Rückforderung nicht unmittelbar über den Mitgliedsstaat erfolgt, sondern nur mittelbar über den Insolvenzverwalter.

## C. Effektive Rückforderung durch den Insolvenzverwalter?

Der Grundsatz des „effet utile" erfordert, wie bereits ausgeführt, dass der Mitgliedsstaat seine gemeinschaftsrechtlichen Verpflichtungen so effektiv wie möglich erfüllen muss; nationales Recht, welches die effektive Umsetzung der gemeinschaftsrechtlichen Verpflichtung hindert, ist außer Anwendung zu lassen.
Bei der Insolvenzanfechtung im Regelinsolvenzverfahren stellt sich das Problem, dass die Anfechtung nicht von einem Insolvenzgläubiger (z.B. dem Mitgliedsstaat) geltend gemacht werden kann, sondern dass dies durch den Insolvenzverwalter geschehen

---

[683] Siehe 3.Teil §4 C III 4.

muss, selbst wenn dieser sich weigern sollte.[684] Der Insolvenzverwalter kann jedoch rechtlich nicht verpflichtet werden, die Insolvenzanfechtung durchzusetzen. In Betracht kommt allenfalls eine Verpflichtung zur Zahlung von Schadensersatz gem. § 60 InsO, wenn der Insolvenzverwalter schuldhaft die Insolvenzanfechtung unterlässt.

Fraglich ist, ob diese Drohung mit Schadensersatz zur Umsetzung des „effet utile" ausreichend ist, wenn der Insolvenzverwalter die Übertragung der Assets beihilfenbegünstigter Unternehmen rückgängig machen kann.
Wenn ein Mitgliedsstaat seiner gemeinschaftsrechtlichen Verpflichtung zur Rückforderung der Beihilfe nicht nachkommt, so kann die Kommission gegen den betreffenden Mitgliedsstaat ein sog. Vertragsverletzungsverfahren anstrengen, mit der Folge, dass der Mitgliedsstaat ggf. vom EuGH dazu verpflichtet wird, eine Geldstrafe zu bezahlen, damit die Rückforderung umgehend durchgesetzt wird. Sofern der Insolvenzverwalter jedoch die Rückübertragung der übertragenen Vermögenswerte nicht durch eine Anfechtungsklage durchsetzt, kann er nicht von der öffentlichen Hand dazu verpflichtet werden.

In der Literatur wird daher überlegt, den Insolvenzverwalter im Falle der Verstrickung von Beihilfen im Vermögen des insolventen Unternehmens primär zur effektiven Durchsetzung der Beihilfenrückforderung zu verpflichten und erst sekundär zur größtmöglichen Befriedigung der restlichen Insolvenzgläubiger.[685] Begründet wird dies damit, dass der Insolvenzverwalter ein öffentliches Amt innehabe und daher auch dem Anwendungsvorrang des Gemeinschaftsrechts verpflichtet sei.[686]

Diese Auffassung ist jedoch - zurecht - auf weitgehende Ablehnung gestoßen.[687]
Der Insolvenzverwalter übt, unabhängig von dem Streit um die genaue Qualifizierung seiner Rechtsstellung, kein staatliches Amt aus, sondern er stellt ein besonderes Rechtspflegeorgan dar (arg. e § 56 InsO).[688] Daher kann der Umsetzung des Gemeinschaftsrechts auch für den Insolvenzverwalter keine übergeordnete Funktion zukommen. Der Insolvenzverwalter ist demnach auch nicht der Sachwalter des Rückabwicklungsinteresses des EG-Beihilfenrechts.[689] Der Grundsatz des „effet utile" ist nur von den einzelnen Mitgliedsstaaten zu beachten und verpflichtet daher auch nur diese.[690]
Des Weiteren kommt auch dem Mitgliedsstaat im nationalen Insolvenzverfahren keine gegenüber den anderen Insolvenzgläubigern übergeordnete Stellung zu.[691] Der Insolvenzverwalter hat daher alle Insolvenzgläubiger einschließlich des Mitgliedsstaats grundsätzlich gleich zu behandeln.

---

684 Vgl. Gottwald/*Huber* § 51 Rn.1.
685 *Koenig* BB 2000, 573 (580).
686 *Koenig* BB 2000, 573 (580).
687 Vgl. *Rapp/Bauer* KTS 2001, 1 (40); *Ehricke/Blask* ZInsO 2002, 693 (697); *Ehricke* NZI aktuell 2001, V (VI); *Smid* FS-Uhlenbruck S. 405 (411 ff.).
688 Nerlich/Römermann/*Delhaes* InsO, vor §56 Rn.8; MüKo-InsO/*Graeber* §56 Rn.103; *Smid* FS-Uhlenbruck S. 405 (411 ff.); *Ehricke* NZI aktuell 2001, V (VI).
689 *Ehricke* ZIP 2001, 489 (495).
690 *Ehricke/Blask* ZInsO 2002, 693 (697).
691 *Smid* FS-Uhlenbruck S. 405 (412 f.); *Ehricke* NZI aktuell 2001, V (VI).

Eine gemeinschaftsrechtliche Verpflichtung des Insolvenzverwalters zur Erklärung der Insolvenzanfechtung kommt daher nicht in Betracht.

Zu überlegen bleibt demnach, ob nicht schon die Möglichkeit der Verpflichtung zur Zahlung von Schadensersatz gem. § 60 InsO ausreichend ist, um in den allermeisten Fällen eine Erklärung der Anfechtungsklage durch den Insolvenzverwalter zu erreichen.[692]
Um seiner gemeinschaftsrechtlichen Verpflichtung zur Rückforderung der Beihilfe gerecht zu werden, wird und hat der Mitgliedsstaat auf den Insolvenzverwalter einzuwirken, damit dieser im Rahmen seiner Möglichkeiten die Insolvenzanfechtung durchführt.[693] Eine drohende Schadensersatzforderung, welche bei beihilferelevanten Sachverhaltenbeträchtlichen durchaus beachtlichen Umfang erreichen kann, erscheint grundsätzlich geeignet, den Insolvenzverwalter zur gewünschten Handlung zu bewegen. Der Insolvenzverwalter ist von Rechts wegen gehalten, eine größtmögliche Befriedigung der Insolvenzgläubiger zu erreichen. Ein willkürliches Unterlassen einer Insolvenzanfechtung wird daher kaum vorkommen. Es ist jedoch zu bedenken, dass in dem Fall, dass der Insolvenzverwalter anderer Rechtsauffassung als die öffentliche Hand ist, die Insolvenzanfechtung also nicht für Erfolg versprechend hält, er sich auch von einer drohenden Schadensersatzklage nicht wird umstimmen lassen. Diese Schadensersatzklage müsste er nämlich folgerichtig für ebenfalls dementsprechend wenig Erfolg versprechend halten.

Im Ergebnis wird man jedoch davon ausgehen können, dass der Insolvenzverwalter regelmäßig seiner Pflicht zur Durchsetzung der Insolvenzanfechtung nachkommen wird, so dass eine effektive Umsetzung des Gemeinschaftsrechts erfolgt. Würde eine explizite, gesetzliche Verpflichtung für den Insolvenzverwalter bestehen, sich entsprechend den Kommissionsvorgaben zu verhalten, so würde wohl auch zur effektiven Durchsetzung dieser Verpflichtung eine gesetzliche Schadensersatzdrohung für den Fall der Zuwiderhandlung bestehen. Insofern wäre jedoch kein signifikanter Unterschied zum status quo gegeben.

Wenn der Insolvenzverwalter also von seiner Kompetenz zur Anfechtung der getätigten Rechtsgeschäfte Gebrauch macht, besteht keine Notwendigkeit mehr für die öffentliche Hand, den Dritten unmittelbar in Anspruch zu nehmen, da der Dritte nicht mehr von der dem ursprünglichen Beihilfenempfänger gewährten Beihilfe profitiert.
Selbst in den Fällen, in denen die Kommission in ihrer Entscheidung explizit die Rückforderung der Beihilfe auch von dem Dritten anordnet, gibt es keinen Grund dafür, dass die Anfechtung durch den Insolvenzverwalter nicht als ausreichend angesehen werden kann. Sofern die Assets des beihilfebegünstigten Unternehmens zurück in die Insolvenzmasse gelangen, ist der gemeinschaftsrechtlichen Verpflichtung zur Rückgängigmachung der erfolgten Wettbewerbsverzerrung genüge getan. Die Kommissionsanordnung ist in diesem Fall bereits ordnungsgemäß umgesetzt.

---

692 IdS. *Rapp/Bauer* KTS 2001, 1 (40 f.).
693 Zu den Pflichten des Mitgliedstaates im dt. Insolvenzverfahren, siehe 2.Teil §4.

## D. Auswirkungen bei fehlender Möglichkeit bzw. Erklärung der Anfechtung

Es ist zu beachten, dass eine Erstreckung der Haftung aufgrund einer Weiterleitung der Beihilfe nicht nur in Betracht kommt, wenn in Anbetracht der drohenden Beihilfenrückforderung vom bisherigen Unternehmensinhaber bzw. durch das zuständige Gesellschaftsorgan die Veräußerung der gebündelten Vermögenswerte des beihilfenbegünstigten Unternehmens vorgenommen wurde. Es ist ebenfalls möglich, dass der Insolvenzverwalter selbst eine solche Veräußerung vorgenommen hat (z.B. aufgrund einer entsprechenden Weisung der Gläubigerversammlung)[694]. Die Folge kann in diesem Fall sein, dass aufgrund einer Veräußerung durch den Insolvenzverwalter eine versuchte Umgehung der Beihilfenrückforderung von der Kommission angenommen wird.[695] [696]

Veräußerungen, welche der Insolvenzverwalter selbst vorgenommen hat, sind nicht nach Maßgabe der §§ 129 ff. InsO vom Insolvenzverwalter anfechtbar. Daher wäre auch in diesem Fällen eine Umsetzung der entsprechenden Kommissionsentscheidung, welche die Rückforderung einer geleisteten Beihilfe auch von Dritten erfordert, nach deutschem Recht nicht möglich. Auch diese Fälle bedürfen jedoch einer Möglichkeit, wie eine Rückforderungsanordnung der Kommission umgesetzt werden kann.
Gleiches gilt für den Fall, dass zwar grundsätzlich eine Insolvenzanfechtung möglich ist, der Insolvenzverwalter sich jedoch weigert, eine Anfechtung z.B. aufgrund rechtlicher Bedenken oder aus anderen, etwa wirtschaftlichen Gründen, vorzunehmen.

Da das nationale Recht einer gemeinschaftsrechtlich gebotenen Beihilfenrückforderung nicht entgegenstehen darf, besteht keine Alternative zu einer unmittelbaren Inanspruchnahme des Erwerbers in den gebotenen Fällen. Es kann auch nicht darauf abgestellt werden, dass es sich hierbei um einen unzulässigen Eingriff des Gemeinschaftsrecht in das nationale Insolvenzrecht handele,[697] vielmehr sind es die Regeln des nationalen Insolvenzrechts, welche in das Gemeinschaftsrecht eingreifen, wenn sie eine gebotene Beihilfenrückforderung vereiteln.[698]
Fraglich ist nun, wie der Wert der Beihilfe dem Vermögen des Erwerbers wieder entzogen werden kann. Eine gemeinschaftsrechtskonforme Anwendung der Vorschriften der Insolvenzanfechtung mit der Folge, dass der Insolvenzverwalter von ihm selbst getätigte Geschäfte anfechten könne (!), erscheint wenig sinnvoll. Für die Fälle, in denen eine Insolvenzanfechtung nicht möglich ist (z.B. weil die Veräußerung der Assets durch den Insolvenzverwalter erfolgte), eine Rückgängigmachung der erfolgten Vermögensverschiebung jedoch (aufgrund einer Kommissionsentscheidung) gemeinschaftsrechtlich geboten ist, wird man mangels anderer Möglichkeiten zur Umsetzung

---

694 Zur Frage der Rechtmäßigkeit solcher Weisungen siehe 2.Teil §4 C.
695 *Borchardt* ZIP 2001, 1301 (1303 ff.); *Ehricke/Blask* ZInsO 2002, 693 (697 f).
696 Zur Frage, inwiefern in der Veräußerung durch den Insolvenzverwalter eine neue Beihilfe liegen kann, siehe 4.Teil §1.
697 So aber *Zühlke* EWS 2003, 61 (66).
698 *Borchardt* ZIP 2001, 1301 (1310).

der Kommissionsentscheidung eine unmittelbare Inanspruchnahme des Erwerbers durch den Mitgliedsstaat befürworten müssen.
Sofern nicht bereits die tatbestandlichen Voraussetzungen einer der erwähnten Anspruchsgrundlagen gegeben sind (§ 822 BGB, § 816 Abs. 1 S. 2 BGB, § 25 HGB), kann eine Rückforderung nur durch eine analoge Anwendung einer bestehenden Anspruchsgrundlage erreicht werden.

## I. Plädoyer für den „faktischen Beihilfenempfänger

Mangels vorzugswürdiger Alternativen scheint die von *Ehricke* vorgeschlagene Konstruktion des „faktischen Beihilfenempfängers" im Rahmen einer Leistungskondiktion gem. § 812 Abs. 1 S. 1 1.Fall BGB für die Rückforderung zivilrechtlich gewährter Beihilfen am besten geeignet. Bei dieser neuen Anspruchsgrundlage handelt es sich zwar um reine Rechtsfortbildung, die mit dem geschriebenen Recht nur wenig gemein hat. Für die Fälle, in denen diese Anspruchsgrundlage zur Anwendung kommen soll, wird jedoch dringend eine Anspruchsgrundlage benötigt. De lege ferenda mag eine explizite Fixierung im Gesetz wünschenswert sein,[699] de lege lata ist jedoch keine gleich effektive Alternative ersichtlich. Im Übrigen ist zu wiederholen, dass diese Anspruchsgrundlage auch nur einen geringen Anwendungsbereich hat.

Als tatbestandliche Voraussetzungen für eine Inanspruchnahme als faktischer Beihilfenempfänger wird man fordern müssen:

- Es muss eine rechtswidrige Beihilfe geleistet worden sein (mit der Folge der Nichtigkeit der Beihilfe gem. § 134 BGB)
- Das beihilfenbegünstigte Unternehmen muss an den Dritten zur Umgehung der (erwarteten) Kommissionsentscheidung (nahezu) seine gesamten Vermögenswerte im Wege des Asset Deals nach den bereits dargestellten Grundsätzen, die eine Umgehungsabsicht vermuten lassen, veräußert haben
- Eine Kommissionsentscheidung muss erfolgt sein, welche die Rückforderung der Beihilfe durch den Mitgliedstaat von dem ursprünglichen beihilfebegünstigten Unternehmen sowie den Unternehmen, welche den tatsächlichen Nutzen gezogen haben, nach den oben erarbeiteten Grundsätzen anordnet.

Des Weiteren handelt es sich bei der Rechtsfigur des faktischen Beihilfenempfängers um eine rein subsidiär anzuwendende Anspruchsgrundlage. Sofern bereits eine Haftung des Dritten gem. einer gesetzlichen Anspruchsgrundlage oder einer vertraglichen Schuldübernahme bzw. eines Schuldbeitritts besteht (z.B. § 822 BGB oder § 25 HGB), so besteht kein Bedürfnis für die Konstruktion der Rechtsfigur des faktischen Beihilfenempfängers.
Im Übrigen ist auch eine Insolvenzanfechtung durch den Insolvenzverwalter vorrangig. Solange der Insolvenzverwalter noch die Anfechtung erklären kann und seinerseits die Erklärung nicht zweifelsfrei ausgeschlossen hat, darf die öffentliche Hand ihrerseits nicht berechtigt sein, selbst von dem Dritten die Rückforderung zu betreiben.

---

699 *Rapp/Bauer* KTS 2001, 1 (42).

Ansonsten könnte ein Wettlauf zwischen dem Insolvenzverwalter und der öffentlichen Hand bzgl. der schnelleren Geltendmachung der Forderung respektive der Anfechtung entstehen, wenn die Rechtsfigur des faktischen Beihilfenempfängers neben der Möglichkeit der Insolvenzanfechtung bestehen würde. *Ehricke* hat diese Subsidiarität bisher nicht erkannt. Die Folge des möglichen Wettlaufs der Gläubiger ist von der Anordnung der Rückforderung der Beihilfe jedoch sicherlich nicht bezweckt. Solange der Wert der Beihilfe in dem Vermögen des Erwerbers der Assets des beihilfenbegünstigten Unternehmens nicht mehr vorhanden ist, z.B. aufgrund einer erfolgreichen Insolvenzanfechtung, besteht auch kein Grund mehr dafür, eine weitere Anspruchsgrundlage zu konstruieren.

## II. Art und Umfang der Haftung

Auch die Art und der Umfangs der Haftung bei mehreren Schuldnern der Beihilfenrückforderung müssen bestimmt werden. Es ist evident, dass der Mitgliedsstaat nicht die Beihilfe doppelt sowohl vom Beihilfenempfänger als auch vom Dritten vollständig zurückverlangen kann.[700]

### *1. Diskutierte Möglichkeiten*

Möglich erscheint es theoretisch, nach der Feststellung des Dritten als Rückforderungsschuldner durch die Kommission nur noch diesen als Schuldner der Beihilfenrückforderung anzusehen.[701] Der Anspruch gegen den ehemaligen Beihilfenempfänger wäre dann zunächst zur Insolvenztabelle anzumelden, nach der Übertragung des Vermögens auf den Dritten aber müsste der Anspruch gegen den ursprünglichen Beihilfenempfänger aus der Insolvenztabelle gestrichen werden.[702]

Denkbar ist es auch, die Rückforderungsschuldner im Regelfall als Gesamtschuldner haften zu lassen.[703] Dafür soll sprechen, dass der ursprüngliche Beihilfenempfänger in diesem Fall zur Rückzahlung verpflichtet bleibt, da er eine mit dem gemeinsamen Markt unvereinbare oder rechtswidrige Beihilfe erhalten hat. Die Veräußerung seiner gebündelten Vermögenswerte entbindet ihn nicht von dieser Pflicht zur Rückzahlung der Beihilfe. Der Erwerber hingegen wird aufgrund der bereits dargestellten Grundsätze zusätzlich zur Rückzahlung verpflichtet. Da demnach beide Schuldner die gleiche Leistung erfüllen müssen, sollen hierfür die §§ 420 ff. BGB über den Gesamtschuldnerausgleich heranzuziehen sein.[704] Von einer solchen Haftung des Beihilfenempfängers und des Dritten als Gesamtschuldner geht allem Anschein nach auch die Kom-

---

[700] *Ehricke* ZIP 2000, 1656 (1667).

[701] Dies in Betracht ziehend: *Ehricke* ZIP 2000, 1656 (1667); *ders.* WM Sb.3/2001 S. 3 (15).

[702] *Ehricke* ZIP 2000, 1656 (1667).

[703] *Borchardt* ZIP 2001, 1301 (1308 f.); *Ehricke* WM Sb. 3/2001 S. 3 (15), *Verse/Wurmnest* ZHR 167 (2003), 403 (424 f.); idS auch der Schlussantrag des Generalanwalts *Geelhoed* vom 27.9.2001, Rs C-328/99 u C-399/00 Rn.79 ff. –Seleco-, der ebenfalls davon ausgeht, dass die Beihilfe ggfs *auch* (Hervorhebung vom Verf.) vom Käufer zurückzufordern ist.

[704] Siehe allg. zu den §§420 ff. BGB: Staudinger/*Noack* §420 Rn.1 ff.

mission aus, da ihrer Ansicht nach die Betroffenen die Beihilfe gemeinschaftlich zurückzahlen müssen.[705]
Eine Ausnahme von einer Inanspruchnahme als Gesamtschuldner soll dann gemacht werden können, wenn innerhalb eines Unternehmensverbundes eindeutig feststellbar und quantifizierbar ist, welches Unternehmen welchen Nutzen gezogen hat.[706] Dies wird allerdings nicht häufig der Fall sein.

Z.T. wird in diesem Zusammenhang einschränkend vertreten, dass auch bei einer gesamtschuldnerischen Haftung der Erwerber nicht in voller Höhe für die Rückzahlung der Beihilfe einstehen müsse. Dies wird u.a. damit begründet, dass es nicht sein dürfe, dass z.B. ein (hypothetischer) Erwerb von Vermögenswerten im Wert von. 1. Mio. € zu einer Haftung auf Rückzahlung von Beihilfen iHv. 100 Mio. € führen könne.[707] Auch wenn sich bei diesem Beispiel die Frage stellt, ob es realistisch erscheint, dass die gesammelten Vermögenswerte eines Unternehmens, welches 100. Mio. € an zurückzuzahlenden Beihilfen erhalten hat, nur 1 Mio. € betragen, so ist doch zuzugeben, dass eine größere Diskrepanz zwischen der Höhe an Beihilfen, welches ein Unternehmen ggf. über Jahre verteilt erhalten hat, und dem wirklichen Wert eines Unternehmens bestehen kann.
Aus wettbewerbsrechtlicher Sicht soll es daher ausreichend sein, die Haftung des Erwerbers auf den Wert der übernommenen Vermögenswerte zu beschränken, da ihm nur in dieser Höhe ein Vorteil zuteil geworden ist.[708] Nur in Höhe der übernommenen Aktiva soll die durch die Beihilfen erfolgte Begünstigung auf der Seite des erwerbenden Unternehmensträgers erhalten bleiben.[709]

### *2. Eigene Ansicht*

Ein vollständiger Übergang der Haftung vom ursprünglichen Beihilfenempfänger auf den Erwerber ist abzulehnen. Auch wenn der Erwerber die Tätigkeit des ursprünglichen Beihilfenempfängers am Markt fortsetzt, ändert dies nichts daran, dass die Zuwendung der Beihilfe an den ursprünglichen Beihilfenempfänger erfolgte und dieser - als logische Folge- daher zu Rückzahlung der Beihilfe verpflichtet ist. Zudem kann von einer Wiederherstellung der Wettbewerbsbedingungen durch die Beihilfenrückforderung keine Rede sein, wenn der ursprüngliche Beihilfenempfänger am Markt verbleiben kann, obwohl er die ihm gewährte Beihilfe nicht zurückgezahlt hat. Solange keine absolute Unmöglichkeit der Rückforderung der Beihilfe eingetreten ist, z.B. durch Ablehnung des Insolvenzverfahrens über das Vermögen des ursprünglichen Beihilfenempfängers mangels Masse, muss die Beihilfe zumindest auch weiter vom ursprünglichen Empfänger zurückgefordert werden.[710]

---

705 Kommission ABl. 2002 L 307/1 Rn.146 –Graf von Henneberg-.
706 *Borchardt* ZIP 2001, 1301 (1308 f.).
707 *Zühlke* EWS 2003, 61 (62 und 66).
708 *Ehricke* WM Sb. 3/2001 S. 3 (15); *Soltesz* BB 2001, 1049 (1053); *Koenig* BB 2000, 575 (576); *ders.* EuZW 2001, 37 (45); *Borchardt* ZIP 2001, 1301 (1309).
709 *Koenig* EuZW 2001, 37 (45).
710 1.Teil §2 III 2.

Insbesondere erschiene es befremdlich, wenn der Erwerber eines Unternehmens, welches er im Wege des Asset Deals erworben hat, schlechter steht, als er bei einem Share Deal stehen würde. Hätte der Erwerber das beihilfebegünstigte Unternehmen nämlich im Weg eines Share Deals erworben, so würde sich an der Haftung des beihilfebegünstigten Unternehmens grundsätzlich nichts ändern.[711] Es müsste also nicht der Erwerber mit seinem Vermögen haften, sondern weiterhin nur das beihilfebegünstigte Unternehmen. Da vertragliche Haftungsbegrenzungen zugunsten des Erwerbers von der Kommission nicht akzeptiert werden, erscheint es jedoch unbillig, den Erwerber der gesamten Assets eines Unternehmens für alle über den Wert der Assets hinausgehenden Verbindlichkeiten des Beihilfenempfängers haften zu lassen. Auch wenn sicherlich keine identische rechtliche Behandlung von Unternehmenskäufen im Wege des Asset und des Share Deals erfolgen muss, ist dennoch kein Grund dafür ersichtlich, warum der Erwerber der Assets schlechter gestellt werden sollte als der Erwerber der Anteile. Insbesondere der Erwerber, der die gebündelten Assets des Beihilfenempfängers im Rahmen des Insolvenzverfahrens vom Insolvenzverwalter erwirbt, geht normalerweise davon aus, dass eine Haftung für die Altschulden des Unternehmens nicht besteht.[712]
Dies spricht für eine auf den Wert des erworbenen Unternehmens beschränkte gesamtschuldnerische Haftung.

Zu überlegen ist jedoch, ob die Haftung des Erwerbers nicht auf die Differenz zwischen dem Marktwert des Unternehmens zum Zeitpunkt der Übertragung und dem Wert der von ihm erbrachten Gegenleistung beschränkt sein soll. Diese Überlegung begründet sich wie folgt: Hätte der Erwerber den Marktpreis für das beihilfenbegünstigte Unternehmen geleistet, dann wäre seine Haftung ausgeschlossen. Die vom Erwerber erbrachte Leistung würde sich dann im Vermögen des Beihilfenempfängers befinden und als Haftungsmasse für die Insolvenzforderungen, insbesondere der Beihilfenrückforderung, dienen. Würde der Erwerber daher auf die Differenz zwischen der von ihm erbrachten Leistung und dem Marktwert des Unternehmens haften, dann würde er genauso stehen, als wenn er den Marktpreis gezahlt hätte. Der Wert der im Vermögen des Beihilfenempfängers noch vorhandenen Beihilfe würde sich dann nicht mehr in seinem Vermögen befinden.
Wenn hingegen der ursprüngliche Beihilfenempfänger und der Erwerber gesamtschuldnerisch (letzterer begrenzt auf den Wert des erworbenen Unternehmens) haften würden, dann bestände die Möglichkeit, dass der Erwerber von der öffentlichen Hand auf den Wert des erworbenen Unternehmens in Anspruch genommen würde, obwohl er möglicherweise bereits einen Teil des Marktwerts gezahlt hätte. Allerdings hätte der Erwerber in diesem Fall einen gesamtschuldnerischen Ausgleichsanspruch gegen den ursprünglichen Beihilfenempfänger in Höhe der Differenz. Aufgrund der zumeist gegebenen Insolvenz des ursprünglichen Beihilfenempfängers wäre ein solcher Ausgleichsanspruch des Erwerbers wirtschaftlich wenig Erfolg versprechend.

---

[711] Vgl. 3.Teil §4 A I.
[712] Vgl. 3.Teil §4 C III 4.

Die Beurteilung, welche dieser beiden Möglichkeiten angemessener ist, hängt im Ergebnis also davon ab, wer das Insolvenzrisiko des ursprünglichen Beihilfenempfängers tragen soll. Eine Schutzbedürftigkeit der öffentlichen Hand ist in diesem Zusammenhang nicht gegeben. Wie bereits ausgeführt, besteht der Zweck der Beihilfenrückforderung nicht in der Sanierung des Staatshaushalts, sondern in dem Ausgleich der erfolgten Wettbewerbsverzerrung. Wenn der ursprüngliche Beihilfenempfänger im Rahmen der Liquidierung innerhalb des Insolvenzverfahrens aus dem Markt ausscheidet, ist dessen Wettbewerbsvorteil endgültig beendet. Wenn dann der Erwerber den Marktpreis für die erworbenen Vermögenswerte zahlen muss, hat auch er im Verhältnis zu seinen Konkurrenten keinen Wettbewerbsvorteil mehr.
Daher ist der Anspruch der öffentlichen Hand gegen den Erwerber beschränkt auf die Differenz zwischen dem Marktwert des beihilfenbegünstigten Unternehmens und der gezahlten Gegenleistung. Der Erwerber wird hierdurch im Ergebnis so gestellt, als hätte der Kauf des Unternehmens eine eigene Beihilfe an ihn dargestellt. Denn auch in diesem Fall hätte eine Verpflichtung zur Rückzahlung der Beihilfe in Höhe der Differenz zwischen dem Marktwert und dem gezahlten Wert bestanden.[713]

Für die weiteren Haftungsvoraussetzungen bzgl. des Umfangs der Haftung des Erwerbers kann auf die bereits dargestellten gemeinschaftskonformen Auslegungsregeln der §§ 812 ff. BGB verwiesen werden.[714]
Der Anspruch der öffentlichen Hand gegenüber dem ursprünglichen Beihilfenempfänger ist im Fall der Rückforderung vom „faktischen Beihilfenempfängern“ in Höhe der von diesem geltend gemachten Rückforderung aus der Insolvenztabelle zu streichen.[715]

### *3. Grund für die Rückzahlung an die öffentliche Hand*

Auf den ersten Blick etwas befremdlich erscheinen mag das gewonnene Ergebnis insofern, als bei einem Anspruch gegen den Erwerber des beihilfenbegünstigten Unternehmens als faktischen Beihilfenempfänger dieser zur Rückzahlung der Beihilfe unter den soeben erörterten Voraussetzungen an die öffentliche Hand verpflichtet ist, wohingegen er im Rahmen der anderen aufgezeigten Rückzahlungsmöglichkeiten aufgrund von Insolvenzanfechtung oder z.B. § 822 BGB zur Rückzahlung an die Insolvenzmasse verpflichtet wäre. Diese Diskrepanz begründet sich dadurch, dass der Rückzahlungsanspruch aufgrund der Rechtsfigur des faktischen Beihilfenempfängers eine rein subsidiäre Anspruchsgrundlage für den Fall darstellt, dass die bestehenden gesetzlichen Ansprüche nicht eingreifen, eine Rückforderung gemeinschaftsrechtlich jedoch geboten ist.
Eine Besserstellung der öffentlichen Hand gegenüber den anderen Insolvenzgläubigern ist durch den Rückforderungsanspruch aufgrund der Rechtsfigur des faktischen Beihilfenempfängers nicht bezweckt, auf Rückzahlung an die Insolvenzmasse besteht hingegen kein Anspruch. Es erscheint jedoch auch nicht sinnvoll, die Rechtsfigur des fakti-

---

713 *Meessen* DB 2001, 1294 (1296).
714 Siehe 1.Teil §2 C. II 2 d.
715 *Ehricke/Blask* ZInsO 2002, 693 (700).

schen Beihilfenempfängers nur als einen Fall der Prozessstandschaft auszugestalten, mit der Folge, dass die öffentliche Hand zur Rückforderung nur an die Insolvenzmasse berechtigt und verpflichtet wäre. Die Rückzahlung der Beihilfe an die Insolvenzmasse statt an den Mitgliedsstaat stellt die Ausnahme bei der Rückforderung der Beihilfe dar, da das Ziel der Beihilfenrückforderung schon durch die Rückzahlung an die Insolvenzmasse aufgrund der bestehenden gesetzlichen Reglungen erreicht werden konnte und so eine unnötige Schaffung neuer Anspruchsgrundlagen vermieden werden konnte. Grundsätzlich sind gemeinschaftsrechtswidrige Beihilfen stets an den Mitgliedsstaat zurückzuzahlen. Sofern also wie im vorliegenden Fall ohnehin eine neue Anspruchsgrundlage am Rande des geschriebenen Rechts geschaffen werden muss, so besteht auch kein Zwang mehr, von den allgemeinen Grundsätzen der Beihilfenrückforderung abzuweichen und die Rückzahlung der Beihilfe an die Insolvenzmasse vorzuschreiben.

Es erfolgt zudem im Regelfall auch keine Schlechterstellung der anderen Insolvenzgläubiger. Die Rechtsfigur des faktischen Beihilfenempfängers kommt, wie aufgezeigt, meist nur zum Einsatz, wenn der Insolvenzverwalter zum Nachteil der Insolvenzmasse gehandelt bzw. gerade nicht gehandelt hat. Die restlichen Insolvenzgläubiger können sich in dem Fall, dass der Insolvenzverwalter die Anfechtung unterlassen oder die beihilfebegünstigten Assets unter Wert veräußert hat, bei diesem gem. § 60 InsO schadlos halten.

## E. Rückforderung von durch Verwaltungsakt gewährten Beihilfen

Bei nach Vorschriften des öffentlichen Rechts gewährten Beihilfen bestimmt sich die Rückforderung der Beihilfen nach §§ 48, 49a VwVfG.[716] Zunächst ist der Verwaltungsakt gem. § 48 VwVfG aufzuheben, damit gem. § 49a VwVfG die erbrachte Leistung zurückgefordert werden kann. Die Rückforderung der erbrachten Leistung setzt daher die Aufhebung des begünstigenden Verwaltungsaktes voraus. Dies kann jedoch auch durch einen Bescheid ergehen.
Adressat der Rücknahme eines Subventionsbewilligungsbescheides ist aufgrund des actus-contrarius-Charakters der Rückforderung grundsätzlich derjenige, demgegenüber die Subvention gewährt wurde.[717] § 48 VwVfG statuiert dies jedoch nicht explizit. Stattdessen ist in § 48 Abs. 2 VwVfG geregelt, unter welchen Umständen ein Vertrauen des *Begünstigten* zu einem Ausschluss der Möglichkeit der Rückforderung führt.

Fraglich ist daher, ob auch der Erwerber des beihilfenbegünstigten Unternehmens als Begünstigter der Subvention anzusehen sein kann. Im Regelfall ist der Adressat des begünstigenden Verwaltungsaktes der Begünstigte und dieser daher folgerichtig auch Adressat der Rückforderung. Da jedoch § 48 VwVfG begrifflich auf den Begünstigten abstellt, ist dieser nach allgemeinen Grundsätzen der Rückforderungsschuldner,[718]

---

[716] Siehe 1.Teil §2 C. I.

[717] BVerwG NJW 1987, 2598; BVerwG NVwZ-RR 2000, 196 (197); Stelkens/Bonk/Sachs/*Sachs* §49a Rn.29; *Oldiges* NVwZ 2001, 626 (627).

[718] BVerwG NVwZ-RR 2000, 196 (197); Stelkens/Bonk/Sachs/*Sachs* §48 Rn.242.

denn wer Begünstigter sein soll, bestimmt sich nach dem jeweiligen materiellen Recht. Bei objektgebundenen Verwaltungsakten ist daher nicht der Adressat des begünstigenden Veraltungsaktes Rückforderungsschuldner, sondern der zur Zeit der Rücknahme dinglich Berechtigte (z.B. bei der Rücknahme eine Baugenehmigung ist nicht der frühere Eigentümer Adressat der Rückforderung, sondern der derzeitige).[719]
Das BVerwG hat diesbezüglich ausgeführt, dass die Frage, wer Begünstigter ist, grundsätzlich von der Rechtszuweisung des aufzuhebenden Verwaltungsaktes auszugehen hat.[720] Die bloße Weitergabe einer Begünstigung an einen Dritten macht diesen Dritten nicht zum Begünstigten des ursprünglichen Bescheides. Durch einen zivilrechtlichen Akt des Adressaten kann dieser nicht einen Dritten in ein Verwaltungsrechtsverhältnis einbeziehen. Gleichfalls führt die Abtretung einer durch einen Subventionsbescheid begründeten Forderung nicht zur Haftung des Zessionars für die Rückzahlung der Subvention gegenüber der öffentlichen Hand.[721]
Es kann aber der begünstigende Verwaltungsakt über den eigentlichen Adressaten hinaus bereits einen Dritten derart einbeziehen, dass dieser (auch) als Begünstigter anzusehen ist.[722] Dies wurde z.B. bejaht für den Fall, dass einem Konkursverwalter, welcher alleiniger Gesellschafter einer Auffanggesellschaft des von ihm verwalteten, insolventen Unternehmens war, eine Subvention bewilligt wurde, wobei die Begründung des Subventionsbescheides ausführte, dass der gewährte Betrag für die Erhöhung des Stammkapitals der Gesellschaft gedacht sei. (Dies war im konkreten Fall wichtig, da eine Erhöhung des Stammkapitals von einem potentiellen Käufer als Voraussetzung für einen Vertragsabschluss genannt wurde.)

Diesem Ansatz folgend, kann man den Erwerber der Assets eines beihilfebegünstigten Unternehmens nicht gem. § 48 VwVfG auf die Rückzahlung der Beihilfe in Anspruch nehmen. Der Erwerber war weder Adressat des Bewilligungsbescheides, noch war er im Regelfall in irgendeiner Art und Weise in das Subventionsverhältnis dergestalt miteinbezogen, dass er zumindest auch als Begünstigter anzusehen wäre. Die Veräußerung der Assets an den Erwerber erfolgt in der Regel erst nach der Subventionsvergabe und ohne die Möglichkeit, dass die Veräußerung zum Zeitpunkt der Subventionsvergabe voraussehbar wäre.
Die Möglichkeit, statt des oder neben dem ursprünglichen Begünstigten andere Personen als Erstattungsschuldner in Anspruch zu nehmen, hat sich jedoch auch nicht zwingend nach §§ 48, 49a VwVfG zu richten, sondern nach den jeweils für den Eintritt des Dritten maßgebenden Regeln, z.B. nach den §§ 414, 415 BGB, § 25 HGB oder § 822 BGB.[723] Dementsprechend wird man auch eine Inanspruchnahme aufgrund der Rechtsfigur des faktischen Beihilfenempfängers gegenüber dem Erwerber des beihilfenbegünstigten Unternehmens auch bei durch Verwaltungsakt gewährten Beihilfen annehmen können.[724]

[719] BVerwG NJW 1987, 2598; Stelkens/Bonk/Sachs/*Sachs* §48 Rn.242.
[720] BVerwG NVwZ-RR 2000, 196 (197).
[721] OVG Magdeburg NVwZ 2001, 214.
[722] BVerwG NVwZ-RR 2000, 196 (198).
[723] Stelkens/Bonk/Sachs/*Sachs* §49a Rn.32.
[724] ähnlich *Oldiges* NVwZ 2001, 626 (634).

Diesen Anspruch kann die öffentliche Hand dann jedoch nicht im Wege des Verwaltungsaktes geltend machen, da mit dem Erwerber des Beihilfenbegünstigten Unternehmens kein Subventionsrechtsverhältnis besteht.[725] Vielmehr ist die öffentliche Hand gehalten, diesen Anspruch zivilrechtlich geltend zu machen, da der Grund für die Überleitung der Haftung in der zivilrechtlichen Unternehmensübertragung zwischen dem Beihilfenempfänger und dem Erwerber liegt. Ähnlich kann auch ein nach § 49a VwVfG gegen eine OHG entstandener Erstattungsanspruch nicht auf derselben Rechtsgrundlage auch gegen den Gesellschafter geltend gemacht werden. Aus § 128 HGB, der eine zivilrechtliche Haftung der Gesellschafter für Verbindlichkeiten ihrer Gesellschaft begründet, lässt sich ein öffentlich-rechtliches Rückabwicklungsverhältnis des Gesellschafters nicht herleiten, wenn dieser nicht selbst am Subventionsverhältnis beteiligt ist; vielmehr kann seine Durchgriffshaftung nur auf dem ordentlichen Rechtsweg durchgesetzt werden.[726] Die Rechtslage bzgl. der Inanspruchnahme des Erwerbers beihilfebegünstigter Unternehmen ist in diesem Zusammenhang durchaus vergleichbar. Der Rechtsgrund für die Haftung ergibt sich auch hier nicht aus dem Subventionsrechtsverhältnis, sondern aus der zivilrechtlichen Haftungsüberleitung. Die öffentliche Hand ist natürlich dennoch dazu verpflichtet, zunächst einen gegenüber dem ursprünglichen Beihilfenempfänger als Adressaten bestehenden Subventionsbescheid nach § 48 VwVfG aufzuheben. Ansonsten ergeben sich jedoch keine Unterschiede zur Inanspruchnahme des Erwerbers bei zivilrechtlich gewährten Beihilfen.

---

[725] A.A.: *Oldiges* NVwZ 2001, 626 (634), der unrichtigerweise darauf Abstellt, dass es sich um verwaltungsverfahrensrechtliche Rückabwicklungsfragen handeln soll.

[726] OVG Brandenburg NJW 1998, 3513.

# 4.Teil Handlungsmöglichkeiten des Insolvenzverwalters

## *§ 1 Gewährung neuer Beihilfen durch den Insolvenzverwalter*

### A. Die Kommissionsentscheidung Georgsmarienhütte

Für einige Diskussion und Verwirrung in der Literatur hat eine Kommissionsentscheidung[727] gesorgt, in welcher überprüft wurde, ob in der Maßnahme eines Insolvenzverwalters eine neue staatliche Beihilfe gesehen werden könne. Der Unterschied zu den bisher behandelten Konstellationen liegt darin, dass es sich hierbei nicht um die Weiterleitung einer bereits gewährten Beihilfe handelt, sondern dass erst durch die Handlung des Insolvenzverwalters eine Beihilfe erstmals gewährt wird.
Konkret handelte es sich um den Fall, dass der Insolvenzverwalter des Unternehmens Gröditzer Stahlwerke die Veräußerung des insolventen Unternehmens plante. Die Veräußerung sollte im Rahmen eines Bietverfahrens erfolgen. Nach einigen Verhandlungen verblieb als einziger Bieter das Unternehmen Georgsmarienhütte (GMH), welches über einen längeren Zeitraum bereits vor Eröffnung des Insolvenzverfahrens über das Vermögen der Gröditzer Stahlwerke die Geschäftsführung dieses Unternehmens aufgrund eines Geschäftsbesorgungsvertrages übernommen hatte. Die Kommission hatte Zweifel, ob das durchgeführte Bietverfahren den von ihr aufgestellten Anforderungen entsprach. Daher war ihrer Ansicht nach zu klären, ob die Veräußerung der Vermögenswerte möglicherweise staatliche Beihilfen an die GMH umfasste.
Nach erfolgter Prüfung kam die Kommission zu dem Ergebnis, dass das durchgeführte Bietverfahren den Anforderungen entsprach, mit der Folge, dass keine staatliche Beihilfe zugunsten der GMH erfolgt sei.
In die gleiche Richtung geht auch eine in der Literatur vertretene Ansicht, wonach die Veräußerung einzelner Aktiva des beihilfebegünstigten Unternehmens nicht offen am Markt unterhalb des Marktwerts durch den Insolvenzverwalter zwar keinen Fall der Überleitung der Rückforderungsschuld darstellen soll, wohl aber eine neue Beihilfe.[728]
Der Grund dafür soll darin liegen, dass hier die Gefahr besteht, dass die Wettbewerbsverhältnisse nicht wieder ausgeglichen werden, wenn der Rückforderungsschuldner die Vermögenswerte unter Wert veräußert. Dann bestände keine ausreichende Haftungsmasse mehr und das beihilfebegünstigte Unternehmen sozusagen „zu einer leeren Hülle“ verkommt.[729]

### B. Würdigung dieser Entscheidung

#### I. Keine neue Beihilfe durch den Insolvenzverwalter

Der letztgenannten Ansicht kann nicht zugestimmt werden.
Die Gewährung von Beihilfen iSv. Art. 87 Abs. 1 EGV muss vom Staat oder aus staatlichen Mitteln erfolgen. Unabhängig von der streitigen Frage um die Rechtsstellung des Insolvenzverwalters kann nach dem geltenden Recht jedoch nicht unterstellt wer-

727 Kommission ABl. 2002, L 105/33.
728 Borchardt ZIP 2001, 1301 (1304).
729 Borchardt ZIP 2001, 1301 (1304).

den, er würde ein staatliches Amt ausüben. Der Insolvenzverwalter ist kein Teil des Staates, sondern er wird durch ein Gericht in einem hoheitlichen Akt bestellt.[730] Eine Qualifizierung als staatliche Stelle erfolgt dadurch nicht.
Vielmehr gehört es gerade zum Wesen des Insolvenzrechts, dass der Insolvenzverwalter unabhängig ist,[731] also kein öffentliches Amt ausübt, keine Hoheitsmacht hat und nicht über staatliche Zwangsmaßnahmen verfügen kann.[732] Stattdessen ist der Insolvenzverwalter ein unabhängiges Rechtspflegeorgan. Wäre der Insolvenzverwalter als ein Teil des Staates anzusehen, so würde der Grundsatz der Gläubigergleichbehandlung (par conditium creditorium) gefährdet sein, da zu befürchten wäre, dass staatliche Insolvenzforderungen eine andere Behandlung erfahren würden als die Forderungen privater Gläubiger.
Da der Insolvenzverwalter folglich ein unabhängiges Amt ausübt, besteht keine mittelbare oder unmittelbare Möglichkeit des Staates, durch den Insolvenzverwalter Beihilfen zu gewähren. Sollte der Insolvenzverwalter daher einzelne Assets des beihilfebegünstigten Unternehmens unter Wert veräußern, kann der Insolvenzverwalter dafür von den Insolvenzgläubigern unter den Voraussetzungen des § 60 Abs. 1 InsO haftbar gemacht werden. Der Erwerber hat jedoch keinesfalls neue Beihilfen erhalten, die er zurückzahlen müsste (noch muss er in diesem Fall für die Rückforderung der dem ursprünglichen Beihilfenempfänger gewährten Beihilfen einstehen).

## II. Alternative Interpretation der Kommissionsentscheidung

Der von der Kommission vertretene Ansatz ist hingegen wohl auch anders zu verstehen. In Rn.33 der betreffenden Kommissionsentscheidung[733] führt die Kommission aus, dass alle Anteile des insolventen Unternehmens Gröditzer Stahlwerke von der BvS (Bundesanstalt für vereinigungsbedingte Sonderaufgaben) gehalten wurden. Da es sich bei der BvS um eine öffentliche Einrichtung und als solche um einen mittelbaren Bestandteil der deutschen Verwaltung handelte, würde nach Ansicht der Kommission auf der Verkauf von Vermögenswerten der Gröditzer Stahlwerke unter dem Marktpreis einen Transfer staatlicher Mittel darstellen.
Die Kommission stellt demnach nicht darauf ab, dass es sich bei dem Insolvenzverwalter um einen Teil des Staates handelt, sondern darauf, ob es sich bei dem Unternehmen, dessen Vermögenswerte veräußert wurden, um ein sich in staatlicher Hand befindendes Unternehmen handelt. Dieser Ansatz begründet sich daraus, dass Art. 87 Abs. 1 EGV sich sowohl auf „staatliche“ als auch auf „aus staatlichen Mitteln“ gewährte Beihilfen erstreckt. Nach ständiger Rechtsprechung dient diese Unterscheidung dazu, in den Beihilfebegriff die unmittelbar vom Staat gewährten Vorteile einzubeziehen sowie diejenigen, die über eine vom Staat benannte oder errichtete öffentliche o-

---

730 MüKo-InsO/*Graeber* §56 Rn.103.
731 MüKo-InsO/*Graeber* §56 Rn.24; *Klein* DZWIR 2003, 89 (93).
732 Nerlich/Römermann/*Delhaes* vor § 56 Rn.8; *Ehricke* NZI aktuell 2001, V (VI); *Rapp/Bauer* KTS 2001, 1 (40); *Bauer* EuZW 2001, 748 (749); *Smid* FS-Uhlenbruck S. 405 (411 f.).
733 Kommission ABl. 2002, L 105/33.

der private Einrichtung gewährt werden.[734] Folglich schließt der Beihilfebegriff „zwangsläufig" alle Vorteile ein, die unmittelbar oder mittelbar aus staatlichen Mitteln finanziert werden oder die eine zusätzliche Belastung für den Staat oder die für diesen Zweck benannten oder errichteten Einrichtungen darstellen.[735] Für die Kommission ist in diesem Zusammenhang also nicht maßgeblich, ob sich bereits Beihilfen im Vermögen des insolventen Unternehmens befunden haben, sondern nur darauf, ob dieses Vermögen zumindest mittelbar der öffentlichen Hand zuzurechen ist.

Von *Ehricke* ist gegen die Richtigkeit einer solchen Interpretation der Kommissionsentscheidung eingewendet worden, dass es sich bei dem Vermögen des insolventen Schuldners um sein privates und nicht um staatliches Vermögen handele.[736] Dafür soll seiner Ansicht nach auch die „PreussenElektra"-Entscheidung des EuGH[737] sprechen, in welcher entschieden wurde, dass eine Zuwendung an bestimmte Unternehmen aus privatem Vermögen aufgrund einer gesetzlichen Bestimmung keine staatlichen Maßnahmen iSv. Art. 87 Abs. 1 EGV darstellt.
Die Entscheidung „PreussenElektra" ist jedoch für den vorliegenden Fall ohne Belang, da es sich bei der PreussenElektra um ein privates Unternehmen handelte. Die Anteile an der PreussenElektra wurden im Gegensatz zu den Anteilen der Gröditzer Stahlwerke nicht von einer öffentlichen Einrichtung gehalten. Da es sich bei den Gröditzer Stahlwerken hingegen um ein sich mittelbar in staatlicher Hand befindliches Unternehmen handelte, konnten *außerhalb* des Insolvenzverfahrens Veräußerungen von Vermögenswerten unter dem Marktpreis durchaus staatliche Beihilfen darstellen.
Für Fälle, in denen der Insolvenzschuldner nicht der öffentlichen Hand zurechenbar ist, mögen die Ausführungen *Ehrickes* zutreffen. In einem solchen Fall hat die Kommission bisher aber auch nicht das Vorliegen einer neuen Beihilfe in Betracht gezogen.

Im Ergebnis kann der Ansicht der Kommission aber dennoch nicht zugestimmt werden. Es ist zwar zutreffend, dass Beihilfen auch durch den Verkauf von Vermögenswerten von Unternehmen erfolgen können, wenn die Anteile dieser Unternehmen mehrheitlich von der öffentlichen Hand gehalten werden.
Wenn jedoch über das Vermögen eines solchen Unternehmens das Insolvenzverfahren eröffnet wird, so geht gem. § 80 Abs. 1 InsO das Recht des Schuldners, das zur Insolvenzmasse gehörende Vermögen zu verwalten, auf den Insolvenzverwalter über. Dennoch erfolgte Verfügungen des Schuldners sind gem. § 81 Abs. 1 S. 1 InsO grundsätzlich unwirksam.
Dies bedeutet, dass das Vermögen des Unternehmens zwar immer noch der öffentlichen Hand zurechenbar ist, Verfügungen über dieses Vermögen jedoch nur noch vom Insolvenzverwalter durchgeführt werden dürfen. Der Grund dafür, dass auch Maß-

---

734 So EuGH v. 14. 12. 2000 - Rs. T-613/97 Rn. 105 -Ufex u.a./Kommission-; EuGH, Slg. 1978, 25 Rn.24 f -Van Tiggele-; EuGH Slg. 1993, I-6185 Rn.16 -Kirsammer-Hack-; EuGH Slg. 1998, I-2629 Rn.13 –Viscido-.; EuGH Slg. 1998, I-7907 Rn.35 -Ecotrade-, EuGH Slg. 1999, I-3735 Rn.35 -Piaggio-.
735 EuGH Slg. 1999, I-3735 Rn. 34 -Piaggio-.
736 *Ehricke* NZI aktuell 2001, V (VI); *ders/Blask.* ZInsO 2002, 693 (699).
737 EuGH Slg. 2001, I-2099 Rn.58 ff –PreussenElektra-.

nahmen von in öffentlicher Hand befindlichen Unternehmen eine Beihilfe iSv. Art. 87 Abs. 1 EGV darstellen können, liegt darin, dass ansonsten eine Umgehung des Beihilfentatbestandes möglich wäre, wenn der Staat durch die Wahl einer privatrechtlichen Rechtsform private Unternehmen subventionieren könnte, ohne an das EG-Beihilfenrecht gebunden zu sein.[738]
Der Beihilfentatbestand kann jedoch nur erfüllt sein, wenn die Gewährung einer Beihilfe nicht nur aus dem Vermögen des Staates oder eines öffentlichen Unternehmens erfolgt, sondern die Gewährung der Beihilfe selbst dem Staat zurechenbar ist.[739] Ein solche Zurechenbarkeit kann aber nur gegeben sein, wenn die Maßnahme auch auf einer entsprechenden Handlung des Staates beruht.[740] Wenn sich jedoch ein öffentliches Unternehmen im Insolvenzverfahren befindet, hat der Insolvenzverwalter das alleinige Recht, Veräußerungen aus dem Vermögen des insolventen Unternehmens zu tätigen. Eine Beihilfe könnte daher nur angenommen werden, wenn der Insolvenzverwalter für den Staat handelte. Da jedoch, wie bereits ausgeführt, der Insolvenzverwalter in seinen Entscheidungen, im Gegensatz z.B. zu einem GmbH-Geschäftsführer, unabhängig ist, sind seine Handlungen dem Staat nicht zurechenbar. Dementsprechend können durch den Insolvenzverwalter getätigte Veräußerungen auch dann nicht den Tatbestand einer Beihilfe erfüllen, wenn es sich bei dem insolventen Unternehmen um ein in öffentlicher Hand befindliches Unternehmen handelt.

Theoretisch in Betracht zu ziehen ist eine Ausnahme von den soeben festgestellten Grundsätzen, wenn die öffentliche Hand nicht nur die Anteile an der insolventen Gesellschaft hielte, sondern gleichzeitig auch noch alleiniger Gläubiger (etwa aufgrund einer Beihilfenrückforderung) wäre. Eine Zurechenbarkeit der erfolgten Veräußerung durch den Insolvenzverwalter zum Staat könnte etwa dann möglich sein, wenn sie aufgrund einer entsprechenden Weisung des Staates stattfand.[741]
Jedoch beruht auch in diesem Fall die Handlung des Insolvenzverwalters auf seiner autonomen Entscheidung. Der Insolvenzverwalter handelt aufgrund seiner durch die Insolvenzordnung gewährten unabhängigen Stellung gegenüber Schuldner und Gläubiger selbstständig. So sind z.B. gem. § 164 InsO auch Handlungen, die entgegen anders lautender Anordnungen der Gläubigerversammlung bzw. des Gläubigerausschusses erfolgen, im Außenverhältnis rechtlich wirksam. Daher kann auch in einer solchen Konstellation eine Veräußerung durch den Insolvenzverwalter dem Staat nicht zugerechnet werden.

Demzufolge können Veräußerungen, welche der Insolvenzverwalter vornimmt, niemals den Tatbestand einer Beihilfe gem. Art. 87 Abs. 1 EGV erfüllen. Es bleibt zu hoffen, dass sich die Kommission von dieser Ansicht überzeugen lässt. Diesbezüglich ist allerdings anzumerken, dass von der Bundesrepublik Deutschland im konkreten

---

[738] Ähnlich *Ehricke/Blask* ZInsO 2002, 693 (699).
[739] *Ehricke/Blask* ZInsO 2002, 693 (699).
[740] *Bauer* EuZW 2001, 743 (749).
[741] *Ehricke/Blask* ZInsO 2002, 693 (700).

Verfahren dementsprechende Erwägungen gegenüber der Kommission auch nicht vorgebracht wurden, so dass sich diese auch nicht damit auseinandersetzen musste.[742]

[742] Vgl. das Vorbringen Deutschlands und der GMH: Kommission ABl. 2002, L 105/33 Rn.26 ff.

## *§ 2 Die Ausgestaltung des Bietverfahrens*

### A. Funktion des Bietverfahrens

Wie bereits ausgeführt, führt die Veräußerung der gebündelten Assets des Beihilfenempfängers durch den Insolvenzverwalter im Rahmen eines offenen, transparenten und bedingungslosen Bietverfahrens[743] zwingend dazu, dass der Erwerber nicht zur Rückzahlung der Beihilfe verpflichtet wird.
Auch wenn nach der hier vertretenen Ansicht der Verkauf aufgrund des anhand eines Sachverständigengutachtens festgestellten Marktpreises zum Ausschluss der Haftung des Erwerbers führt, so befindet sich der Insolvenzverwalter durch die Wahl eines Bietverfahrens grundsätzlich auf der sicheren Seite, zumindest bis sich die Kommission von der hier vertretenen Ansicht hat überzeugen lassen. Auch ist es häufig nicht möglich, durch ein Sachverständigengutachten den Marktpreis zu ermitteln.
Des Weiteren kann durch den Verkauf im Rahmen eines Bietverfahrens häufig auch ein höherer Erlös für die Insolvenzmasse erzielt werden, wenn mehrere Bieter sich gegenseitig überbieten, so dass eine höhere „kompensatorische Restitution“[744] erfolgen kann. Da es die Pflicht des Insolvenzverwalters ist, im Falle der Liquidation des Schuldnervermögens den größtmöglichen Erlös für die Masse zu erzielen,[745] kann der Insolvenzverwalter zumeist durch die Veräußerung im Wege eines Bietverfahrens seiner insolvenzrechtlichen Verpflichtung zur bestmöglichen Vergrößerung der Masse gerecht werden.[746] Daher ist auch aus wirtschaftlichen Gründen ein Bietverfahren in vielen Fällen zu empfehlen.
Unnötig ist ein Bietverfahren aber zumindest dann, wenn es sich nur um ein kleines Insolvenzverfahren mit geringen zu veräußernden Aktiva handelt.[747] Hier erscheint es erforderlich, dass der Insolvenzverwalter in diesen Fällen mögliche Interessenten selbst anspricht und für die Veräußerung wirbt. Ein Bietverfahren wäre zu aufwendig und unverhältnismäßig.

### B. Anforderungen an das Bietverfahren

Welche Anforderungen die Kommission genau an ein solches Bietverfahren stellt, ist bislang noch nicht eindeutig dargestellt worden. Bislang hat sich nur eine Kommissionsentscheidung („Stahlunternehmen Georgsmarienhütte“) in diesem Zusammenhang mit einem derartigen, durchgeführten Bietverfahren explizit auseinandergesetzt.[748]
Daher sollen im Folgenden unter Berücksichtigung der Kommissionspraxis praktikable Kriterien für die Durchführung eines solchen Bietverfahrens aufgezeigt werden. Zu bedenken ist jedoch, dass aufgrund der Weite der von der Kommission aufgestellten Formulierungen und der Vielfalt der denkbaren Sachverhalte Kriterien aus einer exante Sicht nur schwer festzulegen sind. Bei einem Unternehmensverkauf sind in aller

---

[743] Gelegentlich auch als Ausschreibungsverfahren bezeichnet.
[744] *Koenig* EuZW 2001, 37 (43).
[745] *Smid* §159 Rn.2; *Häsemeyer* Rn.13.36 ff.
[746] *Ehricke* ZIP 2001, 489 (495).
[747] *Ehricke* ZIP 2001, 489 (495) *Bauer* EuZW 2001, 748 (753).
[748] Kommission vom 20.4.2002, ABl. 2002 L 105/33, -Stahlunternehmen Georgsmarienhütte-.

Regel individuelle Verhandlungen zwischen Käufer und Verkäufer unabdingbar, so dass hierauf Rücksicht genommen werden muss.

Der Begriff des offenen, transparenten und bedingungsfreien Bietverfahrens findet sich sowohl in den Mitteilungen der Kommission betreffend den Verkauf von Grundstücken bzw. industriell genutzte Vermögensgegenstände durch die öffentliche Hand[749] als auch im Vergaberecht. Das europäische Vergaberecht ist kodifiziert in 6 verschiedenen Richtlinien.[750] Umgesetzt wurden dies Richtlinien in das nationale Recht in den §§ 97 ff. GWB, der Vergabeverordnung[751] und der VOB/A, VOL/A, VOF.
Für das Bietverfahren zum Ausschluss der Überleitung der Haftung für die Beihilfenrückgewähr ist eine entsprechende Anwendung der Regelungen des Vergaberechts angebracht, aber stets unter genauer Untersuchung, ob die betreffende Norm für den Unternehmenskauf jeweils passend ist.[752]

Wichtig für ein offenes, transparentes und bedingungsfreies Bietverfahren ist, dass grundsätzlich jeder Kaufinteressent in der Lage sein muss, die Assets des beihilfebegünstigten Unternehmens zu erwerben.[753] Ziel dieses Bietverfahrens ist es, den größtmöglichen Wettbewerb unter den Interessenten herbeizuführen, um den höchsten, erreichbaren Erlös zu erzielen.[754]

## I. „Offenes“ Bietverfahren

Das Bietverfahren ist „offen“, wenn es so ausgestaltet ist, dass eine Teilnahme jedem Interessenten möglich ist.[755] Nahezu selbstverständlich ist, dass eine Diskriminierung von Interessenten aufgrund der Staatsangehörigkeit oder des Unternehmenssitzes nicht zulässig ist.[756] Genauso wenig darf der Wettbewerb lokal oder regional beschränkt werden. Es müssen gleichfalls im Rahmen der Ausschreibung allen Unternehmen die

[749] ABl. 1997 C 209/3; auch ABl. 1999 C 280/8 (10).

[750] Es handelt um die **Baukoordinierungsrichtlinie** (BKR) Richtlinie 93/37/EWG v. 14. 6. 1993, ABl. 1993 L 199/54, geändert durch die Richtlinie 97/52/EG v. 13. 10. 1997, ABl. Nr. L 328/1; **Lieferkoordinierungsrichtlinie** (LKR) Richtlinie 93/36/EWG v. 14. 6. 1993, ABl. 1993 L 1991/1, geändert durch die Richtlinie 97/52/EG v. 13. 10. 1997, ABl. 1997 L 328/1; **Dienstleistungskoordinierungsrichtlinie** (DLR) Richtlinie 92/50/EWG v. 18. 6. 1992, ABl. 1992 L 209/1, geändert durch die Richtlinie 97/52/EG v. 13. 10. 1997, ABl.1997 L 328/1; **Sektorenkoordinierungsrichtlinie** (SRL) Richtlinie 93/38/EWG v. 14. 6. 1993, ABl. 1993 L 199/84, geändert durch die Richtlinie 98/4/EG v. 16. 2. 1998, ABl. 1998 L 101/1 sowie um die so beiden genannten **Rechtsmittelrichtlinien** 89/665/EWG v. 21. 12. 1989, ABl. 1989 L 395/33, geändert durch die Richtlinie 92/50/EWG v. 18. 6. 1992, ABl. 1992 L 209/1; Richtlinie 92/13/EWG v. 25. 2. 1992, ABl. 1992 L 76/14.

[751] Verordnung über die Vergabe öffentlicher Aufträge v. 9.1.2001, BGBl 1991 I, 110 ff.

[752] *Bauer* EuZW 2001, 748 (753); *Ehricke* ZIP 2001, 489 (494).

[753] *Koenig* Insolvenzrecht 2000, S. 155 (171).

[754] *Bauer* EuZW 2001, 748 (751).

[755] *Koenig* NVwZ 2003, 779 (786).

[756] Ebenso *Bauer* EuZW 2001, 748 (751 f.); ähnlich *Koenig* EuZW 2001, 741 (746).

gleichen Informationen zur Verfügung gestellt werden, einzelnen Unternehmen dürfen weder Informationsvor- noch Nachteile zuteil werden.[757]
Dieses offene Bietverfahren soll einen Teilnahme- bzw. Nachfragewettbewerb entstehen lassen. Es kann durch eine Ausschreibung erfolgen, die zum Inhalt hat, dass die Assets des beihilfebegünstigten Unternehmens im Rahmen eines Bietverfahrens innerhalb einer bestimmten Frist erworben werden können.

Eine uneingeschränkte Zahl von Bietern muss zur Abgabe eines Angebots aufgefordert werden.[758] Hierfür ist die Veräußerungsabsicht des Insolvenzverwalters hinreichend detailliert zu veröffentlichen, so dass aus der gleichen Branche stammende Interessenten in verkehrsüblicher Weise Kenntnis erlangen können.[759] Zu nennen sind branchenspezifische Fachpresse, regionale und ggf. überregionale Zeitungen, gegebenenfalls sogar internationale[760], die Veröffentlichungsorgane deutscher und europäischer Unternehmensverbände, das Internet,[761] oder auch das Amtsblatt der EG[762].
Umfang und Dauer der Ausschreibungen werden jeweils im Zusammenhang mit der Größe des zu veräußernden Unternehmens zu sehen sein. Je größer das Unternehmen ist, desto länger und umfangreicher müssen die Ausschreibungen sein.
Im Praxisfall „Stahlunternehmen Georgsmarienhütte“ erfolgte die Ausschreibung z.B. von der Kommission unbeanstandet in der überregionalen und internationalen Presse (in Gestalt der FAZ und der FT).[763] Auf der Basis einer Auswahlliste wurden zusätzlich weltweit 120 Unternehmen direkt kontaktiert.
Eine Versteigerung in einem Online-Auktionshaus, wie kürzlich im Fall des insolventen ehemaligen Fußball-Zweitligisten Union Solingen versucht wurde, würde diesen Anforderungen z.B. nicht entsprechen.

Bezüglich der Dauer der Ausschreibung wird nach einer Ansicht dem Vergaberecht entsprechend eine Frist zwischen 22 und 52 Tagen gefordert. Auch hier soll es jedoch dem Insolvenzverwalter in Ausnahmefällen vorbehalten sein, eine kürzere Frist zu setzen, etwas wenn eine besondere Dringlichkeit der Veräußerung besteht.[764]
Nach einer anderen Ansicht wird auch eine Frist von 2 - 3 Monaten verlangt.[765] Auch wenn der Unternehmensverkauf im Insolvenzverfahren zumeist eine zügige Abwicklung erfordert, scheint die letztgenannte Frist den Anforderungen der Kommission eher entsprechen zu können. Die im Fall „Stahlunternehmen Georgsmarienhütte“ gesetzte Frist vom Dezember 1999 bis zum 29. Februar 2000, aufgrund eines Verwalter-

---

757 *Bauer* EuZW 2001, 748 (752).
758 *Koenig* EuZW 2001, 741 (746).
759 *Ehricke* ZIP 2001, 489 (494).
760 *Ehricke* ZIP 2001, 489 (494); *Koenig* EuZW 2001, 37 (45); *ders.* EuZW 2001, 741 (746); *ders.* Insolvenzrecht 2000, S. 155 (171).
761 *Koenig* Insolvenzrecht 2000, S. 155 (171).
762 *Koenig* NVwZ 2003, 779 (784).
763 Vgl. Kommission vom 20.4.2002, ABl. L 105/33 Rn.15, 42.
764 *Ehricke* ZIP 2001, 489 (494).
765 *Koenig* EuZW 2001, 37 (45); *ders.* Insolvenzrecht 2000, S. 155 (171).

wechsels verlängert bis zum 14. März,[766] wurde nicht beanstandet. Daher ist der letztgenannten Ansicht Recht zu geben.

Den Interessenten muss die Möglichkeit gegeben werden, sich im Rahmen einer Due-Dilligence-Prüfung unter Einbeziehung von Sachverständigen ein hinreichendes Bild über die angebotenen Assets und deren Wert zu machen.[767] Nur wenn tatsächliche Anhaltspunkte dafür bestehen, dass die Informationserlangung nicht zur Abgabe eine Angebots dienen soll, sondern zu anderen, missbräuchlichen Zwecken, darf diese Prüfung untersagt oder unterbrochen werden. Für Prospektprüfungen waren daher im Fall „Stahlunternehmen Georgsmarienhütte" die Monate Januar und Februar vorgesehen.[768]

Im Gegensatz zum Vergaberecht, welches aufgrund möglicher Marktverzerrungen etwaigen Verhandlungen zwischen Bieter und Auftraggeber grundsätzlich kritisch gegenüber steht, wird man bei Bietverfahren über die Veräußerung von Unternehmen auch Verhandlungen zwischen Insolvenzverwalter und Bieter zulassen müssen.[769] Unternehmensverkäufe können heutzutage nicht mehr ohne individuelle Absprachen zwischen beiden Vertragsparteien durchgeführt werden, Gewährleistungsregeln, Kaufmodalitäten etc. erfordern individuelle Vereinbarungen und können nicht schon im Vorfeld des Bietverfahrens festgelegt werden. Dies ist im Regelfall nur für besondere Eckpunkte möglich. Eine solche Verhandlungsphase ist daher im Bietverfahren vorzusehen, wobei jedoch auf keinen Fall das Verfahren auf ein „wettbewerbsfeindliches, reines Verhandlungsverfahren"[770] beschränkt werden darf.
So wurde auch im Fall „Stahlunternehmen Georgsmarienhütte", von der Kommission gebilligt, der Insolvenzverwalter nach Ablauf der Bietfrist damit beauftragt, bilaterale Verhandlungen mit den jeweiligen Bietern aufzunehmen, um dem Angebot, welches die bestmögliche Gläubigerbefriedigung bieten würde, den Zuschlag zu erteilen.[771]

## II. „Bedingungsfreies" Bietverfahren

Das Merkmal der „Bedingungsfreiheit" ist missverständlich formuliert. Es kann nichts so verstanden werden, dass das Bietverfahren frei jeglicher Bedingungen erfolgen muss. Dies wäre bei Unternehmenskäufen nicht zu realisieren. Vielmehr ist dies so zu verstehen, dass die Ausschreibung frei von marktunüblichen Bedingungen zu erfolgen hat.[772]
Unternehmenskaufverträge werden zumeist unter Einbeziehung bestimmter Bedingungen geschlossen, seien es auch nur besondere Gewährleistungsregeln, die Stellungen

---

766 Kommission vom 20.4.2002, ABl. L 105/33 Rn.16, 42.
767 *Ehricke* ZIP 2001, 489 (494); *Koenig* EuZW01, 37 (45); *ders.* EuZW 2001, 741 (746); *Bauer* ZIP 2001, 748 (754); *Borchardt* ZIP 2001, 1301 (1307).
768 Kommission vom 20.4.2002, ABl. L 105/33 Rn.16
769 *Bauer* EuZW 2001, 748 (751); *Koenig* EuZW 2001, 741 (746).
770 *Bauer* EuZW 2001, 748 (753).
771 Kommission vom 20.4.2002, ABl. 2002 L 105/33 Rn.18, 44.
772 *Koenig* EuZW 2001, 37 (45); *ders.* EuZW 2001, 741 (746); *Ehricke* ZIP 2001, 489 (494); *ders./Blask* ZInsO 2002, 693 (696); *Bauer* EuZW 2001, 748 (752).

von Sicherheiten[773] etc. Solche Bedingungen auszuschließen ist nicht das Anliegen der Kommission. Vielmehr soll stattdessen jeder Kaufinteressent die Möglichkeit haben, das Unternehmen zu erwerben.[774]
Ausgeschlossen sind vielmehr Bedingungen, welche die unternehmerische Freiheit des Erwerbers oder den Kreis der Kaufinteressenten in diskriminierender Weise einschränken, so dass nicht der höchstmögliche Kaufpreis erzielt wird.[775] Solche unzulässigen Bedingungen können z.B. explizite, durch Vertragsstrafen gesicherte Forderungen über die künftige Verwendung des Unternehmens, Arbeitsplatzgarantien oder dergleichen sein.[776] Diesem Ansatz der Kommission liegt anscheinend der „market economy investor"-Test zu Grunde, denn ein marktwirtschaftliches Verhalten ist in der Verpflichtung auf den Erhalt von Arbeitsplätzen nicht zu erkennen.[777]
Im Ergebnis geht es hauptsächlich darum, dass ausgeschlossen werden soll, dass durch die Formulierung diskriminierender Bedingungen eine bewusste Fokussierung auf einen bestimmten Bewerber oder einen bestimmten Bewerberkreis erfolgt. Der freie Wettbewerb würde verzerrt, wenn durch diskriminierende Kriterien bestimmte Bieter nicht zu diesem Markt zugelassen würden. Dann könnte das Verfahren nicht mehr die Angemessenheit der Austauschverhältnisse gewährleisten.[778]

## III. „Transparentes" Bietverfahren

Die Forderung nach einem „transparenten" Verfahren bedeutet, dass die Ausschreibung öffentlich und inhaltlich detailliert zu erfolgen hat und die Kriterien der Entscheidungsfindung offen zu legen sind.[779]
Als solche Kriterien kommen in Betracht die Veräußerung an den Meistbietenden zum Ende der festgelegten Bietfrist oder auch der Verkauf an den Bieter mit dem wirtschaftlich günstigsten Angebot, wobei hier verschiedene einzelne Kriterien verschieden gewichtet werden können, wie der Preis, die Zahlungsfristen oder auch etwaige Sicherheiten.[780] Hierdurch soll die Rechts- und Planungssicherheit erhöht werden.[781] Gleichzeitig sind jedoch auch die berechtigten Geheimhaltungsinteressen des verkaufenden Unternehmens und der konkurrierenden Bieter zu wahren.[782]

## IV. Ausschluss von Kaufinteressenten

Problematisch ist die Frage, ob bestimmte Kaufinteressenten von vornherein vom Bietverfahren ausgeschlossen werden dürfen bzw. sollen.

---

773 Kommission vom 20.4.2002, ABl. L 105/33 Rn.43.
774 *Koenig* EuZW 2001, 37 (43); *Ehricke* ZIP 2001, 489 (494); *Bauer* EuZW 2001, 748 (752).
775 *Bauer* EuZW 2001, 749 (752).
776 *Bauer* EuZW 2001, 749 (752); *Koenig* EuZW 2001, 741 (746), *ders.* NVwZ 2003, 779.
777 *Koenig* NVwZ 2003, 779.
778 *Koenig* NVwZ 2003, 779 (782).
779 *Koenig* EuZW 2001, 741 (746).
780 *Ehricke* ZIP 2001, 489 (495); *Bauer* EuZW 2001, 748 (752).
781 *Ehricke* ZIP 2001, 489 (495).
782 *Bauer* EuZW 2001, 748 (752).

Aufgrund von bisher ergangenen Kommissionsentscheidungen[783] erscheint es fraglich, ob mit dem Beihilfenempfänger verbundene Unternehmen von der Kommission als Meistbietende akzeptiert werden würden. Dies könnte zur Folge haben, dass bei einem dennoch durchgeführten Erwerb eine Erstreckung der Haftung auf den Erwerber eintreten könnte. Bei dem Erwerb durch verbundene Unternehmen soll angeblich im Regelfall kein Erwerb „über den Markt" vorliegen, so dass eine Rückgängigmachung der erfolgten Wettbewerbsverzerrung nicht eintreten würde.[784]
Diese Ansicht hätte natürlich zur Folge, dass verbundene Unternehmen unter keinen Umständen jemals die Assets des mit ihnen gesellschaftsrechtlich verbundenen Beihilfenempfängers erwerben könnten, ohne für die Rückzahlung der Beihilfe einzustehen. Das würde auch bedeuten, dass selbst dann, wenn kein anderer Bieter oder zumindest kein gleich hoch bietender Bieter vorhanden wäre, das verbundene Unternehmen nicht den Zuschlag bekommen dürfte, ohne für die Rückforderung der gewährten Beihilfe einstehen zu müssen. Dies würde schließlich dazu führen, dass unter Umständen erheblich weniger an Erlös in die Insolvenzmasse fließen würde, als erzielbar gewesen wäre.
Sofern jedoch ein ordnungsgemäßes Bietverfahren durchgeführt wurde und konkurrierende Unternehmen in der Lage waren, das beihilfebegünstigte Unternehmen selbst zu erwerben, ist kein Grund mehr für eine Überleitung der Haftung auf das erwerbende Unternehmen gegeben. Es ist zwar so, dass das verbundene Unternehmen im Regelfall einen Informationsvorsprung gegenüber anderen Kaufinteressenten hat. Daher sollte den anderen Kaufinteressenten auch offen gelegt werden, dass sich ein mit dem Beihilfenempfänger verbundenes Unternehmen an dem Bietverfahren beteiligt. Es ist durchaus denkbar, dass für andere Kaufinteressenten die Tatsache, dass sich ein verbundenes Unternehmen am Bietverfahren beteiligt, einen erhöhten Kaufanreiz darstellt. Die Beteiligung eines verbundenen Unternehmens am Bietverfahren zeigt zumindest, dass das Bietobjekt für „Insider" nicht uninteressant zu sein scheint.

Es ist jedoch gerade im Falle der Beteiligung von mit dem Beihilfenempfänger verbundenen Unternehmen am Bietverfahren darauf zu achten, dass allen Kaufinteressenten ein größtmöglicher Umfang an Informationen über den Beihilfenempfänger zugänglich gemacht wird.
Außerdem ist die Regelung des § 162 InsO zu beachten, wonach eine Veräußerung des Betriebes an u.a. nahe stehende Personen gem. § 138 InsO der Zustimmung der Gläubigerversammlung bedürfen. Dies gilt natürlich auch im Rahmen eines Bietverfahrens.[785] Dadurch, dass auch die öffentliche Hand als Gläubigerin in der Gläubigerversammlung vertreten ist, hat sie ihren Einfluss dahingehend geltend zu machen, dass keine unlautere Bevorzugung von verbundenen Unternehmen im Bietverfahren erfolgt.

Grundsätzlich wird man im Ergebnis verbundene Unternehmen nicht per se vom Bietverfahren ausschließen dürfen. Gleiches wird man im Übrigen auch für sog. Insider

---

[783] Vgl. Kommission ABl. 2000 L 238/50, -SMI-; näher auch *Borchardt* ZIP 2001, 1301 (1307); ebenfalls zweifelnd *Koenig* EuZW 2001, 741 (746); *Bauer* EuZW 2001, 748 (753).
[784] *Borchardt* ZIP 2001, 1301 (1305).
[785] Ebenso *Bauer* EuZW 2001, 748 (753).

annehmen können, die ohne eine gesellschaftsrechtliche Verbindung zum beihilfebegünstigten Unternehmen über einen qualifizierten Informationsvorsprung verfügen.[786] In schwerwiegenden Einzelfällen können jedoch Ausnahmen gemacht werden, so z.B. wenn der Informationsvorsprung im Bietverfahren nicht ausgeglichen werden kann und von einem lauteren und fairen Wettbewerb der Bieter unter keinen erdenklichen Umständen ausgegangen werden kann.

Als Beispielsfall für die Beteiligung eines sog. Insiders kann auch hier wiederum der Fall „Stahlunternehmen Georgsmarienhütte“[787] aufgezeigt werden. Hier hatte das betreffende Unternehmen aufgrund eines Geschäftsbesorgungsvertrages die Leitung des Unternehmens „Gröditzer Stahlwerke“ übernommen. Später beteiligte sich das „Stahlunternehmen Georgsmarienhütte“ an dem Bietverfahren zum Erwerb der „Gröditzer Stahlwerke“. Nachdem alle anderen Bieter ihre Gebote zurückgezogen hatten, bekam das „Stahlunternehmen Georgsmarienhütte“ den Zuschlag. Die Kommission überprüfte daraufhin, ob die Beteiligung des „Stahlunternehmens Georgsmarienhütte“ am Bietverfahren und der erfolgte Zuschlag zu einer Überleitung der Beihilfe auf dieses Unternehmen führten.[788]
Die Kommission stellte jedoch fest, dass aufgrund des ordnungsgemäß durchgeführten Bietverfahrens der Marktpreis für die „Gröditzer Stahlwerke“ bezahlt wurde,[789] mit der Folge, dass keine Überleitung der Haftung auf das „Stahlunternehmen Georgsmarienhütte“ erfolgte.
Hieraus kann daher die Schlussfolgerung gezogen werden, dass eine Beteiligung sog. Insider nicht per se ausgeschlossen sein muss. Eine ordnungsgemäße Durchführung des Bietverfahrens kann dennoch gewährleistet sein. Gleiches wird man für die Beteiligung von mit dem Beihilfenempfänger verbundenen Unternehmen am Bietverfahren annehmen können.

## V. Entgegenstehende Entscheidungen der Gläubigerversammlung

Es besteht die Möglichkeit, dass die Gläubigerversammlung im Rahmen der ihr durch die §§ 157 InsO ff. zugewiesenen Entscheidungskompetenz[790] sich gegen die Veräußerung des Unternehmens an einen bestimmten Meistbietenden im Rahmen eines Bietverfahrens ausspricht und statt dessen eine Veräußerung an einen bestimmten anderen Interessenten oder eine Betriebsveräußerung unter Wert gem. § 163 InsO erreichen will.

---

786 Näher hierzu *Bauer* EuZW 2001, 748 (753).
787 Kommission vom 20.4.2002, ABl.2002 L 105/33.
788 Kommission vom 20.4.2002, ABl. 2002 L 105/33 Rn.32 ff.
789 Kommission vom 20.4.2002, ABl. 2002 L 105/33 Rn.48.
790 Vgl. die Kompetenz bzgl. des Fortgangs des Verfahrens gem. § 157 iVm. § 159 InsO, der Veräußerung des Unternehmens gem. § 160 Abs. 2 Nr. 1 InsO, oder de Veräußerung an nahe stehende Personen gem. § 162 InsO.

Grundsätzlich ist es Aufgabe der öffentlichen Hand, im Rahmen der ihr zustehenden Möglichkeiten innerhalb der Gläubigerversammlung für eine ordnungsgemäße Umsetzung der die Rückforderung anordnenden Kommissionsentscheidung zu sorgen.[791]
Sie mag aber nicht in allen Fällen dazu in der Lage sein, entsprechende Entschlüsse der Gläubigerversammlung zu erreichen. Zumindest hat die öffentliche Hand, die im Regelfall eine der in § 78 Abs. 1 InsO aufgeführten Beteiligten ist, die Verpflichtung, Beschlüssen der Gläubigerversammlung in diesen Fällen gem. § 78 Abs. 1 InsO zu widersprechen, wenn diese Beschlüsse eine nicht mit den bisher herausgearbeiteten Grundsätzen übereinstimmende Veräußerungen des beihilfebegünstigten Unternehmens vorsehen.
Da eine solche Veräußerung des beihilfebegünstigten Unternehmens an einen anderen als den Meistbietenden zu einer Haftung des Erwerbers für die Beihilfenrückgewähr führen kann und auch kein bestmöglicher Erlös für die Insolvenzmasse erzielt würde, wäre auch das von § 78 Abs. 1 InsO geforderte Tatbestandsmerkmal des den gemeinsamen Interessen der Insolvenzgläubiger widersprechenden Beschlusses gegeben. Ein solcher Beschluss liegt nämlich vor, wenn der Beschluss einen einzelnen Gläubiger oder Dritte im Hinblick auf die Gesamtheit der Gläubiger begünstigt oder niemandem nützlich ist,[792] und eine deutliche Verschlechterung der kollektiven Befriedigungsaussichten aller Insolvenzgläubiger besteht.[793] Nützlich wäre ein solcher Beschluss im konkreten Fall niemandem außer dem Erwerber. Zusätzlich kommen im Fall einer Rückforderungsanordnung auch Schadensersatzansprüche des Erwerbers gem. § 437 Nr. 3 BGB aufgrund der Beihilfeninfiziertheit des verkauften Unternehmens in Frage.[794] Dies würde die Befriedigungsaussichten der Insolvenzgläubiger deutlich verschlechtern.

Folge eines erfolgreichen Widerspruchs gem. § 78 Abs. 1 InsO wäre die Aufhebung des Beschlusses durch das Insolvenzgericht.
Problematisch sind jedoch die Fälle, in denen die öffentliche Hand entgegen ihrer Verpflichtung einem solchen Beschluss nicht widerspricht oder sie selbst aussonderungsberechtigter Insolvenzgläubiger gem. § 47 InsO bzw. Massegläubiger gem. §§ 53, 55 InsO ist. In letzteren Fällen wäre die öffentliche Hand nicht zur Teilnahme an der Gläubigerversammlung berechtigt, arg. e § 74 Abs. 1 S. 2 InsO, sofern sie nicht bereits Mitglied eines etwaig bestehenden Gläubigerausschusses ist.

Insofern stellt sich die Frage, ob und, wenn ja, wie gewährleistet werden kann, dass dennoch ein ordnungsgemäßes Bietverfahren durchgeführt wird.
Eine Nichtigkeit einer entsprechenden Entscheidung der Gläubigerversammlung kommt nicht in Betracht. Die Gläubigerversammlung steht nämlich nicht unter Auf-

---

[791] Siehe 2.Teil §4 C. II 1.
[792] FK-InsO/*Hössl* §78 Rn.3
[793] *Pape* WM 2003, 313 (321); Nerlich/Römermann/*Delhaes* §78 Rn.5; MüKo-InsO/*Ehricke* §78 Rn.17 ff.
[794] Vgl. hierzu *Ehricke/Blask* ZInsO 2002, 693 (698).

sicht des Insolvenzgerichts.[795] Daher besteht auch keine Möglichkeit des Gerichts, von sich aus Beschlüsse zu ändern oder aufzuheben.[796]
Eine Nichtigkeit von Beschlüssen der Gläubigerversammlung ipso iure ist nur möglich, wenn diese formell unwirksam sind, z.B. bei unter Verletzung der ordnungsgemäßen Bekanntmachung von Ort, Zeit und Tagesordnung der Versammlung ergangenen Beschlüssen, bei Beschlüssen, bei welchen das Insolvenzgericht die Versammlung nicht geleitet hat oder Beschlüssen, welche unter Verstoß gegen die Abstimmungsvorschriften entstanden sind.[797]

Es stellt sich also die Frage, wie sich der Insolvenzverwalter in solchen Fällen zu verhalten hat, wenn er sich derartigen Beschlüssen der Gläubigerversammlung (Verkauf unter Marktwert ohne Bietverfahren etc.) ausgesetzt sieht.
*Ehricke/Blask* haben in dieser Hinsicht vertreten, dass der Insolvenzverwalter zwar nicht den Ausführungen *Koenigs* entsprechend[798] zu gemeinschaftsrechtskonformem Verhalten verpflichtet ist, er jedoch trotzdem den Beschluss der Gläubigerversammlung außer Acht lassen sollte, da diese Beschlüsse den übergeordneten objektiven Interessen der Insolvenzgläubiger entgegenständen.[799] Die Befolgung eines solchen Beschlusses könnte zu Nachteilen für die Insolvenzgläubiger führen, welche wiederum Schadensersatzansprüche gem. § 60 Abs. 1 InsO gegen den Insolvenzverwalter geltend machen könnten. Rechtlich möglich sei dieses Hinwegsetzen über die Beschlüsse der Gläubigerversammlung, da gem. § 164 InsO durch einen Verstoß gegen die §§ 160-163 InsO, worauf die betreffenden Beschlüsse der Gläubigerversammlung beruhten, die Wirksamkeit der Handlung des Insolvenzverwalters nicht beeinträchtigt werde.
Primär wird hingegen der Insolvenzverwalter entgegen bzw. zumindest abweichend von *Ehricke/Blask* zunächst gehalten sein, in der Gläubigerversammlung selbst dem Beschluss gem. § 78 Abs. 1 InsO zu widersprechen. Dadurch würde der Gläubigerversammlung die Möglichkeit gegeben, unter Umständen einen anderen Beschluss zu fassen und sich erneut mit der Sachlage auseinander zusetzen. Daher ist eine solche Vorgehensweise des Insolvenzverwalters vorzugswürdig.
Sollte dies jedoch, aus welchen Gründen auch immer, nicht erfolgt sein, dann wird den Ausführungen von *Ehricke/Blask* zu folgen sein, so dass der Insolvenzverwalter gehalten ist, nicht entsprechend dem Beschluss der Gläubigerversammlung zu handeln.
Zu beachten ist natürlich, dass der Insolvenzverwalter bei Zuwiderhandlungen gegen Beschlüsse der Gläubigerversammlung Gefahr läuft, sich einer Schadensersatzpflicht gem. § 60 InsO auszusetzen. Es ist *Ehricke/Blask* jedoch darin zuzustimmen, wenn sie ausführen, dass auch trotz eines dementsprechenden Beschlusses der Gläubigerversammlung grundsätzlich ein Interesse der Insolvenzgläubiger zur Veräußerung des beihilfebegünstigten Unternehmens nach Maßgabe der Vorgaben der Kommission gegeben sein wird.[800] Ein Erwerber des beihilfebegünstigten Unternehmens, der von der

795 *Pape/Uhlenbruck* Rn.259; Nerlich/Römermann/*Delhaes* §76 Rn.7.
796 *Pape* WM 2003, 313 (317); *ders./Uhlenbruck* Rn.259 mwN.
797 Kübler/Prütting/*Kübler* §76 Rn.24; *Pape/Uhlenbruck* Rn.259.
798 Vgl. *Koenig* BB 2000, 573 (578).
799 *Ehricke/Blask* ZInsO 2002, 693 (698).
800 *Ehricke/Blask* ZInsO 2002, 693 (698).

Kommission auf Rückzahlung der dem Beihilfenempfänger gewährten Beihilfen in Anspruch genommen wird, wird sich seinerseits bei dem Verkäufer schadlos zu halten versuchen. Dies würde wiederum zu einer Schmälerung der Masse führen. Dan liefe der Insolvenzverwalter Gefahr, deshalb von Insolvenzgläubigern gem. § 60 InsO in Anspruch genommen zu werden.

Daher sollte der Insolvenzverwalter von der ihm zugewiesenen Kompetenz Gebrauch machen und trotz eines anderslautenden Beschlusses der Gläubigerversammlung ein Bietverfahren nach den oben herausgearbeiteten Grundsätzen durchführen. Sollte der Insolvenzverwalter daraufhin Schadensersatzforderungen von Insolvenzgläubigern gem. § 60 InsO ausgesetzt sein, so muss es dem Insolvenzverwalter gestattet sein, einzuwenden, dass er nicht durch das Insolvenzrecht zu Handlungen gezwungen werden dürfe, welche ihm gemeinschaftsrechtlich untersagt sind bzw. aufgrund Gemeinschaftsrechts zu größeren Nachteilen für die Insolvenzmasse geführt hätten.[801]

[801] I.E. ebenso *Ehricke* ZIP 2001, 489 (496).

# 5. Teil Ergebnisse in Thesen

1. Die Kommission ist befugt, bereits gewährte, mit dem gemeinsamen Markt unvereinbare Beihilfe zurückzufordern. Unter Einschränkungen gilt dies auch für bloß rechtswidrige (also ohne Notifizierung durchgeführte) Beihilfen.

2. Ratio der Anordnung der Rückforderung von Beihilfen ist die Beseitigung der eingetretenen Wettbewerbsverzerrung.

3. Die Rückforderung einer Beihilfe durch den Mitgliedsstaat erfolgt, je nachdem ob es sich um eine öffentlich-rechtliche oder um eine zivilrechtliche Beihilfe handelt nach § 48 VwVfG oder nach § 812 BGB, vorbehaltlich einschlägiger Sonderregelungen. Bei der Rückforderung von Beihilfen, die in Form von Kapitalerhöhungen an Kapitalgesellschaften gewährt wurden, erfolgt die Rückforderung auch nach Bereicherungsrecht, da der die Kapitalerhöhung festlegende Kapitalerhöhungsbeschluss gem. § 241 Nr. 3 AktG nichtig ist.

4. Mit den Mitteln des deutschen Insolvenzrechts ist größtenteils die gemeinschaftsrechtlich geforderte Wiederherstellung der durch die Gewährung der Beihilfe eingetretenen Wettbewerbsverzerrungen möglich, es müssen jedoch in Einzelfällen gemeinschaftsrechtskonforme Auslegungen vorgenommen werden.

5. In der Handelsbilanz muss vom Zeitpunkt der Gewährung an, spätestens mit der Rechtskraft der abschließenden Kommissionsentscheidung über eine Rückforderung die Forderung als ungewisse Verbindlichkeit passiviert werden, unabhängig davon, ob der die Entscheidung vollziehende Mitgliedsstaat bereits damit begonnen hat, die Rückforderung der Beihilfe zu betreiben oder er dies in absehbarer Zeit zu unternehmen vor hat. Dies gilt auch für öffentlich-rechtliche Verpflichtungen.

6. In der Überschuldungsbilanz müssen die Beihilfen erst von dem Zeitpunkt an als ungewisse Verbindlichkeiten passiviert werden, wenn ernsthaft mit der Inanspruchnahme des Schuldners durch den Gläubiger zu rechnen ist. Dies ist dann der Fall, wenn eine entsprechende Rückforderungsanordnung durch die Kommission droht oder bereits ergangen ist. Besonderheiten können sich ergeben, wenn Rechtsmittel gegen die Kommissionsentscheidung eingelegt worden sind.

7. Der Grundsatz des „effet utile“ erfordert es nicht, dass Beihilfenrückforderungen als bevorrangigte Insolvenzforderungen anzusehen sind. Vielmehr bestimmt sich der Rang der Forderung der öffentlichen Hand nach den allgemeinen Grundsätzen der InsO

8. Das Eigenkapitalersatzrecht der §§ 30, 31 ff. GmbHG ist bei der Rückforderung gemeinschaftsrechtswidriger Beihilfen schon nach nationalem Recht nicht anwendbar, was sich aus der zivilrechtlichen Nichtigkeit der eigenkapitalersetzenden Beihilfe ergibt..

9. Die öffentliche Hand hat sich bei der Rückforderung von Beihilfen im Insolvenzverfahren wie ein privater Gläubiger zu verhalten. Dies beinhaltet die Pflicht zur Anmeldung der Forderung und zum Widerspruch gegen unberechtigte Forderungen anderer

Gläubiger sowie eine aktive Teilnahme an Gläubigerversammlung und Gläubigerausschuss (sofern teilnahmeberechtigt).

10. Die neue Kommissionspraxis, wonach eine Anordnung der Rückforderung von Beihilfe nicht auf den ursprünglichen Beihilfenempfänger beschränkt ist, sondern auch auf de Erwerber der gesamten Assets des beihilfenbegünstigten Unternehmens erstreckt werden kann ist grundsätzlich zuzustimmen.

11. Entgegen der Ansicht der Kommission ist jedoch bei einem Erwerb der Assets zum Marktpreis eine Erstreckung der Haftung auf den Erwerber ausgeschlossen, da als Ausgleich für die übertragenen Vermögenswerte der Kaufpreis in die Insolvenzmasse gelangt und dadurch keine Benachteiligung der Gläubiger erfolgt.

12. Sofern ein beihilfebegünstigtes Unternehmen im Wege des Share Deals übertragen wird, bleibt das Unternehmen selbst unabhängig von der Höhe des Kaufpreises Schuldner der Beihilfenrückforderung, da eine Änderung der Anteilseigner nichts an der Haftung des Unternehmensträgers ändern kann.

13. Eine Ausnahme von dem zuletzt aufgeführten Grundsatz ist dann zu machen, wenn im Rahmen einer übertragenden Sanierung die Assets des beihilfenbegünstigten Unternehmens zunächst auf eine Tochtergesellschaft übertragen werden und anschließend die Anteile dieser Tochtergesellschaft zum Marktpreis veräußert werden. In dieser Konstellation ist das ursprünglich beihilfebegünstigte Unternehmen weiterhin Schuldner der Beihilfe, da diesem durch die Zahlung des Kaufpreises der Wert der Beihilfe zugekommen ist.

14. Die Rückforderung der Beihilfe von dem Erwerber nach nationalem Recht erfolgt primär mittelbar, indem der Insolvenzverwalters des insolventen ursprünglichen Beihilfenempfängers im Rahmen der Insolvenzanfechtung die erfolgte Veräußerung der Assets anficht.

15. Nur in den Fällen, in denen eine solche Insolvenzanfechtung nicht möglich ist, ist eine unmittelbare Inanspruchnahme durch die öffentliche Hand anzuerkennen. Die Rückforderung erfolgt in diesen Fällen aufgrund der Rechtsfigur des faktischen Beihilfenempfängers. Der Höhe nach ist die Inanspruchnahme des Erwerbers auf die Differenz zwischen dem gezahlten Kaufpreis und dem Marktpreis begrenzt.

16. Der Insolvenzverwalter übt ein unabhängiges Amt aus und ist nicht der öffentlichen Hand zurechenbar, selbst wenn das insolvente Unternehmen sich in öffentlicher Hand befindet. Daher können vom Insolvenzverwalter getätigte Veräußerungen auch nicht den Tatbestand einer neuen Beihilfe verlangen.

17. Zur Feststellung des Marktpreises und zum Sicherung Ausschluss der Haftung des Erwerbers kann der Insolvenzverwalter ein Bietverfahren für das Vermögen des Beihilfenempfängers durchführen, welches offen, bedingungsfrei und transparent zu sein hat.

18. Über das Vermögen des insolventen Beihilfenempfängers kann auch ein Insolvenzplanverfahren durchgeführt werden. Eine Sanierung des insolventen Beihilfenempfängers aufgrund eines Forderungsverzichts der öffentlichen Hand ist jedoch aus-

geschlossen, da die öffentliche Hand dadurch ihren gemeinschaftsrechtlichen Verpflichtungen nicht nachkommen würde.

# Literaturverzeichnis


*Adler, Hans / Düring, Walther / Schmaltz, Kurt u.a.* Rechnungslegung und Prüfung der Unternehmen; 6.A.; Stuttgart 1998.

*Altmeppen, Holger* Kapitalersatz und Rangrücktritt unter Geltung der InsO; ZHR 164 (2000), 349.

*Altmeppen, Holger* Anmerkung zu BGH Urteil vom 08.01.2001; ZIP 2001, 240.

*Altmeppen, Holger* Anmerkung zu BGH Urteil vom 07.11.1994; ZIP 1994, 1939.

*Altmeyer, Sabine* Gemeinschaftsrechtswidrige staatliche Beihilfen Baden-Baden 1999.

Arbeitskreis für Insolvenz- und Schiedsgerichtswesen e.V., Köln (Hrsg.) Kölner Schrift zur Insolvenzordnung; 2.A.; Herne 2000; zitiert als Kölner Schrift zur Insolvenzordnung/*Bearbeiter*.

*Arhold, Christoph* Anmerkung zu EuGH EuZW 2002, 721; EuZW 2002, 727.

*Auler, Wolf-D.* Der Überschuldungsstatus als Bewertungsproblem; DB 1976, 2169.

*Bachner, Thomas / Diregger, Christoph / Hüffer, Uwe / Oechsler, Jürgen (Hrsg.)* Münchener Kommentar zum Aktiengesetz; 2.A.; München 2001 ff.; zitiert als MüKo-AktG/*Bearbeiter*.

*Bartels, Peter* Rückstellungen für öffentlich-rechtliche Umweltschutzverpflichtungen bei Neulastenfällen; BB 1992, 1311.

*Bartosch, Andreas* Beihilfenrechtliches Verfahren und gerichtlicher Rechtsschutz; ZIP 2000, 601.

*Bartosch, Andreas* Das Risikopotential der Beihilferechtswidrigkeit staatlicher Bürgschaften; EuZW 2001, 650.

*Bartosch, Andreas* Verschärft sich die Spruchpraxis zum Europäischen Beihilfenrecht?; ZIP 2000, 2010.

*Bauer, Kilian* — Die Passivierung eigenkapitalersetzender Gesellschafterdarlehen im Überschuldungstatus; ZInsO 2001, 486.

*Bauer, Kilian* — Das Bietverfahren im EG-Beihilfenrecht bei der übertragenden Sanierung rechtswidrig begünstigter Unternehmen; EuZW 2001, 748.

*Baumbach, Adolf / Hopt, Klaus* — Handelsgesetzbuch; 30.A.; München 2000; zitiert als Baumbach/Hopt/*Bearbeiter*.

*Baumbach, Adolf / Hueck, Alfred* — Gesetz betreffend die Gesellschaft mit beschränkter Haftung; 17.A.; München 2000; zitiert als Baumbach/Hueck/*Bearbeiter*.

*Beckmann, Sabine* — Die Rückforderung gemeinschaftswidriger staatlicher Beihilfen; Frankfurt 1996.

*Beutler, Bengt / Bieber, Roland / Pipkorn, Jörn / Streil, Jochen* — Die Europäische Union; 5.A.; Baden-Baden 2001.

*Bezzenberger, Tilman* — Kapitalersetzende Gesellschafterdarlehen im Recht der GmbH; FS Gerold Bezzenberger; Berlin 2000, S. 30.

*Birk, Axel* — Die gerichtliche Kontrolle vom Kommissionsentscheidungen bei Zurückweisung von Beschwerden; EWS 1999, 176.

*Bonkamp, Josef* — Die Bedeutung des gemeinschaftsrechtlichen Beihilfeverbots für die Beteiligung der öffentlichen Hand an einer Kapitalgesellschaft; Berlin 2001.

*Borchardt, Klaus-Dieter* — Die Rückforderung zu Unrecht gewährter staatlicher Beihilfen beim Verkauf von Vermögenswerten des Beihilfenempfängers durch den Insolvenzverwalter; ZIP 2001, 1301.

*Bork, Reinhard* — Europarechtswidrige Gesellschafterdarlehen in der Insolvenz, S. 301; Festschrift für Marcus Lutter, Köln 2000.

*Bork, Reinhard* — Einführung in das neue Insolvenzrecht; Tübingen 2002.

*Bork, Reinhard* — Kurzgutachten zu Fragen der Rückstellungsbildung, erstattet im Auftrag von Herrn RA Dr. Bruno M. Kübler als vorläufiger Insolvenzverwalter über das Vermögen der Gröditzer Stahlwerke GmbH in Dresden im Januar 2002, Fundstelle: Internet: www.kuebler-gbr.de link: Insolvenzverfahren ; eingeben: Gröditzer Stahlwerke ; Stand 25.8.2003; zitiert als *Bork* Gutachten.

*Bork, Reinhard / Kübler, Bruno* (Hrsg.) — Insolvenzrecht 2000; Köln 2001.

*Braun, Eberhard* — Insolvenzordnung (InsO); München 2002; zitiert als Braun/*Bearbeiter.*

*Breitenbüchler, Bettina / Ehricke, Ulrich* (Hrsg.) — Insolvenzrecht 2003, Köln 2003.

*Budde, Wolfgang Dieter* (Hrsg.) — Beck'scher Bilanzkommentar; 4.A.; München 1999; zitiert als: Beck'scher Bilanzkommentar/ *Bearbeiter.*

*Calliess, Christian / Ruffert, Matthias* — Kommentar des Vertrages über die Europäische Union und des Vertrages zur Gründung der Europäischen Gemeinschaft; Neuwied 1999; zitiert als Callies/Ruffert/*Bearbeiter.*

*Canaris, Claus-Wilhelm* — Der Bereicherungsausgleich im Dreipersonenverhältnis; FS Karl Larenz; München 1973; S.799.

*Canaris, Claus-Wilhelm* — Handelsrecht; 23.A.; München 2000.

*Christiansen, Alfred* — Kurskorrekturen bei der Passivierung öffentlich-rechtlicher Verpflichtungen?; DStZ 2002, 163.

*Classen, Claus Dieter* — Anmerkung zu EuGH, Urteil vom 20.03.1997; JZ 1997, 724.

*Crezelius, Georg* — Zur Bildung von Rückstellungen für Umweltschutzmaßnahmen; DB 1992, 1353.

*Danwitz, Thomas von* — Grundfragend der Europäischen Beihilfenaufsicht; JZ 2000, 429.

*Dauses, Manfred A.* (Hrsg.) — Handbuch des EU-Wirtschaftsrechts; München 2002; 11.Ergänungslieferung; zitiert als Handbuch des EU-Wirtschaftsrechts /*Bearbeiter*.

*Deckert, Martina R. / Schroeder, Werner* — Öffentliche Unternehmen und das EG-Beihilfenrecht; EuR 1998, 291.

*Dickersbach, Alfred* — Die Entwicklung des Subventionsrechts seit 1984; NVwZ 1993, 846.

*Dörr, Dieter* — Die Rückforderung gemeinschaftswidriger Subventionen – ein Problem des nationalen oder des europäischen Rechts?; FS Walter Rudolf; München 2001, S. 137.

*Dreher, Meinrad* — Die staatliche Eigenkapitalzufuhr an Gesellschaften als Beihilfe im Sinne des EG-Vertrags; GS Brigitte Knöbbe-Keuk, Köln 1997, S. 583.

*Ebenroth, Carsten / Boujong, Karlheinz / Joost, Detlev* — Handelsgesetzbuch; Band 1 §1-342a; München 2001; zitiert als Ebenroth/Boujong/Joost/*Bearbeiter*.

*Ehlers, Dirk* — Rechtsprobleme der Rückforderung von Subventionen, GewArch 1999, 305.

*Ehlers, Dirk* — Anmerkung zu EuGH Urteil vom 20.10.00 Rs. C-480/98; DZWiR 2001, 424.

*Ehricke, Ulrich* — Insolvenz und Beihilfenkontrolle – Neueste Entwicklungen, in Insolvenzrecht 2003.

*Ehricke, Ulrich* — Das abhängige Konzernunternehmen in der Insolvenz; Tübingen 1998.

*Ehricke, Ulrich* — Insolvenzrechtliche Anfechtung gegen Insider - Zur Bestimmung nahestehender Personen von Gesellschaften mbH und Aktiengesellschaften; KTS 1996, 209.

*Ehricke, Ulrich* — Zur Begründung der Durchgriffshaftung in der GmbH, insbesondere aus methodischer Sicht; AcP 199 (1999), 257.

*Ehricke, Ulrich* Rückforderung von EG-rechtswidriger Beihilfe führt zur Beeinflussung der Insolvenzverwaltung durch das EG-Beihilfenrecht; NZI aktuell 2001, V.

*Ehricke, Ulrich* Staatliche Beihilfen zur Unternehmenssanierung und europäisches Beihilfenrecht; in: Aktuelle Fragen des EG-Beihilfenrechts, Koenig, Roth, Schön, S. 176.

*Ehricke, Ulrich* Grundprobleme staatlicher Beihilfen an ein Unternehmen in der Krise im EG-Recht; WM Sonderbeilage 3/2001;
zitiert als *Ehricke* WM Sb 3/01.

*Ehricke, Ulrich* Rückzahlung gemeinschaftsrechtswidriger Beihilfen in der Insolvenz des Beihilfenempfängers; ZIP 2001, 489.

*Ehricke, Ulrich* Die Rückforderung gemeinschaftsrechtswidriger Beihilfen in der Insolvenz des Beihilfenempfängers; ZIP 2000, 1656.

*Ehricke, Ulrich / Blask, Holger* Auswirkungen des EG-Beihilfenrechts auf die Tätigkeit des Insolvenzverwalters; ZInsO 2002, 693.

*Eibelshäuser, Manfred* Rückstellungsbildung nach neuem Handelsrecht; BB 1987, 860.

*Eickamnn, Dieter* (Hrsg.) Heidelberger Kommentar zur Insolvenzordnung; Heidelberg 1999;
zitiert als HK-InsO/*Bearbeiter*.

*Eilers, Stephan* Rückstellungen für Altlastensanierungsaufwand: „Konkretisierung“ neu konkretisiert?- - Anmerkung zum Urteil des BFH v. 19.10.1993, VIII R 14/92; DStR 1994, 121.

*Emmerich, Volker / Sonnenschein, Jürgen / Habersack, Mathias* Konzernrecht; 7.A.; München 2001.

*Fischer, Hans Georg* Die neue Verfahrensordnung zur Überwachung staatlicher Beihilfen nach Art. 93 (jetzt Art. 88) EGV, ZIP 1999, 1426.

*Frisinger, Jürgen / Behr, Andreas* — Staatsbürgschaften und EU-Beihilfenverbot; RIW 1995, 708.

*Frotscher, Werner* — Wirtschaftsverfassungsrecht und Wirtschaftsverwaltungsrecht; 3.A.; München 1999.

*Geiss, Marcus* — Rechtsstaatliche Grundsätze im Beihilfenrecht der Europäischen Gemeinschaft; Baden-Baden 2001.

*Geitling, Marcus / Michels, Stephan* — Kapitalersatz versus EU-Beihilfenrecht: ein auflösbarer Widerspruch; ZIP 2004, 12.

*Gerkan, Hartwig von / Hommelhoff, Peter* — Handbuch des Kapitalersatzrechts; Köln 2002; zitiert als v.Gerkan/Hommelhoff/*Bearbeiter*.

*Geßler, Ernst / Hefermehl, Wolfgang* — Aktiengesetz; München 1973 ff.; zitiert als Geßler/Hefermehl/*Bearbeiter*.

*Goette, Wulf* — Die GmbH; 2.A.; München 2002.

*Gottwald, Peter* — Insolvenzrechtshandbuch; 2.A.; München 2001; zitiert als Gottwald/*Bearbeiter*.

*Götz, Alexander* — Die nicht endende Diskussion um den Überschuldungstatbestand; ZInsO 2000, 77.

*Götz, Volkmar* — Rechtsstellung und Rechtsschutz der Konkurrenten in der europäischen Beihilfenaufsicht; FS Thomas Oppermann; Berlin 2001; S. 593.

*Grabitz, Eberhard / Hilf, Meinhard* — Das Recht der Europäischen Union; 18. Ergänzungslieferung; München 2001; zitiert als Grabitz/Meinhard/*Bearbeiter*.

*Groeben, Hans von der / Thiesing, Jochen / Ehlermann, Claus Dieter* — Kommentar zum EU-/EG-Vertrag; Baden-Baden 1999; zitiert als Groeben/ Thiesing/ Ehlermann/ *Bearbeiter*.

*Großfeld, Bernhard* — Bilanzrecht; 3.A.; München 1997.

*Gündisch, Jürgen* — Rückforderung von nationalen Beihilfen – Kein Konflikt zwischen europäischem Gemeinschaftsrecht und deutschem verfassungsrecht; NVwZ 2000, 1125.

*Haarmeyer, Hans / Wutzke, Wolfgang / Förster, Karsten* — Handbuch zur Insolvenzordnung; 3.A.; München 2001.

*Habersack, Mathias* — Staatsbürgschaften und EG-vertragliches Beihilfeverbot; ZHR 159 (1995), 663.

*Habersack, Mathias / Mayer, Christian* — Anmerkung zu BGH NZG 2001, 361; NZG 2001, 365.

*Hakenberg, Waltraud / Erlbacher, Friedrich* — Die Rechtsprechung des EuGH und EuGeI auf dem Gebiet der staatlichen Beihilfen in den Jahren 2001 und 2002; EWS 2003, 201.

*Happe, Claus-Michael* — Zur innerstaatlichen Wirkung von Beihilfeentscheidungen gem. Art. 93 II EWGV; NVwZ 1993, 32.

*Haratsch, Andreas* — Zur Dogmatik von Rücknahme und Widerruf von Rechtsakten der Europäischen Gemeinschaft; EuR 1998, 387.

*Häring, Jörg* — Die Vereinbarkeit von Sanierungsengagement der öffentlichen Hand mit dem EG-Beihilfeverbot; Tübingen 1998.

*Harings, Lothar* — Praxis des Europäischen Beihilfenrechts; Köln 2001.

*Häsemeyer, Ludwig* — Insolvenzrecht; 3.A.; Köln 2003.

*Heidel, Thomas* (Hrsg.) — Anwaltskommentar zum Aktienrecht; Bonn 2003; zitiert als AnwK-AktienR/*Bearbeiter*.

*Heiermann, Wolfgang* — Rückzahlungsverpflichtung bei gemeinschaftsrechtswidrig gewährten Beihilfen; EWS 1994, 145.

*Herrmann, Juliane* — Beihilferechtliche Risiken im Alltag der Sanierungspraxis – Steuerfreiheit von Sanierungsgewinnen als rechtswidrige Beihilfe?; ZInsO 2003, 1069.

*Herzig, Norbert* — Rückstellungen wegen öffentlich-rechtlicher Verpflichtungen, insbesondere Umweltschutz; DB 1990, 1341.

*Herzig, Norbert / Hötzel, Oliver* — Rückstellungen wegen Produkthaftung; BB 1991, 99.

*Heskamp, Dieter* Die Vereinbarkeit allgemeiner und horizontaler Beihilfen und Beihilfenregelungen mit Art. 87 EGV; Münster 2001.

*Hess, Harold* InsO: Kommentar zur Insolvenzordnung; Heidelberg 1999.

*Heymann, Ernst / Walz, Rainer* Handelsgesetzbuch; Bd.3; 2.A.; Berlin 1999.

*Hoenike, Mark* Anmerkung zu Alcan; EuZW 1997, 279.

*Hoffmann, Wolf-Dieter* Anmerkung zu BFH DStR 1993, 124; DStR 1993, 124.

*Hommelhoff, Peter* Zum vorläufigen Bestand fehlerhafter Strukturänderungen in Kapitalgesellschaften; ZHR 158 (1994), 11.

*Hommelhoff, Peter* Das Gesellschafterdarlehen als Beispiel institutioneller Rechtsfortbildung; ZGR 1988, 460.

*Hopt, Klaus / Mestmäcker, Ernst-Joachim* Die Rückforderung staatlicher Beihilfen nach europäischem und deutschem Recht; WM 1996, 753 (Teil I); 801 (Teil II).

*Hopt, Klaus J. / Wiedemann, Herbert* (Hrsg.) Großkomm-AktG; 4.A.; Berlin 1992 ff.; zitiert als Großkomm-AktG/*Bearbeiter*.

*Huber, Ulrich* Die Abfindung der neuen Aktionäre bei Nichtigkeit der Kapitalerhöhung; FS Carsten Peter Claussen; Köln 1997; S. 147.

*Ihrig, Hans-Christoph* Ergebnis des Diskussionsberichts zu den Referaten von *Steindorff* und *Papier*; ZHR 152 (1988), 509.

*Jaeger, Ernst* Konkursordnung; 9.A.; 1977 ff.; zitiert als *Jaeger/Henckel* KO

*Jaestedt, Thomas* Das Rückzahlungsrisiko bei „formell rechtswidrigen" Beihilfen; EuZW 1993, 49.

*Jarass, Hans Dieter* Konflikte zwischen EG-Recht und nationalem Recht vor den Gerichten der Mitgliedsstaaten; DVBl 1995, 954.

*Jauernig, Othmar* — Bürgerliches Gesetzbuch; 10.A.; München 2003; zitiert als Jauernig/*Bearbeiter*.

*Jonas, Heinrich* — Die in der aktienrechtlichen Handelsbilanz zulässige Rückstellung für ungewisse Verbindlichkeiten; DB 1986, 337.

*Kahl, Wolfgang* — Die Rückabwicklung europarechtswidriger Beihilfen; JA 1996, 857.

*Kilb, Wolfgang* — Subventionskontrolle durch europäisches Beihilferecht - Eine Übersicht; JuS 2003, 1072

*Klanten, Michael* — Staatliche Bürgschaften im EU-Beihilfeaufsichtsrecht und ihre Rückabwicklung im Fall unrechtmäßiger Gewährung; ÖJZ 1996, 447.

*Klanten, Thomas* — Staatliche Kreditabsicherung durch Bürgschaft oder Exportversicherung und EG-Beihilfenverbot; ZIP 1995, 535.

*Klein, Dennis* — EU-Beihilferecht und deutsches Insolvenzverfahren; DZWIR 2003, 89.

*Klein, Manfred* — Der Einfluß von Umweltschutzmaßnahmen auf die Bildung von Rückstellungen in der Steuerbilanz (Teil I); DStR 1992, 1737.

*Knütel, Rolf* — § 822 BGB und die Schwächen des unentgeltlichen Erwerbs; NJW 1989, 2504.

*Koch, Oliver* — Der Grundsatz der Verhältnismäßigkeit in der Rechtsprechung des Gerichtshofs der Europäischen Gemeinschaften; Berlin 2003.

*Koenig, Christian* — Nichtigkeit beihilfegewährender Verträge! Was nun?; EuZW 2003, 417.

*Koenig, Christian* — Beihilfen in der Insolvenz; Insolvenzrecht 2000, S. 155.

*Koenig, Christian* — Reform des EG-Beihilfenrechts aus der Perspektive des mitgliedsstaatlichen Systemwettbewerbs; EuZW 1999, 517.

*Koenig, Christian* Weichenstellung im EG-Beihilfentatbestand: „Market Economy Investor"-Test und Marktabgrenzung; in: „Aktuelle Fragen des EG-Beihilfenrechts"; S.9.

*Koenig, Christian* Grundfragen des EG-Beihilfenrechts; NJW 2000, 1065.

*Koenig, Christian* EG-beihilfenrechtliche Rückforderungen als Insolvenzauslöser; BB 2000, 573.

*Koenig, Christian* Funktion des Bietverfahrens im EG-Beihilfenrecht; EuZW 2001, 741.

*Koenig, Christian* Bestimmung des passivlegitimierten Adressaten einer Beihilferückforderung nach der Veräußerung eines begünstigten „Unternehmens"; EuZW 2001, 37.

*Koenig, Christian / Kühling, Jürgen / Ritter, Nicolai* EG-Beihilfenrecht; Heidelberg 2002.

*Koenig, Christian / Pickartz, Thomas* Die aufschiebend bedingte staatliche Beihilfengewährung nach der Verfahrensverordnung in Beihilfesachen; NVwZ 2003, 151.

*Koenig, Christian / Ritter, Nicolai* Die EG-beihilfenrechtliche Behandlung von Gesellschafterdarlehen; ZIP 2000, 769.

*Koenig, Christian / Roth, Wulf-Henning / Schön, Wolfgang* Aktuelle Fragen des EG-Beihilfenrechts; ZHR Beiheft Nr. 69; Heidelberg 2001.

*Köhler, Helmut* BGB Allgemeiner Teil; 26.A.; München 2002.

*Kokott, Juliane* Nationales Subventionsrecht im Schatten der EG; DVBl. 1993, 1235.

*Koller, Ingo / Roth, Wulf-Henning / Morck, Winfried* Handelsgesetzbuch; 3.A.; München 2002; zitiert als Koller/Roth/Morck/*Bearbeiter*.

*Kopp, Ferdinand / Ramsauer, Ulrich* Verwaltungsverfahrensgesetz; 8.A.; München 2003.

*Kornblum , Udo* Das Geschenk der Defraudantin – BGH NJW 1969, 605; JuS 1970, 437.

*Kort, Michael* — Bestandsschutz fehlerhafter Strukturänderungen bei Kapitalgesellschaften; München 1998.

*Kort, Michael* — Aktien aus vernichteten Kapitalerhöhungen; ZGR 1994, 291.

*Krassnigg, Michael* — Staatliche Bürgschaften im EU-Beihilfeaufsichtsrecht und ihre Rückabwicklung im Fall unrechtmäßiger Gewährung; ÖJZ 1996, 447.

*Krieger, Gerd* — Fehlerhafte Satzungsänderung: Fallgruppen und Bestandskraft; ZHR 158 (1994), 35.

*Kruse, Eberhard* — Bemerkungen zur gemeinschaftlichen Verfahrensverordnung für die Beihilfenkontrolle; NVwZ 1999, 1049.

*Kübler, Bruno / Prütting, Hanns* (Hrsg.) — InsO – Kommentar zur Insolvenzordnung; Köln; Stand April 2003; 15.Lieferung;
zitiert als Kübler/Prütting/*Bearbeiter*.

*Kuhlmann, Jens / Ahnis, Erik* — Konzernrecht; 7.A.; München 2001.

*Kupsch, Peter* — Bilanzierung von Umweltlasten in der Handelsbilanz; BB 1992, 2320.

*Larenz, Karl / Canaris, Claus-Wilhelm* — Methodenlehre der Rechtswissenschaft; 4.A.; Berlin 2000.

*Leffson, Ulrich* — Die Grundsätze ordnungsgemäßer Buchführung; 7.Aufl.; Düsseldorf 1987.

*Leiner, Miriam* — Staatsbürgschaften und EG-vertragliches Beihilfeverbot; Baden-Baden 2002.

*Lieb, Manfred* — Zu den Grundgedanken §§ 25 ff HGB; FS Börner; Köln 1992; S.747.

*Lübbig, Thomas* — Die Bedeutung der europäischen Beihilfenaufsicht für die privatrechtliche Transaktions- und Privatisierungspraxis; EWS 2001, 517.

*Lübbig, Thomas / Martín-Ehlers, Andres* — Beihilfenrecht der EU; München 2003.

*Lutter, Marcus / Hommelhoff, Peter* GmbHG-Gesetz Kommentar; 15.A.; Köln 2000.

*Magiera, Siegfried* Rückforderung gemeinschaftsrechtswidriger Beihilfen; FS Börner; Köln 1992, S. 213.

*Mähring, Matthias* Grundzüge des EG-Beihilfenrechts; JuS 2003, 448.

*Maier, Martina / Luke, Antje* Beihilferechtliche Probleme beim Unternehmenskauf; DB 2003, 1207.

*Maurer, Hartmut* Allgemeines Verwaltungsrecht; 14.A.; München 2002.

*Medicus, Dieter* Allgemeiner Teil des BGB; 8.A., Heidelberg 2002; zitiert als *Medicus* AT.

*Medicus, Dieter* Bürgerliches Recht; 19.A.; Köln 2002; zitiert als *Medicus* BR.

*Medicus, Dieter* Schuldrecht Besonderer Teil; 11. A.; München 2003; zitiert als *Medicus* SchR II.

*Meessen, Karl* Subventionsaltlasten beim Erwerb von Betrieben: Zur Haftung auf Rückerstattung gemeinschaftsrechtswidriger Subventionen; DB 2001, 1294.

*Meyer-Löwry, Bernd* Eigenkapitalersetzende Sicherheiten und Überschuldung; ZIP 2003, 1920.

*Möller, Kim* Staatsbürgschaften im Lichte des EG-Beihilfenrechts; Berlin 2001.

*Montag, Frank* Die Entwicklung des Gemeinschaftsrechts; NJW 2001, 1613.

*Müller, Hans-Friedrich* Gesellschaftsrechtliche Regelungen im Insolvenzplan; KTS 2002, 209.

*Nerlich, Jörg / Römermann, Volker* Insolvenzordnung; Loseblatt, München 2002; zitiert als Nerlich/Römermann/*Bearbeiter*.

*Niemeyer, Hans-Jörg* Recent Developments in EC State Aid Law; EuZW 1993, 273.

*Niggemann, Peter* Staatsbürgschaften und Europäisches Beihilferecht; München 2001.

*Noack, Ulrich* Gesellschaftsrecht; Sonderband 1 zu *Kübler, Bruno / Prütting, Hanns* InsO; Köln 1999; zitiert als *Noack* GesR-InsO.

*Noack, Ulrich* Fehlerhafte Beschlüsse in Gesellschaften und Vereinen; Tübingen 1989.

*Oldiges, Martin* Die Entwicklung des Subventionsrechts seit 1996; NVwZ 2001, 280.

*Ossenbühl, Fritz* Europarechtliche Beihilfenaufsicht und nationales Gesetzgebungsverfahren; DÖV 1998, 811.

*Pache, Eckhard* Rechtsfragen der Aufhebung gemeinschaftsrechtswidriger nationaler Beihilfen; NVwZ 1994, 318.

*Palandt, Otto* Palandt Bürgerliches Gesetzbuch; 62.A.; München 2003; zitiert als Palandt/*Bearbeiter*.

*Palombini, Camillo Frhr. von* Staatsbürgschaften und Gemeinschaftsrecht; Baden-Baden 1999.

*Pape, Hans-Christoph* Die Gläubigerbeteiligung im Insolvenzverfahren unter besonderer Berücksichtigung der Interessen der Kreditwirtschaft; WM 2003, 313 (Teil I), 361 (Teil II).

*Pape, Hans-Christoph* Staatliche Kapitalbeteiligungen an Unternehmen und das Beihilfenverbot gem. Art. 92 EG-V; Frankfurt 1996.

*Pape, Hans-Christoph / Uhlenbruck, Wilhelm* Insolvenzrecht; München 2002.

*Papier, Hans-Jürgen* Rechtsformen der Subventionierung und deren Bedeutung für die Rückabwicklung, ZHR 152 (1988), 493.

*Paulus, Gotthard / Diederichsen, Uwe / Canaris; Claus-Wilhelm* Festschrift für Karl Larenz zum 70. Geburtstag; München 1973.

*Pechstein, Matthias* Anmerkung zu BGH EuZW 2003, 444; EuZW 2003, 447.

*Pechstein, Matthias* Nichtigkeit beihilfengewährender Verträge nach Art. 93 III 3 EGV; EuZW 1998, 495.

*Pechstein, Matthias* Das Flächenerwerbsprogramm verstößt gegen das EG-Beihilferecht; NJW 1999, 1429.

*Purps, Thorsten* Das Vermögensrechtsergänzungsgesetz; VIZ 2001, 401.

*Quardt, Gabriele* Die Rückforderung staatlicher Beihilfen und ihre Grenzen in der Insolvenz; EWS 2003, 312.

*Rapp, Gordon / Bauer, Kilian* Die Rückforderung gemeinschaftsrechtswidriger Beihilfen im deutschen Insolvenzverfahren; KTS 2001, 1.

*Rattunde, Rolf* Sanierung durch Insolvenz; ZIP 2003, 2103.

*Rebmann, Kurt / Säcker, Franz Jürgen / Rixecker, Roland (Hrsg.)* Münchener Kommentar zum Bürgerlichen Gesetzbuch; 3.A. 1994 ff.;4.A. 2001 ff.; München, zitiert als MüKo-*Bearbeiter*.

*Reich, Dietmar O. / Helios, Marcus* Anmerkung zu EuGH EuZW 2002, 468 ff.; EuZW 2002, 474.

*Remmert, Barbara* Nichtigkeit von Verwaltungsverträgen wegen Verstoßes gegen das EG-Beihilfenrecht; EuR 2000, 469.

*Reufels, Martin* Subventionskontrolle durch Private; Köln 1997.

*Reuter, Dieter / Martinek, Michael* Ungerechtfertigte Bereicherung; Tübingen 1983.

RGRK Das Bürgerliche Gesetzbuch, herausgegeben von den Mitgliedern des Bundesgerichtshofs; 12.A.; Berlin 1974 ff.
zitiert als RGRK/*Bearbeiter*.

*Richter, Thorsten* Rückforderung gemeinschaftsrechtswidriger Beihilfen nach § 48 VwVfG; DÖV 1995, 846.

*Ritter, Nicolai* Anmerkung zu EuGH EuZW 2003, 368; EuZW 2003, 374.

*Ritter, Nicolai* — Tagungsbericht: Aktuelle Fragen des EG-Beihilfenrechts; EWS 2000, 397.

*Röhricht, Volker / Graf von Westphalen, Friedrich* — Handelsgesetzbuch; 2.A.; Köln 2001.

*Rosenstock, Manfred* — Die Kontrolle und Harmonisierung nationaler Beihilfen durch die Kommission der Europäischen Gemeinschaften; Frankfurt 1995.

*Roth, Wulf-Henning* — Kreditsicherung und Beihilfenrecht, in: Aktuelle Fragen des EG-Beihilfenrechts, Koenig, Roth, Schön, S. 133.

*Roth, Wulf-Henning* — Die Gründerhaftung im Recht der Vor-GmbH; ZGR 1984, 597.

*Rowedder, Heinz /Schmidt-Leithoff, Christian* — Gesetz betreffend die Gesellschaft mit beschränkter Haftung; 4.A.; München 2002,
zitiert als Rowedder / Schmidt-Leithoff / *Bearbeiter.*

*Säcker, Franz-Jürgen* — Die handelsrechtliche Haftung für Altschulden bei Übertragung und Vererbung von Handelsgeschäften; ZGR 1973, 261.

*Scherer, Peter / Schödermeier, Martin* — Staatliche Beihilfen und Kreditgewerbe; ZBB 1996, 165.

*Schilken, Eberhard* — Zur Bedeutung des § 822 BGB; JR 1989, 363.

*Schleyer, Rolf* — Die unwirksame Kapitalerhöhung; AG 1957, 145.

*Schmidt, Karsten* — Münchener Kommentar zum Handelsgesetzbuch; München 1996 ff.;
zitiert als MüKo-HGB/*Bearbeiter.*

*Schmidt, Karsten* — Organverantwortlichkeit und Sanierung im Insolvenzrecht der Unternehmen; ZIP 1980, 328.

*Schmidt, Karsten* — Wege zum Insolvenzrecht der Unternehmen; Köln 1990.

*Schmidt, Karsten* — Handelsrecht, 5.A.; Köln 1999.

*Schmidt, Karsten* — Gesellschaftsrecht; 4.A.; Köln 2002.

*Schmidt, Karsten / Uhlenbruck, Wilhelm* Die GmbH in Krise, Sanierung und Insolvenz; 3.A.; Köln 2003.

*Schmidt, Reiner* Kompendium Öffentliches Wirtschaftsrecht; Berlin 1998.

*Schmitz, Stefan Friedrich* Der Vertrauensschutz bei der Rückforderung gemeinschaftsrechtswidrig gewährter nationaler Beihilfen; Freiburg 1998.

*Schmuck-Amende, Alexandra* Die Rückforderung gemeinschaftsrechtswidriger Beihilfen in ihren Auswirkungen auf das nationale Gesellschafts- und Insolvenzrecht; Baden-Baden 2004.

*Schneider, Jens-Peter* Vertragliche Subventionsverhältnisse im Spannungsfeld zwischen europäischem Beihilferecht und nationalem Verwaltungsrecht; NJW 1992, 1197.

*Schockenhoff, Martin* Die Haftung für die Ausgabe neuer Aktien bei Nichtigerklärung des Kapitalerhöhungsbeschlusses; DB 1994, 2327.

*Scholz, Franz* Kommentar zum GmbH-Gesetz; 9.A.; Köln 2000; zitiert als Scholz/*Bearbeiter*.

*Scholz, Kai-Steffen* Anwendbarkeit des Eigenkapitalersatzrechts bei Unwirksamkeit des der Gesellschafterleistung zugrunde liegenden Rechtsgeschäfts; BB 2001, 2541.

*Scholz, Rupert* Zum Verhältnis von europäischem Gemeinschaftsrecht und nationalem Verwaltungsverfahrensrecht; DÖV 1998, 261.

*Schricker, Gerhard* Probleme der Schuldenhaftung bei Übernahme eines Handelsgeschäfts; ZGR 1972, 121.

*Schroder, Werner* Die Privatisierung öffentlicher Unternehmen und das EG-Beihilfenrecht; EWS 2002, 174.

*Schroeder, Werner* Vernünftige Investition oder Beihilfe?; ZHR 161 (1997), 805.

*Schulze, Reiner / Dörner, Heinrich / Ebert, Ina / Hoeren, Thomas / Kemper, Rainer u.a.* — Handkommentar zum Bürgerlichen Gesetzbuch; 3.A.; Baden-Baden 2003; zitiert als HK-*Bearbeiter*.

*Schütte, Michael / Elsner, Kirsten* — Kommentar zu EuGH EWS 2003, 320; EWS 2003, 327.

*Schütte, Michael / Kirchhoff, Wolfgang/* — Staatliche Bürgschaften und EG-Beihilferecht; EWS 1996, 189.

*Schwarze, Jürgen* — Subventionen im Gemeinsamen Markt und der Rechtsschutz des Konkurrenten; FS Wolfgang Martens; Berlin 1987, S.819.

*Schwarze, Jürgen* — EU-Kommentar; Baden-Baden 2000; zitiert als Schwarze/*Bearbeiter*.

*Seidl, Otto* — Richterliche Rechtsfortbildung und Verfassungsrecht; ZGR 1988, 296.

*Sinnaeve, Adinda* — Der Kommissionsvorschlag zu einer Verfahrensordnung für die Beihilfenkontrolle; EuZW 1998, 268.

*Sinnaeve, Adinda* — Die neue Verfahrensverordnung in Beihilfesachen; EuZW 1999, 270.

*Sinnaeve, Adinda* — Die Rückforderung gemeinschaftsrechtswidriger nationaler Beihilfen; Berlin 1998.

*Slot, Piet Jan* — Das Verfahren zur Gewährung staatlicher Beihilfen im Gemeinschaftsrecht; in: Aktuelle Fragen des EG-Beihilfenrechts; Koenig, Roth, Schön, S. 43.

*Smid, Stefan* — Grundzüge des Insolvenzrechts; 4.A.; München 2002; zitiert als: *Smid* Grundzüge.

*Smid, Stefan* — Insolvenzordnung; 2.A.; Stuttgart 2001; zitiert als Smid/*Bearbeiter*.

*Smid, Stefan* — Rückführung staatlicher Beihilfen und Insolvenz; FS Wilhelm Uhlenbruck; Köln 2000, S. 405.

*Smid, Stefan / Rattunde, Rolf* — Der Insolvenzplan; Stuttgart 1998.

*Soergel, Hans Theodor* Bürgerlichen Gesetzbuch; Kommentar; 12.A.; 1987 ff., 13.A.1999 ff.; Stuttgart; zitiert als Soergel/*Bearbeiter*.

*Soltèsz, Ulrich* Die „Belastung des Staatshaushalts“ als Tatbestandsmerkmal einer Beihilfe i.S. des Art. 92 I EGV; EuZW 1998, 747.

*Soltèsz, Ulrich* Öffentliche Finanzierung von Infrastruktur- und Erschließungsmaßnahmen und das EG-Beihilfenrecht; EuZW 2001, 107.

*Soltèsz, Ulrich* Augen auf beim „Asset Deal“!- Beihilferechtliche Haftung des Erwerbers von Betriebsvermögen; BB 2001, 1049 .

*Soltèsz, Ulrich* ? „Dulde und liquidiere“ – Schadensersatzansprüche eines von Beihilferückforderungen betroffenen Unternehmens; EWS 2001, 513.

*Spliedt, Jürgen D.* Überschuldung trotz Schuldendeckung?; DB 1999, 1941.

*Staebe, Erik* Rechtsschutz bei gemeinschaftsrechtswidrigen Beihilfen vor europäischen und deutschen Gerichten; Berlin 2001.

*Staudinger, Julius von* Kommentar zum Bürgerlichen Gesetzbuch; 12. Bearbeitung 1978 ff.; 13. Bearbeitung 1993 ff.; Neubearbeitung 1998 ff., Berlin; zitiert als Staudinger/*Bearbeiter*.

*Stein, Ursula* Rechtsschutz gegen gesetzeswidrige Satzungsnormen bei Kapitalgesellschaften; ZGR 1994, 472.

*Steindorff, Ernst* Nichtigkeitsrisiko bei Staatsbürgschaften; EuZW 1997, 7.

*Steindorff, Ernst* Rückabwicklung unzulässiger Beihilfen nach Gemeinschaftsrecht; ZHR 152 (1988), 474.

*Steindorff, Ernst* Beihilfeverbote im Gemeinschaftsrecht und nationales Privatrecht; FS Ernst-Joachim Mestmäcker; Baden-Baden 1996; S. 497.

*Steindorff, Ernst* EG-Vertrag und Privatrecht; Baden-Baden 1996.

*Stelkens, Paul / Bonk, Heinz Joachim / Sachs, Michael* Verwaltungsverfahrensgesetz; 6.A.; München 2001; zitiert als Stelkens/Bonk/Sachs/*Bearbeiter*.

*Stober, Rolf* Besonderes Wirtschaftsverwaltungsrecht; 12.A., Stuttgart 2001.

*Stober, Rolf / Vogel, Hanspeter* Subventionsrecht und Subventionspolitik; Köln 1999;
zitiert als Stober/Vogel/*Bearbeiter*.

*Stolba, Matthias* Europäisierung staatlicher Beihilfen; Frankfurt 1999.

*Streinz, Rudolf* Europarecht; 6.A; Heidelberg 2003.

*Tilmann, Winfried / Schreibauer, Marcus* Rechtsfolgen rechtswidriger nationaler Beihilfen; GRUR 2002, 212.

*Tollmann, Claus* Das Nichtigkeitsrisiko von Staatsbürgschaften vor dem Hintergrund des EG-Beihilfenrechts; WM 2000, 2030.

*Tryantafyllou, Dimitris* Europäisierte Privatrechtsgestaltung im Bereich der Beihilfenaufsicht; DÖV 1999, 51.

*Uhlenbruck, Wilhelm* Insolvenzordnung; 12.A.; München 2003;
zitiert als Uhlenbruck/*Bearbeiter*.

*Verse, Dirk A. / Wurmnest, Wolfgang* Rückforderung EG-rechtswidriger Beihilfen und Unternehmenskauf; ZHR 167 (2003), 403.

*von der Lühe, Christian / Lösler, Thomas* Rückforderung gemeinschaftsrechtswidriger Beihilfen und Eigenkapitalersatzrecht; ZIP 2002, 1752.

*Vonnemann, Wolfgang* Die Feststellung der Überschuldung; BB 1991, 867.

*Wellensiek, Jobst* Übertragende Sanierung; NZI 2002, 233.

*Welser, Marcus v.* Grundzüge des Europäischen Beihilfenkontrollrechts; JA 2002, 240.

*Wimmer, Klaus* (Hrsg.) Frankfurter Kommentar zur Insolvenzordnung; 3.A.; Neuwied 2002;
zitiert als FK-InsO/*Bearbeiter*.

*Wolff, Hans-J. / Bachof, Otto / Stober, Rolf* — Verwaltungsrecht I; 11.A.; München 2000.

*Zeuner, Mark* — Die Anfechtung in der Insolvenz; München 1999.

*Zimmermann, Walter* — Insolvenzrecht; 5.A.; Heidelberg 2003.

*Zöllner, Wolfgang* — Folgen der Nichtigkeitserklärung durchgeführter Kapitalerhöhungsbeschlüsse; AG 1993, 68.

*Zöllner, Wolfgang* (Hrsg.) — Kölner Kommentar zum Aktiengesetz; 2.A.; Köln 1986 ff.;
zitiert als KK-AktG/*Bearbeiter*.

*Zöllner, Wolfgang / Winter, Martin* — Folgen der Nichtigerklärung durchgeführter Kapitalerhöhungsbeschlüsse; ZHR 158 (1994), 59.

*Zühlke, Susanne* — Durchgriffshaftung im Europäischen Beihilferecht; EWS 2003, 61.

Peter Lang · Europäischer Verlag der Wissenschaften

Alexander M. Krämer

# Leasingverträge in der Insolvenz

Frankfurt am Main, Berlin, Bern, Bruxelles, New York, Oxford, Wien, 2005.
XIII, 272 S.
Schriften zum Verfahrensrecht.
Herausgegeben von Peter Gottwald und Ulrich Haas. Bd. 7
ISBN 3-631-54116-3 · br. € 51.50*

Die Insolvenzordnung berücksichtigt das in der Praxis bedeutsame Finanzierungsinstrument des Leasing nur unzureichend. Bereits vor Inkrafttreten der Insolvenzordnung war eine Gesetzesänderung notwendig, um die Refinanzierung von Leasingverträgen nicht unnötig zu erschweren. Jedoch hat weder diese Ergänzung noch die jüngste Modifikation der Rechtsprechung des Bundesgerichtshofes zu den Wirkungen der Verfahrenseröffnung auf schwebende Verträge die Unstimmigkeiten bei den auf Leasingverträge anwendbaren Vorschriften beseitigen können. Unter Berücksichtigung der Regelung zum Eigentumsvorbehalt werden jeweils Lösungsvorschläge zu den Widersprüchen bei den insolvenzrechtlichen Konstellationen des Finanzierungsleasingvertrages aufgezeigt und ein alternativer Regelungsvorschlag de lege ferenda entwickelt.

*Aus dem Inhalt*: Wirkungen der Verfahrenseröffnung auf schwebende Verträge · Inhalt des Wahlrechts des Insolvenzverwalters · Insolvenzrechtliche Fallkonstellationen für Leasingverträge einschließlich der Regelung zum Eigentumsvorbehalt · Lösungsvorschläge für Regelungslücken und Widersprüche

Frankfurt am Main · Berlin · Bern · Bruxelles · New York · Oxford · Wien
Auslieferung: Verlag Peter Lang AG
Moosstr. 1, CH-2542 Pieterlen
Telefax 00 41 (0) 32 / 376 17 27

*inklusive der in Deutschland gültigen Mehrwertsteuer
Preisänderungen vorbehalten

**Homepage http://www.peterlang.de**

FSC
www.fsc.org
MIX
Papier | Fördert gute Waldnutzung
FSC® C083411

Kolibri 360 GmbH
Ferdinand-Jühlke-Straße 7
99095 Erfurt, Deutschland
produktsicherheit@kolibri360.de

Druck:
CPI Druckdienstleistungen GmbH
im Auftrag der
Kolibri 360 GmbH
Ferdinand-Jühlke-Str. 7
99095 Erfurt